북한에도
생명의 빛을

북한에도 생명의 빛을

글쓴이 · 유석렬 ‖ 펴낸이 · 김승태

초판 1쇄 찍은 날 · 2008년 5월 20일 ‖ 초판 1쇄 펴낸 날 · 2008년 5월 25일

편집 · 김지인 ‖ 본문편집디자인 · 김지인

표지 디자인 · 박한나

영업 · 변미영, 장완철 ‖ 물류 · 조용환, 엄인휘

등록번호 · 제2-1349호(1992. 3. 31) ‖ 펴낸 곳 · 예영커뮤니케이션

주소 · (110-616) 서울시 성북구 성북1동 179-56 ‖ 홈페이지 www.jeyoung.com

출판사업부 · T. (02)766-8931, F. (02)766-8934 e-mail: jeyoungedit@chol.com

출판유통사업부 · T. (02)766-7912 F.(02)766-8934 e-mail: jeyoung@chol.com

copyright© 2008 유석렬

ISBN 978-89-8350-479-1 (03230)

값 15,000원

북한의 정세와 선교

북한에도
생명의 빛을

유석렬 지음
이삭 목사·김연규 목사 추천

추천사

    세상을 살아가는 동안 하나님께로부터 받은 사명을 감당할 수 있다는 것은 하나님의 은혜이며 커다란 축복일 뿐이다. 따라서 주어진 일에 대해 정확한 정보를 안다는 것은 대단히 중요한 일이다.

    요즈음 북한에 대해서 말하는 이들이 많고 또 무엇인가 아는 것처럼 행동하는 이들이 적지 않아 보인다. 그러나 실제로 북한의 실체에 대해서 알고 있는 이들을 만나기가 여간 어려운 일이 아니다. 심지어는 북한에서 나와서 살아가고 있는 이들조차도 북한의 현실을 실제로 알지 못하는 경우가 적지 않다.

    그러니 남한에서 살면서 소문과 정확하지 않은 정보와 이야기거리로 말을 하는 경우에는 더욱 한심스러운 경우가 적지 않다. 그런 의미에서 북한에 대해 과거의 역사들을 살피고 또 오늘의 상황을 근거로 분석하며 내일을 판단할 수 있다면 얼마나 좋을까?

    북한에 대한 전문가들이나 관심 있는 이들에게 역사적, 자료적 측면에서 잘 준비된 책 한 권이 있다면 바로 이 책이라고 생각한다. 이 책은 30년 이상 북한에 대한 정보와 분석을 해 오신 유석렬 이사장님이 연구하고 정리하고 분석해 놓은 책이다. 저 개인적으로는 이사장님의 정밀한 정보분석을 통해 많은 것을 배운다. 다만 이것을 개인적으로만 소장하기에는 너무 아깝다.

특히 북한에 선교를 하려는 분이나 앞으로 올 통일한국에 대비한 마음을 가진 어느 누구에게라도 읽도록 권장하고 싶다. 25년여 동안 중국과 북한을 대상으로 선교의 사역을 감당하는 기간을 지난 저 자신에게도 크게 도움이 될 만한 책이기에 두려움 없이 추천해 드리고 싶다.

모퉁이돌선교회 무익한 종

이 삭

추천사

남북의 평화 통일과 민족 복음화는 한국 기독교가 안고 있는 첫 번째 기도 제목이며, 일천만 그리스도인의 염원이다. 하나님께서는 이를 반드시 이루어주시리라 확신한다.

그동안 북한문제 전문가로 국내외에 널리 알려진 유석렬 장로님은 일평생을 우리나라의 평화와 번영의 길을 모색하고 국제사회에 북한정권의 위험성을 시시각각으로 알리면서 북한복음화를 위해 최선을 다하셨다. 그러나 국제사회와 현실은 너무나 냉정하기에 저자는 기도하며 하나님이 주시는 지혜로 끊임없이 연구하고 노력하는 가운데 최근 더욱 예리하고 정확한 판단으로 북한문제와 국제정세를 분석하여 저서 「북한에도 생명의 빛을」을 출간하게 되었다.

이 저서가 국가의 책임을 맡은 주요 담당자들과 강단에서 가르치고 연구하는 이들에게 도움을 주고, 특히 북한선교와 교회의 사명을 위해서 힘쓰는 한국기독교 지도자들에게 큰 유익이 되는 길잡이가 될 것임을 확신한다.

복잡한 국내외 정세와 북한의 현실정이 서로 맞물려 마치 럭비공처럼 어디로 튈지 모르는 상황에서 북한을 껴안고 기도하며 복음화를 통해서 김일성 이단종교화 된 우리 동족을 구하여야 할 것이다. 지구촌의 뇌관과도 같은 북한정권의 혼란을 틈타 이를 삼키려는 주변국의 냉엄한 현실 가운데서도 우리 민족을 지켜 주시는 분은 하나님 한 분이심을 일깨우는 지혜를 함께 나누게 되기 바란다.

바울 사도께서 "로마도 보아야 하리라"고 말씀하신 것처럼 우리는 기도 중에 "평양도 보아야 하리라"는 음성을 듣고 점점 더 다가오는 남북평화통일과 북한선교를 위해서 기도하고 협력을 아끼지 않는 우리 모두가 되기 바란다.

사랑과 은혜가 넘치는
신풍교회에서
담임목사 김연규

차례

머리말

순항하던 북핵 6자 회담이 '핵 신고'라는 암초에 부딪혀 표류하고 있다. 북한이 핵개발 계획을 스스로 공개하는 핵 프로그램 신고 조치가 2·13 합의에서 정한 시한, 2007년 말을 넘기면서이다.

북한은 영변 핵시설에서 연료봉을 빼내던 작업 속도를 현저히 떨어뜨렸다고 소식통은 전했다. 미국의 '테러지원국' 명단 삭제 약속이 실행되지 않고 중유제공이 번번이 지체되고 있으니 불능화 속도를 늦추겠다는 것이다.

더 큰 문제는 우라늄 농축 프로그램(UEP)과 시리아 핵확산 의혹을 포함한 모든 핵 프로그램을 완전하고 정확하게 신고하는 것이다. 북한은 "원래부터 UEP는 계획이 없는데 뭘 신고하고, 있지도 않은 핵확산 사실은 만들어 신고하란 말이냐"고 초지일관이다. 미국은 "북한의 우라늄 농축 시도는 증거가 확보되어 있어 의심의 여지가 없고, UEP를 정확하게 신고하지 않으면 플루토늄 추출량 등 나머지 부분마저 신뢰성을 잃게 된다"고 강조하고 있다.

최근 미국정부는 북한의 완전한(complete) 핵 프로그램 신고 대신 부분·단계별 신고방안을 추진하고 있는 것으로 워싱턴 소식통이 전했다. 미국은 "북한이 신고 외에 '우라늄 농축 프로그램과 (시리아) 핵확산 의혹은 비공식(private) 채널에서 계속 논의 한다'는 주석(footnote)을 명기하는데 동의한다면 북한이 지금까지 신고 내용으로 주장해온 플루토늄(약 30Kg) 신고만으로 신고서를 받아들여 돌파구를 연다는 계획"이라고 밝혔다. 문제는 이 방안을 북한이나 미국 의회 등 워싱턴의 대북 강경파들이 받아들일 것인가 하는 것이다.

2008년은 남북한 모두에게 특별한 의미가 있는 해이다. 한국에서는 2월 25일이면 지난 10년간의 진보·친북 정권을 끝장내고 이명박 보수정부가 들어서고, 4월에는 국회의원 선거를 치른다. 북한에서는 7~8월에 최고인민회의 대의원 선거에 이어 9월에는 김정일 국방위원장이 재추대 되는 등 새로운 정권이 출범하게 된다.

북한은 올해 정권수립 60주년을 맞아 새해 벽두서부터 '수령결사옹위' 체제 안정을 다지기 위한 '영도의 계승' 문제, '경제강국 건설'과 '전투정치 훈련'에 역점을 둘 것을 분명히 하고 있다. 북한은 올해를 선두주자가 없는 가운데 후계문제를 은밀하게 준비하는 해로, 남북정상회담에서 합의한 남북경제협력 지속 추진으로 '경제강국 건설'의 해로, 그리고 '핵무기보다 강한 군인의 정신력'을 강화하는 해로 삼고 있다.

북한외교의 기본목표는 체제의 정통성 확보와 안보 및 경제 발전의 추구이며 궁극적으로는 조선혁명의 승리를 위한 국제혁명력량과의 연대성 강화에 있다. 최근 북한은 6자 회담과는 별도로 북미양자회담을 통해 북핵문제와 양자관계 정상화를 외부간섭 없이 추진해 왔다. 북미관계의 급진전에 대해 부시 행정부가 너무 빨리 간다고 우려하는 목소리가 커지기도 했다. 북한은 핵보유를 지렛대로 미국과 양자회담을 끌어내어 BDA 문제를 해결하고 10·3 합의로 대미접근 출로를 확보했다.

북한은 이 방법만이 당면한 위기적 상황을 극복하고 체제생존을 위한 유일한 길이며, 한 숨을 돌리고 나면 상황이 달라질 것을 기대하고 있는 것으로 보인다. 핵 폐기의 초기단계인 핵시설 폐쇄와 핵 불능화를 미련 없이 내 주고 제재해제를 챙겨 체제를 유지시키는 것이다.

북한은 미국과 관계개선을 이루고 있는 현재의 시점이 국제무대에 진출할 적기로 판단하고 국내외에서 적극적인 외교활동을 벌리고 있다. 핵 폐기가 난관에 부딪힌다 해도 이미 외교관계를 설정하고 합의한 사항을 쉽게 포기할 수 없을 것이라는 계산이 깔려 있는 것 같다. 이러한 북한의 활발한 방문·초청 외교의 결과로, 최근 들어 여러 국가들과 수교를 하거나 중단됐던 관계를 복원했다.

북핵문제와 북미관계가 빨리 진전되고 있는 가운데 북한의 경제외교도 탄력을 받고 있다. 특히 베트남, EU와 몽골과의 경제교류가 눈길을 끌고 있다. 북한은 핵실험 후 경제재건을 새로운 국가정책 목표로 내세우고 있어 앞으로도 경제외교를 더욱 강화해 나갈 것이 예상된다. 그러나 북한은 개혁·개방에 대해서는 여전히 부정적인 태도를 보이고 있어 북한이 바람직한 변화를 택할 것이라는 기대를 무색케 하고 있다.

북한은 한나라당 이명박 후보가 대통령에 당선이 된 후 격렬하게 비난했던 지난 태도와는 이례적으로 함구무언이다. 앞으로 이명박 정부와 지속적인 관계를 유지하겠다는 신호로 받아들여 긍정적인 측면이 있지만 지난 10년 간 시혜적인 대북정책에 미치지 못할 것임에 비추어 상당한 조정기를 거치지 않을 수 없을 것이다. 한국정부가 확고한 원칙을 내세워 북한과의 관계를 한결같이 지속한다면, 북한의 태도는 실리에 기반을 둔 정책중심으로 협력의 폭을 점차 넓혀갈 것이 확실시된다. 이러한 방향에서 남북한은 '주기만' 하는 관계에서 미흡하지만 '주고받는' 관계로 발전되어 나갈 것이 기대된다.

희망적인 북한변화 전제 밑에 기초했던 한국의 잘못된 대북정책이 그동안 한국국민에 안겨 주었던 부담과 고통을 감안, 이명박 정부는 정확한 북한의 실체파악 위에 대북정책을 수립하고 북한을 개혁·개방으로 이끌어내는 지혜를 모아야 할 것이다.

이 책은 북한의 대내외 정세와 남북관계, 그리고 북핵 해결을 위한 6자 회담을 집중적으로 다루었다. 북한주민생활 실태를 파악하기 위해 북한의 경제·사회를 분석했고, 북한선교를 위해 미리 알아두어야 할 지식을 위해 북한의 주체종교, 반기독교정책과 북한지하교회의 실상을 밝혔다. 그리고 북한선교와 서진선교의 상황을 짚어봄으로써 '평양에서 예루살렘까지'의 선교 목표와 방향을 제시하는 데 이 책의 목적을 두고 있다.

이 책은 모두 9장으로 엮어져 있다. 제 I, II장은 북한의 국제정세와 전망을 다루었다. 5차 6자 회담이 결실을 보지 못한 가운데, 재타협을 모색하면서 북한과 미국은 추가 핵실험 및 미사일 발사와 BDA 계좌 동결을 비롯한 유엔안보리 제재 등의 날을 세웠다. 북한은 식량·에너지·사회간접자본(SOC)·외화난을 겪으면서도 '선군정치' 기치 밑에 '제2의 고난의 행군'과 '준 전시상태' 선포 정황과 함께 대량 아사자와 탈북자들의 발생을 다루고 경제 및 사회실상을 심층 분석했다.

제III, IV장은 북핵 6자 회담과 북한의 전략, 2007년을 중심으로 한 북한의 대외관계를 총결산했다. '시리아에 대한 북한의 핵확산' 의혹이 가시지 않은 가운데 북핵문제를 풀겠다는 북미 당국의 의지가 10·3 합의문을 끌어냈다. 합의의 초점은 북한이 핵시설 불능화와 모든 핵 프로그램 신고를 약속함으로써 북한이 앞으로 더 이상 핵무기를 제조하지 않겠다는 것이다. 한편 북한은 이러한 상황을 십분 활용하여 국제무대에 진출할 적기로 판단하고, 국내외에서 적극적인 외교활동을 벌이고 있는 실태를 깊이 있게 다루었다.

제V, VI장은 북한의 대남전략과 남북관계, 그리고 한국전쟁과 한반도 평화체제를 분석했다. 북한의 대남전략 핵심은 민족공조를 내세워 경제지원을 끌어내고, "우리민족 내부 문제에 대한 미국의 간섭과 방해 책동을 단호히 배격"하고, 남한의 대선기를 맞이하여 국론 분열을 꾀하는 것임을 분석했다. 한국전쟁은 중단된 것이 아니라 이 시간에도 전격전, 테러, 암살, 방화 침투, 폭파, 납치 등 비정규전 형식으로 지속되고 있는 상황에서 '선언적 평화'가 아닌 국제적 협력에 바탕을 둔 항구적인 '실질적 평화' 체제를 구축해야 함을 체계적으로 정리했다.

제VII, VIII, IX장은 북한의 주체종교와 반기독교정책, 북한지하교회 실상과 선교방향, 그리고 중국의 패권전략과 서진선교를 다루었다. 북한에는 주체사상을 교리로 하는 '주체교'가 있음을 밝히고, 혹독한 탄압과 갖은 핍박과 고통을 받으면서 신앙을 지켜오는 비밀지하교회의 실체와 그 속에서도 지하교회를 상대로 하는 선교가 비밀리에 그러나 활발히 진행되고 있는 상황을 심층 분석했다.

마지막으로 이 책이 북한선교에 관심 있는 모든 사람들에게 읽혀 북한선교에 동기를 부여하고 관심을 갖게 하는데 조금이라도 도움이 되었으면 하는 마음이 간절하다. 부족하고 채워야 할 부분이 많이 있는 책이지만 독자 여러분들이 사랑으로 필요한 조언을 아끼지 않는다면 보다 알찬 결과를 기대할 수 있을 것이다. 이 책을 출간해 준 예영커뮤니케이션에 감사하며 원고정리 및 교정을 맡아 함께 수고해 준 모퉁이돌선교회 박영국, 임호정 간사에게 깊은 감사의 뜻을 표한다.

2008년 봄
모퉁이돌선교회 이사장 유석렬

I

북한의 국내 정세와 전망

I. 북한 정세와 정책전망, 혼미와 오리무중

I. 핵실험으로 시련자초

2006년 한해를 회고하면서 북한에서 가장 괄목할만한 사건이 있었다면 그것은 역시 '핵실험'이다. 주변국들은 물론 전 세계 국가들의 이목을 집중시킨 큰 사건으로서 북한은 이것을 체제의 승리처럼 떠벌렸다. 북한정권은 이를 '선군 승리'의 증표라고 내세우고 김정일 위원장의 '백전백승'의 영도력으로 미제를 통쾌하게 제압했다고 선전하면서도 다른 한편 나라안팎으로 처한 위기적 상황을 모면하기 위해 안간힘을 썼다.

무엇보다도 북한은 2007년 여름의 홍수피해, 식량과 생필품 부족, 원자재와 전력부족, 경화(硬貨)부족 등으로 경제가 엄청나게 어려운데다가 미·일과 유엔안보리의 경제제재까지 겹쳐 그야말로 위기적 상황을 실감케 했다. 그런 가운데도 북한당국은 "핵보유국이된 5천년 민족사의 역사적 사변을 길이 빛내이자", "핵보유국으로 일떠세운 김정일 원수님 고맙습니다"라는 어처구니 없는 플랜카드를 평양거리마다 걸어 민족의 자긍심을 고취시키고 김 위원장의 정통성을 추켜올리는데 정신이 없었다.

나라밖으로 볼 때, 북한은 2006년 방코델타아시아(BDA) 뿐만 아니라 세계 여러 나라들로부터 대북금융거래에 대한 제재강화, 유엔안보리의 대북제재안 통과 등 북한에 대한 국제적인 압력과 제재가 확대강화됨으로써 국제고립이 심화된 한 해였다. 그럼에도 불구하고 북한은 핵보유를 지렛대로 미국과 양자회담을 끌어내고 BDA 실무회담과 6자 회담을 개최하여 또 한 번 북한 특유의 협상전략과 벼랑 끝 전술을 국제사회에 과시하기도 했다.

북한 관영매체들은 2006년을 결산하면서 '선군혁명 총진군'으로 이제 "강성대국의 여명을 맞이하게 되었다"라고 했으며, 또 북한 신년사설은 "조선혁명의 미래는 선군에 있다", "핵 억제력은...세기적 숙망을 실현한 것"이라고 주장했다. 이런 맥락에서 앞으로도 북한은 선군에 기초한 강성대국을 줄기차게 추구하면서 '세기적 숙망을 실현'시킨 핵 억제력 포기는 쉽게 하지 않을 것임을 강력히 시사했다.

북한은 핵실험 성공으로 핵무기 보유국이 됨으로써 현실적으로 최소한의 안전이 보장된 '군사강성대국'을 이루어 낸 자신감을 나타냈다. 이를 바탕으로 앞으로 피폐해진 주민생활의 향상을 위하여 경제에 보다 많은 관심을 돌리겠다는 것이다. 핵보유사실을 미국을 비롯한 주변국가들과의 거래에 최대한 활용함으로써 앞으로 '경제강성대국'의 건립에 필요한 지원을 받아 내겠다는 것이다. 그래서 이때까지 '혁명의 낙관주의'를 견지하면서 참고 견디어 온 북한주민들에게 보다 나은 생활을 약속하고 앞으로 곧 닥쳐올지도 모를 '제2 고난의 행군'을 꿋꿋이 이겨나가자는 것이다.

그러나 북한의 희망과는 달리 앞으로 북한에게는 보다 심한 시련이 닥쳐올 전망이다. 북핵문제가 진전을 보지 못하고 있는 가운데 대북제재로 인한 국제사회의 식량지원이 감소하고 자연재해가 재발하는 경우 대규모 기근이 발생할 수도 있다. 북핵문제 해결이 지연되는 경우 남북관계의 '불확실성'이 높아지고 교류와 협력에 부정적인 영향을 미칠 수 있을 것이다. 나아가 북한의 핵무장이 주변국에 군사력 증강의 명분을 주고 한반도 문제에 대한 개입을 확대시킬 수 있어 한반도와 동북아의 안보가 훨씬 불안해질 가능성을 배제할 수 없다.

2. 대내 정세와 정책

1) 고질적인 경제난

북한은 외국자본과 기업을 유치하기 위해 1984년에 합영법을 제정하고, 1991년에 나진·선봉 경제특구를 지정하는 등 나름의 개방조치를 취했다. 그러나 경제재건보다 체제수호를 우선하는 김정일 위원장의 통치방식으로 개방정책은 번번이 실패했다. 김 위원장은 정권·체제에 무해한 요소만 받아들이겠다는 '모기장식 개방'을 고수하고 있기 때문이다.[1]

앞으로 북한이 직면할 경제적 난국은 대체로 식량, 에너지, 사회간접자본(SOC), 외화난 등 '4대난(難)'을 꼽을 수 있다. 식량은 오래 전부터 부족한 순서로 따지자면 1순위다. 한 번도 식량부족을 걱정해 보지 않은 해가 없다. 식량농업기구(FAO)는 북한의 연간 필요 최소식량은 510만 톤이라고 추산하고 있다. 2006년처럼 한국의 수해지원 명목 9만여 톤, 중국의 추정 지원량 20~30만 톤을 합쳐도 100만t이상이 부족하다. 따라서 북의 식량 확보량이 350만 톤 이하로 떨어지면 아사자가 생기기 시작하고 대량탈북이 발생하는 경향이 있다.[2]

---

1) 개방정책을 이끌었던 김달현(사망) 부총리는 1892년에 서울을 방문한 뒤에 "군수용 전력을 민수산업으로 돌리자"고 건의했다가 1년 만에 낙마했다.

김정일 정권은 돈이 있어도 부족한 식량을 구입하는데 사용하기보다는 무기를 사들이고 개발하는데 사용한 것으로 알려졌다. 국방부는 2006년 7월 5일에 발사한 일곱 발의 미사일 발사비용은 600억 원, 10월 7일에 발사한 한 발의 핵탄두를 실험하는데 2,570억~7,258억 원의 직접 비용이 들어갔을 것으로 추산하고 있다. 결국 북한이 2006년 핵실험만 하지 않았어도 2007년 모자라는 식량을 사고 적어도 1,000억 원 이상 남았을 것이라는 계산이다.[3]

석탄·원유·전력 등 에너지 부족도 어제 오늘의 일이 아니다. 통일부는 2006년 국정감사 자료에서 "북한은 발전소 가동률 저하 등으로 전력 수요의 절반밖에 공급하지 못하는 것으로 추정하고 있다"고 말했다.[4] 원유의 경우 북한은 매년 50만 톤 전량을 중국에 의존하고 있는데 필요량의 3분의 1 수준에 불과하다. 석탄은 79억 톤이라는 채굴 가능한 매장량을 갖고 있으나 전기부족, 장비노후화 등으로 생산량이 매년 감소되는 추세이다.

철도·도로·항만·통신 같은 사회간접자본의 경우는 더욱 심각하다. 철로 등 철도기반시설은 일제시대에 만든 것으로 아주 낡아 시속 30~40km를 넘겨 달릴 수가 없다. 그나마 98%가 단선철도이다. 도로포장률은 12%에 불과하다는 것이다. 산업은행의 보고에 따르면 북한의 사회간접자본 개선에 적어도 152억 달러가 필요할 것으로 추산했다.

북한의 외화난도 고질적이다. 북한의 공식환율은 달러당 140원이지만 암시장에서는 이미 3000원을 넘었다. 특히 유엔제재 이후에

---

2) 북한의 2006년 식량생산량은 250만톤으로 1992년부터 1998년까지의 대 흉작 기간 수준이라고 2006년 12월말에 중국을 다녀간 북한 관계자가 밝혔다.(미래한국 2007.1.13)
3) 국방부 자료에 따르면 북한이 전쟁을 위해 비축한 군량미도 약 130만톤에 이르는 것으로 알려지고 있다.
4) 수력발전 의존율이 높은 것도 겨울 전력사정을 어렵게 하는 한 요인이다.

일부 지역에서는 1달러에 4,000원 선도 넘었는데, 이는 북한주민들의 한 달 평균월급(3,000원 정도)을 훌쩍 넘는 액수다. 그만큼 북한의 외화난 또한 미국과의 관계개선이 없는 한 해결할 방법이 없는 상태이다.

2007년 신년공동사설에서 '경제부문'을 최우선적인 정책 중점분야로 격상시켰다. 공동사설은 2007년에는 '인민생활 향상'을 '자기 활동의 최고원칙'으로 하고 있는 '우리 당의 숭고한 의도와 구상'을 실현시키기 위해 "인민생활을 빨리 높이는데 선차적인 힘을 쓰면서 '경제의 현대화'를 위한 기술 재건을 다그쳐 나간다"는 것이다. 공동사설에서 '자력갱생'을 강조하고 있는 것으로 보아 경제발전을 위한 개혁·개방은 국제제재와 같은 불리한 여건이 없어질 때까지 뒤로 미룰 수밖에 없음을 시사했다.

대남 경제부문에서 북한은 남한으로부터 식량·비료 등 경제적 지원을 획득하고 개성공단·금강산관광 등 경협활성화를 위해 적극 나설 것이 예상된다. 또 대중국 변경무역 활성화와 국제시장에서의 금 거래 활성화를 시도할 가능성이 엿보인다.

재일본조선인총연합회 기관지 《조선신보》는 경제건설과 관련, "선군시대의 경제건설 노선의 기조는 유지되면서도 인민생활 향상을 위한 경제부흥책은 올해부터 본격화될 것"이라며 특히 "조선경제에 일찍이 없었던 변혁이 일어날 수 있다"고 전망했다.

그럼에도 불구하고 앞으로 북한의 경제는 어려움을 면치 못할 전망이다. 북핵문제가 해결되지 않는 한 국제사회의 대북제재는 더욱 가중될 것이고, 2006년처럼 자연재해가 발생하는 경우 북한의 경제는 최악의 상황에 처할 가능성도 배제할 수 있다. 따라서 공동사설에서 북한이 경제를 강조한 것은 주민들에게 희망을 주고 결속을 다지려는데 그 속셈이 있는 것으로 볼 수 있다.

2) 후계자 공식화 미뤄

북핵문제 해결과 관련, 북한은 앞으로 국제사회로부터 체제변화압박을 더욱 크게 받을 것이 예상된다. 김정일 위원장은 정권안보를 위해 군부와 당 실력자들의 움직임을 견제하고 철저한 감시체제 밑에 둘 것이다. 김 위원장은 자신의 친인척과 핵심권력층을 중심으로 한 통치 기반을 유지해 왔다. 특히 600여 '충성가문'이야말로 김 위원장의 통치기반을 유지하는 버팀목이라 할 수 있다. 그는 배신자에 대해서는 단호한 숙청을, 충성그룹에 대해서는 분에 넘치는 선물을 주면서 '당근과 채찍'의 통치술을 구사했다. 문제는 주변국들의 대북 사치품 금수조치로 그들과 연결하는 수단이 제약을 받게 되었다는 것이다.5)

앞으로 북한당국은 대내외적인 어려운 환경을 맞아 내부동요차단과 체제단속에 역점을 둘 전망이다. 북한은 벌써부터 ≪노동신문≫을 통해 "나라와 민족의 가장 큰 비극은 정신이 무너지는 바로 그 점에 있다"고 정신무장의 중요성을 지적했다. 이어 ≪노동신문≫은 "김정일 동지를 모시고 강성대국의 여명의 시대에 살며 혁명하는 것은 우리 인민의 남다른 긍지이고 더없는 행운"이라고 충성을 다짐했다.6)

2007년은 여러 '꺾어지는 해'(5·10 주년 기념해)의 주요 정치 기념일이 겹쳐 있어서 북한정치에서 선군정치의 강화와 국민단합을 이끌어 내는 중요한 행사가 될 것이다. 구체적으로 김정일 출생 65돐(2.16), 김일성 출생 95돐(4.15), 인민군 창건 75돐(4.25), 김정일 공화국 원수 추대 15돐(4.20), 김일성 '5·25 교시' 40돐, 공청 80돐(8.28), 김정일 당총비서 추대 10돐(10.8) 등을 맞게 될 것이다. 2007

---

5) 김 위원장의 비자금 규모는 최소 20억 달러(약 2조 원), 최대 60억 달러로 추정하고 있다. 김 위원장은 이 돈을 자신의 호화로운 생활과 권력핵심층에 줄 선물구입 등에 지출하고 있다.
6) ≪노동신문≫, 2007.1.27.

년 공동사설은 예전처럼 정치사상 강국의 건설에 있어서 '영도자'의 중요성을 강조하면서, '전당·전군·인민'이 투철한 수령 결사옹위정신으로써 수뇌부의 사상과 영도에 대한 충성을 다할 것을 강조했다. 이와 함께 사설은 고난을 극복하는 방법으로서 '혁명적 낙관주의'와 '조선민족 제일주의 정신'을 강조하고, 외부세력의 심리모략전과 사상문화적 침투를 경계하고, 사상교양사업의 강화를 강조했다.

지난날 북한 권력승계 경험에 비추어 앞으로 후계구도를 공고화하는 작업이 정권내부에서 은밀하게 이루어질 것이 예상된다. 김일성 주석이 62세 되던 1974년에 김정일 후계자로 지명했던 경험에 비추어볼 때, 65세인 김정일 위원장도 후계구도를 염두에 두고 있는 것으로 볼 수 있다. 김정일의 세 아들(정남, 정철, 정운) 중 한 사람이 낙점을 받아 권력을 승계하게 될 것으로 보는 관측이 지배적이다. 그러나 이들은 아직 독자적 리더십과 카리스마가 부족하며, 검증되고 안정된 지도력을 인정받지 못하고 있다.

따라서 이들은 당과 군부 실력자들을 제치고 사회적 통합을 발휘할 수 있는 공고한 권력 기반을 다지기 위한 후계수업이 상당기간 필요할 것이다. 이런 맥락에서 2007년 신년공동사설도 '혁명의 3·4세' 용어가 언급되지 않았던 것으로 보인다. 일본 언론은 김정일 위원장이 앞으로 15년 이상 장기 집권하겠다고 선언, 북한에서 후계자 논의가 금기시 됐다고 보도했다.[7]

≪마이니치 신문≫은 북한소식통을 인용, 김 위원장이 핵무기 실험을 실시한 뒤인 2006년 10월말 노동당 간부들에게 "나는 앞으로도 오랫동안 최고지도자로서 일할 수 있다"며 "80세든 90세든 가능하다"고 말했다고 전했다. 노동당 간부들은 김 위원장이 앞으로 후계자 문제를 언급하지 말도록 경고한 것으로 해석하고 있다. 이는 후계문제 논의가 김 위원장 가족 내부의 권력투쟁으로 비쳐져 '수령 결사 옹위주의'에 손상을 줄 것을 우려한 것으로 해석되지만 김 위

---

7) 일본 ≪마이니치신문≫, 2007.1.4.

원장이 노쇠해지면서 권력승계는 은밀하게 속도를 낼 것이 예상된다.[8]

3) 군비증강과 '선군사상' 강화

2006년 12월 29일 국방부가 공개한 「2006 국방백서」에 따르면 북한은 핵과 미사일, 생화학무기 등 대량살상무기와 방사포 등 공격적인 무기를 늘리면서 점진 배치한 것으로 나타났다. 재래식 무기에 의한 군사력 우위를 유지하는 가운데 노후화 된 함정과 전투기를 폐기시키는 한편 대량살상무기와 방사포 등 비대칭전력으로 전환하고 있다는 것이다.

국방백서는 북한이 현재 장거리 탄도미사일 대포동 2호를 개발하고 있으며, 사정거리는 6,700km를 넘을 것으로 추정했다. 그러나 운반체의 무게를 줄이거나 3단계 추진 로켓을 신속하고 정확하게 공격하고 한반도 부근에 전개된 미군에 대해서도 미사일 공격력을 갖춰 유사시 한반도 미군 추가 파병을 저지할 것으로 보인다.

최근 북한은 두 개의 기계화군단 예하 기계화 보병 여단을 도하기계화 보병여단으로 재편했다고 한다. 북한은 이 과정에서 기계화 부대에 방사포 200문과 도하장비 210대를 늘렸다. 남한을 침공할 때 방사포로 국군에 집중적인 포화를 퍼부어 대응하지 못하게 하면서 북한의 기계화 부대가 신속하게 도강하기 위한 공격적인 부대편성이다. 또 전투함정의 60%와 전투기의 40%를 전방에 배치했는데, 이것도 신속한 공격을 위한 조치로 보인다.[9]

그동안 북한은 대내외적인 위기 상황에 대한 대응논리의 일환으로 '실리사회주의' 구현을 부르짖었으며, '선군정치'를 이른바 '선

---

8) 한편 체제안정을 위해 후계 구도가 공식화되기 전까지 잠정적 후계자로서 김위원장의 매제인 장성택 부부장을 활용할 가능성도 배제할 수 없다.
9) 한편 북한군 재래식 무기의 노후화는 빨라지고 있다. 간첩남파용 잠수정이 10여 척이 줄었고, 해상경비정 170척도 작전 불가능할 정도가 되었으며, 공군도 전투기 10대 등 항공기 30여 대가 줄었다는 것이다.(중앙 2006.12.30)

군사상'으로 격상시켰다. 선군사상은 실리 사회주의와 더불어 주체사상을 구현하고 북한 대중을 결속시키는 실천 이데올로기로 발전했다.10) 선군체제 하의 북한은 제한적 물자조차 일반 경제부문이 아닌 핵무기 개발 등 군사부문에 우선적으로 배당해 놓았다. 앞으로 북한이 '경제우선'을 내세운다고 하지만 이러한 상황은 바뀌지 않을 것은 분명한 일이다.

북한은 핵실험 이후 체제결속을 위하여 '준 전시상태'를 선포하면서 중요한 자원의 배분이나 정책결정에의 종전을 능가하는 군 우선정책을 지속시켰다. 앞으로 핵무기 포기에 대한 국제적 압력이 가중되고 탈북자들이 대량 발생하면서 대내정세가 악화될 것이 예상됨에 따라 체제 위기관리를 위한 선군사상의 강화로 군부의 입지는 더욱 강화될 전망이다.

앞으로 북한은 '평화수호' 명분하에 대남군사 태세를 강화할 가능성이 크다. 공동사설은 국방공업 발전에 선차적인 힘을 넣어 군사력의 물리적 기초를 끊임없이 강화해 나갈 것을 주장했다. 이에 따라 북한은 군대에 대한 전투준비와 전투력 제고를 위한 정치사상적 훈련을 강화할 것이 예상된다..

이런 맥락에서 2007년 신년 공동사설은 '경제부문'을 최우선시한다고 하면서도 "피로써 쟁취한 선군혁명 전취물들을 눈동자와 같이 수호해야 한다"고 국방력 강화를 강조하는 것을 빼놓지 않았다. 군대는 "사회주의 군사강국의 기둥이며 조국 번영의 강력한 전위대"라는 점을 지적하고 2007년 조선인민군 건군 75주년을 상기시키면서 공동사설은 예나 다름없이 인민군대의 혁명의 수뇌부 결사옹위, 총폭탄 대오, 무적필승 등을 강조했다. 또한 공동사설은 군대가 선군혁명의 주력군으로서 "사회주의 경제건설의 최전선"에서 '남김없이' 공헌할 것을 강조한 것으로 보아 2007년에도 경제적 곤경을

---

10) 2001년부터 6년간 노동신문에 게재된 김 위원장의 공식활동은 총 636건이었다. 방문기관·행사 내용에 따라 분류하면 국방쪽이 절반 이상인 337건이나 된다.

헤쳐 나가기 위해 군을 경제건설 현장으로 내몰 것이 예상된다.

3. 대외정세와 정책

1) 향후 북한의 외교정책 방향

1998년 9월에 개정된 사회주의 헌법에서 북한은 '자주, 평화, 친선'을 기본이념이자 대외활동의 기본원칙으로 표방하고 있다. 또한 북한은 대외관계에 있어서의 평등과 자주성, 상호존중과 내정불간섭, 호혜의 원칙을 국가관계의 원칙으로 제시하고 있다. 그러나 그 기저에는 한국의 고립화와 북한정권의 정통성 확보를 위해 '하나의 조선정책'을 추구해 왔으며 이른바 국제혁명 역량의 강화를 통해 이를 실현시키고자 하였다.

북한외교정책의 기본목표는 첫째, 영토적 보존과 정권의 존립을 위협하는 주변의 장애물을 제거함으로써 자신의 안전을 기하는 안전보장이다. 북한의 안보를 가장 위협하고 있는 것이 한미 동맹이라고 보고 있기 때문에 주한미군은 우선적으로 철수시켜야 할 대상이다. 둘째는 경제력을 키워 국력을 강화시키고 주민의 생활수준을 향상시키기 위한 국제적 여건을 마련하여 결국 남한의 경제를 압도하는 것이다. 셋째는 국제혁명역량 강화를 통해서 통일지원세력을 확보하고 국제사회주의 세력과 연대성을 강화하는 것이다. 특히 비동맹국과의 유대를 증진시키고 국제사회에서 반한, 반미 투쟁을 강화시키는 한편 한미, 한·일 간 이간 책동으로 한국을 국제적으로 고립시키는 것이다.

이러한 외교정책은 주변여건과 상황 전개에 따라 모습을 달리해 왔지만 그들의 정통성을 확보하고 남한을 고립시켜 북한방식의 통일성취를 위한 국제적 여건을 마련한다는 데는 변함이 없다. 2006년 북한은 핵실험에 성공함으로써 동북아지역 정치의 기본 틀을 바꾸어 놓았다. 핵보유국으로 인정받기를 추구하면서 앞으로 펼쳐질 북한의 외교 전략에 관심이 모아진다.

2007년 신년 공동사설은 대외관계에서 '자주·평화·친선'의 일반적 기조를 언급하는 가운데 '진보적 인민들과의 연대성 강화'를 강조하는 정도에 그쳤다. 대외관계에 있어서의 평등과 자주성·상호 존중과 내정불간섭과 호혜의 원칙을 국가관계의 원칙으로 내세우지도 않았다. 대미관계에서 공동사설은 '미제 침략자들의 그 어떤 불의의 침공도 무자비하게 격파·분쇄'하고 '우리 민족 문제에 대한 미국의 간섭과 반대책동을 단호히 배격'하며 '전쟁의 근원이 되는 남조선 강점 미군 철수 투쟁'을 강력히 전개한다는 것이다. 그러나 2007년 공동사설에서 주목되는 것은 '미제', '미군', '반미', '반제', '친미' 등 미국과 관련된 용어가 자주 눈에 띄지 않는다는 것이다.11) 외교 분야에 대한 공동사설은 다분히 수세적인 논조로 미국을 비롯한 주변국들에게 도발적인 언사를 자제하고 있는 것으로 보인다.

그러나 북한당국을 비공식적으로 대변하고 있는 조총련 기관지 ≪조선신보≫는 1월 1일 "조선은 2007년 미국에 대한 외교적 공세를 강화해 나갈 공산이 크다"며, 북한은 "핵실험을 실시한 시점에서 미국의 위협과 간섭에 종지부를 찍는 로드맵을 마련해 놓았다"는 언급을 해, 북한이 대미관계에서 적극적인 공세를 취할 것을 시사했다. ≪조선신보≫는 "북한의 전략은 한반도 비핵화를 실현하는 북미 동시행동을 통해 미국의 적대시정책을 근본적으로 바꿔나가는 것으로 6자 회담도 이를 위한 무대"라며, "9·19 공동성명에는 북미적대 관계 청산, 한반도의 항구적 평화체제 수립 등이 명시돼 있다"고 설명했다.

2006년 중간선거에서 패배한 미국 조지 부시 대통령이 일단은 대화를 통하여 북핵문제 해결에 주력하는 상황인 만큼 북한으로서는 이를 적극적으로 이용해 핵 폐기를 늦추는 대신 6·26 전쟁 종

---

11) '미제'는 2회, '미국'은 3회, '반미'는 1회 정도 등장되었을 뿐이다.

전서명, 북미관계 정상화를 요구할 것으로 보는 것이다. 이어 《조선신보》는 북한과 중국, 러시아, 일본의 관계에 대해 "올해는 주변국과의 우호관계를 재정립하게 될 것이고 북·중, 북·러 간 외교도 활성화 될 수 있을 것"으로 내다봤다.

결국 2007년 북한은 중국, 러시아 등 북한의 대외관계 확대를 위하여 상대적으로 우호적인 나라와의 관계 강화와 더불어 서방국가와도 '인민외교'에 기초한 실리획득을 위한 외교를 적극 추진할 것이 예상된다. 북한은 중국이 유엔대북제재 결의안에 두 번이나 찬성함에 따라 관계가 서먹하기도 하지만 높은 대중 경제적 의존도와 미국을 중심으로 한 국제사회의 북한정권교체 움직임에 대처하기 위해서는 중국의 도움이 어느 때보다 절실할 것이다. 따라서 북한은 중국의 역할을 인정할 수밖에 없지만 가능한 범위 내에서 중국의 역할을 축소시키면서 북미직접대화구도를 모색할 것이 예상된다. 이런 맥락에서 북한은 중국을 견제할 목적으로 러시아를 적극 활용하려 할 것이다. 이외에도 북한은 공장 가동률을 높이기 위해 러시아로부터 원활한 부품 및 원자재 도입이 절실한 상황이며, 또한 군수물자 도입을 위해 러시아와의 협상을 지속적으로 추진할 전망이다. 최근 북한은 대러시아 채무 80억 달러 중 원칙적으로 80%선까지 탕감을 받는 것으로 합의한 것으로 알려졌다.12)

외국과 국제기구로부터 가능한 한 많은 식량 원조를 받아들이고, 국제시장에서 무역거래를 통해 부족한 식량을 구입하고, 시장경제적 요소도입의 강화를 통해서 경제난을 극복하려 할 것이다. 이와 함께 북한은 대 중국 변경무역 활성화와 국제시장에서의 금거래 활

---

12) 북한은 러시아와의 경제협력을 기대하고 있으나 양국의 경제적 어려움에 비추어 러시아는 가급적 한국을 참여시킨 형태로 3자 협력을 모색하려 할 것이다. 북·러는 2006년 말 채무협상에서 이같이 합의하고 세부적인 탕감규모와 탕감 후 나머지 채무 상환방식은 3월 이전까지 협상을 끝내기로 했다고 한다.(조선 2007.1.15)

성화 등을 시도하여 미국의 금융압박에 대처하려 할 것이다.

《조선신보》에 따르면 "6자 회담에서 일본만 강경책을 강행해 집적 대화 창구를 막은 만큼, 일본의 고립은 심화될 것"이라고 주장한다. 북한은 사사건건 납치문제를 들고 나와 북한과 대결의 각을 세우는 일본에 대해서 2007년에도 강경한 태도를 보일 것이 예상된다. 한편 북한은 국제사회의 압박을 대처하는 전략으로 미국과의 관계가 깊은 일본의 중재적 역할을 기대하면서 일본에 접근할 가능성을 배제할 수 없다.

2) 향후 북한의 핵 회담 전략

북한은 2007년 공동사설에서 핵보유에 대한 자부심을 내세웠지만 6자 회담이나 국제압력에 대응하는 앞으로의 행보에 대해서는 언급이 없다. 이는 2006년 12월 중국 베이징(北京)에서 열린 6자 회담과 방코델타아시아(BDA) 실무회의 등 핵문제 해결을 위한 협상이 진행 중임을 감안해 핵문제 해결과 미국의 대북 금융제재에 대한 북한의 전략을 사전에 알리지 않는 전략적 모호성을 유지하기 위한 것으로 분석된다.

핵문제에 대한 북한의 기본전략은 '핵무기 폐기'와 '현존 핵 계획의 포기' 문제를 분리해서 조건이 성숙되지 않은 현 단계에서 핵무기 폐기논의는 할 수 없다는 것이다. 이어 북한은 2005년 채택된 9·19 공동성명에서 '모든 핵무기와 현존하는 핵 계획'을 분리했고 앞으로 카드를 쪼개서 협상을 하겠다고 한다.

일본 방위청 다케사다 히데시 연구관은 2007년 "북한은 주변국과 적극적 관계 개선 정책과 동시에 핵개발을 통한 미국의 군사적 역할을 저하시키는 정책을 병행할 것"이라고 내다봤다. 그는 한반도 유사사태와 관련, 북한이 핵개발 지속의지를 굽히지 않고 있어 주변국들과 대립은 불가피하며 6자 회담에서 합의를 이루지 못한 채 국제분쟁가능성을 예견했다.

베이징 6자 회담이 성과 없이 끝남에 따라 미국과 일본의 대북 제재가 가중되고 유엔안전보장이사회의 제재수위가 높아질 가능성이 커졌다. 이에 대응하여 북한이 추가 핵실험 가능성도 높아질 것이다. 구체적으로 풍계리 만탑산의 갱도 두 개 중 동쪽 갱도에서 지난번 핵실험을 했고, 추가 핵실험을 할 것으로 예상되는 서쪽 갱도에서 최근 들어 토목기초공사가 상당히 규모 있게 진행되고 있다고 한다.13) 한편 국방부는 북한이 절반쯤 성공한 핵실험을 보완해 핵무기를 소형화 할 경우에는 10개 이상의 미사일 장착용 핵탄두를 제조할 수 있어 주변국에 심각한 위협이 될 것이라고 했다.

북한은 2007년에 북핵문제에서 돌파구를 찾지 못하면 모든 분야에서 심각한 어려움을 겪게 될 것이다. 김정일 위원장이 핵무기와 핵개발계획을 계속 밀고나가 미·일을 비롯한 국제사회 압력을 과연 견디어 나갈 수 있을까? 그의 목적대로 북한이 세계 아홉 번째 핵보유국으로 인정을 받아낼 수 있을까? 그 자신의 통치의 정통성 확보, 북한주민들의 생사, 그리고 북한체제의 생존과 번영이 걸려있는 북핵문제를 해결하기 위해 '통 큰' 결단을 내릴 수 있을까 하는 것들이 2007년의 최대의 관심거리다.

3) 한미 이간책동 강화

앞으로 북한은 2006년 11월 미국 중간선거에서 민주당이 의회의 다수당이 됨에 따라, 북미 직접협상 가능성을 배제하지 않으려 할 것이다. 북한은 일단 미국의 적대정책 해소가 핵심적 사안임을 강조하면서 북미 양자대화 구도를 적극적으로 추진할 것이 예상된다. 북한은 미국에게 적대정책 해소의 징표로 평화협정을 다시 추가

---

13) 특히 갱도입구 10m 전방에 있는 임시건물 뒤편에 토목기초공사가 진행되고 있는데 핵실험 지원용 시설일 가능성이 높다고 한다. 중앙, 2007.1)

로 제기하고 핵무기 이전을 지렛대로 핵무기를 동결시키는 수준에서 정치적 타협을 모색하려할 가능성도 배제할 수 없을 것이다. 한편 북한은 미국의 대북제재를 무력화 시킬 목적으로 지난 어느 때보다 한미 이간책동을 강화시킬 것이 예상된다.

2007년 신년 공동사설에서 북한이 밝힌 키워드 중의 하나는 '민족중시'이다. 공동사설은 "민족중시는 외세에 의해 분열과 전쟁을 강요당하고 있는 우리 겨레가 견지해야 할 기본 입장"이라고 주장했다. 이어 사설은 "그 어느 외세도 민족의 이익보다 앞설 수 없다"며 "민족 우선, 민족옹호의 원칙을 확고히 세워나가야 한다"고 주장했다. 무엇보다도 북한은 핵실험 이후 유엔의 대북제재결의안 채택 등으로 만들어진 위기상황을 돌파하는 데는 동족으로서 한국의 '반미', '민족공조'가 절대 필요하다고 보고 있기 때문이다.

공동사설은 "민족 내부문제에 대한 미국의 간섭과 방해 책동의 단호한 배격", "남조선 강점 미군철수투쟁 강력전개", "매국적인 친미반동 보수세력 매장" 등의 표현으로 반미감정을 추부기어 한미간 이간을 책동시켰다. 또 공동사설은 미국이야말로 한반도에 대한 지배야망을 실현시키기 위해 반통일 전쟁책동에 매달리고 그래서 한반도의 평화와 안전에 위협 당한다는 논리를 펴 한국이 반미 해야 할 이유를 설명하고 있다. 북한이 한미간 이간에 기대를 걸고 있는 것은 그동안 한국정부가 미국의 대북정책에 이견을 보여 왔기 때문이다.

김정일 위원장은 한국정부가 계속 이러한 입장을 취해 줄 것을 기대하고 있다. 김 위원장 입장에서 보면 '6·15 선언'이 살아 있는 한 한국이 '우리 민족끼리'를 내세워 반미하는 것은 당연한 것으로 받아들여지고 있다. 한국정부가 '국민의 정부' 이래 자주를 내세워 미국에 각을 세우는 일은 북한에게는 참으로 다행한 일이며, 이런 맥락에서 한미 간의 갈등을 부추기는 전략은 북한이 최우선적으로 추구해야할 것으로 보고 있다. 한미 간의 갈등을 유지하고 한국정부가 북한을 두둔하는 한 미국의 압력이 결코 유효하지 못할 것으로 보고 있는 것이다.

미국의 ≪워싱턴포스트≫지는 2006년 12월 30일 사설을 통해 북한은 인도나 파키스탄과 달리 핵무기 보유를 저지하기 위한 국제사회의 압박이 통할 수 있는 나라인데도, 그렇지 못한 것은 중국과 한국의 소극적 태도 때문이라고 지적했다. 이 신문의 지적과 같이 북한이 한국의 지원에 힘입어 미일 대북압박이 안 통했다고 판단한다면 2007년에는 한국을 상대로 민족공조와 반미감정을 더욱 부추길 것은 불을 보듯 뻔하다.

4. 남북관계와 대남전략

1) '민족중시' 공조전략

남북관계는 2006년 북한의 미사일 시험발사(7.5)와 핵실험(10.9), 그리고 유엔안보리의 대북제재결의 1695호(7.15)와 1718호(10.14) 등으로 중대한 도전을 맞고 있다. 정부차원의 장관급회담과 경추위회담 등이 중단되고, 정부의 대북 쌀·비료지원의 '추가지원의 유보'로 인도적 지원이 끊기고 결과적으로 이산가족 상봉이 중단되었다. 이로써 남북관계는 2000년 남북정상회담 이후 최악의 상황을 맞았다.

2007년의 남북관계는 모든 것이 6자 회담의 진전에 달려 있다. 일단 6자 회담에서 돌파구가 생기면 정부는 쌀과 비료지원을 재개하고 북한은 이산가족 상봉에 응해 올 것이 예상된다. 북한은 장관급회담과 경추위 회담에도 긍정적인 반응을 보이고 군사당국자 회담까지도 응해 올 가능성을 배제할 수 없다. 6자 회담이 지지부진해지는 경우라도 북한은 '민족공조'를 내세우면서 대남접근을 지속할 것이며 정부의 태도에 따라 부분적인 성공을 거둘 가능성도 있다. 핵실험 이후 북한에 대한 남한정부의 지원이 어느 때보다 절실하기 때문이다.

2007년 신년 공동사설은 남북관계와 관련하여 '민족중시, 평화수호, 단합실현으로 6·15 통일시대를 빛내여 나가자'라는 구호를 제시하였다.14) 공동사설은 '민족중시'의 입장을 특별히 강조했다. "'민족중시'는 외세에 의하여 분열과 전쟁을 강요당하고 있는 우리 겨레가 견지해야 할 기본 립장이며 좌우명"이라며, 한때 한국정부가 내세웠던 맥락과 같이 "그 어느 외세도, 그 어떤 리념도 민족의 리익보다 앞설 수 없다"고 주장했다. 결국 '우리 민족 내부문제에 대한 미국의 간섭과 방해책동을 단호히 배격해야 한다"는 것이다.

북한이 제시한 것과 같이 '민족중시', '민족공조'는 앞으로 대남관계에서 가장 중요한 전략이 될 것이 예상된다. 정부는 북핵 '불용'에 대한 확고한 기본방침을 유지하고 있으나 사실상 핵무장을 한 북한과 관계를 설정하는 것도 쉽지 않을 것이다. 북한은 핵보유를 기정사실화하면서 '우리 민족끼리'를 더욱 강하게 내세워 국론분열을 주도하고 친북 진보세력들을 결집시키기 위한 6·15 민족대축전과 8·15 통일축전 등 각종 민족행사를 주도하려 할 것이다. 그러나 핵실험의 여파로 6자 회담에서 돌파구를 찾지 못하는 한 남북교류는 축소 또는 중단되는 상황을 면치 못할 것이다.

2) 군사위협상존

앞으로 6자 회담이 실패하고 미국의 압박이 본격화되면 북한이 추가 핵실험을 강행할 가능성을 배제할 수 없다. 상당한 국내외 전

---

14) 이 3대 과업은 2006년 "기치높이 자주통일, 반전평화, 민족대단합의 3대 애국운동을 힘 있게 벌려나가자"라는 구호와 크게 다른 점이 없다.

문가들은, 북한이 만약 체제붕괴위기에 직면할 경우 대남군사 도발에 나설 수 있을 것으로 보고 있다. 이러한 분석은 "한국을 향해서 북이 도발적 행위를 하는 것은 자살행위나 마찬가지라는 판단을 할수밖에 없다"는 2006년 12월 노무현 대통령의 발언과는 상반된 전망이다.15) 특히 브루스벡톨 미국 해병대참모대 교수는 "6자 회담이 결렬되고 미북 간 군사적 긴장이 고조될 경우, 북한이 한국을 압박하기 위해 한반도 위기 조성에 나설 가능성이 높다"고 전망했다.

북한의 군사적 도발 시나리오는 추가 핵실험과 미사일 발사가 제일 가능성이 높고, 서해북방한계선(NLL) 일대 동해상의 국지적 도발 가능성도 있다는 것이다. 이와 함께 김태우 한국국방연구원 (KIDA) 책임연구원은 "북한이 소형 핵탄두를 개발해 그 모의 탄두를 대포동 2호에 탑재하고 시험발사에 성공하는 경우가 가장 우려스럽다"고 말했다.

북한이 체제붕괴 위기 시에 핵무기를 과연 사용할 것인지는 분명치 않다. 김정일 위원장이 처한 상황과 그의 판단에 따라 결정될 것이다. 핵사용은 북한정권의 종말은 물론 전 한반도가 회생불능의 타격을 받을 것이기 때문이다. 그러나 북한이 핵을 사용할 경우 그 대상국은 "동족을 겨냥하지 않는다"는 북한의 되풀이되는 발언에도 불구하고 한국일 가능성이 가장 크다는 것이 전문가들의 판단이다. 미국이나 일본에게 핵 응징을 가할 수 있는 길이 열려 있지 않기 때문에 미·일을 위협하기 위해서라도 한국을 공격할 수밖에 없는 상황이라는 것이다.

이런 맥락에서 신일순(예비역 대장) 전 한미연합사 부사령관은 "북한의 핵은 평화시엔 정치협상용일 수 있지만 전시에는 얼마든지

---

15) 동아일보가 설문조사와 인터뷰를 한 국내외 전문가 50명 가운데 군사분야에 답한 13명 중 11명은 북한이 체붕괴 위기에 직면할 경우 군사적 도발을 시도할 것으로 보았다.(동아 2007.1.2)

사용가능한 치명적 무기"라며 "북한의 핵보유로 남북한 군사균형이 깨진 마당에 안보상황을 적절히 관리할 수 있다는 주장은 허황된 것"이라고 지적했다.16) 한편 바실리 미헤예프 러시아 세계경제 및 국제관계연구소(IMEMO) 아시아 태평양 연구센터 소장은 "북한이 체제붕괴위기를 맞을 경우 북한군 특수부대가 한국의 핵시설이나 생물화학물질 저장소를 파괴해 한국을 혼란에 빠뜨릴 가능성이 크다"고 말했다. 그는 러시아에서 북한군을 가장 잘 아는 전문가 중한 사람으로 꼽힌다. 북한이 체제위협을 느낄 경우 '우리 민족끼리'라는 구호가 얼마나 허구인가를 금방 알게 될 것이라는 것이다.17)

3) 한나라당과 보수세력 집권저지

2007년에 들어 북한은 한국의 대통령선거에 대한 북한의 언급 수위를 갈수록 노골화, 직설화시키고 있다. 2007년 신년공동사설에서 북한은 "한나라당의 재집권을 막아야 한다"고 한데 이어, 북한의 대남기구인 조국평화통일위원회는 "한나라당 재집권은 남조선 내부 문제만이 아니다"는 내용의 담화를 발표하기도 했다.18)

2005년만 해도 북한신년공동사설은 일반적으로 해온 것처럼 "민족자주, 반전평화, 통일애국의 3대 공조를 확고히 실현하자"는 정도였다. '사대매국세력'이라는 말을 사용했지만 '반미'를 강조하기 위해 쓴 것이지 남한정치와 바로 연계하지는 않았다.

2006년 공동사설을 통해 북한은 "남조선 친미 보수세력의 집권 야욕실현"이라는 표현으로 구체화했다. 또 보수세력이 집권할 경우 "남조선 각계각층 인민들은 '신보수'의 결탁과 도전을 진보의 대연

---

16) 《동아일보》, 2007.1.2.
17) 바실리 미헤예프 소장은 1978~84년 북한 주재 러시아대사관 1등 서기관으로 일하면서 북한군의 자료와 동향을 분석해왔다.
18) 「조국평화통일위원회」 보도. 2007.1.4.

합으로 짓부셔 버려야 한다"고 했다. 공동사설은 "반역의 무리를 그대로 두고는 조국통일운동의 전진을 기대할 수 없기" 때문에 "독초는 제때에 뿌리 뽑아 제거해 버려야 한다", "평화는 투쟁으로 쟁취해야 한다"면서 남한 내 친북활동의 강경 폭력투쟁을 독려하고 있으며, '반보수 대연합'을 통해 남한 내 친북환경의 저변확대를 요구했다.

2006년 북한이 '반보수 대연합'을 강력요구하고 나선 데는 나름대로 이유가 있었다. 진보세력을 등에 업고 정권을 잡은 현 남한정부 초기에는 진보세력 천하였다. 그러나 참여정부의 임기가 절반 넘게 지난 시점에서 사회분위기와 거리의 상황은 많이 달라졌다. 젊은 진보세력에 맞서 '뉴라이트'를 표방하는 여러 조직들이 진보세력을 제압하는 활동에 나섰다. 남한에서 좌경적 진보세력이 보수대연합으로 수세에 몰린다면 북한의 대남전략에 치명적인 차질을 빚는 것이다. 따라서 이를 막아야 한다는 요청에 따라 '반보수 대연합'을 주장하고 나선 것이다.

2006년 6월 북한의 대남사업 핵심간부가 남쪽에 내려와 "한나라당이 집권하면 남북관계가 파탄되고 전쟁화염에 휩싸일 것"이라고 위협한 적이 있다. 2007년에 들어서 북한은 남쪽의 대선을 맞이해서 수단과 방법을 가리지 않고 세를 결집시키겠다는 것이 분명해졌다. 2007년 공동사설은 2007년 12월 19일 실시되는 대통령선거와 관련, "남조선의 각계각층 인민들은 반(反)보수대연합을 실현해 대통령 선거를 계기로 친미보수세력을 매장해 버리기 위한 투쟁을 더욱 힘 있게 벌여나가야 한다"고 말했다. 또, "지금 한나라당을 비롯한 반동보수세력은 외세를 등에 업고 매국반역적인 기도와 재집권 야망을 실현해 보려고 발악적으로 책동하고 있다"고 한나라당과 보수세력을 비난했다.[19]

조평통은 1월 4일 보도를 통해 "한나라당과 같은 반동보수세력이 집권하면 우리 민족이 핵전쟁의 참화를 입게 될 것이 너무나 자명하다"고 협박했다. 공식적인 노동당 기구를 통해 2006년 10월 핵실험 이후 처음으로 '핵위협'을 한 것은 예사로운 일이 아니다. 이어 조평통은 "우리 민족의 누구도 이 땅에 재앙을 몰아올 한나라당의 재집권 책동을 결코 강건너 불보듯 할 수 없다"고 남측 대선에 개입할 뜻을 재차 밝혔다.

평양지도부는 이렇게 지속적으로 협박을 가하면 남측 국민이 동요할 것으로 보는 것 같다. 그러나 이는 착각이다. 오히려 북한체제를 이해하려는 계층으로부터도 반감만 자초할 게 뻔하다. 북한은 노무현 정부의 실정으로 인해 반사적으로 우월한 입장에 있는 것으로 보이는 한나라당의 집권을 우려하고 있다. 만일 2007년 대통령선거에서 한나라당이 승리하면 차기 남한정부가 남북화해와 협력 대신 한미동맹 공조정책 위주로 나가면서 '반북정책'을 취할 가능성에 대해 우려를 하고 있는 것으로 보인다.[20]

5. 향후 북한 정세 시나리오

핵실험에서 성공한 북한은 앞으로 국제사회의 제재와 경제적 곤경을 버티어 내면서 사실상 핵보유국으로 인정받는 것이다. 6자회담이 지지부진해지면서 북한이 2차 핵실험을 강행하고 유엔이 추가 제재결의안을 통과시킨다면 북한이 과연 견디어 낼 수 있을까에 관심이 모아진다.

---

19) 이에 호응하듯이, 친북단체인 남북공동선언 실천연대는 "반(反) 한나라당 투쟁에 화력을 총집중하고 대선승리를 위해 총력하여 미국의 새로운 전쟁책동을 단호히 분쇄하자"고 주장했다.(조선 2007.1.8)
20) 한나라당이 집권할 경우 대북지원과 남북교류를 통한 경제적 실리확보가 어려울 수 있다는 우려가 반영된 것으로 보인다.(동아 2007.1.2)

만약 북한이 그러한 압력을 견디어 내지 못하고 붕괴되거나 정권까지 교체가 된다면 어떠한 시나리오가 가능할까? 몇 가지 간단한 시나리오를 생각해 볼 수 있다. 첫째는 궁정 쿠데타나 민중봉기가 일어나 김정일 위원장이 실각하고 새 정권이 들어서는 경우다. 북한의 핵실험과 6자 회담이 결실을 거두지 못함에 따라 북한체제 위협 요인들이 어느 때보다 많아졌다. 유엔 및 주변국들의 제재지속으로 인한 경제난 가속, 사회주의 질서의 이완과 시장요소 확대, 김 위원장에 대한 불만 등이 커지고 있다는 것이다. 체제불안은 군부 불만세력이나 측근 기회주의자들에 의한 정권 전복 유혹을 부추기게 될 것이다.

어느 형태든 쿠데타가 일어난다면, 김정일의 지방 현지지도 시 체포, 구금, 호위군관이나 측근에 의한 암살 등 다양한 방법이 열려 있다. 이러한 상황이 오면 중국의 행보가 주목된다. 중국 지도부는 북한 핵과 미사일 문제 등으로 김 위원장에 많은 불만을 가지고 있는 것으로 알려졌다. 또 중국은 오래 전부터 동북공정(東北工程)을 추진하면서 북한을 영향권 내에 묶어두기 위해 지속적인 진출을 꾀했다. 따라서 북한에서 쿠데타가 발생한다면 최악의 시나리오는 친중 정권이 들어서 중국군이 진압하는 경우다.21) 만약 친중성향의 새 정권이 국가 위기 사태를 선포하고 '조중 상호우호 협력조약' 등을 근거로 중국정부에 '군사지원'을 요청하면 중국은 합법적으로 북한에 진입할 수 있게 된다.

둘째는 김정일이 병사하는 경우다. 김 위원장의 최근 건강상태는 업무수행에 큰 지장을 줄 정도는 아닌 것으로 알려져 있다. 그러나 1942년생인 김 위원장은 올해 만 64세이고, 이미 50대에 이르면서 고혈압, 당뇨 등 온갖 질병을 가지고 있어 앞으로도 계속 건강을

---

21) 김 위원장의 장남인 김정남과 김 위원장의 매제인 장성택 당 제1부부장을 중국이 선호하는 인물군으로 알려져 있다.(조선 2007.1.2)

유지할 가능성은 크지 않다.

미 육군전쟁대학 전략연구소(SSI)의 켄 고스(Ken Gourse) 연구원은 얼마 전 "김 위원장은 신장과 간이 안 좋고 당뇨를 앓고 있으며 고혈압 등 지병이 있다"며 "그의 건강이 많이 좋지 않아 70세를 넘기기가 힘들 것"이라고 말했다. 한편 김정일 위원장이 2년 이상 살 수 없을 것이라고 보는 예언자들도 있다. 병사가 아니더라도 사고 등으로 갑작스럽게 사망하는 경우도 상정해 볼 수 있을 것이다.

셋째는 김 위원장이 건강악화 등을 이유로 뒤로 물러나면서 후계자를 세우는 경우다. 불리해진 대내외 정세를 되돌리고 분위기를 쇄신하여 위기를 모면하자는 전략이다. 김 위원장은 장남인 김정남(36), 차남 정철(26), 3남 정은(24), 또는 임시 방패막이고 매제인 장성택 중 한 명을 후계자로 앞에 내세우고 자신은 섭정하면서 사실상의 체제를 지속시키려 할 가능성도 있다. 자신은 사태를 악화시키고 북한을 총체적 위기에 빠뜨린 모든 책임을 지고 물러나는 것이지만 후계자에게 새로운 환경과 힘찬 재기의 기회를 준다는 것이다.

어느 경우에나 우리에게는 위험과 기회가 함께 오게 될 것이다. 북한이 급격한 변화를 겪으면서 한국이 북한의 위협에 노출 될 가능성이 많다. 전 한반도가 불의의 전쟁에 휩싸일 수도 있고, 그 틈새를 잘 활용하면 민족통일이라는 기대치 못했던 행운도 얻을 수 있을 것이다. 열강에 둘러싸여 있는 한국이 힘과 능력을 발휘하기 위해서는 위험을 기회로 바꿔놓는데 도움을 줄 굳건한 동맹이 필요하다. 동맹의 힘을 빌리면 대가를 치러야 하느니만큼 긴 안목에서 손익을 계산하여 동맹을 규합하는 지혜가 필요할 것이다.

6. 우리의 기도

"그들이 돌이켜 주께 부르짖으매 주께서 하늘에서 들으시고 여러 번 주의 긍휼로 건져내시고"(느 9:28) 부르짖는 자의 기도를 외면하지 않으시고 긍휼로 구원하시는 하나님께 기도드립니다.

첫째, "인민생활 향상, 경제의 현대화, 경제강국 건설"에 중점을 둔 신년 공동사설에 있는 내용처럼, 북한정권이 말로만이 아니라 진정성을 가지고 개혁과 개방의 길을 걸어 굶주리는 주민들의 생활을 향상시키는데 최선을 다할 수 있도록 도와주시옵소서.

둘째, 북한이 핵개발 지속의지를 굽히지 않고 추가핵실험을 계획하고 있음으로 인해, 한반도 정세는 여전히 불안한 가운데 북한은 미국의 대북제재를 무력화시킬 목적으로 어느 때보다 한미 이간책동을 강화시킬 것으로 예상됩니다. '민족중시', '민족공조'를 기조로 '미군철수 투쟁 강력전개', '친미반동 보수세력 매장', '반보수대연합'을 전개할 북한의 대남전략에 한국의 일부세력이 동조하지 않게 하시고 국론이 더 이상 분열되지 않게 하시옵소서.

셋째, 북핵문제 해결을 위해 북한과 미국, 주변국들이 적극적 의지를 가지고 평화롭게 해결할 수 있도록 우리의 외교력을 강화시켜주시옵소서.

넷째, 평양 대부흥 100주년을 맞이하는 2007년, 한국교계는 각종 기념행사와 집회를 열고 있습니다. 단지 이벤트성 행사로 그치거나 정치적으로 이용되지 말게 하시고, 각 개인, 교회가 빛과 소금의 역할을 하지 못했던 것을 깊이 통회자복 회개함으로 이 나라와 민족을 향한 하나님의 뜻을 깨닫게 하시고 변화되는 진정한 부흥을 허락하시옵소서. 주의 나라 만드시옵소서.

2. 유일사상 확립의 10대 원칙

1. 유일사상 확립의 10대 원칙

김정일은 주체사상을 '김일성 주의'로 선포한 다음, 1974년 4월 주체사상 이론을 실천적인 면으로 발전시킨 '당의 유일사상체계 확립의 10대 원칙'을 발표하였다. 그 원칙이 북한주민들에게 주입되면서 김일성에 대한 우상화 작업이 종교적인 경지로 발전되어 나아갔다.

그러나 이러한 평가나 지적은 널리 알려졌으면서도 '10대 원칙'에 나타난 구체적인 내용이나 종교적인 측면에 대한 연구는 정확한 문서로 국내에 알려진 것은 1986년부터이다.

'절대성(3원칙)과 무조건성의 원칙(5원칙)' 속에서 전 사회가 하나와 같이 움직이도록 규정된 10대 원칙은 전체주의를 지향하는 '계율'로 볼 수 있으며, 출애굽기 20장에 등장하는 10계명의 상징성을 의식하여 10원칙으로 정하였다는 추측도 있다.

전문과 10원칙 65항으로 이루어진 '당의 유일사상체계 확립의 10대 원칙'은 그 '계율'들이 종교적임을 알 수 있다.

『경애하는 수령 김일성 동지의 초상화, 석고상, 동상, 초상휘

장, 수령님의 초상화를 모신 출판물, 수령님을 형상한 미술품, 수령
님의 현지 교시판, 당의 기본 구호들을 정중히 모시고 다루며 철저
히 보위하여야 한다.』(3원칙 6항)

『경애하는 수령 김일성 동지의 위대한 혁명력사와 투쟁업적이
깃들어 있는 혁명전적지와 혁명사적지, 당의 유일사상교양의 거점인
김일성동지혁명사적관과 김일성동지혁명사상연구실을 정중히 꾸리고
잘 관리하며 철저히 보위하여야 한다.』(3원칙 7항)

『위대한 수령 김일성 동지의 교시를 무조건 접수하고 그것을
자로 하여 모든 것을 재어보며 수령님의 사상의지대로만 사고하고
행동하여야 한다.』(4원칙 3항)

『보고, 토론, 강연을 하거나 출판물에 실린 글을 쓸 때에는 언
제나 수령님의 교시를 정중히 인용하고 그에 기초하여 내용을 전개
하며 그와 어긋나게 말하거나 글을 쓰는 일이 없어야 한다.』(4원칙
7항)

『위대한 수령 김일성 동지의 교시를 곧 법으로, 지상의 명령으
로 여기고 사소한 이유와 구실도 없이 무한한 헌신성과 희생성을 발
휘하여 무조건 철저히 관철하여야 한다.』(5원칙 1항)

정치적 생명을 제일생명으로 여기고 생명의 마지막 순간까지
자기의 정치적 신념과 혁명적 지조를 굽히지 말며 정치적 생명을 위
해서는 육체적 생명을 초개와 같이 바칠 줄 알아야 한다.』(8원칙 1
항)

김정일은 '10대원칙'을 통하여 김일성의 절대 신격화와 온 사회
를 '김일성 주의화' 하는 것을 목표로 삼았음을 알 수 있다.

2. 우리의 기도

"주의 성도들아 여호와를 찬양하며 그 거룩한 이름에 감사할지
어다."(시 30 : 4)

하나님 아버지 북한에서 김일성의 어록이 하나님의 말씀 위에
군림하며, 김일성의 동상과 석고상이 예배의 대상이 되고, 더욱 가
증스러운 것은 김일성의 생각만이 유일사상이라는 이름으로 학습되
며 믿을 것을 강요하고 있습니다. 일본 제국주의가 한 인간을 하늘
의 임금(天皇)으로 여기고 숭배 한 결과 멸망하였음을 유일사상을
강요하는 자들이 깨닫게 하시옵소서.

주님, 주의 이름을 높이는 것(빌 2: 9~11)과 주께 영광을 돌리
고, 높이고, 선포하고 찬양하는 것의 의미를 북한주민들과 위정자들
이 알게 하시고, 주의 이름을 영화롭게 하면서 살 때 다른 사람들도
주 이름의 능력을 통해 용서와 평안과 치유를 찾을 수 있게 하여
주시옵소서. 예수님의 이름으로 기도드립니다. 아멘.

3. 북한의 선택

l. 공멸인가, 공존인가?

최근 출간된 「북한의 선택 공멸인가, 공존인가?」 라는 책의
출판 목적에 대하여 "북한 실상과 남북관계 그리고 주변 정세를 올
바로 이해하면서 북한 복음화를 위해 더불어 기도하자는 데 있다.
지금이야말로 함께 기도하고 북한에 성경을 배달해야만 하는 시기
임을 깨닫고 북한도 복음화 하기 위해 한 목소리로 기도하면서 앞
장서 나가야 할 때라고, 북한선교를 위해 주저할 시간이 없다."고
저자인 유석렬 박사(모퉁이돌선교회 이사장)는 주장한다.

전체 7장으로 이루어진 「북한의 선택 공멸인가, 공존인가?」
는 제 6장과 7장에서 북한체제 일탈 심화와 북한 종교 탄압 및 북
한선교 문제를 심층적으로 분석하고 있다.

북한정권은 체제 유지를 위해 대량 살상 무기를 개발하고 주민
결속을 통한 체제 수호를 위한 단속을 강화하고 있다. 그럼에도 불
구하고 북한체제를 일탈하는 많은 현상이 드러나고 있음에 주목하
고 있다.

아울러 체제 유지와 관련하여 기독교는 미 제국주의와 대한민

국의 보수 세력보다 더 위험한 세력으로 지목하고 있다. 북한의 변화와 개혁·개방을 이끌 수 있는 힘을 기독교가 가지고 있음을 북한정권도 이미 잘 알고 있기 때문이다. 이러한 연유로 북한은 기독교를 계속 탄압하고 있지만 북한선교는 이제 돌이킬 수 없는 '강력한 힘이자 흐름'이 되고 있다는 것이다.

실례로 『최근 북한 인권 동향』 보고 자료에 따르면 한국교회의 집중적인 선교에 의해 탈북자들과 국경지역에서 기독교 신자들이 급증함에 따라 국가안전보위부는 '기독교를 간첩죄로 다스리라'는 내부 지침을 하달하고 기독교인에 대한 집중 검열과 처벌을 진행하고 있으며, 기독교인으로 판명되면 이유 불문하고 종신 수용소에 압송하거나 심한 경우 비밀 처형을 진행하고 있다고 한다.

예전에는 내부에 숨어 있는 한국전쟁 이전 기독교인들을 색출하는데 전력을 다했다면 최근에는 중국을 통한 기독교 '전염자'들을 색출하는데 총력을 기울이고 있는 것으로 파악되고 있는 것이다. 평양 국가안전보위부에 수감됐던 탈북자 2명은 감옥 내에 기독교인으로 보이는 2~3명의 정치범이 완전히 죽어야 하는 대상으로 분리돼 온갖 고문을 받고 있는 것을 목격했다고 증언하였다.

한편 1~2장에서는 북한의 대내 정세와 전략 그리고 북한의 대량 살상 무기 개발과 생존에 대하여 다루고 있다. 구체적으로 "내부적으로 기존 정책 고수를 통한 체제 결속에 주력하면서 '우리 민족끼리' 담론을 중심으로 대남통일전선 사업에 적극 나설 것으로 전망하고 있다. 3장은 한반도 위기와 북한의 미·중 관계를, 4~5장은 남북한 관계와 불편한 한미 동맹 관계를 설명하고 있다.

2. 우리의 기도

"보라 하나님은 나의 구원이시라 내가 의뢰하고 두려움이 없으리니 주 여호와는 나의 힘이시며 나의 노래시며 나의 구원이심이

라."(사 12:2)

첫째, 북한 실상과 남북관계 그리고 주변 정세를 올바로 이해하면서 북한 복음화를 위해 기도하는 주의 백성들의 기도를 응답하사 흑암이 행하던 백성이 큰 빛을 보고 사망의 그늘진 땅에 거하던 자에게 빛이 비춰지게 하여주시옵소서.(사 9:2)

둘째, 하나님께서 브사렐과 오홀리압에게 성령을 충만히 부어주셔서 지혜와 총명과 지식을 갖추어 성막을 만들게 하셨던 것처럼 (출 31:1-11) 우리도 이 시대에 브사렐과 오홀리압이 되어 주어진 북한선교의 사명을 잘 감당하게 하여 주시옵소서.

셋째, 북한의 실체와 남북한 주변 정세를 하나님의 뜻(롬 12:2) 안에서 분별하며, 북한과 우리를 향한 하나님의 궁극적인 목표인 하나님의 영광을 보고(요 17:24) 그 영광을 누리는 복된 자들이 되어지게 하여 주시옵소서.

4. 김정일花

Ⅰ. 김정일 花란?

최근 평양 장관급 회담에서 통일부장관이 생일선물로 받았다고 하여 논란이 된 김정일 花는 김정일을 상징하는 우상花로 1988년 2월 김정일의 46회 생일 때부터 소개되기 시작했다. 북한은 해마다 김정일 생일이 되면 다양한 경축행사를 벌인다. 그 중에서도 '김정일花 전시회'는 가장 중요한 행사 가운데 하나이다.

과거 북한은 김정일 우상花의 상징인 김정일 花를 이산가족 상봉장에 들고 나와 남한 당국이 항의하는 등 갈등을 빚어 정치적 색채가 짙은 꽃으로 간주돼 왔다. 북한은 2007년 2월 김정일 花 전시회를 열어 "남측 인민들도 김정일 花를 출품했다"고 주민들에게 위장 선전하기도 했다.

「불멸의 꽃」으로도 불리는 김정일 花에 대하여 북한은 이 꽃이 일본의 원예학자인 가모 모도데루가 南美가 원산지인 베고니아 뿌리로 20년간의 연구 끝에 개량, 김정일에 바친 것으로 선전하고 있다.

북한주민들에게 김일성의 65회 생일인 1977년 4월에 소개되기 시작하여 현재는「충성의 꽃」, 「김일성주의 혁명의 꽃」 등으로도 불리는 난초과인 자주색 김일성 花, 국화인 목란과 함께 북한체제를 대표하는 꽃으로 간주된다.

북한 선전매체들은 가모 모도데루가 "조선인민과 일본인들 사이의 우호와 연대성, 세계평화 위업에 공헌하고 계시는 친애하는 김정일 동지를 흠모하여 그의 존함과 결부시켜 꽃의 이름을 「김정일 화」로 명명하고 1988년 2월 16일에 즈음하여 그 꽃을 김정일 동지께 바치었다"고 주장한다.

김정일 花는 오늘날 북한 전역에 보급되어 있는데 주로 평양의 중앙식물원 등 각지의 식물원내에 설치된 「김정일 花 온실」에서 재배해 보급하고 있다.

평양 대성산 중앙식물원에 첫 김정일 花 온실이 개관된 후 지금까지 북한 각지에 건설된 '김정일 花' 온실은 120여 개에 달하는 것으로 알려졌다. 한편 김정일 花는 김정일 우상花라는 특성에 맞춰 김정일을 찬양한 내용의 시·대중가요의 소재로도 널리 사용되고 있다.

김정일을 상징하는 꽃으로는 1993년 2월 김정일의 51회 생일에 등장한 '효성花'도 있다. 원산농업대학 원림·경제식물학부에서 김정일의 생일이 있는, 추위가 채 가시지 않은 2월에도 거리와 마을에 피울 수 있는 꽃을 육종하기 위해 지난 10여 년간 연구한 끝에 재배에 성공한 것으로 선전한다. 효성花라는 명칭은 김정일에 의해 명명됐다. 북한에서는 통상 4~5월 중순 사이에 씨를 뿌려 다음해 2월 김정일 생일에 맞춰 꽃을 피우고 있다.

2. 우리의 기도

그러므로 모든 육체는 풀과 같고 그 모든 영광이 풀의 꽃과 같으니 풀은 마르고 꽃은 떨어지되, 오직 주의 말씀은 세세토록 있도

다 하였으니 너희에게 전한 복음이 곧 이 말씀이니라(벧전 1;24~25)

첫째, 북한성도들이 김정일을 숭배하는 "악한 일에 기울어 죄악을 행하는 자와 함께 악을 행치 말게 하시며"(시 141:4) "고난당하는 자를 변호해 주시며 궁핍한 자에게 정의를 베푸시는"(시 140:12) "여호와 하나님을 의지하여 주의 뜻을 행하게 하시옵소서." (시 143: 10)

둘째, 김정일을 상징하는 꽃이 전 지역에 보급되어 있는 북한에서 "사모하는 영혼에게 만족을 주시며, 주린 영혼에게 좋은 것으로 채워주시는"(107:9) 선하시며 그 인자하심이 영원무궁한 여호와 하나님을 찬양함이 영원히 계속되게 하시옵소서.

셋째, 「불멸의 꽃」, 「충성의 꽃」, 「김일성주의 혁명의 꽃」, 『효성花』가 피어나는 북한 땅에 샤론의 꽃 되신 예수(아 2:1) 그리스도가 거룩하고 아름답게 피어, 고통하며 근심하는 자들이, 주님 앞에 엎드려 경배하며 영광 돌릴 때까지 크신 힘과 소망 내려 주시옵소서.

* 참조 : ≪데일리 앤케이≫, 2007.3.5. "억울(?)한 李통일 김정일花 아니라 수박이 기뻐"

5. 김정일 생일과 666

I. 김정일 생일과 666의 관계

김정일의 생일인 2월 16일은 4월 15일 김일성 생일과 더불어 북한의 가장 큰 명절이다. 북한에서는 5주년, 10주년이 되는 해를 '꺾어지는 해'로 부르는데 이때는 생일 축하행사가 더 요란해진다.

2007년은 '꺾어지는 해'를 맞아 김정일의 위대성 찬양과 충성심 고취에 비중을 두어 행사를 진행하는 한편, 선군 혁명 영도 업적을 칭송하고 김일성과 김정일을 동일시하여 김일성의 역사 계승을 강조한 가운데 65회 생일을 맞아 최근 10년 내에 볼 수 없었던 명절 분위기였다고 한다.

김정일 생일인 216이라는 숫자는 북한에서 다양한 형태의 '수령우상화'에 이용되고 있다. 김정일이 태어났다고 주장하는 백두산 밀영(실제 출생지는 하바로브스크에서 서남쪽 75km 지점에 위치한 '브야츠크'임) 귀틀집 뒷산을 '정일봉'이라고 하는데, 북한당국은 '정일봉'과 '귀틀집' 사이의 고도 차이가 216m이며, 정일봉의 높이는 216m 42cm라고 선전하고 있다. 42cm는 김정일이 태어났다고 주장하는 해인 1942년을 뜻한다.

이외에도 김정일의 50회 생일날 '정일봉에서 제비 216 마리가 한꺼번에 하늘로 날아오르는 장관이 펼쳐졌다'는 등 김정일의 생일마다 정일봉을 둘러싼 신비화 선전도 벌이고 있다.

1999년 7월 6일 북한 ≪노동신문≫은 '위인전설 666'이라는 논평을 통해 "6을 세 번 곱하면 216, 즉 김정일의 생일인 2월 16일이 나오고, 북한이 조선반도에서 6번째로 세워진 국체(國體)"라고 밝혔다. 김정일은 1998년 7월 최고인민회의 10기 대의원 선거 당시 666호 선거구에서 대의원으로 선출되기도 했다.

그러나 소아시아에 있던 일곱 교회에 보낸 편지인 요한계시록 13장 18절을 보면 "지혜가 여기 있으니 총명한 자는 그 짐승의 수를 세어 보라. 그것은 사람의 수니 그의 수는 육백육십육이니라."고 되어 있다.

666에 대해서는 많은 해석들이 있지만 가장 타당하다고 생각되는 것은 이것이 로마 황제의 이름을 나타낸다는 견해이다. 로마 황제 중에서 네로 황제 '네론 카이사르'(Neron Kaisar)를 히브리어로 풀면 666이 된다. 즉 666이라는 숫자는 단지 네로 황제 한 사람만 말하는 것이 아니라 자기를 신으로 추켜 세우면서 인간의 숭배를 받으려 하는 모든 자와 그 세력들을 의미한다고 할 수 있다.

666이 등장하는 계시록(13장)이 우리에게 말씀하시는 것은 아무리 자신을 절대화하고 신화를 창조해 내며 무시무시한 친위 세력을 사용한다고 하더라도 그들은 하나님 앞에서 멸망 받을 하나의 짐승에 불과하니까 두려워하지 말라는 것이다.

2. 우리의 기도

"여호와의 눈은 의인을 향하시고 그의 귀는 그들의 부르짖음에 기울이시는도다."(시 34:15)

첫째, 온 땅을 두루 감찰하사 전심으로 자기에게 향하는 자들을 위하여 능력을 베푸시는(대하 16:19) 여호와 하나님으로 말미암아 북한성도들이 고난 가운데 하나님 앞에 멸망당할 하나의 짐승에 불과한 자들을 두려워하지 않을 뿐만 아니라 하나님을 향한 사랑을 잃지 않게 지켜 주시옵소서.

둘째, 다양한 방법으로 '수령우상화'에 이용되고 있는 김정일 생일이 "감사함으로 하나님의 문에 들어가며 찬송함으로 하나님의 궁전에 들어가서 하나님에게 감사하며 하나님의 이름을 송축하는(시 100:4) 온 땅이 여호와께 즐거운 찬송을 부르는 주의 날"(시 100:1)이 되게 하시옵소서.

셋째, 북한주민들이 개인 우상 숭배의 잘못을 깨닫게 하시고, 모든 더러운 것과 모든 우상 숭배에서 정결하게 되며(겔 36:25) 여호와 하나님의 거룩함을 나타내게 하시옵소서.

* 참조 : 《데일리앤케이》, 2007.2.16. "김정일과 '2·16' 놀음…'666'의 비밀은?"

Ⅱ

북한의 경제·사회

Ⅰ. 북한, 식량난 재연 우려

1. 북 식량난 심각

유엔보건기구(WHO)는 사람이 정상적인 생활에 필요한 최소한의 에너지를 1일 2,130kcal로 설정하고 있다. 그러나 세계식량계획(WFP)은 북한을 긴급 식량지원 대상 국가로 분류하고, 유엔이 권장하는 최소 에너지 섭취량의 75%를 고려하여 1인당 1일 1,600kcal(연간 167kg)을 식량 소요량으로 추정한다. 그리고 2005/2006년 북한 인구를 23,943,000명으로 추정하고 있다.

유엔보건기구(WHO)의 권장 정상 에너지 섭취 기준에 따르면 연간 640만 톤의 식량이, 세계식량계획(WFP)의 최소 에너지 섭취 기준에 따르면 연간 520만 톤의 식량이 북한에 필요하다.

정부 자료에 의하면 2000년 61만 톤, 2001년 114만 톤, 2002년 124만 톤, 2003년 105만 톤, 2004년 138만 톤, 2005년 96만 톤의 식량이 부족했던 것으로 나타난 바 있다.

정부는 농촌진흥청을 통해 2006년 곡물 총생산량을 448만 톤으로, 대북 인권단체인 '좋은벗들'은 평년작 수준인 430만 톤에도 훨씬 못 미친 280만 톤으로, 세계식량계획(WFP)은 2006년 북한의 식량

생산량이 430만 톤에 그쳐 최소 에너지 섭취량 520만 톤에서 90만 톤 이상이 부족할 것이라며 '혹독한 춘궁기'를 예상해 낙관적인 추정에 무게를 둔다고 해도 사태가 심각할 수 있음을 시사했다.

지난 2006년 12월 26일 배재학술지원센터에서 열린 "북한의 대량아사(大量餓死), 다시 오는가?"라는 발표 자료를 살펴보면 "북한에서 아사가 일어나지 않기 위해서는 수확량이 평년작 수준인 430만 톤이 되어야 하지만 2007년 가을 생산량은 280만 톤에 그쳐 대량 아사 위기에 노출돼 있다."고 지적하고 있다.

아울러 "여기에 중국으로부터 약 20만 톤, 국제식량계획(WFP)의 7만5천 톤을 포함한다고 하더라도 총 307만5천 톤의 공급량밖에 되지 않는다"면서 "이는 2006년 북한 정부의 공식발표인 450만 톤 생산량의 60%를 약간 웃도는 정도로, 1990년대 '고난의 행군' 시기 300만 명 아사자를 낳았을 때보다 더 심각한 수준"이라고 밝히고 있다.

계속해서 "1996~98년 당시에도 북한의 식량 생산량은 250만~280만 톤 정도였고 외부에서 수입 및 지원 곡물을 포함하면 350만 톤 이상의 식량이 공급됐다"며 "그럼에도 300만 명 이상의 아사자를 발생시킨 것으로 볼 때 내년도 식량위기는 대량의 아사사태를 몰고 올 것"이라고 강조하고 있다. 또 "내년부터 예상되는 '제2 고난의 행군' 시기의 대량아사는 1차 때처럼 갑작스럽게 닥치는 것이 아니라 점진적으로 나타날 것"으로 내다봤다. 즉 1990년대 식량난 후 북한주민들이 장사와 뙈기밭 운영, 외부 친척의 도움 등으로 내구력과 생존력을 갖게 돼 갑작스런 아사 사태는 없을 것이라는 설명이다. 북핵문제가 속히 해결되어 북한에서 아사자가 더 이상 발생하지 않도록 기도해야 할 것이다.

2. 우리의 기도

"빈부가 섞여 살거니와 무릇 그들을 지으신 이는 여호와시니라."(잠 22 : 2)

첫째, 한국교회가 가난하고(심각한 식량난, 혹독한 춘궁기) 멸시 받는 북한주민들의 사정을 잘 헤아려 그들에게 하나님의 사랑을 나타내 "학대 받는 자로 부끄러이 돌아가게 마시고 가난한 자와 궁핍한 자로 주의 이름을 찬송케 하는"(시 74 : 21) 역사가 나타나게 하시옵소서.

둘째, 충분한 영양 섭취로 치료가 가능한 전염병이 빈발하게 발생하는 북한 땅에 안정적인 식량이 확보되는 통로가 생겨나며, 치료자 되신 예수 그리스도로 말미암아 북한주민들의 몸과 영혼이 고쳐져 주를 영화롭게 높이도록 변화시켜 주시옵소서.(출 15:20-26)

셋째, 심각한 식량난으로 소망을 잃고 절망에 빠진 북한주민들이 이스라엘의 소망이신 여호와 하나님(렘 17:5-8,13)의 무한한 사랑을 찬양하게 하시옵소서.

넷째, 궁핍함으로 고통 받는 북한주민들이 거짓 신인 김정일에게 소망을 두는 것이 아니라 하나님께 소망을 두어, 수치를 당하지 않을 뿐만 아니라(시 25:2-5, 렘 14:8) 하나님의 공급하심을 고대하며 감사드리게 하시옵소서.

* 참조 : 북, 춘궁기 앞두고 위기감 고조. 2007.2.5. 연합

2. 7·1 경제 개선 관리 조치 이후 5년

1. 북한경제의 변화와 과제

북한은 2002년 "7월 1일 경제 개선 관리 조치"를 시행하고 이후 경제 전반에 걸쳐 추가적인 조치를 잇달아 내놓았다. "7월 1일 경제 개선 관리 조치" 및 이후 개혁 조치들을 통해 북한은 생산성을 제고하고 경제난에서 벗어나 경제 성장을 이룩하고자 한 것이다.

이런 '조치'들을 통하여 북한경제는 많은 변화를 겪고 있으며 북한당국이 의도한 긍정적인 변화와 예상을 벗어나는 부작용을 초래한 것으로 알려지고 있다. 농업과 일부 경공업 부문의 생산 증대가 있었으나 전반적으로 저 상장 기조가 유지되는 가운데 초 인플레이션, 재정적자, 대규모 무역 적자 등이 발생한 것이다.

북한의 물가는 '조치' 이후 2년 동안 급격히 상승한 후 2005년에 하향 안정화되었다가 다시 완만하게 상승하고 있다. '조치' 이후 2004년 말까지 시장가격은 국정 가격의 수십 배 수준으로 빠르게 상승하여 초인플레이션이 발생하였는데 쌀의 경우 시장 가격은 평양의 경우 2004년 9월 국정 가격의 20배가 넘는 1000원(1kg)에, 옥수수의 시장 가격은 국정 가격의 10배 이상 수준인 400원에 거래

되었다.

2004년 9월 현재, 각 지역 평균 쌀값이 약 900원 정도인데 사무직 노동자의 평균 월급 2~3천 원으로 구입 가능한 쌀은 겨우 3kg가량이고 돼지고기만 산다고 하면 2kg이다. 장사나 다른 부업이 없으면 현실적으로 생계유지가 불가능한 상황이다.

한편 북한은 2002년 12월 장사를 공식 허용하여 2005년 현재 평양에는 약 40여 곳, 전국적으로는 약 300개 이상의 시장이 있다.

'조치' 이후 북한은 중앙 정부 중심으로 이루어지던 무역 활동을 지방 단위의 시·군 및 기업소까지 허용하는 등 무역 분권화를 통해 무역 활성화를 도모해 왔으나 2006년에 11억 달러에 달하는 대규모 무역적자가 발생하였다.

또한 북한의 대 중국 무역의존도가 심화되고 있는데 2004년 48.5%, 2006년에 56.7%로 증가하여 60%에 육박하며, 북한의 산업생산은 원자재와 에너지, 설비와 부품을 중국에 의존하는 구조로 고착되고 있다. 이러한 대북 교역에서 중국의 독주를 막으려고 한국정부는 북한과의 광물 공동 개발을 서두르고 있다고 한다.

'조치' 이후 북한은 해결해야 할 물가수준의 안정, 적자 재정 탈피, 대규모 무역적자 및 대 중국 의존도 심화 시정, 산업 전반의 생산성 향상을 통한 경제 성장 등의 과제를 안고 있으며 이러한 과제들을 해결하기 위해 북한은 지속적인 경제 개혁이 필요하다.

2. 우리의 기도

"나는 가난하고 궁핍하오니 하나님이여 속히 내게 임하소서. 주는 나의 도움이시오 나를 건지시는 이시오니 여호와여 지체하지 마소서."(시 70:5, 개역개정)

첫째, 장사나 다른 부업이 없으면 현실적으로 생계유지가 불가능한 상황 가운데 성경적인 가치관·세계관을 바탕으로 북한을 돕는 신실한 단체들을 통하여 북한주민들의 실제적인 필요가 채워지게 하여 주시옵소서.

둘째, 물가 수준의 안정화, 적자재정 탈피, 대규모 무역적자 및 대 중국의 의존도 심화 시정, 산업 전반의 생산성 향상을 위한 지속적인 경제 개혁이 시행되어 북한경제가 성장할 수 있도록 정책 결정자들의 마음을 움직이시고, 국제사회의 상황과 여건이 호전되게 하여 주시옵소서.

셋째, 식량, 원자재, 에너지 부족이 지속되는 가운데 산업 전반에서 생산 증대 움직임이 뚜렷하게 포착되지 않는 상황 속에서 북한주민들이 단순히 생명을 유지하기 위해 사는 것이 아니라 하나님이 주신 삶의 목적(사 43:21, 막 12:29-31)을 이루며 살아 갈 수 있도록 북한주민들의 형편과 상황을 변화시켜 주시옵소서.

　* 출처 : 오늘의 북한, 북한의 내일,
　　　　　7·1 조치 이후 5년, 북한경제의 변화와 과제, 통일연구원

3. 북한주민들의 건강 실태

1. 탈북자들을 통하여 본 북한주민들의 질병 상태

　　탈북자들의 건강상태가 간염환자나 장기이식환자보다도 훨씬 나쁘다는 연구 결과가 나왔다. 조사한 결과 건강상태 종합점수가 434.88점으로 남한의 간염환자(509점)나 장기이식환자(491.2점)보다도 안 좋은 것으로 분석됐다.

　　연구 대상자 177명(83.1%)은 한국에서 최소 1개 이상의 질환을 앓았으며, 한국에서 탈북자들이 가장 많이 호소하는 주요 3대 질환으로 소화기계, 신경계, 정신과 문제로 조사되었다. 영역별로 가장 많은 질병을 보면 소화기계 질환은 위염, 근골격계 질환은 관절염, 정신과 문제는 우울증이다.

　　한국에 거주하는 탈북자들의 정신 건강 점수는 52.72점으로 한국농촌 노인(63.09점)과 한국 근로자(60.00점)보다 낮았다. 연구조사에서 탈북자들이 경험하는 정서적 문제의 이유는 연구 대상자의 47.9%가 북한에 있는 가족 걱정을, 36.2%는 한국사회에서의 불확실한 미래를 9.9%는 남북 정치 상황 악화를 꼽았다.

　　이러한 연구결과에 대하여 탈북자들에게 직업을 알선하고 돕고 최소한의 경제적 안정을 가지도록 돕는 등의 방법으로 그들의 정신적 건강 상태를 증진시킬 수 있을 것으로 보인다고 설명하고 있다.

탈북자들이 한국에서 경험했던 질병과 비교해서 북한에서는 급성 전염병 질환이 많았다. 이는 경제난과 에너지난에 기인하여 깨끗한 수돗물 공급이 안 되고 있기 때문에 많은 북한주민들이 수인성 전염병에 희생되고 있음을 의미하고 있는 것으로 보고 있다.

질병 치료와 관련한 북한 내부 상황에 대한 연구 결과를 보면 생계유지에 밀려 질병 치료가 우선순위에서 밀려나는 현상과 아울러 병원 내 의약품 부족, 무상 치료제의 점진적 붕괴, 신약 복용에 대한 두려움, 민간요법 중심의 치료 문화로 나타났다.

치료 방법은 가벼운 증상은 참고 견디기, 적극적인 휴식, 전문적인 의료 서비스 이용하기, 경험에서 우러나온 자가 치료, 음성적으로 치료하기, 마지막 탈출구로서 중국을 통한 치료 방법 찾기가 있는데, 중국에 아는 사람이 있는 경우 약품을 우편으로 받거나 직접 가서 치료받기도 하며, 탈북 과정에서 중국에서 수술하기도 하며, 수술하러 갔다가 탈북하기도 한다.

진료소와 병원에서 치료를 제대로 받지 못하는 경우 장마당을 통한 약 구입, 개인 의사 방문, 무속을 통한 치료가 음성적 치료에 해당하는데, 북한에서 무속신앙을 금지하고 있으나, 연구조사에 심층 면담 참여자 가운데 무속인을 통한 질병 치료를 경험했으며, 이들은 모두 질병 치료가 병원에서 해결이 되지 않아 무속의 도움을 받았다고 하였다.

2. 우리의 기도

첫째, 국제기구(WHO)가 제시하는 양질의 표준 의약품들이 북한에 공급되어, 의약품 부족, 신약 복용에 대한 두려움이 해결되며, 중요한 질환의 퇴치를 위해 우선순위에 입각한 의약품 지원이 이루어지게 하시옵소서.

둘째, 민간요법 중심의 치료, 경험에서 우러나온 자가 치료, 음성적인 치료 방법의 폐단과 부작용으로 인한 고통과 아픔이 우리의 질병을 대신 짊어지신 예수 그리스도(마 8 : 16-17)·마음이 상한 자를 고치시는 하나님의 능력으로 회복되게 하시옵소서.

셋째, 북한주민들이 질병 치료가 해결되지 않아 무속인을 찾아가는 미신 행위가 중단되고(레 20 : 6), 모든 치유의 근원이신 여호와 하나님(출 15 : 20 - 26)만을 영화롭게 높이도록 변화시켜 주소서.

넷째, 이번 연구 결과가 한국 거주 탈북자들의 건강 상태 증진을 도울 수 있는 구체적인 방안들을 마련하는 계기가 되어지게 하시옵소서.

* 출처 : "통일 연구의 사회통합적 접근 Ⅱ", 서울대학교 통일연구소

4. 북한의 가정

1. 북한 가정의 변화와 하나님의 말씀

복음이 한반도에 들어 왔을 때 가장 큰 영향을 받은 곳이 가정이었다. 복음이 들어간 가정은 지금까지 한국사회에서는 찾아 볼 수 없는 새롭게 변화되는 모습을 보였다. 그리고 가정에서 시작된 변화는 곧 이어서 전 사회의 변화로 이어졌으며, 더 나아가서 민족적인 변화로 발전했다.

지금까지 한국 가정은 남성 중심의 가정이었다. 이런 남성 중심의 세계관을 뒷받침해 준 것은 동양의 종교였다. 불교의 교리에 의하면 여성은 남성보다 열등하다. 현세에서 선행을 쌓으면 남자로 환생할 수 있다는 것이다.

불교보다도 더 철저하게 여성을 차별한 것은 유교의 윤리였다. 유교의 가르침에 의하면 모든 인간은 다 格(격)이 있으며, 남자의 격과 여자의 격은 근본적으로 다르다. 따라서 여자들은 남자들과 같은 차원에서 대우한다는 것은 유교의 근본교리에 어긋난다는 것이다. 여자와 남자와는 다르기에 여자는 유교의 가장 중요한 예식인 제사에 참여할 수 없다는 논리이다.

하지만 기독교는 불교나 유교와는 근본적으로 다르다. 기독교의 사람은 남자와 여자가 하나님의 형상을 따라서 창조되었음을 믿는다. 그리고 남자와 여자가 동일하게 그리스도의 십자가의 죽으심과 부활로 구원받았다. 더 나아가 하나님은 "내가 또 내 영을 남종과 여종에게 부어 줄 것이며"(욜 2:29) 라고 말씀하셨다. 이것은 남성 중심의 사회에서 살던 한국 사람들에게 엄청난 복음이 아닐 수 없었다.

초기 기독교 여성은 전통적인 가치관과 새로운 기독교의 가치관 사이에서 갈등을 느꼈다. 물론 기독교인들은 굿과 같은 우상숭배나 첩으로 사는 비도덕적인 행위에 대해서는 목숨을 걸고 반대했다.

하지만 전통적인 유교의 남성 중심 사상에 대해서는 직접적으로 대항하기보다는 오히려 십자가의 길을 택했다. 묵묵히 고난의 십자가를 짐으로써 얼마나 전통적인 남성 중심의 가치관이 잘못되었는가를 알려 주었던 것이다.

남성 중심의 사회에 살던 한국 사람들에게 엄청난 축복이었던 하나님의 말씀이 480만 북한 가정에 모두 배달되어질 때 남성 중심의 가정을 변화시켰던 초기 한국 기독교처럼 가정에서 시작된 변화는 곧 이어서 북한사회의 변화로 이어질 것이다. 더 나아가서 이는 민족과 한반도 전체를 변화시키는 놀라운 하나님의 섭리가 될 것이다.

평양 대부흥운동이 일어나던 그 날에는 제대로 된 성경해석은 물론 신학도, 신학자도, 노회도, 총회도 없었다. 그러나 그날에는 하나님의 말씀인 성경이 있었고, 하나님의 말씀과 성령 하나님이 함께 있었음을 기억해야 할 것이다.

2. 우리의 기도

저희가 여호와의 율법 책을 가지고 유다에서 가르치되 그 모든

성읍으로 순행하며 인민을 가르쳤더라.(대하 17:9)

첫째, 하나님의 말씀이 북한 가정에 배달되어져 가정이 변화되고 북한사회뿐 아니라 더 나아가 우리 민족과 한반도 전체를 변화시키는 놀라운 하나님의 역사가 이루어지게 하여 주시옵소서.

둘째, 한국 초기 기독교인들, 믿음의 선진들이 가졌던 말씀 사랑의 미덕과 열심이 회복되어, 물이 바다를 덮음 같이 여호와 하나님을 아는 지식(사 11:9, 합 2:14)으로 북한을 가득 차게 하시려는 하나님의 열심이 증거 되게 하여 주시옵소서.

셋째, 1891년 미 북 감리교선교부의 연례 보고서에 나타나듯이 하나님의 말씀을 사모하는 한국 그리스도인들이 선교사들에 새 번역을 서둘러 달라고 '울부짖는 요구'를 했던 것처럼 말씀을 간절히 사모하는 북한성도들에게 하나님의 방법으로 하나님의 때에 하나님의 말씀이 배달되어져 의의 열매(빌 1:11)가 넘쳐나게 하여 주시옵소서.

    * 출처 : "초기 기독교와 가정의 변화", 박명수, 제 19차 한국교회사연구소 학술세미나 자료집

5. 주민등록사업

Ⅰ. 주민에 대한 계층 분류

「2007 북한 인권 백서」(통일연구원, 서울)에 의하면 북한당국은 전 주민을 크게 핵심 군중(핵심계층), 기본 군중(기본계층), 복잡 군중(적대계층) 등 3계층으로 분류하며, 1967년 4월부터 1970년 6월까지 주민재등록사업 결과를 토대로 전 주민을 핵심계층, 동요계층, 적대계층으로 구분하고, 이를 다시 세분하여 51개 부류로 재분류하였다고 한다.

그러나 1993년 북한사회안전부(現 인민보안성) 출판사에서 발행한 「주민 등록 사업 참고서」에 의하면 북한주민들은 기본 군중, 복잡한 군중, 적대계급잔여분자의 3대 계층으로 구분된다. 「주민 등록 사업 참고서」에 의하면 3대 계층 아래 56개 부류가 존재한다.

아울러 56개의 부류 외에 별도로 25개의 성분이 존재한다는 사실도 밝혀졌다. 이러한 성분에 관하여 한 탈북자는 계층을 판단하는 기초자료로 보인다고 말하기도 하였다.

1998년 개정된 북한 헌법에는 "공민은 국가사회생활의 모든 분야에서 누구나 다 같은 권리를 가진다."(65조)고 규정하여 법률상 모든 주민이 평등한 권리를 누린다는 점을 알 수 있지만 이러한 주장에도 불구하고 북한은 해방 이후 여러 차례 성분 조사 사업을 실시하여 주민들을 출신 성분과 사회성 분별로 엄격히 구분하고 있다.

출신 성분에 따라 차별대우하는 정책은 복잡군중의 사회적 진출을 억제하기도 하지만 성분정책으로 직접적인 피해를 입는 부류는 적대계급 잔여분자로 고용·교육·주거·의료혜택 등 사회생활의 모든 분야에서 차별 대우를 받는다.

「주민 등록 사업 참고서」에 의하면 기본군중은 "기본 계급 출신으로서 혁명의 매 단계마다 변함없이 일편단심 위대한 수령 김일성 동지와 경애하는 최고사령관 김정일 동지를 위하여 몸 바쳐 싸워 왔으며 앞으로도 김일성-김정일 주의 기치를 따라 끝까지 싸워나갈 사람들"을 말한다.

종교인으로서 외래 제국주의자들과 결탁하여 매국 배족 행위를 감행한 자를 지칭하는 악질 종교인은 적대계급 잔여분자에, 지난날 종교의 교직에 있던 사람과 종교적 관습에서 완전히 벗어나지 못하고 있는 사람을 말하는 종교인과 악질 종교인 가족은 복잡한 군중에 속하는데, 종교인 교직에 있던 사람은 기독교의 목사, 장로 등을 말하는 것이다.

"종교를 믿던 가정에서 출생성장한 사람들은 부모가 무슨 직업을 가지고 일하면서 언제부터 어떤 교직에서 어떤 종교를 믿었으며, 현재의 형편을 구체적으로 밝혀야 하고, 종교를 믿었던 사람들에 대하여서는 무슨 종교를 믿었으며 교직관계와 다른 나라 교직자들로부터 받은 영향 관계, 종교를 믿은 기간과 종교에 대한 현재의 태도는 어떠한가를 이해하여야 한다."고 「주민 등록 사업 참고서」에 규정하고 있다.

2. 우리의 기도

"긍휼과 진리가 같이 만나고 의와 화평이 서로 입맞추었으며"
(시 85:10)

첫째, 카스트 제도와 같이 주민성분에 따라 달리 대우 받는 북
한에서 모든 사람은 법 앞에 평등하며, 아무런 차별 없이 동등한 법
률의 보호를 받으며, 모든 사람을 평등하게 대우하여야 한다는 원칙
이 지켜지게 하여 주시옵소서.

둘째, 악질 종교인, 종교인, 악질 종교인 가족으로 분류되어 탄
압 받는 성도들이 주께 감사하며, 하나님의 기이한 행적을 만민 중
에 선포(시 96:3)하게 하여 주시옵소서.

셋째, 평온함을 인하여 기뻐하는 중에 여호와께서 감시와 차별
과 탄압을 받는 북한주민들을 소원의 항구로 인도하시어(시 107:30)
선하시며 인자하심이 영원하신 하나님을 찬양하게 하여 주시옵소서.

* 출처 : 북한사회안전부 刊 「주민 등록 사업 참고서」, 『월간조선』,
2007 7월호

6. 북한의 대학 생활

I. 북한의 대학 교육

북한 대학의 종류를 보면, 종합대학이 3개이고 특정분야를 특성화해서 설치한 단과대학이 대부분이다. 최근에 북한은 평양 지역을 중심으로 종합대학을 포함한 10여 개의 단과대학을 '중심대학'으로 선정하여 각 분야의 전문가를 양성하는 중심적 역할을 담당하게 하고 있다.

일반적으로 대학의 학제는 평균 4~6년으로 김일성종합대학의 예를 들면 인문사회 분야의 수업 연한은 4년 6개월이고 자연과학 분야의 수업연한은 5년 6개월이다.

북한의 대학생들은 집단주의 원칙에 의한 엄격한 규율에 따라 생활을 하고 있다. 북한의 대학은 그 자체가 군대식 대열로 편성되어 있다. 학교는 연대, 학부는 대대, 학과는 중대, 그리고 학급은 소대로 편성된다. 학급의 소대원들은 강좌에 따라 교실을 옮겨 다니지 않고 한 교실에서 모든 수업을 함께 들으며 생활한다.

대학생들은 노력동원과 군사훈련으로 바쁜 대학생활을 보낸다. 대학생들은 의무적으로 매년 3~4개월을 모내기, 가을걷이와 같은 농촌봉사활동에 동원된다. 또한 대학생은 누구나 대학 교도대에 가입하여 군사훈련을 받는데, 2학년과 3학년 기간 중 여름 교도와 겨울 교도로 나눠 모두 6개월간 군부대에 들어가 훈련을 받아야 한다. 그 외에 사회주의 건설 노동 및 사회정치적 활동에 수시로 동원되고 있다.

한편 북한의 대입시험제도는 실력을 위주로 하는 예비시험성적과 함께 출신성분·정실관계가 작용하는 대학 추천권 및 대학별 시험이 결합되어 있는 형태이다. 특이한 점은 대학의 결정권이 수험생에게 있지 않고, 국가가 입학시험을 치를 대학의 추천권을 배당해 주는 점이다. 따라서 대학 추천권을 배정하는 과정에서 개인의 성적보다는 직권과 정실관계, 뇌물수수가 광범위하게 영향을 미치게 되었으며, 대학별 시험에서 최종 합격자를 결정하는 데 있어서도 성적 이외의 다른 요인이 작용하고 있다.

북한사회에서 군대와 대학을 나온 인재는 간부 등용에서 가장 우선순위로 꼽히고 있다. 간부가 되려면 군대복무 연한 및 입당증과 함께 대학졸업증을 갖추어야 한다. 따라서 학생들은 노동직을 회피하고 공직이나 사무관리직으로 진출할 수 있는 자격 요건으로서 대학을 가고자 하는 경향이 강하게 나타나고 있다.

뛰어나게 공부를 잘하지 못하는 대다수의 남학생들은 중학교(중고교) 졸업과 동시에 군대에 입대를 한다. 북한의 입시제도의 특성상 군대 생활 중에 대학 추천권을 받을 수 있고 대입 경쟁률도 훨씬 낮기 때문이다. 그런데 문제는 30세가 다 되어 대학에 진학하다 보니 중등학교(중고교)에서 배운 내용과 연계가 잘 되지 않고 학습능력이 현저히 떨어질 수밖에 없다.

또한 북한의 대학교육이 무료라고 하지만 최근에 들어와서 학교에서 각종 명목으로 돈을 걷고 있어 학부모와 학생들의 교육비 부담을 가중시키고 있다.

그리고 대학은 해당기관이나 기업소로부터 학교 운영에 필요한 전력과 난방뿐만 아니라 교육 기자재와 비품을 공급받도록 되어 있으나 경제난으로 공급이 원활히 이루어지지 않고 있다. 대부분의 많은 교육기관이 개보수 없이 방치되었으며 교육물자 부족으로 교육이 정상적으로 이루어질 수 없게 되었다. 대학의 학사운영이 제대로 이루어지지 않고 있고 이로 인한 대학생의 학력저하라는 심각한 문제를 안고 있다.

2. 우리의 기도

"여호와의 인자하심과 인생에게 행하신 기적으로 말미암아 그를 찬송할지로다."(시 107; 21) .

첫째, 북한 대학생들이 제대로 된 올바른 교육을 통하여 자신들이 처한 현실의 문제와 어려움을 깨닫고 오로지 하나님 외에는 어떠한 어려움도 감달할 수 없음을 알게 하여 주시옵소서.

둘째, 너희는 스스로 삼가서 너희 하나님 여호와께서 너희와 세우신 언약을 잊어버려서 네 하나님 여호와께서 금하신 아무 형상의 우상이든지 조각하지 말라(신 4:23)고 말씀하시는 하나님, 분단 이후 지금까지 교육을 통하여 **우상 숭배를 조장하는 악한 궤계(詭計)가 북한 땅에서 사라지게 하여 주시옵소서.**

셋째, 우상을 섬겼으니 이는 여호와께서 그들에게 행하지 말라고 말씀하신 일이라(왕하 17:12) 북한 땅에 세워진 수많은 동상들과 혁명 전적지와 혁명 사적지 등 우상화 조형물을 통하여 조직적으로, 체계적으로 이루어지는 우상화 교육이 중단되고, 북한 청소년·대학생들이 차별 없이 교육을 받아 북한을 회복시키는 일군으로 성장하게 하여 주시옵소서.

* 출처 : 북한의 대학교육과 대학입시, 신효숙

7. 북한 형법

1. 개정 형법을 통해 본 북한사회

북한은 1972년 헌법 채택 이후 김일성 교시를 최상위 규범(법)으로 그 아래에 조선노동당 규약이, 조선노동당 규약 아래에는 북한 헌법이 있어 형법은 이들의 하위 규범으로 주체사상과 조선노동당 독재를 영속적으로 유지하기 위한 강력한 법적 장치 역할을 하고 있다.

1948년 3월 초안이 완성되고 1950년 4월부터 시행되기 시작한, 1926년 스탈린 형법을 모방하여 유추해석과 소급적용을 허용하고 있는 북한 형법은 제정된 이후 8차(2005.7.26)에 걸쳐 개정된 것으로 알려져 있다.

북한 형법에서 규정하고 있는 형벌의 종류를 살펴보면 사형, 무기노동교화형, 유기노동교화형, 유기노동단련형, 노동단련형, 선거권박탈형, 재산몰수형, 자격박탈형, 자격정지형의 8가지이다.(2절 형벌 제 27조(형벌의 종류)~37조)

8가지 형벌 가운데 사형으로 규정하고 하고 있는 범죄로는 국가전복음모죄(제52조), 테러죄(제60조), 조국반역죄(제62조), 민족반역죄(제52조), 고의적 중살인죄(제278조) 가운데 '정상이 특히 무거운' 경우이다.

형법에 규정된 가장 중한 형벌인 사형을 주목하는 이유는 북한 지하교회 성도들이 신앙생활 중 발각되어 반역죄(제52·62조)로 처형당하는 일이 발생하기 때문이다.

실제로 1997년 성천강 유역에 사는 젊은 여성이 성경을 소지하고 있다가 적발돼 3개월간 조사를 받은 뒤 반역자로 몰려 그녀의 아버지와 함께 시장에서 공개 처형당한 바 있다.

세계복음주의협의회는 1999년에 400명의 북한 기독교인들이 성경을 가지고 있었다는 이유로 처형당했다고 보고한 바 있다.

또한 통일연구원이 발간한 「2005 북한인권백서」에 따르면 북한에서는 기독교를 몰래 믿거나 전파하다 적발되면 총살되거나 수용소에 감금된다는 것이다. 백서에 나타난 탈북자들의 증언에 의하면 북한은 2000년 이후에도 지하교회를 적발해 관련자들을 처형했음을 알 수 있다. 북한은 2001년 남포에서 종교를 전파하다가 적발된 5명을 총살하는 등 여전히 종교 탄압이 심하다는 것이다. 탈북자 유 모씨는 "1996년 내가 3년 간 미행을 해 지하교회를 적발한 적이 있다"고 털어놓았다.

또한 종전에 전혀 규정하지 않았던 컴퓨터망침입죄(제201조), 허위정보입력유포죄(제203조), 역사유적유물의 도굴죄(제197조), 밀수밀매죄(제198조), 치료거부죄(제210조), 사람의 장기, 태아, 태혈액의 취득·매매·이용죄(제214조), 가짜 의약품·식료품 제조·판매죄(제215조) 등을 추가 규정하여 반사회적인 일탈행위에 대한 규제를 강화하는 것을 알 수 있다. 이러한 현상은 이완된 사회분위기에 대처하여 주민생활 통제와 단속을 강화함으로써 주체사상과 조선노동당 독재를 영속적으로 유지하기 위한 방편으로 볼 수 있다.

교역과 교류의 확대로 비디오, CD, DVD 등이 점차 보급되고 그와 함께 새로운 문화가 유입되면서 퇴폐풍조가 늘어나고 음란물이 유포되는 상황을 유추할 수 있는 퇴폐적인 문화 반입, 유포죄(제

193조)와 퇴폐적인 행위를 한 죄(제194조) 처벌 규정이 눈에 띈다.

특히 탈북자들의 증가 등으로 인한 영향으로 기독교 등 외래 종교의 전파를 차단하기 위한 목적으로 미신행위죄(제 267조), 미신 행위 조장죄(제268조)를 규정한 것으로 판단된다.

2. 우리의 기도

아무에게도 악을 악으로 갚지 말고 모든 사람 앞에서 선한 일을 도모하라. 할 수 있거든 너희로서는 모든 사람과 더불어 화목하라(롬 12:17-18)

첫째, 한국 등 외부의 문화가 북한에 전하여질 때, 육신의 정욕과 안목의 정욕과 이생의 자랑, 즉 아버지께로부터 온 것이 아니요 세상으로부터 온 것이(요1 2:16) 전하여 지는 것이 아니라 하나님을 알고 섬길 수 있는 도구들이 전해지게 하여 주시옵소서.

둘째, 탈북자들의 증가 등으로 인한 영향으로 복음전파를 차단하기 위한 목적으로 규정된 법률로 말미암아 고난당할 북한 지하교회 성도들이 현재 당하는 고난이 장차 나타날 영광과 족히 비교할 수 없음을(롬 8:18) 믿고 감사하며 찬양과 경배를 올려드리며, 하나님의 영광을 바라보며 즐거워하게 하시옵소서.(롬 5:2-5)

셋째, 반역죄(제52·62조)로 처형당할 위험 속에서 북한 안으로 들어가 복음을 전하는 사역자들을 보호하여 주시고, 사역자들이 사단의 궤계와 술수를 능히 이기고도 남을 주의 크신 능력으로 강건하며(엡 6:10), 모든 기도와 간구로 하되 항상 성령 안에서 기도하고 깨어 구하기를 힘쓰는(엡 6:18) 진실한 일꾼들이 되게 하여 주시옵소서.

* 참조 : "2007 북한 인권 관련 법령 해설", 대한변호사협회

Ⅲ

북핵 6자 회담과 북한의 전략

1. 6자 회담 복귀, 시간벌기 전략이었나

1. 국제 압박에 6자 회담 복귀선언

북미·중이 베이징에서 만나 6자 회담 재개에 어렵게 합의했다.[22] 북미가 대좌하는 일을 직전까지 낌새조차 채지 못한 정부의 입장을 감안한다면 상황이 급반전한 것임에 틀림없다. 유엔안전보장이사회의 북한제재 압박을 병행한 중국의 북한설득이 주효했던 것으로 보인다. 특히 추가 핵실험 운운하며 초강경으로 대응하겠다던 북한이 상황이 분리함을 의식하고 태도를 바꾼 것이 틀림없다.

크리스토퍼 힐 미국무부 차관보는 북한을 "핵보유국으로서 인정하지 않겠다"고 못을 박았으며, 도널드 럼즈펠드 국방장관도 "핵실험을 하게 되면 다른 세상에 살게 될 것"이라는 강력한 경고를 보냈다. 핵보유국으로서 국가생존을 보장치 않겠다는 것이다. 일본

---

22) 베이징 3자 회동은 댜오위타이(釣魚臺)에서 7시간 극비리에 이뤄졌다. 10월 31일 오전 11시 힐과 우다웨이, 김계관이 한자리에 모였다. 오찬 뒤 우다웨이가 빠진 상태에서 힐과 김계관이 만났고, 이어 다시 3자 회동을 했다. 3자 틀 속에서 북미 간 양자접촉이 이뤄졌고 양측은 속 얘기를 털어 놨다는 것이다.

정부는 10월 13일에 북한선박의 입항금지, 북한으로부터의 수입금지, 북한국적자의 입국금지를 골자로 하는 독자 제재안을 각의 의결하고 14일부터 실행에 들어갔다.

유엔안전보장이사회는 10월 15일에 북한에 대한 제1718호 제재결의안을 만장일치로 통과시켰다. 비군사적 제재조치를 규정한 유엔헌장 7장 41조에 따라 제재키로 했다. 내용이 미국의 초안보다는 완화됐지만 강력한 수준이다.

북한에 출입하는 대량살상무기 의심선박에 대해 검문한다. 사치품도 이전되지 못하도록 한다. 대량살상무기와 이에 관련된 물자를 북한에 이전, 판매하는 것이 금지된다. 북한 핵위기가 한창 고조되어 북한체제를 압박해 들어갈 것은 불을 보듯 뻔하다. 북한내부 동요가 일어나 체제일탈세력이 조직화되는 경우 김정일 정권이 무너지는 것도 그리 먼 훗날 이야기만은 아니게 되었다.

북한이 벼랑끝 전술을 다시 한 번 밀어붙인다면 다음 카드는 2차 핵실험이나 유엔탈퇴, 전시상태선포, 해상도발, 미군정찰기 나포 등이 될 수 있다. 북한의 6자 회담 부대표인 이근 외무성 미주국장은 10월 18일에 방북한 미 ABC방송과의 인터뷰에서 "추가 핵실험은 자연스러운 일"이라고 말했다.

실제로 북한은 1차 핵실험을 한 함경북도 길주군 풍계리 지역에 새로운 구조물을 신축 중인 것으로 알려졌다. 복수의 정부소식통에 따르면 풍계리 지역에는 핵실험 이후 트럭이 계속 오가고 있으며 수십 명의 북한군이 작업을 하고 있는 것으로 전했다. 다른 관계자는 "풍계리의 산악지형에는 핵실험한 갱도 외에도 몇 개의 갱도가 더 있는 것으로 안다"며 "2차 핵실험을 한다면 이 가운데 한 곳에서 실시할 가능성이 클 것으로 예상했다. 1차 핵실험 때 사용했던 각종 관측, 분석 장비들이 아직도 이 지역에 남아 있어 다른 곳으로 옮기기도 쉽지 않다는 것이다.[23]

이러한 급박한 상황 속에서 북한미국·중국이 1년 가까이 중단
돼 온 '북핵문제 해결을 위한 6자 회담'을 이른 시일 내에 다시 열
기로 10월 31일에 전격 합의했다. 중국외교부는 이날 "중국의 제안
으로 북한과 미국의 6자 회담 수석대표들이 베이징(北京)에서 비공
식 모임을 열고 회담 재개에 대해 솔직하고 깊이 있는 대화를 나눴
다"며 "세 나라는 (6자 회담 관련) 6개국이 형편이 좋은 가까운 시
기에 6자 회담을 개최한다는데 합의했다"고 밝혔다.

이날 합의에 따라 북한의 미사일 발사(7월 5일)와 핵실험(10월
9일)으로 야기된 한반도 핵위기가 일단 한 고비를 넘겼다. 힐 차관
보는 "6자 회담이 이르면 이달 늦어도 12월 중에는 재개될 것으로
본다"며 "여기서 금융제재와 관련된 북한의 관심사를 다룰 수 있을
것"이라고 전망했다.

이러한 합의를 끌어낸 데는 중국의 역할이 결정적이었다. 2006
년 10월 19일 탕자쉬안(唐家璇) 외교담당 국무위원은 평양을 방문,
김정일 위원장을 만나 핵실험에 대한 중국정부의 경고와 함께 6자
회담에 복귀할 경우 중국이 최대한 북한을 지지하겠다는 뜻을 전했
으며, 현재 상태로는 미국과 유엔안보리의 제재를 되돌리기 힘들다
며 북한을 회유했다. 중국의 회유라기보다는 북한이 기대했던 역할
을 중국이 담당해 준 것으로 볼 수 있다. 막다른 골목에 선 북한이
돌아설 수 있는 구실과 기회를 중국이 마련해 준 셈이다. 금융제재
를 풀겠다는 언질만 주어도 회담에 복귀하겠다는 김 위원장의 뜻을
비친 데서도 그 의미를 찾을 수 있다.

북한 외무성은 6자 회담 재개에 합의한 다음날인 11월 1일 "미
국과 금융제재 문제를 논의·해결하는 것을 전제로 6자 회담에 복
귀한다"고 밝혔다. 힐 미국무부 동아태 차관보도 "6자 회담이 재개

---

23) ≪중앙일보≫, 2006.10.28.

되면 금융제재 문제를 다룰 것"이라고 말했다. 그러면서도 미국정부는 6자 회담에서 이 문제를 다루기는 하겠지만 '해제'에 대해서는 분명한 입장을 내놓지 않았다.[24]

미국의 부시정부도 얼마 안 남은 중간선거를 의식하고 강경일변도로 북한을 몰아세울 수만은 없다는 판단을 한 것이다. 양자회담은 절대 불가라고 하던 미국이 전격적으로 북한을 만난 것을 보면 국제정치의 냉혹함을 다시 한 번 절감케 한다. 긴장일변도로 치닫던 북핵문제가 일단 대화의 장으로 복귀된 것은 핵보유국으로 등장한 북한이 외압을 피하고 시간을 벌 수 있다는 측면에서 일단 외교적 성과로 평가된다.

2. 한미의 전략과 갈등요인

1) 한국의 전략

한국은 그동안 미국의 대북강경책 때문에 북한이 6자 회담에 복귀하지 않는다며 미국에 좀 더 유연해질 것을 요구하고 김정일 정권붕괴를 가져올 수 있는 대북제재에 동참하지 않았다. 노무현 대통령은 11월 18일에 한미정상회담에서 부시 대통령이 요청한 대량살상무기 확산방지 구상(PSI) 참가를 거부했다.

유엔안보리 결의 1718호에 따라 유엔회원국들은 각 회원국들이 행한 대북제재조치를 1개월 내에 유엔 '제재위원회'에 제출토록 되어 있다. 한국정부는 국제적인 '전략물자통제시스템'을 기존처럼 철

---

24) 워싱턴의 한반도 전문가인 돈 오버도퍼는 11월 2일 "미재무부가 BDA에 동결된 북한자금 2400만 달러를 조사한 결과 800만 달러는 합법적인 돈으로 확인했다"고 말했다. 그러나 '합법자금 800만 달러'는 재무부가 확인한 것이 아니라 대동신용은행과 브리티시 아메리칸토마코의 주장이라는 것이었다.(중앙 2006.11.7)

저히 준수하겠다는 수준을 유지했다. 금강산관광과 개성공단도 지속하기로 했다. 이와는 별도로 대량살상무기 확산방지 구상(PSI)에 대해서도 그 원칙은 지지하나 정식참여는 하지 않기로 했다.[25] "북한에 제재를 가하면 긴장이 조성되서 그냥 넘길 수밖에 없다"는 입장이다.

노무현 대통령은 북한의 핵실험 며칠 전 "이를 강행했을 때 초래될 상황에 대해 북한이 분명히 알게 하도록 하는 조치가 필요하다"고 말했다. 또 2006년 9월 미국방문 때는 북한의 핵실험은 "어느 문제보다 굉장히 충격적인 일이 될 것"이라고 밝힌 적이 있다. 그러나 북한이 막상 핵실험을 한 이후 노 대통령은 따끔한 대북 경고도 없었고, 핵실험을 '충격'으로 받아들이지도 않았다. 그는 한 달여 만에 대북제재에 대해서도 극히 소극적인 입장을 보였다.

노무현 대통령은 후진타오(胡錦濤) 중국주석과 함께 "북한 핵문제 해결을 위해 6자 회담의 틀 안에서 북한과 미국 양측이 신축성을 보이며 많은 접촉을 하는 게 긴요하다"고 강조했다. 양국 정상은 11월 17일에 베트남 하노이에서 열린 정상회담에서 "북핵문제는 어떤 식으로든 협상을 통해 평화적으로 해결돼야 한다"며 "외교적 해결방안이 6자 회담 참가국 중 어느 나라보다도 한·중 두 나라의 이익에 부합한다"고 했다.

노무현 대통령은 12월 7일 "북한에 핵무기가 있다고 할지라도 한국의 군사력은 충분히 균형을 이루고 있으며, 우월적 균형을 이루고 있다고 말할 수 있다"고 말했다. 호주를 국빈 방문한 노 대통령은 이날 시드니 동포간담회에서 "북한은 한국과 전쟁을 붙어 이길 수 없다"며 "설사 핵무기를 가지고 있다 하더라도 치명적인 상처를 입힐 수 있을지 모르지만 이기지는 못한다"고 강조했다. 그는 북한

---

25) '한국 PSI 불참 영향 평가 엇갈려' CBS November 14, 2006

핵실험 이후인 11월 2일에도 "북한이 일방적으로 도발할 수 있을 만큼 군사적 균형이 깨지지 않았다고 생각한다"고 말했다.

문제는 노 대통령이 북한의 핵무기 보유를 용인하려는 의도에서 북한 핵무기를 과소평가하는 것이 아닌가 하는 것이다.26) 북한의 핵무기는 엄청난 위력을 갖고 있는데도 불구하고 그가 이를 과소평가한 것은 북핵 사태 이후에도 북한의 핵보유를 인정하고 수용하면서 대북지원을 계속해 공존하려는 생각이 있는 것으로 보인다. 국민의 생명과 재산을 보호해야 할 의무가 있는 대통령으로서의 인식이 너무나 안일하다는 비판을 받고 있다.

이러한 상황에서 올 한 해 정부의 대북지원액이 2000억 원을 넘어서 연간 기준으로 사상 최대 규모를 기록했다. 12월 3일 정부에 따르면 올 1~10월 정부가 북한에 무상지원한 물자가 통일부 반출 승인기준으로 2108억 원 규모인 것으로 잠정 집계되었다. 이는 정부 차원에서 북한을 돕기 시작한 1995년 이후 최대치다.27) 통일부는 국회에 제출한 2007년도 예산안에서 쌀 50만 톤, 비료 35만 톤은 물론 대북송전 준비 등까지 포함, 30여 개 분야 9500억 원 가량의 북한지원계획을 세우고 있음이 밝혀졌다. 노무현 대통령은 12월 9일 뉴질랜드 오클랜드 동포간담회에서 대북지원재개와 관련, "우리로서는 북한이 숨 쉴 수 있게, 그래도 밥 굶어죽지 않게 하는 것이 우리 정부의 중요한 전략"이라고 말했다.

한편 2006년 11월 17일 취임한 김관진 신임 합참의장은 "북한은 우리의 경제적·인도적 교류협력 노력에도 불구하고 미사일 발사와 핵실험을 강행해 우리의 생존뿐 아니라 동북아시아와 세계의

---

26) 구본학 한림국제대학원 교수는 "핵무기와 재래식 무기를 비교하는 것 자체가 상식에 어긋나는 이야기"라고 주장했다. ≪중앙일보≫, 2006.12.8.
27) 지금까지 최대치는 쌀 15만 톤을 무상제공했던 1995년의 1,854억 원이다. 지난 12년간 정부의 대북지원액 누계는 총 1조 1,718억 원이며, 같은 기간 민간차원의 대북지원규모는 6,201억 원인 것으로 파악되었다. ≪중앙일보≫, 2006.12.4.

안정을 위협하고 있다"고 평가했다. 이와 함께 우리군은 북한의 위협에 대응할 차기 전차 K-2(흑표)를 2011년께 실전 배치를 목표로 개발하고 있는 것으로 알려졌다. 군관계자는 12월 3일에 "2011년까지 441억 원을 투입해 적의 대전차 미사일을 공중에서 파괴하는 시스템을 개발할 것"이라고 밝혔다.[28]

천영우 한국대표는 제5차 6자 회담 2단계 회의 기조연설에서 "앞으로 수개월 이내에 이행할 초기 조치의 내용에 합의하고 9·19 공동성명의 전면적 이행 시한과 작업계획을 결정하는 것이 핵심적 과제"라며, "모든 조치를 엄격한 연계방식보다는 전체 이행계획을 몇 단계의 큰 패키지로 나눠 작성, 이행하는 것이 유연성과 실용성을 높일 수 있다"고 했다.

2) 미국의 전략

미국의 기본입장은 북한이 핵을 완전히(CVID) 포기할 때까지 유엔 안전보장이사회의 제재결의 1718호를 철저히 이행하겠다는 것이다. 미국은 북한을 입출항하는 선박을 검색하여 핵물질의 이동을 막기 위해 한·중을 비롯한 모든 국가들이 PSI에 참여할 것을 촉구하고 있다. 특히 미국은 북한의 핵 계획을 종식시키기 위한 6자 회담을 주도하고 있는 중국정부가 한반도 비핵화와 북한의 대량살상무기 확산·방지를 위해 중대한 추가조치를 취해야 한다고 보고 있다.[29]

---

28) 차기전차 K-2에 장착될 '능동 방호시스템(ATGM)'이나 로켓추진 수류탄(RPG)등을 레이더로 미리 탐지, 날아오는 경로에 유도탄 등을 쏘아 전차에 닿기 전에 폭파하는 방식이라는 것이다.

29) 미국의회가 설치한 미·중 경제안보검토위원회(US-China Economic and Security Review Commission)가 11월 16일 제5차 연례보고서에서 이 같은

① 주민과 구별, 지도층 압박

미국 행정부는 유엔안보리 제재결의에 따른 대북수출금지 사치품 목록을 발표했다. 금수 품목으로는 북한 김정일 국방위원장이 특히 좋아하는 고급 자동차, 모터사이클과 코냑 위스키·포도주를 비롯한 주류와 고급시계, 천연·인조모피, 가죽·비단의류, 화장품·향수·보석, 평면·LCD TV, DVD 플레이어, MP3, 요트, 제트스키, 악기, 예술품, 골동품 등 사치품으로 거의 모든 것이 망라되었고, 담배와 맥주도 금수품으로 지정됐다.

칼로스 쿠티에레즈 상무장관은 성명에서 "북한주민들이 굶주리고 고통을 받고 있는 가운데 정권이 코냑과 시가 등에 돈을 물쓰듯 하는 것은 변명할 여지가 없다"며, "지배층만을 위해 쓰이는 사치품의 수출을 금지한다"고 밝혔다. 그는 또 "이번 조치는 북한 지배층만을 겨냥하도록 면밀히 검토된 것"이라며, 그러나 "북한주민을 위한 식품과 의약품 등의 기본 품목은 금수하지 않을 것"이라고 강조했다. 이는 일찍이 부시 대통령이 주창한 '북한주민과 지도층을 구별'하는 정책의 일환으로서 김정일 체제 교체를 염두에 둔 전략이다.

사치품 금수조치는 이외에도 지도층 내부를 분열시키고 북한 수뇌부를 좌절시켜 김정일을 고립시키는 전략이다.30) 이런 맥락에서 AP통신은 "미국이 금수대상으로 삼은 품목들은 김정일이 좋아하는 물품들과 북한의 공산정권을 움직이는 600여 충성가문(Loyalist Families)에 김정일이 선물로 준다고 여겨지는 것들"이라 설명했다.31) 선군정치를 내세우고 당·정·군 지도층에게 엄청난 선물공

입장을 나타냈다.

30) 「위험한 세계의 지도자와 추종자들」이란 책을 쓴 제럴드 포스트 정치심리학 교수는 "사치품 금수가 북한 핵을 없앨 수는 없겠지만 북한 수뇌부만 좌절시킬 목적으로 고안됐다는 점에서 효과적인 조치"라고 말했다. ≪Washington Post≫, November 29, 2006

31) "김정일은 벤츠, BMW, 캐딜락 등 고급승용차와 할리 데이비슨 모터사이클,

세로 충성을 끌어냈으나, 그러한 수단이 한계에 달하게 되면 김정일의 지도체제가 크게 타격을 받을 것은 불을 보듯 뻔한 일이다.

미국의 대북 금수목록 공개는 북한의 6자 회담 복귀 움직임과 상관없이 핵 폐기에 진전이 없는 한 제재는 계속한다는 방침을 재확인한 것이다. 또 주변국들도 미국의 대북사치품 금수조치에 동조하여 김정일 정권교체를 앞당길 수 있게 되기를 바라고 있다. 그러나 이러한 조치는 김정일 위원장을 직접 겨냥한 것이기 때문에 북한의 반발을 살 가능성이 클 것으로 보인다.

② '한국전 종전선언'과 평화협정 공동서명

부시 미국대통령은 2006년 11월 18일 베트남 하노이에서 열렸던 한미정상회담에서 "북한이 핵무기와 핵에 대한 야망을 포기하면 북한의 안전보장과 경제적 인센티브 제공에 대한 협의에 들어갈 것이라는 것(be willing to enter into security arrangements with North Koreans as well as move forward to economic incentives to the North Korean people)을 북한 지도자들이 알길 바란다"고 말했다.

부시 대통령이 말한 안전보장과 경제적 인센티브는 결국 한반도 평화협정 체결과 대북인도적·경제적 지원, 북미·북일 관계의 정상화 조치 등 9·19 공동성명에 담겨 있는 것으로 이는 우리 정부의 6자 회담 재개를 위한 '공동의 포괄적 접근방안'과 맥을 같이하는 것이다.

토니 스노 백악관 대변인은 "북한이 핵을 포기할 경우 미국이 취할 수 있는 구체적인 목표 중에는 한국전의 종료를 선언하고 경제협력과 문화, 교육 등 분야에서 유대를 강화하는 것 등이 포함된

헤네시 XO 코냑, 조니워커 위스키, 소니 카메라, 일제에어컨 등을 좋아한다."
AP통신, 2006.12.1

다."고 말했다. 북한이 핵만 폐기하면 김정일 정권이 그동안 주장해 온 것들의 대부분을 들어줄 수 있다는 뜻이다.

부시 대통령이 북한이 핵을 폐기할 경우 노무현 대통령, 김정일 국방위원장등과 함께 한국전 종료 협정서에 공동서명할 수 있다고 말한 것은 세 사람이 한 장소에서 만날 수도 있다는 의미를 담고 있다. 부시 대통령의 "한국전 종료선언 검토"는 한국전쟁으로 인한 북미 간의 교전상태를 청산하는 의미가 있다. 이는 양측이 평화협정을 맺고 관계를 정상화하는 첫걸음이다.

북미양국이 평화협정체결을 추진할 경우 1953년 7월 이후 53년간 국제법적으로 정전(停戰) 상태를 유지하고 있는[32] 한반도 상황을 종식할 수 있다는 점에서 남북한은 물론 북미 관계와 동아시아 정세 전반에 미칠 파장이 클 것이다. 그 결과는 주한미군이 철수하고 한미동맹의 성격도 바뀌어야 한다. 미국이 평화협정과 남북평화체제 등 북한과의 직접거래 길이 트일 수도 있다. 이미 한국 어깨 너머로 중국의 중재 밑에 북미협상이 이루어지고 있다. 한미 간에 불편한 관계가 지속되면 북미 간의 직접접촉으로 한국이 고립될 수도 있다. 미국이 한국전 공식종료라는 카드를 보여 준 것은 6자 회담 재개를 앞두고 북한정권의 불안을 해소해 주겠다는 의도가 있는 것으로 보인다. 이 문제를 해결하지 않고서는 북한과 제대로 된 협상을 할 수 없다고 미국은 판단한 것이다. 북한 김정일 정권이 그동안 가장 염려해 온 것은 미국의 공격으로 인한 체제붕괴이기 때문이다.

그러나 이 문제는 결코 새로운 것이 아니다. 2005년 6자 회담에서 발표된 '9.19 공동성명'은 제4항에서 "6자는 동북아시아의 항구적인 평화와 안정을 위해 공동 노력할 것을 공약했다. 직접 관련 당

---

32) 1953.7.27. 마크 웨인 클라크 유엔군 사령관과 펑더화이(彭德懷) 중국인민지원군 사령관, 김일성 북한인민 사령관은 정전협정에 서명했다. 전쟁을 끝내는 종전 또는 평화협정이 아닌 휴전(休戰) 협정이었다.

사국들은 별도 포럼에서 한반도의 영구적 평화체제에 관한 협상을 할 것'이라고 밝히고 있다. 미국은 북한의 핵 포기가 이뤄지면 평화 체제를 구체적으로 실천에 옮길 수 있다는 의지를 다시 한 번 분명히 밝혔다는 의미가 있다.

③ 미국의 '대북 패키지' 제의

2006년 11월 28~29일 베이징에서 이뤄진 북미 대화가 6자 회담의 진전을 위한 미국의 제안을 설명하는데 상당부분 할애되었던 것으로 알려졌다. 미국의 대북제안은 크리스토퍼 힐 미국무부 차관보를 통해 김계관 북한 외무성 부상에 전달되었지만, 실제로는 김정일 위원장을 상대로 한 부시 대통령의 패키지로 보는 견해가 있다. 2003년 이후 6자 회담 과정에서 북미 양국 수석대표가 이틀간에 걸쳐 얼굴을 맞댄 일도 드문 일이었고 미국이 스스로 다양한 제의를 북한에 내놓은 경우도 이례적인 것이었다.

이와 같은 상황 때문에 베이징의 북미접촉 분위기는 북한이 요구사항을 주장하는 경우가 적지 않았던 과거와는 달리 미국이 적극적으로 입장을 설명하고 북한은 조심스럽게 경청하는 분위기였다는 것이다. '대북패키지'는 부시 대통령이 핵무기를 폐기할 경우 한반도 평화체제 구축을 위해 김정일 위원장과 종전 선언 문서에 공동서명을 할 용의가 있다는 것을 보다 구체적으로 설명한 것으로 보인다.

힐 차관보는 부시 대통령의 위임에 따라 많은 내용의 인센티브를 북측에 설명하였으며, 이는 부시 대통령의 패키지에 김정일 위원장의 답변을 촉구한 의미로 받아들여진다. 구체적으로 무슨 내용인지는 당시 공개되지 않았다. 그러나 추측컨대 우선 북한이 핵 폐기를 위해 해야 할 이행조치들을 요구하고 그에 따라 미국 또는 다른 6자 회담 참가국이 취할 수 있는 상응조치를 제시했을 것이다. 9·19 공동성명에 있는 핵 포기, 에너지 및 경제협력, 관계정상화, 평화체제 등 핵심문제들을 망라하면서 공동성명에 명시되지 않은 구체적인 아이디어와 세부조치가 설득력 있게 제시되었을 것이다. 이런 맥락에서 톰 케이시 미국무부 부대변인은 "회담을 생산적으로 만들기 위한 모든 아이디어들이 포함됐다"고 설명했다.

힐 차관보는 "북미협의에서 북한이 핵 프로그램을 폐기하기까지 그들이 원하는 것이 무엇이며, 우리가 어떻게 도울 것인지를 상의했다"며 "북한이 제재에서 벗어나는 최선의 길은 핵 프로그램을 포기하는 것"이라고 밝혔다. 이어 그는 6자 회담 기조연설에서 "인내의 한계를 초과했다. 이제는 행동이 필요할 때다. 미국은 9·19 공동성명에 따라 미·북 관계 정상화를 추진할 준비가 돼 있으나 이는 완전하고 불가역적인 한반도 비핵화가 이뤄질 때만 가능하다"고 분명하게 말했다. 힐 차관보는 "한반도 비핵화가 이뤄지면 모든 것이 가능하나 그렇지 않으면 다른 모든 것도 불가능하다"는 단호한 태도를 보였다.

콘돌리자 라이스 국무장관은 북핵문제와 관련, 북한과 하나씩 주고받기식으로 비핵화를 진행하는 방식을 거부하고 양측이 최소한 몇 개월 간 취할 조치들을 세트로 묶어서 협상해야 한다고 말했다.[33]

3) 한미간의 전략차이

미국의 전략국제문제연구소(CSIS)의 존 울프스탈 연구원은 한국정부의 PSI 불참 결정과 관련해 "미국과 한국이 다른 의견을 가지고 있다는 것은 두 나라가 북한의 위협에 대해 일치된 생각을 갖고 있지 못함을 보여 주는 것이며 이는 앞으로 열릴 6자 회담에서 어려움을 야기할 것"이라고 말했다.[34]

---

33) *Washington Times*, December 20, 1006
34) 자유아시아방송. 2006.11.14.

미국 민간연구소인 브루킹스연구소의 박형중 객원연구원도 11월 13일 "한국정부의 PSI 불참 결정은 앞으로 한미 두 나라 공조에 어려움을 초래할 것으로 본다"면서 앞으로 6자 회담에도 부정적인 영향을 미칠 것으로 우려했다.[35] 부시 대통령은 11월 17일에 존 하워드 호주 총리와 회담을 마치고 하노이의 한 호텔에서 "세계가 유엔안보리 결의가 제대로 이행되고 있는지 점검하는 게 중요하다"고 말했다. 그는 한 기자가 "(북핵문제에 대해) 한국으로부터 충분한 협조를 받고 있느냐. 이 문제를 한미정상회담에서 꺼낼 것이냐"고 묻자 "다시 한 번 상기시킬 것(I'll remind)"이라고 대답했다.

11월 18일에 베트남 하노이에서 한미정상회담이 이뤄졌다. 미국의 '북핵 포기시 한국전 종료선언 검토'와 관련 한 외교당국자는 "한반도 평화체제에 대해서는 두 나라 정상과 당국자 간에 마음의 일치가 이뤄졌다"고 말했다. 한반도 문제, 동북아 장래에 대해 어떻게 할 것인가에 대한 두 정상의 생각이 만났고 마음이 통했다는 것이다.

그러나 미국언론들의 한미정상회담에 대한 보도의 태도는 매우 부정적이었다. ≪뉴욕타임즈≫는 양 정상의 회담이 '쌀쌀한 만남(a frosty one)'이었다고 보도했다. 이 신문은 한국의 대북조치가 미지근하다고 지적했으며[36] 노 대통령은 무슨 일이 있어도 북한에 채찍을 가하지 않고 당근만 주는(all carrots and virtually no stick) 햇볕정책을 추구한다는 결심을 한 것 같다고 평했다.[37]

한편 ≪월스트리트 저널≫은 "부시 대통령은 유엔의 대북 제재를 전면 이행하는 문제와 관련해 노 대통령을 설득하려 했다. 그러나 노 대통령은 PSI 목적은 지지하지만 전면적으로 참여하지는 않

---

35) CBS November 14, 2006.
36) *NewYork Times*, November 19,2006
37) *Times*, November 20, 2006

을 것이라고 말했다. 이는 대북노선을 둘러싸고 한미 양국 정부 사이에 계속돼 온 갈등이 가장 최근에 노출된 경우다"라고 평했다.[38] 한미 간의 입장 차이를 숨김없이 드러낸 대목이다.

북핵실험 후 미국은 개성공단, 금강산, PSI 중, 어느 한쪽 제재에라도 동참해 줄 것을 요구해 왔다. 한국정부는 PSI 전면 참여 거부로 셋 다 모두 거절한 셈이다. 다만 '사안별 협의'의 여지만 남겨두었다. PSI 참여가 곧 군사충돌이고 반미감정을 자극한다는 이유는 국제사회에 설득력이 없다는 것이다. 정부는 같은 맥락에서 국가정보원이 남북해운합의서 발효(2005년 8월) 이후 한국영해를 통과한 북한선박 20척에 대한 검색이 필요하다는 의견을 냈지만 묵살했다는 주장이 제기되고 있다.[39]

3. 북한의 전략과 주변국 입장

1) 북한의 전략

① 인도·파키스탄식 해결

북한이 경고를 무릅쓰고 핵실험을 강행하는데는 그들 나름대로 전략이 있다. 무엇보다도 북한은 미국이 군사행동으로 북한의 핵개발을 막거나 응징할 수 없을 것으로 보고 있다. 또 국제사회의 제재도 오래 가지 못할 것이며, 중국과 한국이 계속 지원해 줄 것이라는 계산도 깔려 있는 것으로 판단된다. 핵실험으로 핵무기 보유를 기정사실화 한 뒤 일정한 기간 '고난의 행군'으로 견뎌내면 결국은 핵보유국이 돼 미국과 대등한 위치에서 핵협상을 할 수 있을 것이라는 기대를 하고 있다는 것이다.

---

38) *Wallstreet Journal*, November 20,2006
39) ≪조선일보≫, 2006.11.25

북한은 6자 회담 자리에서 이미 여러 차례 "왜 우리가 동북아의 파키스탄이 될 수 없느냐"고 주장해 이런 야망을 숨기지 않았다. 이스라엘, 인도, 파키스탄처럼 핵실험을 통해 핵보유국으로 인정받겠다는 야심이다. 미국은 테러와의 전쟁 때문에 파키스탄 핵보유를 인정했고, 중국 경제 목적에서 인도의 핵무기를 받아들인 셈이다.

한편 북한 실세 중 하나로 꼽히는 강석주 북한 외무성 제1부상이 6자 회담에 북한이 참여해도 핵을 포기하지 않겠다는 입장을 밝혔다. 모스크바를 거쳐 11월 22일 베이징에 도착한 그는 북한 핵 포기를 묻는 기자들에게 "핵을 어떻게 포기하겠는가, 포기하려고 핵을 만들었다는 것인가"라며 일방적 핵 포기 요구에 응하지 않겠다는 뜻을 밝혔다.40) 인도, 파키스탄식의 핵보유국 인정을 끌어내겠다는 전략의 표명으로 받아들여지고 있다.

북한 김계관 외무성 부상은 기조연설에서 "조건이 성숙되지 않은 현 단계에서 핵무기 문제를 논의코자 할 경우 핵 군축회담의 진행을 요구하는 게 불가피하다"고 말했다. 이는 북한이 핵보유국으로 인정받겠다는 것이다. 그렇게 되면 NPT에 의한 IAEA의 핵사찰을 받지 않아도 되는 면책특권이 생긴다. 북한이 핵불량국에서 미국이나 러시아처럼 핵관리국으로 바뀐다는 것이다.

북한이 원하는 것은 '핵무기 폐기'와 '현존 핵 계획의 포기' 문제를 분리해서 조건이 성숙되지 않은 현 단계에서 핵무기 폐기논의는 할 수 없다는 것이다. 이어 북한은 2005년 채택된 9·19 공동성명에서 "모든 핵무기와 현존하는 핵 계획'을 분리를 했고 앞으로 카드를 쪼개서 협상을 하겠다는 것이다.

---

40) 일본 NHK, 2006.11.22.

② 내부동요차단, 체제단속

북한 ≪노동신문≫은 "선군(先軍)은 조국번영의 위대한 기치"라며 주민들의 사상무장을 거듭 촉구했다. 11월 27일자 ≪노동신문≫은 1만 1천여 자 분량의 장문의 연설을 통해 "무적의 총대야말로 억만금에도 대비할 수 없는 조국 번영의 첫째가는 재부이다. 총대가 약해 망한 나라는 많아도 기근이 들어 망한 나라는 없다"고 주장했다.

≪노동신문≫ 논설은 군사력 우선의 선군정치 정당성 옹호를 통해 국제사회의 지원중단 속에 겨울철을 맞은 북한 내부의 동요를 차단하고, '제2고난의 행군' 정신으로 당면한 고난과 역경을 이겨 체제결속을 이루겠다는 것이다.

북한정권은 "진정으로 번영을 바란다면 만사를 제쳐놓고 강력한 전쟁억제력부터 마련해야 한다는 것은 너무도 자명하다"고 강조하면서 "총대가 국권이고 선군이 자주이다. 이것은 절대로 변할 수 없는 역사의 진리"라고 내세웠다.

또 북한은 ≪노동신문≫을 통해 "나라와 민족의 가장 큰 비극은 경제적 난관이나 물질생활의 빈곤에 있는 것이 아니라 정신이 무너지는 바로 그 점에 있다"고 정신무장의 중요성을 지적했다. 이어 ≪노동신문≫은 "우리의 힘, 우리의 지혜로 최첨단 과학기술을 요구하는 핵 시험에서 성공한 사실 자체가 우리 과학기술적 잠재력에 대한 과시"라면서 "김정일 동지를 모시고 강성대국의 여명의 시대에 살며 혁명하는 것은 우리 인민의 남다른 긍지이고 더 얻는 행운"이라고 충성을 다짐했다.[41]

6자 회담이 순조롭게 진행되지 못할 경우 또다시 몰아닥칠 국제압력에 끝까지 맞서 나가기 위해서는 북한주민들의 사상훈련과

---

41) ≪노동신문≫, 2006.11.27

무장이 절실할 것이기 때문이다. 이런 맥락에서 보면 북한 핵문제는 북한지도층들의 생사와 관련된 문제로 이어져 그 해결이 쉽지 않을 것임을 예견케 하고 있다.

③ 한미간 이간책동

베트남 하노이에서 열린 한미정상회담은 양국 간의 기본적 입장 차이를 비켜가지 못했다. 시사주간지 ≪타임≫ 온라인판은 11월 20일 '부시 대통령이 북한 핵에 대한 파트너를 바꾼다'는 기사에서 "한국과 중국이 미국의 동맹역할을 사실상 교대했다"고 지적했다.[42] APEC과 같은 다자회의에서 노무현 대통령이 취한 일방적 북한 두둔 입장은 김정일의 편에서 본다면 중국의 후진타오 국가주석보다 도움이 되는(effective) 것이다.

노 대통령은 대량살상무기 확산방지구상(PSI) 활동과 관련해 북한에 보다 강경한 조치를 취하라는 부시 대통령의 요구를 받아들이지 않았다. 시사주간지 ≪타임≫에 따르면, 한국정부는 "PSI의 목적을 지지한다"고만 했을 뿐, 실제로는 "(핵물질 등을 실은 것으로 의심되는) 북한선박의 항해를 차단하는 어떤 일도 하지 않을 것이다"라며, "이번 APEC에 대해 기억될 것은 김정일이 미국과 한국의 사이를 이간질해 온 게 얼마나 성공적인지 분명히 보여 주었다는 점일 것이다"고 평가했다.

김정일 위원장은 한국정부가 계속 이러한 입장을 취해 줄 것을 기대하고 있다. 김 위원장 입장에서 보면 '6·15 선언'이 살아 있는 한 한국이 '우리 민족끼리'를 내세워 반미 하는 것은 당연한 것으로 받아들여지고 있다. 한국정부가 '국민의 정부' 이래 자주를 내세워 미국에 각을 세우는 일은 북한에게는 다행한 일이며 이런 맥락에서

---

42) *Times*, November 20, 2006

한미 간의 갈등을 부추기는 전략은 북한이 최우선적으로 추구해야
할 일이다. 한미 간의 갈등을 유지하고 한국정부가 북한을 두둔하는
한 미국의 압력이 결코 유효하지 못할 것으로 보고 있는 것이다.

④ '충성가문', 통치기반 다져

김정일 위원장은 자신의 친인척과 핵심 권력층을 중심으로 한
통치기반을 유지해 왔다. 이들이 김 위원장 권력의 버팀목으로 지탱
해왔는데 미국의 사치품 금수조치로 그들과 연결하는 수단이 제약
을 받게 되었다. 미국의 그러한 조치는 김 위원장이 특권층과 함께
즐기거나 선물하는 것으로 알려진 사치품목 대상이기 때문이다. 특
히 600여 '충성가문'이야말로 김 위원장의 통치기반을 유지하는 버
팀목이라 할 수 있다. 이들은 김 위원장의 친인척과 핵심권력층이
다. 당과 군부, 내각의 고위간부를 망라한 집단이다. 특히 김일성 주
석과 항일 빨치산 활동을 했다는 세력은 핵심 중의 핵심이다. 김 위
원장의 친인척인 김영남 최고인민회의 상임위원장(김일성의 사촌매
제), 장성택 당 제1부부장(김정일의 매제) 등과 군부핵심인사들도
빼놓을 수 없다.

김 위원장의 비자금 규모는 최소 20억 달러(약 2조 원), 최대
60억 달러로 추정하고 있다.43) 김 위원장은 이 돈을 자신의 호화로
운 생활과 권력핵심층에 줄 선물구입 등에 지출한다는 것이다. 배신
자에 대해서는 단호한 숙청을, 충성그룹에 대해서는 분에 넘치는 선
물을 주면서 '당근과 채찍'의 통치술을 구사한다. 그의 지시에 따라
구입하는 물품은 '1호 물자'로 불린다. 대외적으로는 무역업체의 간
판을 걸고 일본·중국·유럽·마카오 등지에서 사들인다. 필요하면
그의 전용기까지 뜬다는 것이다.

---

43) 미정보당국은 40억 달러 가량으로 보고 있다.(「중앙일보」 2006.12.2)

김 위원장은 그의 측근 그룹에게는 벤츠, BMW 등 고급 승용차에 자기의 생일(2월 16일)을 딴 '216XXXX'의 번호판을 달아 선물한다. 그의 일본인 요리사였던 후지모토 겐지는 최근 회고록에서 "100cc짜리 양주잔을 몇 차례 '원샷'에 마시면 100달러 현찰다발을 주거나 냉장고, 컬러TV, 캠코더, DVD플레이어 등을 나눠줬다"고 증언했다.44)

김정일 위원장은 미 재무부가 마카오 소재 방코델타아시아(BDA)에 예치되어 있는 북한자금 2400만 달러를 동결시킴에 따라 비자금을 쓸 수 없게 되었으며, 유엔안보리 결의 제1718호에 따른 대북경제제재로 경제적 압박을 피할 수 없게 되었다. 북한 핵실험에 따른 유엔의 대북제재조치 직후인 10월말 대만에서 홍콩에 입항한 북한선박 강남5호가 2개월 가까이 출항하지 못하고 있다. 프랑스도 안보리 결의 제1718호에 따라 인도양의 프랑스령 섬인 마요트에 기항중인 북한선박 한 척을 철저히 검색했다.45)

미국이 대북수출금지 사치품목을 발표한 상황에서 UN회원국들의 북한선박검색은 김 위원장에게 큰 위협이 될 수밖에 없다. 따라서 북한의 외무성 미주국장 등 고위 관계자들은 향후 6자 회담에서 동결 북한계좌 문제를 최우선적으로 풀고, 다음에는 유엔안보리 제재결의 1718호를 푸는데 역점을 두는 전략을 가지고 있다는 것이다. 김 위원장에게는 '충성가문' 통치기반을 지속적으로 유지할 수 있는 길을 찾는 것이 최우선이기 때문이다.

---

44) 김 위원장의 생일과 김일성 주석의 생일(4월 15일) 등 '명절' 때 주민에게 돌리는 선물도 통치자금으로 마련하는데 2006년에는 미국의 금융제재로 '명절선물'을 돌리지 못했다고 한다.

45) 장 밥티스트 마테이 프랑스 외교부 대변인은 "앞으로도 북한선박이 수송하는 화물과 북한으로 향하는 모든 선박을 면밀히 주시할 것"이라고 밝혔다. (영국 BBC방송, 2006.11.16)

2) 주변국 입장

6자 회담 당사국들은 북한이 원하고 관심을 갖고 있는 문제에 대해서 필요한 조치를 취할 준비를 갖추는 동시에 북한에 대해서도 핵을 폐기하겠다는 중요한 결단을 행동으로 보여 주어야 한다는 점을 분명히 요구하고 있다. 그와 동시에 주변 당사국들은 북한의 우려사항에 대해 행동으로 보여 줄 수 있는 "행동에 의한 상호실천 의지의 교환"이 필요한 것으로 보고 있다.46)

이는 그동안 '말'로만 의견을 모으고 '행동'으로는 보여 주지 않던 과거의 잘못된 관행을 과감히 탈피해 좀 더 앞을 내다보는 안목에서 결단을 보이고 행동을 보여 주는 자세가 필요하다는 것이다. 북한 입장에서는 핵을 포기하겠다는 실천적 의자와 행동을 보여야 하고 주변 참가국들은 거기에 상응하는 조치들을 취해 나간다는 것이다.

주변국들은 북한 핵 폐기의 '조속한 진전'을 이뤄야 한다고 보고 있다. 즉 북한에 핵 폐기와 관련한 초기 조치의 이행을 요구하고, 이를 행동으로 보여 줄 경우, 그에 따른 초기 인센티브를 제공하는 방식이다. 그럼에도 불구하고 주변국들은 각기 이해득실 계산과 함께 조금씩 다른 입장을 견지하고 있다.

① 중국

2006년 10월 31일 북한의 6자 회담 복귀를 알리면서 중국외교부는 '중국측의 건의에 따라'라는 문구를 강조했다. 중국이 6자 회담 재개의 산파역할을 했다는 것이다. 중국은 북한에 대한 영향력을 계속 유지하기 위해서 북한을 배려하는 입장을 바꾸지 않을 것이다.

사실상 지금까지 북한은 6자 회담 개최 일정이나 의제 등은 주

---

46) 적어도 베트남 하노이 APEC 정상회담에 참석하고 있는 각국 대표들은 이러한 공감대를 넓혀갔다.(국정브리핑, 2006.11.21)

로 중국채널을 이용해 왔다. 북한은 회담복귀 일정을 중국과 협의하고 중국이 의장국으로서 관련국에 통보하는 방식이었다. 중국도 북한 핵실험과 관련해 취한 대북금융거래 제재조치를 하나 둘 풀고 있는 것으로 알려졌다.

다만 북핵실험으로 단동세관의 화물검색이 강화됨에 따라 지금까지 일반화물과 섞어 컨테이너로 반입됐던 사치품이나 수출금지품목, 이중용도가능 품목 등의 북한유입은 제한되고 있다. 또 중국의 대표적 외환취급 은행인 중국은행은 시스템상의 문제가 있다면서 송금업무 중단을 계속하고 있다.[47]

중국은 18일 개최된 6자 회담 전체회의 기조연설에서 두 가지 의제를 다룰 것을 건의했다. "하나는 9·19 공동성명의 전면적 이행을 위한 구체적 조치를 확정하는 것이고, 다른 하나는 공동성명 이행의 초기단계에 각자 해야 할 일을 토론해 확정하는 것"이라고 주장했다.

② 일본

아베신조(安倍晋三) 일본총리는 11월 1일 "북한이 국제사회의 요구에 응한 것은 좋은 일이지만 미사일, 핵, 납치문제가 해결되지 않으면 대북제재를 해제하지 않겠다"고 밝혔다. 일본 정부는 6자 회담 재개가 북한의 핵개발을 위한 '시간벌기'로 악용될 공산이 크다고 보고 있다. 북한이 핵보유국의 입장에서 6자 회담을 '미국과의 군축협상' 무대로 바꾸려고 하고 있다. 이런 맥락에서 "북한의 핵실험부터 6자 회담 복귀까지의 시나리오는 오래 전부터 준비된 것으로 이에 미국이 말려들었다"는 지적이 대두되었다.[48]

---

47) ≪日本經濟新聞≫ 2006.11.28. 워싱턴의 한 외교소식통도 "북한은 10월 핵실험 당시 이미 6자 회담 복귀 시나리오를 짜둔 것으로 보인다"고 말했다. *Washington Post*, December 19, 2006

한편 일본은 2006년 11월 초 북한이 마카오의 BDA 계좌에서 핵무기 및 생물무기 제조에 전용될 수 있는 장비의 구입 대금을 송금했던 사실이 밝혀졌다고 지적했다.49) 또 일본정부 대변인인 시오자키 야스히사(鹽崎恭久) 관방장관은 북한에 의한 일본인 납치문제에 언급, "우선은 (6자 회담이) 핵문제에서부터 시작되겠지만 우리는 당연히 납치 이야기를 꺼낸다"며 6자 회담의 의제로 추진할 방침을 밝혔다.50)

이와 함께 나카소네 전 일본총리의 대변인 미야와끼 라이스께는 11월 9일 강연에서 "북한의 핵무기 보유는 일본에는 생존에 관한 결정적 위협으로서 전 국민이 위기감을 공유한다"면서 "일본의 선택은 북한정권의 레짐체인지가 될 것"이라고 주장했다.51) 이러한 강경 대응으로 일관하고 있는 일본에 대해 김계관 북한 외무성 부장은 "6자 회담에 참가할 자격이 없으며, 만날 필요를 느끼지 않는다"고 받아쳤다.52)

사사에 겐이치로(佐佐江 賢一郎) 일본대표는 기조연설에서 "일본인 납치·핵·미사일 등 현안을 포괄적으로 해결하고 일·북 국교정상화를 실현한다는 우리의 방침에는 변화가 없다. 납치문제 해결 없이는 일·북 국교정상화는 있을 수 없다"고 강경태도를 유지했다. 일본은 북한의 거부로 양자차원에서 납치문제 논의가 어렵다고 판단해 6자 회담 틀 속에서 납치문제를 포함시키려는 것이다.

---

48) 《중앙일보》, 2006.11.1.
49) 2002년 9월 29일 김정일 국방위원장의 직계기업인 '조선 능라 888 무역회사'가 일본 도쿄에 있는 한 무역회사(사장이 재일동포 2세)에 동결 건조기 구매 의사를 밝히면서 그 대금으로 615만 엔을 BDA의 계좌로부터 송금했다. 생물무기 개발에 전용가능한 동결건조기 한 대 가격은 약 100만 엔이다. 《요미우리신문》, 2006.11.4.
50) 일본 교도(共同)통신, 2006.11.23.
51) 《미래한국》, 2006.11.18.
52) 일본교도(共同)통신, 2006.11.30.

③ 러시아

북핵문제와 관련 6자 회담 참가국 가운데 가장 소극적인 태도를 보이고 있다. 러시아는 자신의 영토가 북한 대량살상무기의 표적이 될 가능성도 거의 없을뿐더러, 러시아의 해외전략에서 동북아는 부차적인 의미를 가지는 지역이다. 러시아는 '비핵국가 북한'을 목표로 하지만 그렇다고 북한과 등지면서까지 목표달성을 위해 열심히 노력할 필요를 느끼지 않는다.

소식통에 따르면 러시아는 평양의 북서쪽에 소재한 순천(順天) 및 박천(博川) 광산에서 채굴된 천연우라늄을 독점 수입할 수 있는 권리를 북한에 요구했다. 최근 북한측이 긍정적인 반응을 보였으나 그 대신 6자 회담에서 중국과 함께 북한의 주장에 이해를 표명하고 옹호할 것을 요구한 것으로 알려졌다.53)

북한문제에 대한 러시아의 주장은 외교정책의 일환이다. 러시아는 북한과의 '특별한 관계'가 있는 것으로 포장함으로써 미국을 비롯한 주변국들로부터 필요한 양보를 얻어내려는 외교적 수단으로 활용하고 있는 것으로 분석된다. 북한도 중국에게 일방적 의존보다는 러시아를 활용, 6자 회담에서 지지를 얻고 에너지 수급 등을 중·러 양쪽으로 분산하려는 것으로 보인다.

이런 맥락에서 러시아는 6자 회담 전체회의 기조발언을 통해 "6자 회담의 최종목표는 한반도 비핵화와 북미관계 정상화, 북한경제발전을 위한 정상적 조건을 조성하는 것"이라며, "'행동 대 행동' 원칙에 입각한 단계적·동시적 패키지 딜과 같은 현실적인 접근을 지지한다"고 했다.

---

53) ≪일본도쿄신문≫, 2006.12.3.

4. 제5차 6자 회담 평가와 전망

6자 회담이 13개월 만에 2006년 12월 18일에 중국 베이징에서 개최되었다. 11월 28~29일 이틀에 걸쳐 14시간 남짓 마라톤협상에서 "미국이 비핵화 구상을 북쪽에 제안했고, 북쪽은 이를 검토해 답을 주기"로 한 후 거의 20일 만이다. 회담에서 북미 양측의 입장은 분명해졌다.

미국은 6자 회담에서 핵 동결이 아니라 핵 폐기 절차가 가시화돼야 한다는 입장이다. 미국은 북한이 핵 폐기에 성의를 보일 것을 요구했다. 9·19 공동성명에서 지적한 대로 모든 핵 프로그램을 신고하고, 폐기를 약속해야 한다는 것이 단기적인 목표다.

미국은 핵 폐기 초기 단계의 조치로 영변원자로 가동중단, 핵 재처리 시설 폐쇄, 보유하고 있는 모든 핵무기와 핵물질에 대한 정보공개, 국제원자력기구(IAEA) 핵 사찰 수용준비, 핵실험장 폐쇄를 요구했다. 이중 원자로 가동 중단과 핵무기·핵물질에 대한 내용 공개는 양보할 수 없는 사항이다. 북한의 핵 포기 의사를 확인할 수 있는 기준으로 보기 때문이다.

미국은 이런 것들이 확인된다면 그 대가로 평화협정체결을 통한 체제보장, 에너지 지원, 경제협력 등의 '보상'을 해 나갈 수 있다는 것이다. 북한이 핵 폐기 초기 조치를 이행하면 미국은 1단계 조치로서 북미관계 정상화 논의, 중유제공, 대북제재 해제 착수 등을 해나간다는 것이다.

반면, 북한은 미국이 먼저 대북적대 정책을 버리고 제재를 풀경우 핵 포기에 관한 2005년 9·19 공동성명 이행문제를 논의할 수 있지만, 그렇지 않은 상태에서의 핵문제 논의는 '같은 핵보유국'인 미국·중국·러시아와의 핵군축회담이 되어야 한다는 주장이다.54)

김계관 부상은 미국의 금융제재와 유엔제재 등 대북제재 해제를 요구하고 있는데, 이는 회담과 병행해 별도로 북미 간에 열리는 BDA의 북한계좌 해제문제의 논의 결과를 지켜보겠다는 것이다. 특히 10월 북한의 핵실험 강행으로 이뤄진 유엔의 대북제재 제 1718호를 푸는 것도 전제조건으로 달았다.

북한이 핵 프로그램 포기 논의를 위해 제시한 조건은 더 까다롭다. 미국의 대북 적대적 법률·제도 장치의 철폐와 유엔제재 등 북한에 대한 모든 제재의 해제가 선행돼야 한다는 것이다. 9·19 성명에 담긴 경수로 제공과 에너지 지원도 요구했다. 결국 9·19 성명에 담긴 대북 보상책을 이행해야 핵 포기 논의를 시작하겠다는 것이다. 결국 북한은 미국에 대북적대시 정책을 먼저 포기할 것을 요구하며, '적대시 정책포기' 증표로 우선, '금융제재 중단'을 요구하고 있다. 북한은 6자 회담 재개의 선결조건으로 제시해 온 마카오의 BDA에 묶여 있는 자금을 즉시 회수하도록 해달라는 것이다.[55]

2006년 12월 19일 오광철 조선무역은행 총재는 대니얼 글레이저 미 재무부 부차관보와 BDA에 묶인 북한 계좌를 푸는 양자 실무회의를 가졌다. 북한은 BDA에서 원하는 답을 얻지 못하면 6자 회담을 지속할 이유가 없다고 판단할 가능성이 커졌다. 오 총재는 "이 문제의 해결은 공동성명 이행논의의 선결조건"이라고 못을 박았다. 북한은 초기 이행조치와 관련하여 미국은 그에 상응하는 보상조치가 있어야 할 것을 요구하고 있다. 이에 대해 미국은 실무회의에서 국제금융계의 일반적 규범들을 확인시켜 주고, 북한이 위폐제조, 돈세탁을 했다는 구체적 증거를 제시하라고 압박하며 재발방지를 확약 받는 것이다.

---

54) 북한은 '핵보유국' 지위 주장을 통해 몸값을 올려 보상을 극대화하려는 의도라고 정부측은 설명하고 있다.

55) 2005년 11월의 5차 회담에서 북한이 미국의 마카오 BDA 계좌 조사를 문제삼아 6자 회담 진행을 중단시켰다.

6자 회담에 임하는 미국과 북한의 입장 차이는 첫째, 핵 폐기 조치에 대해 미국은 "영변원자로 가동중단, 핵무기와 핵물질 공개가 우선 되어야" 한다고 주장하는 반면, 북한은 "미국이 대북적대시 정책을 먼저 없애야" 한다고 맞서고 있다. 둘째, 대북금융제재와 관련, 미국은 "6자 회담과는 별도의 북미협상에서 논의가능"하다는 입장인데 반해, 북한은 "핵 프로그램 논의에 앞서 해제해야" 한다고 보고 있다. 셋째, 북미관계정상화에 대해 미국은 "핵 폐기가 이뤄지면 평화체제 수립과 수교협상이 가능"하다는 입장이나 북한은 "미국의 제안을 검토하겠다"는 정도이다. 넷째, 초기 이행조치로서 미국은 영변 핵시설 가동중단, IAEA 사찰단 수용, 상세한 핵시설 신고를 요구했으나 북한은 미국의 상응하는 조치(보상)가 있어야 한다는 것이다. 다섯째, 중유 등 에너지 자원에 대해 미국은 북한이 핵 폐기에 들어가야 고려한다는 것이고, 북한은 핵시설 동결 등에 맞춰 보상조치를 요구하고 있다. 여섯째, 유엔대북제재와 관련, 미국은 6자 회담과 관련이 없다고 보는 반면, 북한은 6자 회담에서 논의하여 해제토록 해야 한다는 것이다. 일곱째, 핵보유국 인정과 관련, 미국은 '불가'라고 단호한 태도이나, 북한은 미국 핵을 포함한 핵군축회담을 겨냥하고 있다.

정부 당국자는 이러한 입장 차이에도 불구하고 "미국의 대북정책이 상당히 많이 바뀌었기 때문에 북한은 이번에 많은 것을 얻어낼 좋은 기회"라고 설명했고, "북한측도 진지하게 미국측 제안을 검토하는 분위기"라고 긍정적인 입장을 밝혔다. 2006년 10월 18일 핵실험 직후 김정일 위원장은 김익현 군수동원 총국장에게 "남조선에서 식량이 들어오게 될 것이며, 부족되는 식량(군량미)은 쌀이 들어오면 더 보충하라"고 말한 것으로 밝혀졌다. 이러한 상황을 고려한다면 6자 회담은 생각보다 진지하게 진행될 여건을 갖춘 셈이었다.

문제는 미국이 전제조건으로 내놓은 북한의 핵 폐기를 김정일

위원장이 어떻게 받아들이느냐 하는 것이다. 이를 수용한다면 북한
은 핵 포기 뒤 미국으로부터 체제를 인정받는 리비아식 해법56)에
동의하는 것이다. 그러나 '핵보유국' 카드로 미국과 각을 세워온 북
한이 핵 폐기 전 보상을 포기하면서 신뢰하고 체제보장을 미국에게
맡길 가능성은 희박하다. 이런 맥락에서 윌리엄 페리 전 미국방장관
도 6자 회담 전망과 관련, "지금까지의 경과를 볼 때, 별로 낙관적
이지 않다"며 "미국이 결정한 정책에 대해 한국·중국이 지지를 해
줘야 협상력을 가질 수 있다"고 강조했다.57)

페리 전 장관은 "한미 관계의 복원이 북핵문제 해결에 있어 아
주 중요한 열쇠다. 한국은 반미감정을 이용해서도 안 되고 미국도
북핵문제를 한국과 함께 해결하려는 의지와 노력을 보여야 할 것이
다"라고 했다. 한미 양국은 지난 50여년 동맹관계를 토대로 밀접한
정치·경제적 이해관계를 구축해왔다. 그러나 최근 수년 사이 한미
관계는 매우 어려운 상황을 맞고 있다. 한미동맹에 걸린 우리의 전
략적 이해를 재인식함으로써 한반도 평화체제 구축논의에 철저히
대비해야 할 것이다.

미국의 저명한 미래학자 앨빈 토플러는 한 인터뷰에서 "한국은
시간과의 충돌에 직면하고 있다"면서 점진적 개념으로 고안된 한국
정부의 햇볕정책은 급변하는 현 국제정세와는 맞지 않는다는 주장
을 했다. 또 그는 북한 핵에 단호하지 못하면 핵 폐기는 실패하는
것이며 미국이 아시아에서 목소리를 낼 수 있도록 강한 지지를 해
주어야 북핵 해결의 길이 열린다는 것이다.58)

---

56) 고려대 남성욱 교수가 독점 제공한 '위대한 령도자 김정일 동지께서 군수동
  원 총국장에게 하신 말씀' 자료와 '조선로동당 중앙위원회 비서국 결정 제1조
  2호'(2006년 11월 3일) 등 두 문건을 통해 밝혀졌다.
57) 윌리엄 페리는 1998년 북한 미사일 위기 이후 남북한과 일본을 오가면서 대
  북정책 조정관으로 활약했다. 1999년 북한방문 뒤에는 핵·미사일 문제를 포
  괄적·단계적으로 해결하기 위한 '페리 프로세스'를 내놓았다.

기조연설에서 힐 차관보는 "인내의 한계를 넘었다. 이제는 행동이 필요한 때"라고 했고, 회담이 끝난 뒤 그는 "북한이 비핵화를 원하지 않는다면 우리는 다른 길로 갈 준비가 돼 있다"고 말했다. 한편 김계관 부상은 "제재 압력 강화시 양적·질적으로 핵 억제력 강화를 위한 조치를 취하겠다"고 언급하여 2차 핵실험 가능성도 시사했다.

미국은 19일과 20일에 열린 북미 협상에서 영변 원자로 가동중단과 국제원자력기구 감독과 수용 등 두 가지를 필수적인 핵 폐기 초기조치로 요구해 이는 당초 핵 보유현황 등 5~6가지를 요구했던 수준을 크게 낮추었다. 그러나 미국은 북한이 원하는 경제적 지원 등 실질적인 상응조치는 핵 보유현황 공개 등 2단계 조치를 취해야 이행될 수 있다는 입장을 밝히며 북한에 2단계 조치에까지 이르는 시간을 최대한 단축할 것을 촉구했다.[59] 한편 북한은 미국의 제안에 대해 "에너지를 지원하고 미국의 대북적대시 정책이 철폐돼야 원자로 가동 중단 등 핵 폐기 조치 돌입이 가능하다"고 맞서고 있다.

문제는 미·북한이 신뢰를 회복하지 못한 채 '핵 폐기'에 대한 기본적인 인식 차이가 있는 것이다. 북한은 '핵무기'와 '현존 핵 계획'을 구분하고 현존 핵 계획의 포기 초기조치로 BDA 문제 선해결을 요구하는데 반해, 미국은 두 개념을 뭉뚱그려 '핵 폐기'를 목표로 하고 있는데서 문제의 심각성이 있다. 의장국인 중국은 회담 종료와

---

58) '메스 타임'에서 '퍼스널 타임' 시대가 왔다. 서울 온 앨빈 토플러 인터뷰. ≪중앙일보≫, 2006.12.14.

59) 미국의 단계별 북한 비핵화 조치의 첫 단계는 북한이 원자로 가동을 중단하고 IAEA 사찰을 허용하면, 미국은 북한의 안정보장을 공식 약속하는 것이다. 2단계는 북한이 핵보유 현황 등 신고와 재처리시설을 폐쇄하면 미국은 경제력 지원을 착수하고, 3단계는 신고내용을 검증하고 북미수교협상을 착수하며, 4단계는 북한이 핵무기 해체와 핵물질을 이전하면 한반도의 평화체제를 수립한다는 것이다.

함께 발표한 의장성명에서 "이번 회담을 휴회하고 가장 빠른 기회에 다시 회담을 열기로 했다"고 했으나 구체적 일정을 제시하지 못함으로써 회담 재개 전망마저 불투명해졌다. 모처럼만에 개최된 6자 회담이 실패로 끝남에 따라 북한에 대한 국제사회의 압박 수위는 더욱 높아질 전망이다. 서로 무관한 BDA와 핵문제를 무리하게 연계시키고 있는 북한에 대해 미국이 언제까지 인내심을 발휘할지도 의문이다.

6자 회담을 통해 북한을 제외한 참가국들은 북핵 폐기를 목표로 삼고 있지만 체제유지를 위해 천신만고 끝에 얻은 핵을 북한이 쉽게 포기할 것으로 보면 천진난만한 생각이다. 북한은 시간 끄는 회담전략을 통해서 인도와 파키스탄 핵개발을 인정할 수밖에 없는 국제상황을 재연시키겠다는 것이다. 한·중·러와 협조체제를 잘 유지할 수 있다면 그 가능성은 매우 큰 것으로 오판할 수 있게 되었다. 이런 맥락에서 "북한의 핵실험부터 6자 회담 복귀까지의 시나리오는 오래 전부터 준비된 것으로 이에 미국이 말려들었다"는 지적에 귀를 기울일 필요가 있다. 북핵 해결의 길은 6자 회담 참가국들이 얼마나 철저한 공조체제를 갖추느냐에 달려 있다는 것을 명심해야 할 것이다.

5. 우리의 기도

"또 여호와의 구원하심이 칼과 창에 있지 아니함을 이 무리로 알게 하리라. 전쟁은 여호와께 속한 것인즉 그가 너희를 우리 손에 붙이시리라."(삼상 17:47)

첫째, 북핵실험으로 위기 가운데 빠져들고 있는 한반도 국제정세 가운데서도, 전쟁은 하나님께 속한 것이며, 평화와 안보도 오직 하나님께서 붙드실 때 가능한 것임을 믿고 간구합니다. 하늘 문이 닫히면 열 자가 없고, 하늘 문이 열리면 닫을 자가 없다고 하신 주님, 제 아무리 북한이 핵실험으로 장난을 쳐도 오직 한반도의 안위를 붙드시는 분은 하나님이심을 믿습니다.

둘째, 핵 폐기를 할 경우, 금융제재 해제, 체제보장 등 대북패키지를 제안한 미국의 변화된 입장에 대해, 북한은 먼저 금융제재 및 유엔제재의 해제가 있어야 핵 계획을 포기할 것이며, 핵무기가 아닌 핵 계획 포기의 핵군축회담을 하자는 대립된 주장으로 5차 6자 회담은 실패로 끝났습니다. 북한의 체제유지를 위한 시간 끌기 회담전략에 대해 한국과 미국 국제사회의 공조체계를 강화하여 효과적으로 대처할 수 있게 하시고, 북한이 IAEA 사찰단 입북, 5Mw 원자로 동결, NPT 복귀 등을 시행하여 미국 등 주변국들로부터 대규모 경제지원을 받아들이는 '김정일식 실용주의' 노선을 채택하도록 하옵소서. 체제안전에 대한 두려움 없이 핵을 포기하고 굶어 죽는 주민들을 살리는 방향으로 개혁과 개방을 하여 국제사회에 편입할 수 있도록 위정자들의 마음을 돌이켜 주시옵소서. 이 모든 것이 주님의 주권 아래 진행되어 대화와 타협으로 북한의 닫힌 문을 열 수 있도록 도와주시옵소서.

셋째, 김정일이 자신이 서 있는 권력이 얼마나 허무한 것인가를 깨닫게 하옵소서. 자신의 교만함을 알고 하나님을 두려워하게 하소서. '좌우를 분별하지 못하는 자가 십이만여 명이요 가축도 많이 있나니 내가 어찌 아끼지 아니하겠느냐'(요 4:11)라고 말씀하신 하나님, 북녘 땅의 하나님을 모르며 독재정권 하에 신음하고 있는 주의 백성들을 긍휼히 여기시옵소서. 요나가 회개하라고 선포했을 때 왕과 모든 백성, 가축들까지 다 금식하며 회개했던 니느웨의 역사가 북한에도 일어나길 원합니다. 김정일이 마음을 돌이켜 회개하고 백성들을 살리는 지도자로 거듭나게 하옵소서.

　넷째, 한국사회가 북핵실험으로 인해 남남갈등이 심화되고, 대북정책에 대한 논란이 가열되고 있는 이때에, 한국교회가 남남갈등을 심화시키는 주역이 되는 것이 아니라, 먼저 정직과 공의를 행하지 못했던 죄를 회개하고 마음을 찢고 주께 나아와 나라와 민족을 위해 기도하게 하시옵소서. 하나님과의 평화가, 이웃과의 평화, 나라 간의 평화의 기본임을 명심하고 하나님의 샬롬으로 이 모든 위기가운데 평화의 도구가 되게 하시옵소서.

2. 6차 6자 회담, 칩거와 일방무산

1. 어떻게 이루어진 회담인데

총체적 위기에 접한 북한은 6자 회담을 이용하여 핵 폐기를 미끼로 미·일을 비롯한 국제지원을 끌어내어 위기 극복에 안간 힘을 써 왔다. 북한은 미국과 맞서는 동안 미사일 발사(7.5)에다 핵실험 (10.9) 도발까지 하면서 막무가내로 대결을 불사했다. 그 결과 체제를 방어한다는 이유로 핵무기를 손에 쥐었지만, 그 때문에 유엔안보리의 압박과 미·일 등 개별국들의 대북제재 강화로 숨통이 막힐 지경이었다.

유엔안보리는 미사일 발사 직후인 7월 11일에 안보리 권고안 1695호를 내었고, 핵실험 직후인 10월 15일에는 안보리 결의안 1718 호를 통과시켜 UN헌장 7장 41조에 의거하여 본격적인 대북제재 압력을 가할 수 있게 되었다. 한편 미국의 주도로 대량살상무기금지협약(PSI)에 따라 대북봉쇄가 구체화되는 단계가 되었다.

핵을 먹고는 살 수 없는지라, 북한은 5차 3단계 6자 회담에 복귀, 2·13 합의에 서명을 하고 영변 핵시설 폐쇄와 불능화에 맞춰

100만 톤의 중유를 공급받기로 하는 등 의견을 모았다. 이번 북핵 해결방식이 과거 제네바 합의와 다른 점은 시한이 있고, 경수로 대목이 없으며 6자 합의에 의한 것과, 중국이라는 보증인도 있다는 것이다.60)

2·13 합의에 따라 구성된 '북미 관계정상화' 등 5개 실무그룹 회의는 비교적 순조롭게 시작했다. 양자협상인 북미, 북일 수교회담은 한 차례 만남을 끝내고 다음 일정을 기다리고 있다. '에너지·경제 협력'등 3개 실무그룹도 현안을 논의했다.

3월 5~6일 뉴욕에서 열린 북미 수교 회담은 소득이 있었다는 평가가 있다. 협상테이블에서는 북한의 핵시설 불능화 절차·시한과 불능화가 진행될 때 북한의 테러지원국 지정해제 등 미국의 단계적 상응조치가 논의된 것으로 알려졌다. 특히 논란이 되었던 고농축 우라늄(HEU)의 실체 규명을 위해 전문가 협의를 갖기로 한 점은 의미 있는 진전으로 보인다.

난항이 예상됐던 북·일 관계 정상화회담은 양국대표가 협상테이블에 앉았으나 납북 일본인 문제 등 의제 설정을 둘러싸고 이견만 확인한 채 첫 만남을 끝냈다.61) 핵 폐기 일정의 첫 분수령이 될 '모든 핵 프로그램 목록 협의'가 '한반도 비핵화' 실무그룹에서 다뤄졌다. 핵심쟁점은 북한이 보유한 플루토늄과 HEU의 규모와 핵무기까지 성실하게 신고할지 여부다.

한편, 정부는 2·13 합의가 이뤄지자마자 기다렸다는 듯이 대북지원 재개협상에 나섰다. 통일부는 협상이 타결되기도 전에 북한에 남북장관급회담 재개를 위한 실무 접촉을 제안했고, 북한은 이를

---

60) 크리스토퍼 힐 미 국무부 차관보는 2007년 3월 6일 뉴욕 외신기자 클럽에서 이같이 말했다.
61) 이 회담은 핵 폐기와 북미 협상, 독도에 연계될 가능성이 커 낙관도 비관도 이르다.

수락했다. 북한의 미사일 시험 발사이후 중단됐다가 7개월 만에 재개된 남북장관급회담에서 남북은 이산가족 화상상봉과 면회소 건설공사 재개, 국군 포로와 납북자 문제, 그리고 식량과 비료지원 문제도 논의된 것으로 알려졌다.[62]

　　그러나 2·13 합의 사항들이 어떤 이유로 지켜지지 않게 되면 유엔제재는 강화될 것이고 남북경협도 제한을 받고, 중국도 체면을 구겨 대북제재를 더욱 확대할 것이 예상된다. 에드워드 로이스 미 하원의원은 김정일 돈줄을 끊어 숨통을 조이기 시작하면 작업 착수 후 2개월이면 모두 끝장난다고 밝혔다.

2. 다루어야 할 과제 산적

1) 방코델타아시아(BDA) 문제

　　무엇보다 긴급한 과제는 방코델타 아시아(BDA) 문제이다. 제6차 6자 회담을 성과 없이 끝나게 만든 것도 BDA 문제였기 때문이다. 미국과 중국이 회담 개막일인 3월 19일 BDA에 동결된 북한돈 2,500만 달러 전부를 북한에 돌려주기로 합의했다. 그러나 북한은 50여개 BDA 계좌의 북한 개설인을 제시하지 못해 돈을 찾지 못하고 있다가 3월 21일에야 모든 계좌소유주의 신원을 BDA에 제출하였다.

　　북한은 해제된 돈을 중국은행(BOC)에 개설된 조선무역은행계좌에 넣어달라고 했다. 그러나 BOC측은 "불법자금을 받을 수 없다"

---

62) 북한에 대한 식량차관 제공 문제를 협의할 남북경제협력추진위원회도 4월 18일 개최키로 했다. ≪중앙일보≫, 2007.3.5. 한편 이재정 통일부장관은 "북한에 쌀 40만 톤과 비료 30만 톤을 지원하는데 대한 원칙적 합의가 있었다"고 했다가 이면합의 문제가 나오자 이를 번복했다.

고 버티었다. BOC가 중국정부의 지시를 거부한 건 미 재무부에 의
해 '돈세탁 은행'으로 찍힌 BDA에서 자금을 이체 받을 경우 이미지
가 나빠질 수 있다는 판단 때문으로 보인다.

중국정부도 BOC의 이런 방침을 무시할 수 없다. 중국은행의
일부 지분은 금융개혁 차원에서 메릴린치, UBS 등 세계적인 금융
기관에 매각되었기 때문이다. 중국은행 이사회에는 현재 메릴린치,
UBS, 테마섹, RBS와 아시아개발은행 등 유수한 금융회사들이 참여
하고 있다.63)

미국과 중국은 잇달아 접촉을 갖고 "중국은행은 북한돈을
BDA로부터 받아 다른 금융기관으로 보내 주는 역할을 한다"는 데
합의했다. 이와 함께 동결이 해제된 자금을 수령할 제3국 금융기관
을 찾는 작업이 여의치 않을 경우 북한이 BDA에서 직접 현금으로
찾아가거나, BDA에서 평양으로 직접 송금하는 방안도 논의된 것으
로 전해졌다.

천영우 한국측 수석대표는 "이제 북한이 알아서 송금방법을 찾
게 될 것"이지만, "불법자금이라는 딱지가 붙은 북한자금 수령을 희
망하는 제3국 금융기관이 나오지 않을 경우 문제가 의외로 장기화
국면으로 들어갈 가능성도 없지 않다"고 말했다.

문제는 북미간의 문화의 차이에서 오는 혼선과 전략적 고려에
기인한 것으로 보인다. 미국은 BDA자금 해제발표로 일단락된 것으
로 판단했으나 북한은 입금을 해결의 잣대로 삼았다는 것이다. 또
북한의 입장에서 보면 북한이 현금으로 찾거나 북한은행에 입금을
요청하면 쉽게 풀린다. 그러나 북한이 중국은행에 이체를 굽히지 않
은 것은 이 계좌에 돈을 두고 사용하겠다는 것이고, BDA 자금 해
제를 국제금융시장 복귀의 시금석으로 삼겠다는 것으로 보인다.

---

63) 베이징 한 관계자는 "이번 사태는 중국 금융계에 두고두고 회자될 것"이라
고 말했다. ≪동아일보≫, 2007.3.23.

이를 위해서는 미국의 도움이 필요하기 때문에 차제에 미국을 압박하려는 것으로 보인다. BDA 문제와 관련하여 중국은 과도한 개입을 꺼려했던 것으로 보이는데 이는 중국이 북미관계의 급속한 진전을 경계한 것으로 보는 견해도 있다. 이와는 반대로 미국은 송금문제를 풀기 위해 매우 적극적인 태도를 보였다. 미국이 미 재무부의 글레이저 부차관보를 중국에 13일 동안 머물게 한 것이나 윌킨슨 재무장관 비서실장도 합류시킨 것은 이 문제를 풀려는 미국의 강한 의지라고 볼 수 있다.

2) 폐쇄와 불능화

2·13 합의 2조 1항에는 '영변 핵시설의 궁극적 포기를 목적으로'라는 표현을 썼다. 1994년 제네바 합의에서는 핵시설의 '동결'만 규정했으나 이번엔 포기로 못을 박았다. 이에 따라 북한과 국제원자력기구(IAEA)는 모하메드 엘바라데이 사무총장이 2007년 3월 13~14일 방북 때 ① 5MW 원자로, ② 방사화학 실험실, ③ 핵연료봉 생산시설, ④ 50MW 원자로, ⑤ 200MW 원자로 등 5개의 핵시설을 폐쇄·봉인 대상으로 결정했다.

IAEA 사찰단의 활동 범위와 관련, 북한과 IAEA는 별도의 합의가 있을 때까지 60일 이내에 폐쇄·봉인하고 그 핵시설들을 감시하는 역할에 국한키로 했다. 그러나 핵시설 불능화 시점에 대해서는 못을 박지 못했다. 미국은 북한이 5개의 핵시설에 대한 폐쇄·봉인 절차를 끝내고 핵시설 불능화를 진행하면 단계적으로 쌀과 의약품 등을 지원키로 했다.

한미 대표단은 핵시설 폐기까지 가기 위해 불능화 완료 시한을 정하고 회담에 임하고 있다. 한미는 모든 핵 프로그램 목록신고와 병행해 불능화 조치를 진행하겠다는 협상전략을 짰다. 핵 프로그램 신고안에는 고농축 우라늄 문제와 핵물질·핵무기까지 망라되는 것으로 알고 있다. 검증과정과 관련, 미국은 기술적으로 불능화 소요 시간을 4~5개월로 잡고 늦어도 6개월 안에 핵시설을 완전히 못쓰게 하겠다는 입장이다.[64]

　　한미는 불능화가 빠르면 빠를수록 좋다는 입장이지만 북한은 불능화 시한을 최대한 늦추면서 몸값을 올리겠다는 속셈이다. 북한은 핵시설 불능화 조치에 이르기까지 취할 각종 조치마다 새로운 요구를 내세워 더 많은 보장을 챙기려 할 것이다. 또 합의문에 불능화의 구체적인 종결시기가 명시되지 않은 것도 북미 간의 논란의 불씨가 될 수 있다. 이미 북한은 2·13 합의가 이루어진 당일 관영 조선중앙통신을 통해 "각 측은 조선의 핵시설 '가동 임시 중지'와 관련해 중유 100만 톤에 해당하는 경제, 에너지 자원을 제공하기로 하였다"[65]고 딴지를 걸기 시작했다.

3) HEU와 보유핵처리

　　2·13 합의서 2조 2항은 "사용 후 연료봉으로부터 추출된 플루토늄을 포함한다"고 규정하고 있는데 이 대목도 논란거리다. 미국은 이 조항과 관련 HEU는 이번에 명시되지 않았지만 북한은 당연히 농축우라늄에 대해서도 신고하고 폐기해야 한다는 입장이다. 그러나 북한은 그동안 HEU 프로그램은 존재하지도 않았다고 주장해 왔다. ≪워싱턴포스트(WP)≫지는 "농축 우라늄을 둘러싼 이견이 해소되지 않으면 이번 합의는 조기에 시험대에 올려질 것"[66]이라고 지적했다.

　　북한과 미국이 모두 HEU에 매달리는 것은 이 프로그램의 은

---

64) 핵공학 전문가들은 불능화는 2주부터 1년까지 걸린다고 했다. 완료시간은 북한의 정치적 의지에 달려있다는 것이다.
65) 북한 관영 「조선중앙통신」 2007.2.13.
66) *Washington Post*, February 19,2007

닉성 때문이다. 북한이 추진한 HEU 생산시설인 원심분리기는 소규모 비밀 장소에 설치할 수 있다.67) 원자로와 대형재처리 시설이 필요한 플루토늄 프로그램과는 은닉성에서 비교가 안 된다. 북한의 우라늄 광산에서 HEU의 재료인 천연우라늄을 무한정 공급할 수 있는 것도 문제이다.68)

더구나 HEU를 핵물질로 사용한 우라늄탄은 안정성과 신뢰도가 높아 플루토늄탄처럼 굳이 핵실험을 하지 않아도 된다. 따라서 북한의 HEU 프로그램이 규명되지 않으면 6자 회담은 실효성을 잃게 된다. 윌리엄 페리 미국 전 국방부장관은 2월 20일에 "HEU 문제는 협상 결렬 요소로 등장할 수 있다"고 주장했다.

2·13 합의에는 북한이 개발했을 것으로 추정되는 기존 핵무기에 대한 언급이 없다. 3조 1항은 '한반도 비핵화'를 언급했다. 이를 실현하기 위한 북한의 핵 폐기는 결국 실무그룹에서 다루어야 한다. 실무그룹은 북한의 우라늄 농축 프로그램과 북한이 이미 만든 핵물질, 핵무기 폐기 및 그 과정의 검증에 대해 구체적 방안을 제시해야 한다. "북한은 결코 핵을 포기하지 않을 것이다. 그들은 경제적·정치적 이득을 얻기 위해 협상(6자 회담)을 이용하고 있을 뿐이다."라는 미국 네오콘 핵심인 볼턴 전 유엔대사의 말에 주목을 한다면 북한이 보유한 핵을 처리하는 것이 가장 어려운 과제가 될 것이 분명하다.

더구나 2·13 합의가 영변 핵시설 폐쇄 및 불능화에 역점을 두고 있으나 영변 핵시설은 사실상 노후화되어 쓸모없는 것이라는 주장이 제기되어 논란을 빚고 있다. ≪뉴욕타임스≫ 주일 특파원으로

---

67) 북한에 있는 8000여 개의 지하 군사시설에 충분히 설치할 수 있다는 것이다. ≪중앙일보≫ 2007.2.21.
68) 우라늄 핵무기 1기 제조에 필요한 HEU는 약 60kg이다. HEU는 핵분열 물질인 U-235가 90% 이상이다. 천연 우라늄에는 U-235가 0.7%에 불과하다. 나머지는 U-238이 대부분이다. ≪중앙썬데이≫, 2007.3.18.

다년간 한반도 문제를 다뤄온 리처드 할로라는 기자는 2007년 3월 22일 웹사이트 'Real Clear Politics'에 기고한 칼럼을 통해 북한이 경제난으로 영변의 핵시설을 제대로 관리를 못해 사실상 무용지물이 됐다고 주장했다.

　4) 대북지원 문제

　북한 핵시설 불능화의 대가로 참가국들은 중유 100만 톤 상당의 경제·에너지·인도적 지원을 합의했다. 납치문제로 대북지원을 거부한 일본을 제외한 한·미·중·러가 25%씩 맡아야 한다. 미국은 내부적으로 핵 불능화를 포함한 핵 폐기 완료시점을 올해 말로 정했다. 북한이 동결-신고-검증-폐기 단계에 맞춰 대북지원을 연계할 경우 그때마다 이행실적 평가와 지원규모를 놓고 각국 간에 논란이 벌어질 수도 있다.

　북한은 2007년 3월에 열린 비핵화·경제지원 실무그룹회의에서 "중유 등 석유제품을 안정적으로 지원해 달라, 발전소와 산업시설을 돌리는데 월 4만~5만 톤이 필요하다"고 요청한 것으로 알려졌다. 한편 크리스토퍼 힐 미 국무부 동아태 차관보는 3월 1일에 "북한이 비핵화를 달성하고 핵확산 금지조약(NPT) 체제로 들어오게 되면 경수로 지원논의를 시작할 수 있을 것"이라고 말했다.[69] 그러나 선 경수로 지원을 주장하던 북한이 이보다 훨씬 앞질러 또다시 지원을 요청할 가능성은 높아 큰 논란이 예상된다.

　2007년 3월 8일 김계관 북한외무성 부상은 "테러지원국 해제 문제는 이미 합의한 문제"라며 "북미수교는 바로 대사급 외교관계를 맺을 수 있다"고 말했다. 또한 적성국 교역금지법에 따른 대북제재를 풀어 줄 것을 요구했으나 모두가 행정부 단독으로는 어렵고

───────────────

69) 그러나 그는 "북한이 핵 국가로 남아 있는 한 민수용 핵에너지 지원논의는 불가능하다"고 잘라 말했다.《중앙일보》, 2007.3.2.

각 단계마다 넘어야 할 난관이 있음에 주목해야 한다.

2·13 합의 2조에는 "60일 이내에 미국은 북한을 테러지원국으로부터 해제하기 위한 과정을 개시한다"고 명시돼 있다. 이 합의를 두고 북미 간에 해석차가 있을 수 있다. 분명한 것은 해제가 아니라 해제절차에 착수하기로 합의한 것이다. 숀 매코맥 미 국무부 대변인도 "(뉴욕접촉에서) 북한이 테러지원국 명단에서 빠지려면 어떤 절차를 거쳐야 하는지에 대한 사전 논의가 있었을 뿐"이라고 말했다. 북한은 완강한 입장이다. 북한은 미 행정부가 성의만 보여 준다면 기술적으로 어려운 테러지원국 명단 해제와 별도로 테러방지활동에 비협조적인 국가명단에서라도 빼달라는 것으로 보인다.[70]

미 국무부는 해마다 4월에 국제사회의 테러관련 평가를 담아 보고서를 발표한다. 이 보고서는 전년도 11월까지 자료조사를 마친 뒤 테러지원국으로 지목된 국가의 리스트와 함께 공개된다.[71] 또 명단에서 제외되려면 미 행정부가 45일 전에 의회에 보고해야 한다. 이러한 여건에 비추어 북한이 당장에 테러지원국 명단에서 제외되는 것은 불가능하다.

3. 돌연귀국, 버티기

1) 6차 회담 무산

3월 19일 시작된 6차 6자 회담이 BDA 은행의 북한자금 문제로 파행을 거듭하다가 22일 결국 소득 없이 끝났다. 미국과 중국이 회담 개막일인 19일 BDA에 동결된 북한돈 2,500만 달러를 돌려 주

---

70) 이란, 쿠바, 시리아, 베네수엘라, 북한 등 5개국이 비협력국으로 지정되어있다. 《중앙일보》, 2007.3.9.
71) 이번 리스트에 대한 평가는 이미 끝났을 가능성이 크다는 것이다.

기로 하자 순풍을 탈 것으로 예상되었다. 그러나 마카오와 중국 쪽에서 다시 예상치 못했던 문제가 터져 꼬여 버린 것이다.

북한은 해제된 돈을 중국은행(BOC)에 개설된 조선무역은행 계좌에 넣어 달라고 했다. 그러나 BOC측은 "불법자금을 받을 수 없다"고 버텼다. 김계관 북한외무성 부상은 "BDA 문제 선(先) 해결"을 요구하면서 개막 이튿날부터 회담에 불참했다. BOC측은 "자금을 제3국 은행으로 중개해 줄 수 있을 뿐"이라고 했다. 북한 돈을 받을 은행을 미·중·북이 찾으라는 것이었다.

김계관 부상은 3월 17일 베이징에 도착한 이후 칩거했다. 6자 회담 첫날 잠시 얼굴을 내비치고서는 이튿날 예정된 북미, 남북 간 양자회담을 무산시키고 짧은 만남에만 응했다. 회담 사흘째에도 오후 늦게 중국대표와 만났을 뿐 다른 접촉은 일체 삼갔다. 이 때문에 표면적으로는 BDA의 완전한 해결을 내세웠지만 핵협상을 최대한 끌면서 몸값을 높여갈 것이란 의심을 갖게 했다. 불능화 등에서 속도를 내려는 한미의 핵 폐기 압력에 북한이 '무시전략'으로 속도를 조절하고 있다는 분석이다.

3월 22일 오후 3시 25분쯤 김계관 부상이 탄 고려항공 비행기가 공항을 이륙했다는 소식이 각국 대표단에 전해지자 북한 대표단의 무책임한 태도를 성토하는 격한 목소리도 쏟아져 나왔다. 김계관 부상이 귀국한 가운데 이날 오후 5시에 수석대표회의가 속개되었다. 회담장은 곤혹스러움이 역력했다. 의장국인 중국의 우 부부장은 힘없는 목소리로 회담 휴회를 선언했다. 북한의 버티기 6차 6자 회담은 이렇게 성과 없이 끝나고 말았다.

2) 참가국 어안이 벙벙

가. 북한과 미국

① 북한, 핵보유국 자격으로 수교 원해

무엇보다 북한이 긴급하게 해결해야 할 문제는 BDA 문제이다. 이 문제 해결을 위해 6자 회담 참여를 미루었고, 결국 이 문제가 해결되지 않아 6차 회담을 일방적으로 무산시켰다.[72] 김계관 부상은 "미국이 BDA에 동결된 우리 자금을 전면 해제하지 않으면 우리는 영변 핵시설 가동을 중단하지 않을 것"이라고 말했다. BDA 문제가 북한경제에 미치는 영향이 매우 크다는 것을 보여 주는 것이다.

북한은 BDA 전액반환을 계기로 그동안 끊어졌던 해외금융망을 재건할 기회를 얻게 되었고, 사용처를 인도적 목적으로 국한되긴 했지만 만성적인 경제난 해소에도 물꼬를 틀 수 있을 것이고 김정일 위원장의 위상도 강화될 수 있게 되었다.

어쨌든 북한이 BDA 문제를 순조롭게 해결한다는 전제를 놓고 본다면 2·13 합의의 가장 큰 수혜자는 북한일 것이다. 식량과 에너지 지원을 확약받음으로써 급한 발등의 불을 끌 수 있게 되었고, 내부 단속을 정당화할 근거도 확보했기 때문이다.

미국과의 관계정상화는 북한에게 BDA보다 더 중요한 문제이다. 김계관 부상은 3월 5~6일 북미정상화 실무회담에서 "미국이 관계정상화를 위한 각종 조치를 취하면 영변 핵시설을 1년 안에 불능화 할 수 있다"는 말을 했다. 영변 핵시설을 불능화 할 경우 6자 회담 참가 5개국은 중유 95만 톤을 제공하는 것뿐만 아니라 "북한은 대미관계 정상화의 기본틀이 잡히게 된다"는 것이다.

뉴욕회담에 정통한 워싱턴의 한 외교소식통은 "김계관 부상은 미국에 테러지원국 명단에서 북한을 삭제하고 적성국 교역금지법에

---

72) ≪중앙썬데이≫, 2007.3.18.

따른 대북제재를 풀어 줄 것을 요구했다"고 했다. 북한이 핵시설 불
능화의 조건으로 테러지원국 지정 해제 등을 강조한 것은 미국과의
외교관계 수립에 필요한 정지작업을 조속히 마무리짓겠다는 것이다.

북한은 일단 영변 핵단지의 불능화에는 동의하지만 함북 길주
군의 핵실험장과 건설 중단된 태천 원자로(200MW급)에 대해선 입
장표명이 없다. 따라서 북한은 이 시설들을 불능화 대상으로 삼기
위해서는 별도의 협상을 하자고 요구할 것이다. 이럴 경우 적어도
또 1년 정도의 협상시간이 필요하다고 할 것이 예상된다. 6차 6자
회담을 북한이 무산시킨 것도 "핵시설 불능화를 올해 안에 달성"이
라는 힐 차관보의 언급 등 속도를 내려는 한미의 핵 폐기 압력에
북한이 '무시전략'으로 속도를 조절하고 있는 것으로 분석된다.

한편 북한의 핵보유를 북미관계 정상화뿐 아니라 대남전략상
양보할 수 없는 '최후의 카드'라는 측면에서 불능화를 이해해야 한
다. 북한은 한국의 대선정국을 지켜보면서 불능화 등 핵 폐기 일정
을 활용해 대미·대남 회담에서 협상력을 극대화시키려 할 것이
다.73) 2007년 3월 25일 시작된 "한미 연합전시 증원훈련(RSOI)이 6
자 회담을 깨뜨릴 수 있다며 즉각 중단을 요구한 것"74)도 같은 맥
락이다. 결국 북한은 핵보유국 위상을 유지하면서 미국과의 관계정
상화를 추진하려는 것이다.

앞으로 북한은 협상카드를 쪼개 협상력을 극대화시키면서 시간
을 끌 가능성이 크다. 북한이 지금까지는 협조적이었지만 2·13 합
의에서 시점을 못박지 못한 불능화 단계부터는 본격적으로 요구를
쏟아내며 불능화 이행여부가 북핵 완전폐기의 고비가 될 것이다. 북

---

73) 특히 김계관 부상은 이 과정에서 협상카드를 쪼개 요구조건을 강화시킬 가
능성도 있다.
74) 민주조선은 "이건(RSOI)은 조미 사이의 긴장상태를 격화시키고 모처럼 마련
된 조선반도 핵문제 해결을 위한 6자 회담을 깨뜨릴 수 있는 엄중한 후과를
가져올 수 있다"고 보도했다. ≪민주조선≫, 2007.3.25.

한은 핵시설 불능화와 폐기로 가는 다음 단계에서 경수로를 요구하고 나올 가능성이 크다. 국교정상화와 제재해제는 물론 경수로를 지어달라고 할 것이다. 북한은 5년 이상 걸리는 경수로가 완성될 때야 비로소 핵을 폐기하겠다고 나올 가능성도 배제할 수 없다.

총체적인 위기와 실패를 거듭한 김정일 정권은 고립무원의 경제난을 뚫고 드디어 핵개발을 성공했다. 핵을 개발한 가장 중요한 이유는 더 이상 자체적으로 해결할 수 없는 경제적 난관을 뚫겠다는 것이다. 핵을 미끼로 주변국들로부터 경제적 지원을 끌어내어 당장에 발등에 떨어진 불을 끄려는 것이다. 그러나 그러한 방식들이 북한경제난을 장기적으로 해결할 수 없다는 것을 북한도 잘 알고 있기 때문에 장기적 안목에서 미국과 수교를 통해 체제를 유지한다는 전략이다.

분명한 것은 단기적인 경제지원이나 장기적 한반도 평화체제 수립을 위해서 북한이 핵이라는 강력한 무기를 버릴 수 없다는 것이다. 북한의 군부는 '역사상 핵실험까지 마친 나라가 핵을 포기하는 것을 보았는가?', '우리는 고난의 행군 등 온갖 고생을 했지만 이제 핵무기를 손에 쥐었다. 미국과 한국이 우리를 핵보유국으로 인정하지 않으면 어떻게 하겠느냐'는 투이다. 핵을 완전히 포기하는 그 시간부터 북한은 강력한 모든 지렛대를 잃어버린다고 믿고 있기 때문이다. 따라서 북한이 6자 회담을 통해서 궁극적으로 손에 쥐려고 하는 것은 인도·파키스탄식 해결이다. 핵보유국으로 인정을 받으면서 그 자격으로 미국을 비롯한 주변국들과 수교를 하는 것이다.

실제로 2007년 3월 5일 김계관 부상은 뉴욕에서 힐 차관보를 만나 "우리(북한)를 인도처럼 대우해 달라"고 요구했던 것으로 알려졌다. 미국은 NPT 가입을 거부하고 핵 개발을 하여 핵무기를 보유한 인도와 30년 갈등을 빚다가 2006년 미·일 핵협력 협정에 서명함으로써 인도를 풀어주었다. 김계관 부상은 인도의 사례를 들어 핵무기를 보유한 채 미국과 수교를 할 수 있는지를 한 번 타진해 본 것이다. 그는 그의 요구가 당장 받아들여질 것으로 생각을 하지 않았겠지만 미국의 국익판도가 바뀌면 불가능한 일도 아님을 알고 있다. 미국의 현재 국익 차원에서 보면 북한의 핵무기 보유보다는 핵무기가 테러단체의 손에 들어가는 것을 막는 것이 더 시급한 문제이다. 따라서 미국 내에서 북한과의 수교가 핵 이전을 막는 하나의 방법이라는 논란이 일어날 것까지 보고 북한은 선수를 놓은 것으로 분석된다.

북한이 그러한 가능성에 집착하게 만들었던 것이 미국의 대북 정책 스타일이다. 미국은 그동안 수차례에 걸쳐 대북금지선(redline)을 설정했다. 북한은 번번이 그들을 무시했고 미국은 단 한 번도 강력히 대응하지 못했을 뿐만 아니라 레드라인을 멀찌감치 후퇴시키는데 급급했고 그 결과 마지막 금지선이라던 핵실험도 큰 저항 없이 밀어붙일 수 있게 되었다. 북한은 약속을 어기고도 상당한 대가까지 받아내는데 성공했다. 더구나 유엔제재와 미국의 금융제재, 개별국가의 독자적인 대북제재 추진을 완화하고 상당부분 해제하는 방향으로 나갈 수 있게 되었다.

한편 북한이 미국의 적대정책을 어렵지 않게 극복할 수 있었던 것은 그동안 한국과 중국이 미국의 대북 강경정책을 강력히 반대해 왔으며, 북한도 그러한 믿는 구석이 있었기 때문이었다.[75] 이제 미국은 핵실험한 북한을 맞아 6자 회담에 응하고 있다. 이는 일단 미국이 북한을 핵보유국으로 인정한 것으로 오판할 수 있게 하는데 충분한 것이다.[76]

---

75) 한신대 윤평중 교수는 1990년대 이후 주기적으로 거론된 붕괴론에도 불구하고 북이 지금까지 버티면서 핵실험까지 성공한 배경에는 한국의 물적 지원과 중국의 후견역할 때문이라고 했다. "김정일이 핵 포기 할 수 있을까?" 《중앙일보》, 2007.2.15.

76) 김경원 전 주미대사는 "6자 회담이 북한 핵무기 보유를 사실상 인정한 것으

미국은 북한과 6자 회담과 양자회담을 함께 해나가면서 핵확산 금지 쪽으로 레드라인을 재설정한 것으로 보인다. 북한에게는 비핵확산을 약속하며 미국으로부터 핵보유국의 인정을 받아내는 것이 그렇게 어렵지 않을 것으로 판단할 가능성이 있다. 실제로 미국은 북한이 4~5개 핵을 보유하고 있는 것이 자신의 안보상의 직접적인 위협이 아니라고 믿을 가능성이 크다.

미국은 핵을 보유한 북한을 수교를 통해 잘 관리하면 적어도 핵확산을 막고, 중국의 대북 배타적 영향도 상당히 견제할 수 있는 효과를 가질 것을 기대할 수도 있다. 조지 슈왑 전미 외교정책협회(NCAFP) 회장은 2007년 3월 29일 자유아시아방송(RFA)과의 인터뷰에서 "미국은 북한이 핵을 보유했다고 하더라도 앞으로 더 이상 핵무기를 생산하지 않는다는 조건으로 북한과 조속히 외교관계를 정상화시키는 것이 바람직하다"고 말했다. 그는 "몇 개의 핵무기를 가진 북한을 지금 받아들이는 것이 앞으로 2~3년 동안 회담을 질질 끌면서 북한에 4~5개의 핵무기를 더 얻도록 만드는 것보다 낫다"며 이같이 말했다.77) 이런 맥락에서 북한은 중국과 한국에는 거리를 두고 미국과 접근하는 전략에 매력을 느낄 것은 분명하다. 한미관계가 원만치 못한 상황에서 북한의 이러한 전략을 미국도 굳이 마다할 이유가 없다는 것이다.

② 미국, 실용주의로 변신

북한을 대하는 미국의 입장이 크게 달라졌다. "북한과는 절대 양자회담을 안 하겠다. 불법행위는 협상대상이 아니라. 잘못된 행동에 보상은 없다"던 강경한 태도를 보이던 미국이 지금은 북미 수교 문제까지 거론하고 있다.

로 주장할 수 있다"고 했다. ≪동아일보≫, 2007.2.20.
77) 자유아시아방송(RFA), 2007.3.29.

2007년 3월 5~6일 이틀간 뉴욕에서 북미관계 정상화 실무회담을 마친 김계관 부상과 힐 차관보는 모두 만족감을 나타냈다. ≪뉴욕타임스≫는 최근 "부시 대통령의 대북관이 실용주의(pragmatism)로 바뀌었기 때문"이라고 보도했다. "이젠 북한 문제를 외교로 풀 때"라고 입장을 바꾼 딕 체니 미 부통령도 '실용주의' 때문이라고 했다.

이보다 더 직접적인 이유는 부시의 외교가 그간 사면초가 상태였기 때문이다. 이라크 상황은 악화되고 아프가니스탄에서는 탈레반의 움직임이 활발해지고 있다. 또 중간선거에서 상·하 양원을 장악한 야당인 민주당이 부시의 일방주의(unilateralism)에 강력히 비판을 하면서 "적(敵)과 대화하는 게 외교"라며 북한과 이란·시리아 등과 직접 대화를 요구했다.

이런 상황에서 부시가 먼저 북한에 눈을 돌린 것이다. 미국의 금융제재와 유엔의 제재로 고통 받던 북한을 상대로 6자 회담 틀 안에서 양자대화를 하면 돌파구가 열릴 수 있다는 판단을 한 것이다. 북한과 대화를 거부하며 핵 개발을 방치하면 문제는 더욱 심각해진다는 것을 인식한 것으로 보인다.

이런 맥락에서 워싱턴 외교가에서는 2007년 1월 힐 차관보가 독일 베를린에서 김계관 부상을 만났을 때 북측에 '파격적 제안'을 했다는 이야기가 나돌았다. 힐 차관보가 김계관 부상에게 BDA 자금 전액 해제가능성을 암시했다는 것이다.[78] 결국 미국은 BDA에 동결됐던 2500만 달러 전체를 풀어 주었다. 이것이 실마리가 되어 영변 원자로 불능화와 에너지 지원으로 압축되는 2·13 합의가 탄생했다. ·

미국은 6·25 이후 대북억지력을 통한 한반도 안정에 주력해왔다. 그러나 부시정부는 2006년 말부터 이런 냉전적 질서를 재조정하

---

[78] 이에 고무된 김계관 부상이 평양으로 돌아가 "이번 기회를 놓치면 안 된다"고 설득한 것으로 전해지고 있다. ≪중앙일보≫, 2007.3.20.

려는 의지를 강하게 보였다. 그 핵심은 북한과의 데탕트를 통한 북핵 해결이다. 특히 이 과정에서 북한을 중국의 영향권 내에서 끌어낼 수 있다면 더더욱 바람직한 일이다. 북한과 관계정상화를 통해서 북한 핵을 폐기 또는 관리토록 하는 것이다.

북한이 미국을 비록한 주변국들의 경제지원을 받아 주민들의 생활이 향상되면 주민들의 의식구조가 변화될 수 있다. 미국의 개입(engagement)과 확산(enlargement)에 따라[79] 북한에 민주주의가 점진적으로 확산이 될 수 있다면 결국 김정일 체제도 오래 지속할 수 없을 것이라는 판단이 있었던 것으로 보인다. 이런 맥락에서 2007년 3월 26일 힐 차관보는 북한의 인권향상을 완전한 북미관계 정상화의 조건으로 제시했다. 그는 워싱턴에서 열린 한반도문제 토론회에서 "미·북의 완전한 관계정상화, 즉 좋은 관계를 맺기 위해서는 인권 등 북한이 현재 부응하지 못하고 있는 국제적 기준을 충족시켜야 한다고 말했다.[80]

이런 맥락에서 BDA에 예치된 북한자금 2,500만 달러가 달러 위조·마약 판매 등으로 번 불법자금이라며 동결토록 했던 미 재무부가 이제 그 자금을 합법적으로 풀어 주기 위해 백방으로 뛰고 있는 모습은 미국의 정책이 확실히 변했음을 실감케 한다. 미 재무부는 BOC측에 불이익이 없도록 보증을 해 주고 제3국 은행과의 교섭은 북한이 맡도록 했다. 문제는 북한이라면 어느 나라의 은행을 찾아 송금문제를 마무리 짓느냐는 것이다.

그러나 폐쇄와 불능화를 가동중단과 무력화로 표현하는 북한의 의도가 시간벌기라는 판단이 선다면 미국도 언제까지나 인내하지는

---

79) 미국은 1992년 12월에 발표한 동아시아 전략구상Ⅱ(East Asia Strategic Initiative)에서 한국과 일본에 대한 개입과 중국, 베트남, 러시아에 시장 민주주의 확산이라는 국가안보전략을 수립했다.
80) *Washington Post*, March 26, 2007.

않을 태세이다. 6차 회담이 김계관 부상의 불참으로 무산되자 힐 차
관보는 "회담이 진전 안 되면 일이 산적한 각자의 사무실로 돌아갈
수밖에 없다"고 가시 돋친 발언을 했음에 주목이 된다.[81]

2007년 3월 27일 마이클 헤이든 미 중앙정보국 국장은 "미국은
북한을 핵보유국으로 인정하지 않는다. 2006년 핵실험이 실패했기
때문"이라고 밝혔다.[82] 여기에 근거하여 미국은 북핵 해결을 위한 6
자 회담에 힘을 실을 수 있게 되었다. 즉 북한이 핵무기 개발에 성
공하기 전에 외교력을 동원해 핵무기 개발프로그램을 폐기시켜야
한다는 입장이다. 핵실험이 성공했을 경우 미국이 꺼내들 수 있는
카드는 극히 제한되어 있지만 이제는 유연한 대처가 가능해졌다는
것이다. 또 6자 회담에서 북한이 핵보유국임을 인정해 달라는 요구
를 일축하는 근거도 됐다.

나. 중국, 일본, 러시아의 입장

북한을 제외한 6자 회담 참가국들은 BDA 문제 해결에 즈음해
서 "가능한 한 빨리 불능화에 착수하자"고 의견을 모았다. 올 상반
기까지 불능화에 착수하는 것을 목표로 한다는 것이다. 기술적으로
불능화는 핵시설 폐쇄·봉인 직후에 곧바로 실시할 수 있다. 따라서
IAEA 사찰 요원의 감시 하에 핵시설·봉인에 이어 불능화까지 패
키지로 마무리하자는 것이다. 결국 핵 프로그램 목록신고 과정에서
핵 폐기 절차가 공전하지 않도록 불능화를 함께 진행하자는 입장이
다.[83]

---

81) ≪중앙일보≫, 2007.3.22.
82) 중국 베이징의 정보 채널 일각에서는 박봉주 총리가 핵실험 실패와 관련돼
   실각했다는 이야기도 나돈다. 북한의 핵실험으로 인한 지진 규모는 리히터
   지진계로 3.58이었다. 핵탄두 위력으로 환산하면 0.8Kt(1Kt은 TNT 1000t의
   폭발력)이다. ≪중앙일보≫, 2007.3.29.
83) 문제는 북한의 반발이다. 협상카드를 잘게 쪼개 왔던 북한 입장에선 받아들

중국은 회담의 의장국으로서 BDA 사태에서 미국과 북한 사이를 오가며 절충점을 찾아냈다. 미 재무부가 BDA에 대한 제재입장을 밝히자 중국정부는 즉각 '깊은 유감'의 뜻을 밝혔다. 그러면서도 미국의 BDA 제재조치는 수용함으로써 북한자금의 전액 해제라는 해법을 끌어내는데 결정적인 역할을 했다.

중국정부는 중국은행 측에 BDA 은행의 북한자금입금을 종용한 것으로 전해졌다. 그러나 중국은행은 국제금융시장의 시선을 의식해 자금 입금은 허용할 수 없으나 BDA 은행이 북한자금을 제3국으로 보내는 과정에서 중국은행을 경유하는 것은 받아들이겠다고 했다. 중국정부의 중재에도 불구하고 김계관 부상의 '돌발귀국'은 의장국인 중국의 체면을 구겼다.

일본 수석대표 사사는 6차 회담에서 특별한 입장을 표명하지 않았으나 "일본은 북한과 국교정상화를 할 준비가 돼 있다. 지금은 초기 단계다"라는 말을 했다. 러시아 로슈코프 수석대표는 "북한의 핵 활동 가동중지에 관한 발언은 높이 평가할 만하다"고 했다.

4. 안개 속 전망, 그러니 어떻게

1) 전망, 산 너머 산

위에서 지적했듯이 6자 회담을 통한 북핵 해결의 전망은 전적으로 북한이 핵을 포기하겠다는 의지여하에 달려 있다. 이 문제를 두고는 낙관론과 비관론이 엇갈린다. 북한이 핵을 포기하는 게 아주 불가능하지는 않겠지만 결코 쉽지는 않을 것이라는 의견이 지배적이다.

일 수 없는 제안이다. 김계관 부상은 뉴욕 북미 회담에서 '불능화는 1년 뒤 하자'고 주장했다. ≪중앙일보≫, 2007.3.20.

2·13 합의에서 핵시설 불능화를 끌어낸 것은 일단 성공한 것으로 보이나 문제는 그 시기를 못박지 못했다는 것이다. 따라서 다음 단계인 "핵물질 폐기->핵무기 폐기"에 대한 합의가 만들어질 때까지는 산 너머 산이다. 비핵화 첫 단계인 핵시설 폐쇄도 하기 전부터 회담이 난항을 겪고 있는 것에 비춰볼 때 핵 프로그램 신고, 핵시설 불능화는 물론 최종 목표인 핵물질 및 핵무기의 폐기에 이르기까지는 수많은 난관이 예상된다는 것이다.

BDA 은행의 북한자금해제가 곧 비핵화의 첫 단계인 핵시설 폐쇄를 보장하는 것은 아니다. 북한은 2·13 합의에서 60일 이내인 4월 13일까지는 핵시설 가동 정지·봉인 조치를 하고 핵사찰관의 수용을 각국과 합의한 바 있다. 그러나 북한은 6차 6자 회담에서 "동결된 자금이 반환되는 것을 확인한 후 30일이 지나면 핵시설의 가동정지에 들어가겠다"고 주장하여 2·13 합의를 깨겠다는 것이다.[84] 한동안 중국은 "마카오의 BDA에 동결된 북한의 '불법자금'을 중국 금융기관이 넘겨받아 (북한에) 송금해 줄 수 없다"며 사실상 미 재무부가 BDA에 대한 돈세탁 기관지정을 철회하도록 요구했다. 게다가 워싱턴 소식통은 "2,500만 달러 중 합법자금으로 판명된 절반의 돈 소유주들이 '내 돈을 왜 불법자금과 함께 중국은행에 송금하느냐'며 항의를 해 누구도 이 돈에 손을 못대고 있다"[85]고 했다. 미국과 중국, 그리고 BDA측이 동결자금을 홍콩은행으로 보내 북한으로 뒤늦게나마 이체시킨 것은 다행한 일이다. 여기에다 북한은 중유 5만 톤이 한국으로부터 전달된 후에라야 폐쇄를 한다는 것이다. 폐쇄가 이루어지더라도 그 다음 조치인 핵 프로그램 신고와 핵시설 불능화에 도달하기 위해서는 몇 개의 단계가 남아 있다.

북한은 신고와 불능화의 대가로 중유 95만 톤에 상당하는 경

---

84) ≪요미우리신문≫ 2007.3.29.
85) *Washington Post*, April 4, 2007

제, 에너지, 인도적 지원 외에 북미관계 정상화를 요구하고 있다. 북
미관계 정상화를 위한 몇 가지 사전조치를 취해야 대북 적대감 해
소로 본다는 것이다. 미국이 북한에 대한 테러리스트 지원국 지정해
제와 적성국 교역법 적용제외 등 가시적인 조치를 취해야 한다는
것이다.

　　이런 문제들은 미 행정부와 의회의 관계 등 미국 국내정치구조
와 얽혀 있어 그렇게 간단히 해결될 문제가 아니다. 김계관 부상이
6차 회담에서 말도 없이 평양으로 돌아간 점 등으로 비추어 보아
북한은 북미관계 정상화 조치 등을 논의하는 과정에서 조금이라도
뜻대로 안 되면 언제든지 회담장을 떠나면서 비핵화 조치를 지연시
킬 가능성이 높다.[86]

　　더구나 한미·일 정보당국은 북한이 보유한 핵무기의 실체를
정확히 파악하지 못하고 있다고 한다.[87] 그것은 북한정권의 '특급비
밀'이기 때문이다. 미국은 핵무기 수에 상관없이 북한이 보유한 핵
무기를 완전 폐기하겠다는 입장이다. 북한은 9·19 공동성명에서
'모든 핵무기와 현존하는 핵 계획을 포기할 것'을 확약했기 때문에
2·13 합의는 그 초기조치로 보는 것이다. 따라서 미국은 핵무기 폐
기를 부시 행정부가 끝나기 직전인 올해 12월까지 마무리한다는 로
드맵을 제시했다.

　　그러나 미국의 일정대로 되는 일은 쉽지 않을 것이다. 북한이
김정일 정권의 명운을 걸고 개발한 핵무기를 포기하는 것이 그렇게
쉽지 않을 것이라는 게 북한전문가들의 일반적 견해이다. 앞서 지적
한 바와 같이 북한이 핵시설 불능화에 합의했지만 다음 단계인 핵

---

86) 이런 점에서 2·13 합의만 갖고 북핵문제 해결에 장밋빛 낙관을 하는 것은
　　금물이다.
87) 대만 정보당국은 영변 5MW 원자로에서 추출한 플루토늄의 양을 계산해 두
　　세 발의 핵무기를 갖고 있는 것으로 추정할 뿐이다. ≪조선일보≫, 2007.2.15.

물질과 핵무기의 폐기를 합의할 지는 불확실하기 때문이다. 북한이 일단 급한 불을 끄고 나면 핵무기 폐기단계 협상에서 6자 회담 다른 참가국들이 받아들일 수 없는 조건을 제시할 가능성도 배제할 수 없다.

이런 우려가 현실화되는 경우 2·13 합의 이행은 원점에서부터 다시 시작해야 할 것이고, 북한에 대한 국제적 분위기가 급속도로 악화되어 문제를 더욱 복잡하게 만들 것이 예상된다.

2) 그러니, 어떻게
가. 확고한 원칙 갖고 대처

북한과 미국 간의 관계 개선 움직임이 급물살을 타고 있는 것으로 보인다. 북미 간에 관계가 정상화되어 양국 간 적대관계가 청산되는 것은 바람직한 일이다. 그럼에도 불구하고 북미관계 정상화는 플루토늄과 HEU를 포함한 북한의 완전한 핵 폐기가 전제되어야 한다. 부시정부가 외교성과에만 급급해 사태를 그르치지 않을까 걱정된다. 북미관계 개선과 북일접촉, 남북대화 재개 등으로 한반도 정세가 요동치고 있는 상황에서 정부는 확고한 원칙을 갖고 대처해야 한다.

북핵은 결코 용납할 수 없다는 원칙 밑에 미국과 긴밀한 협조를 해야 할 것이며 대북관계 진전도 북핵 해결 수위에 맞추어야 할 것이다. 이런 맥락에서 송민수 외교통상부 장관의 "북핵문제가 해결되지 않은 상태에서 남북관계가 앞으로 갈 수 없다"거나 "비핵화가 돌이킬 수 없는 시점으로 가면 북미관계 정상화와 평화체제도 속도를 낼 수 있다"라고 한 말은 바람직한 것이다.[88] 그러나 일부 정치인들의 언행을 보면 걱정스런 면이 있다. '북핵 폐기'라는 말은 이미

---

88) 「중앙일보」 2007.3.9

사라진지 오래이며 '남북정상회담'에만 골몰하는 것으로 보아 앞으로 북핵을 그냥 두고서라도 미국이 북한과 수교해야 한다는 주장이 나오지 않을까 우려된다.

　나. 북미 수교협상 경계

　북미 수교는 동북아 국제질서에 큰 변화를 가져오게 할 중대한 현안이다. 최근 북한은 극도로 유연한 외교를 펴고 있다. 해외 주요 인사들을 평양에 초청하여 긴밀한 회담을 갖고 미국과도 과감히 관계정상화 협상에 나서고 있다. 마치 1970년대 초 월맹과 미국의 협상을 연상케 한다. 당시 월맹은 미국과 치열한 전투 중에 미국 내 반전 여론을 일으키는 데 성공한 뒤에 미국을 협상테이블로 유인하여 월남을 공산화시키는데 결정적인 전기를 마련했다.

　미국은 대북정책을 전면 수정하면서 '실용주의' 또는 '현실주의'에 따르고 있다고 한다. '현실주의'란 힘의 한계에 부딪쳐 원칙과 이념에서 후퇴하여 국제역학관계에 따라 문제를 해결하는 것이다. 미국과 수교가 이뤄지면 북한은 한반도 평화체제를 위해 주한미군 철수를 요구할 것이다.[89] 전시작전권이 전환됨에 따라 한미연합사 및 UN사가 해체되고 나면 한미동맹은 외피만 남게 될 것이고 한국은 국제적 고립 상황에서 굴종외교로 중국에 매달리게 될지 모른다. 이러한 상황을 미연에 방지하는 지혜를 가져야 할 것이다.

　다. 한미 당국 간 긴밀한 정보협력

　마이클 헤이든 국장은 북한의 핵보유를 인정하지 않는다고 분

---

89) 북한은 평화협정을 "쌍방이 서로 상대방을 침범하지 않고 무력증강과 군비경쟁을 그만 두며 미국은 조선의 내정에 간섭하지 않고 통일을 방해하지 않으며, 남조선을 강점하고 있는 미군을 철거시키어 미군이 철거한 다음 조선은 그 어떤 다른 나라의 군사기지나 작전기지로도 되지 않는다는 것"을 기본 내용으로 하고 있다. 「북한백과전서」 (평양 과학백과사전 출판사 간)

명하게 말했다. 그는 이 같은 미국 최고 정보기관의 분석과 판단을 한국 최고 정보기관 책임자들에게 설명한 것으로 알려졌다. 헤이든 국장은 "북한에 대한 정보는 미국이 많이 갖고 있지만 북한의 정서와 문화를 잘 아는 전문가는 한국에 많이 있다"며 "따라서 북한의 의사결정을 분석하는 데는 한미 간 긴밀한 정보교류가 필수적"이라고 강조했다.

맞는 말이다. 그의 말대로 미국의 우수한 '신호정보'(Sigint)도 한국의 우수한 '사람의 마음을 읽어내는 인간정보'(Human intelligence)가 없으면 위력을 발휘할 수 없다. 핵문제를 아직 해결하지 못하고 전운(戰雲)이 한반도에 사라지지 않고 있는 상황에서 한미 간에 협력할 분야는 많다. 실용주의적 국익차원에서 미국과 협력할 분야는 최대한 활용하는 지혜가 있어야 한다.

라. 과거, 현재, 미래 완전 핵 폐기 유도

오늘날 한반도의 상황은 한국에는 기회이자 도전이다. 핵심문제는 북핵의 완전한 폐기를 우리가 얻어낼 수 있느냐 하는 것이다. 미·중이 미래의 북핵 동결에만 만족하고 현재와 과거의 핵을 용인한다면 우리 안보는 결정적인 위기를 맞게 될 것이다. 이에 대한 철저한 대비가 있어야 할 것이다.

마. 북한주민 고통 연장 안 되도록

북미관계가 개선되면 김정일 독재체제를 보장하고 그 정권을 유지시켜 주는 것이 될 것이고 북한주민의 노예화와 고통을 연장시켜 주는 것이 될 것이 뻔하다. 국무부를 떠난 로버트 조지프 전 차관은 NYT와의 인터뷰에서 "2·13 합의는 북한정권의 생명을 연장할 뿐"이라고 했다.

어쨌든 북미관계 개선이 김정일 독재체제를 공고히 해서 북한

주민의 경제적 고통과 인권탄압을 연장시키는 결과를 가져오게 해서는 안 된다. 북한주민의 행복과 보람을 증진시켜 주는 방향에서 북핵문제가 해결되고 북미수교가 이뤄지도록 외교적 노력을 경주해야 할 것이다.

5. 우리의 기도

"그들의 혀는 죽이는 화살이라 거짓을 말하며 입으로는 그 이웃에게 평화를 말하나 마음으로는 해를 꾸미는도다"(렘 9:8)라고 말씀하신 하나님 아버지께 기도드립니다.

첫째, 2·13 합의문 채택과 북미관계 수교의 급물살로 한반도 평화체제를 향한 발걸음이 빨라지고 있는 이 때, 북한을 비롯한 각국이 평화를 위해 진정성을 가지고 노력하게 하시옵소서. 말로만 평화를 말하고 마음으로 해를 꾸미는 일이 없도록 도와주시옵소서.

둘째, 북미관계 정상화는 플루토늄과 HEU를 포함한 북한의 완전한 핵 폐기가 전제되어야 합니다. 우리 정부는 북핵은 결코 용납할 수 없다는 원칙 하에 미국과 긴밀한 협조를 하며, 대북관계 진전도 북핵 해결 수위에 맞추게 하시옵소서.

셋째, 북한이 김정일 정권의 명운을 걸고 개발한 핵무기를 포기하는 것이 그렇게 쉽지 않을 것이라는 게 북한전문가들의 일반적 판단입니다. 북한이 핵시설 불능화에 합의했지만 다음 단계인 핵물질과 핵무기의 폐기를 합의할지는 아직 불확실하다고 합니다. 북한이 핵을 포기하고 미국 및 일본과 수교를 통해서 한반도 평화체제로 이행하는 것이 올바른 길임을 깨닫게 하시옵소서. 그것이 바로 북한경제를 살리는 일이요 궁극적으로 그들이 사는 길임을 알게 하시고 그 길로 인도하시옵기 원합니다.

넷째, 북한을 이해하고 판단하는 데 한미간 긴밀한 정보교류가 필수적이라고 합니다. 실용주의적 국익 차원에서 미국과 협력할 분야는 최대한 활용하는 지혜를 우리 지도층들에게 주시옵소서.

다섯째, 북미관계 개선이 김정일 독재체제를 공고히 하거나 북한주민의 경제적 고통과 인권탄압을 연장시키는 결과를 가져오는 일이 없게 하시옵소서. 북한주민의 행복과 보람을 증진시켜 주는 방향으로 북핵문제가 해결되고 북미수교가 이뤄지도록 모든 국가들이 한 마음으로 외교적 노력을 경주하게 하시옵소서.

예수님 이름으로 기도합니다.

3. 제6차 6자 2단계 회담, 정말 북핵 폐기 수순인가?

I. 불능화와 신고 합의까지

북핵 해결을 위해 남북한과 미·일·중·러가 만나는 6자 회담이 2007년 9월 27일부터 4일간 중국 베이징 댜오위타이(釣魚臺)에서 개막되었다. 당초 이번 회담은 9월 19일부터 열릴 예정이었으나 북한·시리아 핵 이전 의혹을 둘러싼 북한의 내부 사정 등을 이유로 한 차례 연기되었다.

북한 핵시설의 연내 '불능화'와 북한이 우라늄 농축방식으로 핵 개발을 추진했는지 규명하기 위해 모든 핵 프로그램의 목록을 신고하는 일정을 짜는 게 이번 회담의 목표이다. 북한은 9월 1~2일 제네바에서 열린 북미 관계 정상화 실무그룹 회의에서 연말까지 핵시설을 불능화 하겠다고 약속했었다. 힐 차관보는 모든 핵 프로그램 목록 신고 시 우라늄 농축 프로그램(UEP)도 포함시키기로 합의했다고 밝혔다.

제네바 회의에서 북한이 연내 핵 불능화에 합의함에 따라 미국의 테러지원국 지정 해체와 대북 적성국 교역법 적용을 종료하는 문제도 의견 접근을 본 것으로 관측이 되었다.[90] 회담의 성패를 가를 최대변수는 북한이 핵무기의 원료인 무기급 플루토늄을 얼마만큼 성실하게 신고할 것인지 여부다. 이를 둘러싸고 북한과 미국이 치열한 신경전을 벌여왔다.

북한이 보유한 플루토늄 양은 적어도 50kg으로 추정된다는 것이다. 북한이 신고한 것이 50kg보다 많든 적든 이를 뒷받침할 수 있는 자료를 내놓아야 한다. 플루토늄 보유량과 무기화 현황은 신고단계에서 기본적으로 들어가야 한다. 플루토늄의 신고가 이루어지면 검증과정에서 보유량, 핵물질의 국외반출 여부까지 모두 해명될 수 있다는 것이다.

최근 미국 언론에서 제기한 "북한이 시리아에 핵물질을 이전했다"는 의혹도 김계관 부상이 제출한 목록의 진위를 규명하는 과정에서 실체가 드러날 수 있다. 이런 맥락에서 보면 김계관 부상은 플루토늄 관련 문제는 되도록 뒤로 미루려 할 것이라는 분석이 가능하다.

올해 상반기에 시작할 것으로 계획하고 있는 핵 폐기 과정이 6개월을 넘길 수도 있어 불능화 수준은 원상복구 하는데 6개월 이상 걸리는 방식이 되어야 한다는 것이다. 힐 차관보도 "우리는 더하고 싶고 김계관 부상은 덜하고 싶어하지만 큰 차이는 아니다"라며 핵 불능화의 방식에 대한 의견차가 좁혀지고 있음을 시사했다.

제6차 6자 회담 2단계 회의는 북한 핵문제 해결과정에서 중요한 이정표가 될 것이다. 회담 결과가 북핵문제 완전 해결을 향한 동력을 확보하게 될지, 원점으로 회귀할지 기로에 서기 때문이다. 일단 회담 분위기는 우호적이었다. '시리아에 대한 북한의 핵확산'의

---

90) 힐 차관보와 김계관 외무성 부상은 9월 2일 제네바 주재 북한 대표부 앞뜰에서 통역 두 명만 배석시킨 채 불능화의 시기와 방법, 그에 따른 관계정상화 문제를 집중적으로 토론했다. 《중앙일보》, 2007.9.3.

혹이 제기되고 있으나,[91] 북핵문제를 풀겠다는 북미 당국의 의지에
는 변함이 없는 것으로 보이기 때문이다.

2. 회담 합의 및 평가; 더 이상 핵무기 제조 포기

남북한과 미국·중국·일본·러시아 등 6자 회담 참가국들은 9
월 30일 오후 제6차 2단계 회의 마지막 수석 대표회의를 갖고 비핵
화 2단계 행동계획이 명시된 합의문과 관련, 집중적인 협의를 거쳐
문안을 극적으로 타결시켰다. 그러나 의장국 중국은 수석대표 차원
에서 합의된 문서에 대한 본국정부의 승인 절차가 필요하다는 미국
과 일본 등을 고려해 이틀간 회의 일정을 휴회했다.

각 참가국들은 이틀의 휴회기간 동안 문안에 대한 본국의 승인
을 얻어냈다. 그리하여 북한 핵문제 해결을 위한 9·19 공동성명의
2단계 조치 이행에 관한 6자 회담 참가국들의 합의문에 10월 3일
공식 타결되었다. 한반도 비핵화에 대한 참가국들의 정치적 의지가
반영된 결과라고 평가된다.

공개된 합의문에 따르면 이번 합의문의 최대성과는 비핵화 2단
계인 핵 프로그램의 신고와 2단계 조치의 핵심인 영변의 5MW 원
자로와 핵재처리시설, 핵연료봉 제조공장 등 3개 핵시설을 12월 31
일 이전에 불능화해야 한다는 것이다. 불능화 방안과 관련, 북한은
제염처리 등 복잡한 과정을 거치지 않아도 되는 3개 핵시설의 부품
을 떼어낸 뒤 이를 상당기간 통제 하에 두는 방안이 검토되고 있는

---

91) 북한과 시리아 사이의 핵 기술 협력 의혹, 핵 장비를 실은 것으로 추정되는
　　북한 선박이 9월 3일 시리아에 입항한 지 사흘 만에 이스라엘 공군은 시리아
　　북부 우라늄 추출시설로 의심되는 농업연구소를 공습했다. 시멘트 포장으로
　　위장했지만 핵장비일 가능성이 크다는 주장이다.

것으로 알려졌다. 또 신고의 경우 보유한 플루토늄을 포함한 모든 핵 프로그램을 신고 대상으로 한다는 내용과 함께, 농축우라늄 프로그램(UEP) 의혹은 합의문에서는 명시하지 않았으나, 신고과정에서 해명한다는 것이다. 아울러 신고내역의 정확성에 대한 검증하는 문제도 합의문에 포함시켰다.

북한은 또 핵물질이나 핵기술·핵지식을 이전하지 않겠다고 약속했다. 6자 회담을 앞두고 터져 나온 북한의 시리아 핵 이전 의혹과 함께 미국이 촉각을 곤두세우는 문제이다. 미국이 주도하고 비용을 부담할 핵불능화를 포함한 복잡한 작업을 준비하기 위해 2주일 만에 미국의 전문가팀이 북한에 들어가기로 했다.

불능화 방안에 대해 합의문은 "전문가 그룹이 권고하는 구체적 조치들은 모든 참가국들에 수용가능하고, 과학적이고, 안전하고, 검증 가능하며, 또한 국제적 기준에 부합돼야 한다는 원칙들에 따라 수석대표들에 의해 채택될 것"이라고 명시했다.

북한의 핵시설 불능화 조치에 따른 상응조치로 합의문은 "이미 북한에 전달된 10만 톤의 중유를 포함해 중유 100만 톤에 해당하는 경제·에너지 지원을 북한에 제공하기로 했다"고 밝혔다. 4개국이 번갈아가며 매달 5만 톤씩 중유 45만 톤을 북에 제공하고 나머지 중유 50만 톤 상당은 발전소 개보수 설비로 지원하되 쌍방 준비가 되는 대로 제공한다는 내용도 담겨 있다.

북미·북일 관계 정상화에 대해 합의문은 "양자관계를 개선하고 전면적 외교관계로 나아간다는 9·19 공동성명의 내용을 유지하기로 했다"고 밝혔다. 미국은 구체적으로 북한을 테러지원국 명단에서 삭제하고, 북한에 대해 적성국 교역법 적용을 중단키로 했다.

미국 측 조치의 이행 시한은 명시되지 않았지만 북미 간 제네바 실무그룹 회의에서 도달한 콘센서스에 기초해 북한측 조치들과 병렬적으로 완수한다고 밝힘으로써 연내 이행이 목표임을 암시했다.

북한이 미국의 테러지원국 명단 삭제 시한을 합의문에 명시할 것을 주장하다 입장을 선회한 것은 다소 의외적이다. 북한이 테러지원국 삭제와 시기를 합의문에 구체화시키지 않고 수용하는 적극적인 자세를 보인 것이다. 이는 북한이 핵문제와 관련 남북정상회담에서 부담을 줄이고 테러지원국 삭제문제는 미북 양자 간 합의사항으로 다룰 수 있다는데 서로 합의했기 때문인 것으로 보인다.

합의문에는 또 참가국들은 '적절한 시기에 베이징에서 6자 외교장관 회담이 개최될 것임을 재확인했다'는 내용이 담겼다. 이어 외교장관 회담 이전에 이 회담의 의제를 협의하기 위해 수석대표 회의를 개최키로 했다.

합의문은 또 "북한과 일본은 불행한 과거와 미결 관심사안의 해결을 기반으로 평양 선언에 따라 양국관계를 신속하게 정상화하기 위해 진지한 노력을 할 것"이라고 밝히는 한편, 북한과 일본이 집중적 협의를 통해 이런 목적 달성을 위한 구체적인 조치를 취해 나갈 것을 공약했다고 강조했다.

이번 합의에 대해 미국 워싱턴의 헤리티지재단 한반도 전문가 블루스 블링너 선임연구원은 "북한의 핵무기 재고를 제한하는 의미 있는 성과"라면서 "핵무기를 만들 수 있는 북한의 플루토늄 생산 중단을 확실히 하는 새로운 외교적 지평을 열었다"고 평가했다.[92]

2·13 합의가 북한 핵시설 폐쇄·봉인 등 9·19 공동성명 이행의 제1단계 시공도면이라면 10·3 합의는 '신고·불능화'라는 제2단계 조치의 도면으로 볼 수 있다. 이행과정에서 난항은 있을 수 있지만 연내에 신고가 제대로 이행될 경우 연내 신고할 대상에서 빠진 것으로 알려진 북한 핵무기(또 핵폭발장치)를 제외한 북한의 모든

---

92) 블링너 연구원은 2007년 여름 IAEA 핵사찰단의 북한 방문에 동의함으로써 북한당국이 영변 핵시설 불능화를 위한 실질적 조치를 연말까지 취할 가능성이 높음을 보여줬다고 말했다. 「연합뉴스」 2007.10.4.

핵 역량은 모두 공개되는 셈이다.

또 이번에 6자가 합의한 불능화 수준이 원상복구에 약 12개월 걸리는 것으로 알려진 만큼 불능화 이행 후 1년 동안은 북한의 핵 능력이 자동적으로 봉쇄되는 것이다. 따라서 설사 6자 회담 틀이 깨지더라도 북한이 최소한 1년간은 핵무기와 재료를 추가로 생산할 수 없게 된다는 것이다.

3. 참가국 입장; 환영하나 이해득실 계산 분주

1) 북미, 북의 관계개선 대 미의 성과 겨냥

미 국무부는 9월 27일 중국 베이징에서 시작된 6자 회담 초반 분위기에 대해 일단 만족감을 나타냈다. 그러나 미 정부는 6자 회담을 앞두고 시리아에 대한 북한의 핵물질 지원설을 제기했다. 9월초 이스라엘이 미국의 정보지원 아래 시리아 북부지역을 공습한 것은 시리아가 북한과의 협조를 통해 핵무기를 개발하고 있다고 의심했기 때문이라고 ≪뉴욕타임스≫와 ≪워싱턴포스트≫ 등이 보도했다.

부시 대통령은 이 같은 보도의 진위에 대해서는 확인하지 않고 "북한이 6자 회담에서 성공을 거두려면 핵확산을 하지 말아야 한다"고 경고했다. 그러나 김계관 북한 외무성 부상은 이 의혹에 대해 "미친 자들이 만든 것"이라며 단호히 부인했다.

한편 부시 대통령은 9월 25일 유엔총회 연설에서 북한을 이란 등과 함께 '야만정권(brutal regime)'이라고 비난했다. 다음날 국무부는 이란과 미사일을 거래한 북한 기업에 대해 제재 조치를 취한다고 발표했다. 미국이 6자 회담과 남북정상회담을 앞두고 북한을 계속 자극하는 모습을 보이는 것은 북한이 6자 회담과 남북정상회담에서 보다 진지한 모습을 가지라는 경고로 보인다. 비핵화가 전제되어야 6자 회담도 남북정상회담도 실효성이 있음을 강조한 것이다.

부시 미국대통령은 10월 3일 6자 회담 공동성명에 대해 "한반도의 비핵화를 실현하려는 회담 참가국의 공통된 의지를 반영한 것"이라며 "환영한다"고 말했다. 그는 "이번 합의는 전면적이고 검증 가능한 비핵화라는 우리의 긍정적인 목표에 도달하기 위한 추가적인 조치들을 담고 있다"며 "동북아의 평화와 번영을 이룩하는데 도움이 될 이 중대한 노력에 헌신해 온 여러분의 노고에 치하한다"고 말했다.

힐 차관보는 우라늄 농축 프로그램 문제와 관련해, "북한이 우라늄 프로그램의 존재를 시인한 건 아니며, 문제를 해결하겠다는 다짐을 한 것"이라고 말했다. 그는 "테러지원국 문제와 관련해 미국과 북한이 분명히 이해하는 게 있다"며 공동성명에는 공개되지 않은 북미간의 '별도의 양해사항(a series of side understandings)'이 있다고 밝혔다.93)

이에 대해 워싱턴의 외교소식통들은 "미국은 테러지원국 해제 시기를 북한에 알렸을 것이고, 북한은 이 문제를 해결하기 위해 협조한다는 약속을 했을 것"이라고 말했다. 이와 함께 10·3 북핵합의에 대해 우려하는 입장도 만만치 않다. ≪워싱턴포스트≫지에 의하면 클린턴 행정부 관리들을 포함, 일부 북한전문가들은 부시 행정부가 너무 빨리 간다고 우려하고 있다고 전했다. 부시 대통령 집권 1기 당시 부시 행정부의 대북정책이 너무 경직적이라며 자리를 떠났던 잭 프리처드는 "북한은 자신들이 원하는 것을 부시 행정부에 요구할 수 있다고 생각한다. 왜냐하면 부시 행정부는 외교적 성과를 보여 주고 싶어 안달하고 있기 때문"이라며 "북한은 이를 매우 만

---

93) ≪워싱턴포스트≫는 "별도의 양해사항 중에는 (테러지원국 해제를 위해) 북한이 일본인 납북자 문제 해결에 적극성을 띤다는 내용도 포함돼 있다"고 보도했다. *Washington Post*, October 4, 2007

족해하고 있을 것"이라고 지적했다.94)

짐 호그랜드 ≪워싱턴포스트≫ 칼럼니스트는 10월 7일에 기고한 칼럼에서 임기가 종료되기 전 북핵문제의 외교적 성공을 바라는 부시 대통령에게는 시간이 전부라며 그렇기 때문에 북한이 시리아에 핵기술을 이전하다 덜미를 잡힌 믿을 만한 증거에도 불구하고 북한과 핵합의를 했다고 분석했다. 부시 행정부가 10·3 합의에 앞서 북한·시리아 핵 커넥션 정보를 갖고 있었음에도 북한에 대한 테러지원국 지정해제 과정 개시에 합의한 것은 북한에 원칙적인 자세를 취하는 이른바 대북강경파들의 분노를 사고 있다는 것이다.

천영우 한국측 수석대표는 "테러지원국 해제 등은 북미양자 간에 한 것이니 당사자가 안다. 양자가 제네바에서 합의된 내용을 본문에 명시하는 것을 북한은 고집하지 않았다"고 말했다. 그는 이어 "다른 나라들이 취할 상응조치에 대해서 시한이 없는 것도 북한이 수용했다"며 "정치안보 상응조치에 있어서도 본문에 굳이 명백하게 규정하지 않고 날짜를 못 박지 않더라도 북측은 타협의 정신을 발휘해 문안을 수용하겠다는 적극적인 자세를 보였다"고 말해 북한은 6자 간의 회담 결과보다도 미국과 양자회담 결과를 더 신뢰하는 태도를 보였다.

2) 그 밖의 참가국 입장

북핵 6자 회담 참가국 주중 대사들은 10월 3일 오후 6시 중국 외교부 청사에서 공동문건에 서명했다. 우다웨이 중국 외교부 부부장은 기자회견에서 "6자 회담 참가국들이 공통문건에 합의했다"며 "미국은 북한을 테러지원국 명단에서 삭제하기로 한 약속을 지키기로 했다"고 말했다. 일본과 러시아도 이견 없이 잠정 합의한 공동성

---

94) *Washington Post*, October 4, 2007

명을 승인하여 중국 측에 전달했다.

남북정상회담을 앞둔 한국정부는 6자 회담이 타결된 데 대하여 대환영이다. 청와대 관계자는 "이번 합의가 상당한 성과와 의미가 있다고 본다"며 "특히 6자 회담 타결은 남북정상회담에서 좋은 성과를 낼 수 있도록 크게 뒷받침할 소재가 될 수 있을 것"이라고 평가했다.

청와대는 6자 회담과 남북정상회담이 북핵 폐기 뿐 아니라 이를 넘어선 한반도 평화체제 구축에 선순환 구조로 작용해야 한다는 전략을 가지고 있던 터라 당초 구상대로 남북정상회담이 '순풍에 돛단배'처럼 순항할 것을 기대했다. 남북 양 정상은 대화에서 북핵문제에 대한 토론이 한결 수월해지게 됐으며, 남북공동체 건설이나 민족통일, 남북대화 정례화 등 남북관계를 한층 높일 의제에 논의를 집중시킬 수 있게 되었다는 것이다.95)

만약 이번 6자 회담에서 합의문안 마련이 무산됐다면 노 대통령은 국내외적인 압박감으로 인해 남북 공동번영이나 민족통일, 남북대화 정례화 등의 쟁점들을 제대로 논의하기 어려웠을 것이라는 전문가들의 분석이다.

4. 모호하고 구체성 적어

합의문은 9·19 공동성명의 이행을 위한 2단계 조치에 필요한 제반 요소를 포괄적으로 담고 있다 보니 모호한 요소가 적지 않다. 지난 1994년 제네바 북핵 합의 때 미국 측 수석대표를 맡았던 갈루치 전 미 국무부 차관보는 10·3 합의에 대해 제네바 합의보다 모

---

95) 남북정상은 6자 회담에서 합의된 사항을 재확인하고 의지를 재천명하는 것만으로도 상당한 성과가 될 수 있다는 기대를 가졌다.

호한 측면이 더 많다면서 문제를 제기했다. 전문가들은 합의문이 이행되기까지 적지 않은 난관이 있을 수 있다고 보고 있다. 무엇보다도 '행동 대 행동' 원칙에 입각, 북한이 할 불능화, 신고와 미국이 이행할 테러지원국 명단 삭제와 대적성국 교역법 적용 종료 시기를 비슷한 시간대에 맞출 수 있느냐가 변수로 거론된다.

최대 관심사항인 핵 프로그램 신고와 관련, '완전하고 정확하게 신고된다'라고만 되어 있지 플루토늄과 우라늄 농축 프로그램(UEP)에 대한 언급은 없다. 구체적으로 합의문은 북한이 연말까지 2·13 합의에 따라 모든 핵 프로그램에 대해 완전하고 정확한 신고를 한다고 명시돼 있다.

그러나 북한이 보유한 무기급 플루토늄과 핵물질 생산시설 등 일체의 핵 프로그램을 언제까지 어떻게 신고할 지에 대한 구체적인 일정을 명시하지 않았다. 이는 미국이 영변 핵시설을 '돌이킬 수 없는'(irreversible) 상태로 만들겠다는 애초의 목표를 포기한 것과 같은 것으로 북한이 향후 핵무기를 다시금 생산할 수 있는 능력을 보유할 수 있도록 한 것이라는 주장도 있다.96) 북핵 폐기의 핵심인 우라늄 농축 프로그램에 대해선 구체적으로 적시하지 않은 채 핵 프로그램이라는 포괄적인 표현을 썼다는 것이다. 또 당초 알려진 것과 달리 'UEP 의혹을 신고 과정에서 해소한다'는 문안도 포함되지 않았다.97) 이 문제는 신고가 아닌 해명하는 식으로 이면합의하여 대충 넘어가려는 의도가 있는 것으로 보인다.

이런 맥락에서 미국 해리티지재단 블루스 블링너 선임연구원은 이번 합의가 북한이 핵무기를 포함해 모든 핵 프로그램을 신고하고

---

96) Richard Halloran, "North Korea's Track Record Tempers Hope" 미 블로그 Red Clear Politics October 8, 2007
97) UEP를 합의문에 포함한 것은 북한측이 이를 신고하겠다는 뜻이 아니라 UEP 관련 해명을 하고 그 내용이 핵과 무관할 경우 신고대상에서 포함하지 않는다는 것을 전제로 한 것으로 전해졌다. ≪한겨레신문≫, 2007.9.30.

핵관련 물질을 스스로 폐기할 것임을 확신토록 하는 조항들이 충분치 않다고 지적했다.[98] 북한은 협상과정에서 연말까지 핵 프로그램을 신고하되 핵무기는 신고하지 않겠다는 뜻을 명확히 한 것으로 알려졌다. 김계관 북한외무성 부상은 9월 30일 "지금 단계에서 핵무기까지 신고하면 핵무기 기술수준이 고스란히 드러나기 때문에 올해 내에 신고에 포함시킬 수 없다"며 "핵무기는 협상의 최후 보루로 갖고 있어야 겠다"고 말한 것으로 전해졌다.

또 하나의 아쉬운 점은 불능화의 구체적인 대상과 방법은 원칙을 규정하는 선에서 봉합했다는 것이다. 합의문에서는 "전문가 그룹이 권고하는 구체 조치들은 모든 참가국들에 수용가능하고, 과학적이고, 안전하고, 검증가능하며, 또한 국제적 기준에 부합돼야 한다는 원칙에 따라 수석대표들에 의해 채택될 것이다"라고 규정함으로써 각 단계마다 논란의 여지를 남겨 놓았다.

북한 핵시설 불능화와 관련된 합의문은 영변 5MW 원자로, 재처리시설, 핵연료봉 제조공장 등 3개 시설에 대해서만 언급했고 영변 50MW, 태천 200MW 원자로는 건설하다 말았다며 불능화 대상에서 제외됐다. 이는 현존하는 모든 북한 핵시설을 불능화 한다는 2·13 합의에 배치되는 것이다. 이런 맥락에서 전 미 국무차관 마이클 아마코스트는 불능화가 정확하게 무엇을 요구하는가에 대한 합의가 불확실하다고 지적했다.

참여 당국은 북핵 불능화의 수준과 관련하여 적어도 원상회복하는데 1년 이상 걸리는 수준의 불능화 방법을 요구해 왔다. 그러나 북한은 핵시설 폐쇄에서 조금 더 나간 '낮은 수준의 불능화'를 선호했다. 합의문은 불능화의 방법을 세부적으로 확정하는 대신 모든 참가국이 승인할 수 있도록 해야 한다고 원칙적인 범위만 규정했다.

---

98) 「연합뉴스」 2007.10.4.

어쨌든 북한이 핵시설을 다시 가동시킬 수 있다는 것은 '복구 불가능한(irreversible)' 불능화가 아니다.

회담 관계자는 "핵 불능화의 대상 부품에 대해서는 물밑 논의가 상당히 이뤄져 큰 이견 없이 조율될 것으로 보인다"는 낙관적인 견해를 내놓았다. 그러한 판단대로 이루어지기를 기대할 뿐이다.

또 테러지원국 지정 해제와 대적성국 교역법의 종료 계획도 추상적이기는 마찬가지다. 이 문제는 합의문에서 "북미의 콘센서스에 기초해 북한의 조치들과 병렬적으로 북한에 대한 공약을 완수할 것"이라고 다루었다. 이 두 문제에 대해 합의문은 구체적인 시기는 특정하지 않고 미·북 양자 간 약속을 바탕으로 최대한 성의만 표시하는 방식으로 매듭지었다.

테러지원국 해제문제와 관련하여 미국으로서는 의회 입장 등을 고려해야 하고 그러다 보면 북한이 원하는 수준대로 해 주기가 쉽지 않다. 특히 북미가 과거 방코델타아시아(BDA) 사태 때처럼 경직된 태도를 다시 보인다면 문제 해결이 더욱 어려워질 것이다.

북한은 합의문에서 핵물질, 기술, 노하우를 이전하지 않는다는 공약을 재확인함으로써 테러지원국 해제에 필요한 미국 내 정치적 합의를 배려한 흔적을 보여 주고 있지만, 과연 북미가 서로 합의한 사항을 제대로 지킬 수 있을지 속단하기 어렵다. 2007년 9월 6일 이스라엘 공군기의 시리아 공습과 관련, 공습한 시리아의 시설은 북한 원자로를 모델로 건설 중이던 원자로였다고 ≪뉴욕 타임스≫가 보도했다.99) 신문은 "일부 미 행정부 관리는 북한이 수년 전 핵기술을 이전했을 가능성이 있다고 말했다"고 전했다. 북한이 핵 기술을 이전한 것이 사실로 드러날 경우 북미 대화와 6자 회담 등에 심각한 영향을 미치게 될 것이다.

---

99) *New York Times*, October 14. 2007

테러지원국 해제문제에 관해서도 전 유엔 주재 미국대사 존 볼 튼(John R. Bolton)은 북한이 시리아와 탄도미사일 협력을 계속해왔 다는 증거만으로도 북한은 미국이 지목한 테러지원국 명단에 남아 있어야 한다고 주장했다. 북한이 다른 테러지원국가에 가장 파괴적 인 무기기술을 협력했는데 북한을 테러지원국 명단에서 삭제한다는 것은 말이 안 된다는 것이다.[100]

좀 더 엄밀히 말해 테러지원국 명단 삭제의 경우 북한의 불능 화, 신고 이행과 상응조치들이 수학공식처럼 연결할 수 있는 사안이 아니라는데 복병이 숨어 있다. 현 미국정부는 북한의 신고·불능화 이행에 맞춰 테러지원국 명단에서 북한을 삭제한다는 정치적 의지 를 가지고 있는 것으로 보이지만 이행을 위해서는 의회의 동의를 구하는 절차가 필요하다. 또 '테러와의 전쟁'을 수행하는 미국 입장 에서 북한의 '테러지원국' 족쇄를 풀어 주려면 자국민과 국제사회에 그 명분을 설명할 수 있어야 할 것이다. 더구나 김정일 정권과 시리 아의 핵 밀매 의혹이 잇따라 제기되고 있는 가운데 북한의 테러지 원국 해제가 결코 쉽지만은 않을 것이다.

뿐만 아니라 자국민 납치문제 해결 전에는 북한에 대한 테러지 원국 지정을 해제해서는 안 된다는 일본의 입장도 의외의 변수가 될 가능성이 있다.

테러지원국 해제문제는 오랫동안 논란거리가 되어 온 문제이 다. 김계관 북한 외무성 부상은 오래 전서부터 대북 적대정책의 폐 기를 상징하는 조치로 연내에 테러지원국 해제를 요구해 왔다. 그러 나 힐 차관보는 대테러전이 진행되고 있는 미국 내 사정과 최근 불 거진 시리아 핵 이전설 때문에 부정적인 자세를 보였다. 이런 이유 로 힐 차관보는 미 의회가 제동을 걸 수 있는 테러지원국 해제의

---

100) *Wall street Journal*, September 25. 2007

시한을 합의문에 명시하는데 난색을 표명해 온 것으로 알려졌다.

북미간의 '별도의 양해사항' 중에는 테러지원국 해제를 위해 북한이 일본인 납북자 문제 해결에 적극성을 띤다는 내용도 포함되어 있다101)는 것인데 북일관계는 상대적인 것이어서 일본이 취할 태도에 따라 납북자 문제도 해결의 실마리를 찾을 수 있을 것이다. 갈루치 전 미 국무부 차관보는 "북한 핵문제 해결과정에서 미국이 일본과의 동맹관계에 상처를 주지 않을 수 있도록 해야 한다"고 지적했다. 일본은 납북자 문제의 해결 없이는 미국이 북한을 테러지원국에서 해제하면 안 된다는 입장을 고수하고 있기 때문이다. 이 문제로 인해 불화가 생길 가능성은 계속 남아 있다.

또 하나 아쉬운 것은 검증조치이다. 합의문에는 북한의 조치들이 '검증가능'해야 한다고 언급하고 있으나 북한의 속임수를 막기 위한 검증조치가 빠져 있다는 것이다. 갈루치 전 미 국무부 차관보는 "미국은 현재 북한이 50~60Kg의 플루토늄을 확보하고 있을 것으로 추정하고 있다"고 언급한 뒤 북한의 플루토늄 확보량에 대한 불명확한 신고가능성, 북한과 파키스탄의 핵거래 의혹, 2006년 핵실험에서 사용된 핵폭발 장치의 개수 등에 대한 검증 문제가 향후 복잡한 상황을 야기시킬 수도 있음을 거론했다.102)

미 해리티지재단 블링너 선임연구원은 이번 합의에서 "가장 눈에 띄는 것은 무엇이 포함되어 있지 않았느냐는 것"이라면서 "합의에 포함되지 않은 내용 중에서 가장 중요한 것은 과거에 북한이 핵무기를 개발하지 않겠다는 국제적 약속을 몇 차례 어겼던 것처럼 또 다시 이번 합의를 속이지 못하도록 감시하기 위해 요구되는 검

증조치들에 대해 언급이 없다는 것"이라고 주장했다.[103]

결국 합의서는 핵심현안인 핵물질의 신고가 모호하게 규정되는 바람에 이를 검증하는 문제도 짚지 못했다. 이 때문에 핵 프로그램의 신고 방안을 논의했다는 이번 회담이 정작 2·13 합의 수준을 맴돌고 있다는 인상을 주고 있다.

이와 함께 약속 불이행 시 이에 대한 처벌 규정이 없다. 북한이 연내 핵시설 불능화를 지키지 못했을 경우 경제지원을 중단 또는 지연시키는 외에 다른 방도가 없다. 불능화와 핵 프로그램 신고를 60일 이내에 이행하기로 했던 2·13 합의가 321일 시한으로 늘어났고, 이 약속이 다시 깨져도 우리가 북한에 취할 수 있는 조치가 마땅치 않다는 것이다.

5. 남은 과제와 회담 전망

1) 남은과제; '악마는 디테일에 있다'

9·19 공동성명의 2단계 조치 이행에 필요한 로드맵은 이제 마련된 셈이다. 그러나 남은 문제는 실천의지다. '악마는 디테일(details)에 있다'는 경구를 뛰어넘는 길은 북한과 미국을 포함한 모든 참가국이 합의문의 성실한 이행에 최선을 다하느냐에 달려 있다.

이번 합의문이 예정대로 이행된다면 올해 한해 북한이 보유한 핵무기(또는 핵폭발장치)와 무기급 플루토늄의 처리, 대북 경수로 제공, 북미관계 정상화, 한반도 평화체제 등을 테이블 위에 올려놓고 북한 비핵화를 위한 마지막 담판을 벌려야 한다. 그러나 어느 것 하나 간단히 해결될 문제가 아니다.

---

103) 연합뉴스, 2007.10.4.

핵시설 불능화까지는 북한이 순순히 응함으로써 주변국들로부터 최대한의 경제지원을 얻어내려 하겠지만 이미 보유한 핵을 폐기하는 수순은 결코 밝지 않을 것이 예상된다. 앞으로 풀어야 할 과제는 불능화나 신고를 넘어선 실질적인 핵을 폐기시키는 것이다. 북한의 핵에 대한 집착이나 미·일 등 주변국들을 신뢰하지 못하는 데서 나오는 약속 불이행이다.

또 하나 풀어야 할 과제는 북한과 시리아의 핵확산 연계의혹이다. 영국의 민간연구기관인 채덤하우스(Chatham House)의 존 스웬슨-라이트 박사는 이러한 의혹 보도가 핵 목록 신고를 보다 명확히 하라는 압박으로 북한에 작용할 것으로 전망했다. 힐 차관보도 이 의혹과 관련하여 북한이 앞으로 핵 목록 신고 과정에서 핵확산 관련 의혹도 함께 명확하게 풀어야 한다고 강조했다. 만일 북한과 시리아의 핵거래가 사실로 드러날 경우 북한의 연내 테러지원국 해제도 그만큼 어려워질 수밖에 없다. 하지만 북한은 앞으로도 시리아나 다른 나라와의 핵확산 관련 의혹을 전면 부인할 가능성이 높고 그럴 경우 해결할 방안이 없다는 것이다.

부시 미국 대통령은 북한의 핵확산과 이란의 핵개발 시도에 강력한 경고를 보냈다. 그는 10월 17일 기자회견에서 북한과 시리아간 핵거래 의혹에 대한 직접적인 언급은 피하면서도 "북한이 10·3 합의에서 핵확산도 중단하겠다고 약속했다"며 "핵확산 문제는 핵무기만큼이나 중요하다"고 강조했다. 이어 그는 "북한이 6자 회담의 합의를 이행하지 않을 경우 응분의 대가가 따를 것"이라고 경고함으로써 북한은 앞으로 6자 회담에서 핵확산 의혹을 확실히 털어야 하는 압박을 받게 될 것으로 보인다.[104]

이런 가운데 미 하원에서는 보수정당의 공화당 위원들을 중심

---

104) 이 기자회견에서 부시 미 대통령은 "이란이 핵무기를 보유하면 3차 세계대전이 일어날 수 있다"고 경고했다. ≪중앙일보≫, 2007.10.19.

으로 북한을 테러지원국 명단에서 삭제시키기 어렵게 하는 법안을 마련, 하원에 제출할 것으로 알려졌다. 이 법안의 핵심은 북한이 이란과 시리아에 핵과 미사일 개발관련 기술과 물질을 제공하지 않는다는 보장을 하기 전에는 테러지원국 명단에서 삭제될 수 없다는 것을 강조했다는 것이다.[105]

북미 양자관계가 빠르게 개선된다고 하나 이념과 체제를 같이 하지 않는 한 관계개선에는 한계가 있을 수밖에 없다. 가장 중요한 과제는 북한을 개혁 개방으로 이끌어 핵을 가지지 않고서도 북한이 체제를 유지할 수 있는 환경여건을 조성하는 것이나 그러한 환경은 북한의 일인독재체제가 무너지고 주민들이 주인이 될 수 있을 때 가능하다.

핵문제를 해결한다고 북한의 독재체제를 강화시키는 일이 있어서는 결코 안 된다. 북한과 협상을 지속시킬 목적으로 북한의 민주화를 지연시키거나 인권문제를 덮어 놓을 수는 더욱 없다.

우리의 가장 중요한 과제는 북한의 핵문제를 해결하는데 그치지 않고 나아가 북한주민들이 민주체제 밑에서 평화롭고 행복하게 살 수 있는 여건을 만들어 주는 것이다. 남북관계나 북미 관계의 개선이 이 목적에 부합되게 이루어져야 하며 핵문제는 해결했지만 인권을 탄압하는 북한체제가 존속되도록 도와주어서는 안 된다. 핵문제는 반드시 해결되어야 하나 핵문제 해결이 모든 문제를 해결하는 것은 아니다. 남북한 온 주민들이 행복하게 살 수 있는 자유 민주체제 속에서 평화와 통일을 이루는 것이 이 시대에 처한 우리의 과제임을 잊지 말아야 할 것이다.

---

105) 지난 3월 공화당의 에드로이스 의원과 일레나 로스-레티넨 의원 등은 라이스 미 국무 장관에게 서한을 보내 북한을 성급하게 테러지원국에서 해제하지 말 것을 당부하면서 테러지원국 해제 문제를 외교협상의 한 수단으로 사용해서는 안 된다고 촉구한 바 있다.

2) 회담 전망; 오리무중, 산 너머 산

비핵화 1단계인 북한의 영변 핵시설 가동이 중단된 데 이어 이제부터 6자 회담 당사국들은 북한 핵문제와 관련하여 영변 핵시설의 영구 불능화와 모든 핵 프로그램의 신고라는 2단계 조치를 취해야 할 것이다. 제1단계 조치는 어렵지 않게 이루어졌지만 제2단계 조치는 그렇게 쉽지 않을 것이라는 전문가들의 판단이다.

북한의 영변 3개 핵시설 불능화 조치와 관련하여 힐 차관보는 "초기 조치는 원자로에서 폐연료봉을 제거하는 기초적인 것이 될 것이지만, 북한은 나중에 지난 1994년 합의에서 요구했던 이상의 조치들을 할 것"이라고 말했다.

북한 핵시설 불능화 수준에 대해 그는 "지난 1994년 체결된 핵 합의가 깨졌을 때 북한은 두 달 만에 원자로를 재가동할 수 있었지만 이번에는 적어도 두 달 이상 걸리되, 새로운 원자로를 건설하는데 걸리는 시간이 5년보다는 덜 걸리도록 하기를 원한다"고 밝혔다.[106] 이와 관련하여 이번 합의에 규정된 조치들은 북한이 핵 프로그램을 재가동하기까지 1년 정도 걸리는 내용을 담고 있다는 것이다.

가장 큰 관심을 모으고 있는 신고문제가 어떻게 이루어질 지가 관건이다.[107] 가장 어렵고 힘든 문제이기 때문이다. 힐 차관보는 북한이 10월 말까지 북한의 핵 프로그램에 대해 완전하지는 않겠지만 1차로 신고할 것으로 예상된다고 밝혔다. 그는 북한이 2007년 연말까지 핵 프로그램에 대해 완전히 신고하도록 한다는 목표를 갖고 다양한 관련 당사자들이 북한의 1차 핵 프로그램 신고 내역을 놓고 협상을 벌일 것이라고 밝혔는데 과연 북한이 어느 정도 진실되게 신고를 할 것인지가 문제다. 미 정책연구소의 존 페퍼 '외교정책초점(Foreign Policy in Focus)' 편집인은 북한의 핵목록 신고 과정에

---

106) *Washington Post*, October 3, 2007
107) 모퉁이돌선교회 「정세와선교」, 통권 제46호, 2007년 8월호.

서의 마찰로 인해 6자 회담 진전이 쉽지 않을 것이라고 예견했다.

북한이 이미 보유한 핵무기와 플루토늄 양과 장소, HEU의 존재 여부 등을 분명히 밝히지 않고 모호하게 신고할 가능성이 있기 때문이다. 힐 차관보는 북한이 지난 2003년과 2005년에 10여개의 핵무기를 만들 수 있는 핵물질을 확보한 것을 포함해 지금까지 생산한 플루토늄의 양에 대해서도 공개할 것으로 예상한다고 밝혔지만 이는 전적으로 북한의 의지에 달려 있는 문제이다. 한편 그는 북한이 우라늄 농축 프로그램에 사용했을 것이라는 의혹을 받고 있는 알루미늄 튜브를 전문가들로 하여금 검사하게 할 의향이 있는지에 대해서는 논의하기를 거부했다는 것이다.

힐 차관보는 2007년 10월 17일 호주 시드니 연구소 연설에서 "북한이 올해 말까지 핵시설 폐기를 마무리 짓고 내년부터는 북한이 영변의 5MW급 원자로에서 추출된 플루토늄 50Kg을 폐기하는 협상에 들어갈 것"으로 예상했다. 그는 "북한이 소유한 플루토늄 50Kg 문제가 향후 6자 회담 진전의 핵심이 될 것"이라며 "북한이 플루토늄 폐기를 최종결정하기 전까지 미국은 대북 관계를 정상화하지 않을 것이고, 미국이 제공할 수 있는 경제시스템에도 제한이 있을 수밖에 없으며, 북한의 국제기구 가입도 이뤄지지 않을 것"이라고 강조했다. 북한이 공개적으로 인정하지 않고 있는 플루토늄 50Kg에 대한 문제 해결이 쉽지 않을 것에 비추어 앞으로 6자 회담의 전망도 그리 밝지 못하다.

더구나 북한이 이미 보유한 핵무기의 실체를 성실하게 신고할 것으로 보는 사람은 없다. 신고는 신고로 끝나는 것이 아니라 신고한 목록을 차례로 폐기해야 하기 때문이다. 북한이 모호하게 신고를 하더라도 검증을 하기란 거의 불가능하다. 북한이 영변의 핵시설 가동을 중단하고 핵 프로그램을 불능화 하는 것은 북한의 입장에서 보면 그리 어려운 일이 아니다. 20여년이 넘은 영변의 낡은 핵시설은 이제 그 용도가 폐기된다 해도 별로 문제가 될 것이 없다. 단지 억제수단이나 국내 선전용으로 이미 보유한 몇 개 정도의 핵무기가 있으면 그것으로 족하다.

북한은 핵시설 불능화를 내걸고 주변국들로부터 경제지원을 받아내고 있다. 북한은 결국 핵시설 불능화를 할 것이나 핵 프로그램 목록의 신고는 쉽게 이루어지지 않을 전망이다. 북한은 당초부터 핵을 폐기할 의지가 없다는 것이 전문가들의 지적이다.108) 궁극적으로 북한이 지향하는 목표는 핵보유국의 자격으로 주변국들과 수교를 하는 것이다.

북한이 핵을 폐기하지 않을 전략을 가지고 있다면 핵 프로그램 신고에서부터 문제를 들어내 억지를 부릴 공산이 크다. 따라서 미국을 비롯한 6자 회담 참가국들이 다음 핵 폐기 문제를 다루기 위해서 모호한 핵 프로그램 신고를 적당히 받아들이지 않는 한 신고문제는 결국 회담을 파탄으로까지 끌고 갈런지도 모른다. 북한이 만약 남북정상회담에서 비핵화 문제에 대한 부담을 덜기 위해 서둘러 합의에 응했다면 그 후유증은 점차 나타날 것이다.

6자 회담 합의문은 "적절한 시기에 베이징에서 6자 외교장관 회담이 개최될 것임"을 재확인했다. 그러나 10월 말로 추진해 온 이 회담도 연내 성사 여부가 불투명하다. 회담 참가국들은 "불능화의 완전한 이행과 핵물질 신고에 당분간 집중하자"는 의견을 강하게 제시하고 있는 것으로 알려졌다. 일본은 납치문제가 해결되지 않은 상황에서 북·일 외무장관이 만나는 것은 의미가 없다는 주장이다. 11월 말에 이뤄지지 않으면 12월은 더욱 어려워질 것으로 보고 있다.109)

---

108) 실제로 북한의 군부는 "역사상 핵실험까지 마친 나라가 핵을 포기하는 것을 보았는가?"고 반문하면서 핵 폐기 의사가 없음을 분명히 했다.

109) 한 외교소식통은 "중국의 미온적인 태도는 중국 배제 여지를 남긴 '3자 또

회담을 앞두고 터져 나온 북한의 시리아 핵 이전설도 걸림돌이 될 수 있다. 합의문에서 북한은 핵물질, 기술 또는 노하우를 이전하지 않는다는 공약을 재확인했다. 그러나 베이징의 한 외교소식통은 핵 프로그램 "목록신고 과정에서 시리아 핵 이전 의혹이 불거지면 북한의 상황을 악화"시킬 수도 있음을 우려했다. ≪워싱턴포스트≫지에 의하면 6자 회담 공동문건 합의내용을 명확히 하기 위해 북한과 '빅딜'을 이루려는 의욕이 높은 미국이 북한과 '일련의 별도 양해사항(a series of side understandings)'을 마련했다는 것이다. 그 내용이 무엇인지 아직 공개되어 있지 않으나 시리아 등 외적인 문제들이 다시 불거져 나올 경우 김계관 부상이 언급한 것과 같이 "그동안 이룩한 조치가 합의를 못 보면 원점으로 되돌아가게" 될런지도 모른다는 우려가 현실화 될 가능성도 배제할 수 없다.

전 미 국무차관 마이클 아머코스트는 "모든 것을 고려해 볼 때, 6자 회담은 앞으로도 갈 길이 멀다. 각국 대표들은 비핵화라는 목표를 향한 약간의 진전을 이뤄냈을 뿐이다. 가장 어려운 문제는 이번에도 배제됐다"고 평가했다. 문제는 앞으로 북한이 어떻게 나올지가 관건이다. 북한이 과연 꾸준하게 협상에 임할 것인지, 아니면 다음 미국정부로부터 더 많은 관대한 거래를 이끌어 내겠다는 기대감에서 지연전술을 들고 나올지는 아무도 알 수 없기 때문이다.

6. 우리의 기도

"네게서 날 자들이 오래 황폐된 곳들을 다시 세울 것이며 너는 역대의 파괴된 기초를 쌓으리니 너를 일컬어 무너진 데를 보수하는

는 4자 정상회담 추진'에 대한 불쾌감의 표현일 수 있다"고 말했다. ≪중앙선데이≫, 2007.10.21.

자라 할 것이며 길을 수축하여 거할 곳이 되게 하는 자라 하리라" (사 58:12)라 말씀하신 하나님께 간구합니다.

첫째, 한반도의 무너진 곳을 보수하고 하나님 나라와 진정한 평화를 위한 길을 수축하는 저희들이 되게 하시옵소서. 크리스천 위정자를 비롯한 온 한국교회 성도들이 깨어서 급박하게 돌아가는 한반도 정세를 분별할 수 있는 지혜와 중보기도의 영을 허락하시옵소서.

둘째, 제6차 6자 2단계 회담에서 비핵화 2단계인 핵 프로그램의 신고와 영변의 5MW 원자로와 핵재처리시설, 핵연료봉 제조공장 등 3개 핵시설을 연내 불능화해야 한다고 합의했습니다. 일단 비핵화의 2단계를 합의하게 된 것에 감사드리며 합의문대로 잘 이루어지게 하시옵소서.

셋째, 북한이 보유한 무기급 플루토늄과 핵물질 생산시설 등 일체의 핵 프로그램을 언제까지 어떻게 신고할 지에 대한 구체적인 일정을 명시하지 않고 불능화의 구체적인 대상과 방법은 원칙을 규정하는 선에서 봉합한 점은 매우 아쉽습니다. '복구 불가능한' 불능화를 할 수 있도록 조정되게 하시옵소서.

넷째, 이번 6자 회담 합의서는 핵심현안인 핵물질의 신고가 모호할 뿐만 아니라, 검증하는 문제와 약속 불이행시 이에 대한 처벌규정이 없습니다. 북한의 핵물질 신고와 검증의 문제가 보다 구체적으로 합의되고 상호신뢰를 바탕으로 이행될 수 있도록 도와주시옵소서.

다섯째, 북핵문제를 해결하는 과정에서 북한과의 협상을 지속시킬 목적으로 북한의 민주화를 지연시키거나 인권문제를 덮고 넘어가지 않도록 주의하게 하시옵소서. 우리의 가장 중요한 과제는 북핵문제의 해결에서 나아가 북한주민들이 민주체제 밑에서 평화롭고 행복하게 살 수 있는 여건을 조성하는 것이라는 것을 명심하게 하시옵소서.

여섯째, 향후 북한이 꾸준히 협상에 임할지, 차기 미국정부로부터 더 많은 거래를 이끌어 내기 위해 지연전술을 들고 나올지 모르는 상황에서 북한에게 강권적으로 역사하셔서 그들을 순화시켜주시고 우리도 철저한 대비책을 강구하게 하시옵소서.

IV
북한의 대외관계

Ⅰ. 북한외교, 2007년을 총결산하다

1. 2007년 외교목표

북한은 매년 1월 1일 ≪노동신문≫, ≪조선인민군≫, ≪청년전위≫ 3개 신문 명의로 '신년공동사설'을 발표한다. 김일성 생존 시에는 육성으로 매년 신년사를 발표했다. 김일성 사후 1995년부터는 '유훈통치' 기간에다 공식연설을 한 번도 해 본 적이 없는 김정일 위원장에게는 부담도 있어 '공동사설'로 대치하고 방송 아나운서가 읽게 하고 있다.

'신년공동사설'은 북한에서 나오는 몇 개 안 되는 중요한 일차 자료 중의 하나이다. 북한은 신년사설을 통해 앞으로 일 년간의 대내 정치, 경제, 군사 그리고 대남관계와 대외정책의 목표를 설정하고 동원체제를 강화시키고 있다. 신년공동사설은 현실과는 다른 지나치게 허황된 표현을 쓰고 있기 때문에 이를 이해하는 방법은 내용이나 표현 자체보다는 행간을 읽으면서 북한이 왜 그런 표현을 썼는지 북한의 의도와 배경을 분석하는 것이다.

2006년 북한은 핵실험에 성공함으로써 동북아지역 정치의 기본

틀을 바꾸어 놓았다. 핵보유국으로 인정받기를 추구하면서 앞으로
펼쳐질 북한의 외교전략에 관심이 모아지는 때이다. 이런 맥락에서
2007년 '신년공동사설'은 북한전문가들에게는 초미의 관심거리였다.
올해 신년사설은 대외관계에서 '자주, 평화, 친선'의 일반적 기조를
언급하는 가운데 '진보적 인민들과의 연대성 강화'를 강조하는 정도
에 그쳤다.

　　북한은 사설에서 대외관계에 있어서의 평등, 자주성, 상호존중,
내정불간섭과 호혜의 원칙을 국가 관계의 원칙으로 내세우지도 않
았다. 대미관계에서 공동사설은 '미제침략자들의 그 어떤 불의의 침
공도 무자비하게 격파, 분쇄'하고 '우리 민족 문제에 대한 미국의 간
섭과 반대책동을 단호히 배격'하며, '전쟁의 근원이 되는 남조선 강
점 미군 철수 투쟁'을 강력히 전개한다는 것이다. 그러나 2007년 공
동사설에서 주목되는 것은 '미제', '미군', '반미', '반제', '친미' 등 미
국과 관련된 용어가 자주 눈에 띄지 않는다는 것이다.110) 외교 분야
에 대한 공동사설은 다분히 수세적인 논조로 미국을 비롯한 주변국
들에게 도발적인 언사를 자제하고 있었다.

　　그러나 북한당국을 비공식적으로 대변하고 있는 조총련 기관지
《조선신보》를 통해서 2007년에 달성할 외교목표를 시사하고 있다.
《조선신보》는 2007년 1월 1일 "조선은 올해 미국에 대한 외교적
공세를 강화해 나갈 공산이 크다"며, 북한은 "핵실험을 실시한 시점
에서 미국의 위협과 간섭에 종지부를 찍는 로드맵을 마련해 놓았다"
는 언급을 해, 북한이 대미관계에서 적극적인 공세를 취할 것을 시
사했다. 《조선신보》는 "북한의 전략은 한반도 비핵화를 실현하는
북미 동시행동을 통해 미국의 적대시정책을 근본적으로 바꿔나가는
것으로, 6자 회담도 이를 위한 무대"라며, "9·19 공동성명에는 북

---

110) '미제'는 2회, '미국'은 3회, '반미'는 1회 정도 등장되었을 뿐이다.

미 적대관계 청산, 한반도의 항구적 평화체제 수립 등이 명시돼 있다"고 설명했다.

이어 ≪조선신보≫는 북한과 중국, 러시아, 일본의 관계에 대해 "올해는 주변국과의 우호관계를 재정립하게 될 것이고 북·중, 북·러 간 외교도 활성화 될 수 있을 것"으로 내다봤다. 결국 올해 북한은 중국, 러시아 등 북한의 대외관계 확대를 위하여 상대적으로 우호적인 나라와의 관계 강화와 더불어 서방국가와도 '인민외교'에 기초한 실리획득을 위한 외교를 적극 추진해 나갈 것을 시사했다. 그리하여 외국과 국제기구로부터 가능한 한 많은 식량 원조를 받아들이고, 국제시장에서 무역거래를 통해 부족한 식량을 구입하고, 시장경제적 요소 도입의 강화를 통해서 경제난을 극복하겠다는 것으로 분석되었다.

≪조선신보≫에 따르면 "6자 회담에서 일본만 강경책을 강행해 직접대화 창구를 막은 만큼, 일본의 고립은 심화될 것"이라는 것이다.111) 한편 북한은 국제사회의 압박을 대처하는 전략으로 미국과의 관계가 깊은 일본의 중재적 역할을 기대하면서 일본에 접근할 뜻이 내포되었던 것으로 보인다.

2. 북미관계 급진전

1) 왜 서두르는가?

신년공동사설에서 시사한 바와 같이 북한은 올해 들어 미국과의 관계를 급진전시켰다. BDA에 묶였던 북한의 자금이 풀리고 6자 회담 미국측 수석대표인 크리스토퍼 힐 차관보가 방북한 후 미국과

---

111) 북한은 사사건건 납치문제를 들고 나와 북한과 대결의 각을 세우는 일본에 대하여는 올해도 강경한 태도를 보이겠다는 것으로 분석된다.

북한관계 급진전의 조짐이 나타났다.[112] 북미 모두 양국관계 개선을 위한 돌파구 마련을 절실히 원하고 있다는 측면에서 그럴 가능성이 어느 때보다 높아졌기 때문이다.

북한은 IAEA 대표단 활동(6.26~30)에 적극협조하고 영변 핵시설 가동중지를 발표(7.15)하는 등 국제사회에 '2·13 합의' 이행의지를 재차 확인하는 가운데, 제6차 2단계 회담을 통해 9·19 공동성명 이행을 위한 제2단계 조치에 합의하였다. 미국은 북한의 인권문제, 시리아와의 핵협력설 등과 관련된 문제를 제기하였으나, 북핵협상 모멘텀을 약화시키지는 않았다.

2007년 7월 13일 북한은 한반도 평화와 안전보장 문제를 협의하기 위해 유엔대표도 참가하는 북미 군사회담을 열자고 제의했다. 그러나 미 국무부는 비핵화를 강조하며, 이에 별 반응을 보이지 않았다. 한국은 배제한 채 평화협정을 비롯한 군사문제를 미국과 담판 짓겠다는 것이다. 한편 북한은 영변 원자로 가동중단 사실을 다음날 14일 미국측에 직접 통보했다. 영변 핵시설의 스위치가 꺼진 사실이 언론에 처음 알려진 것도 미 국무부의 브리핑에서였다. 중국과 한국을 따돌리는 전형적인 북한의 배제 전략의 일환인 것으로 보인다.

김계관 부상은 7월 17일 베이징에서 힐 차관보와 파격적인 회담형식을 보였다. 그들은 이날 오후 주중 미대사관, 중국대반점, 그리고 주중 북한대사관 등 세 곳을 돌아다니며 세 시간 가량 만났다. 북미 수석대표가 상대방의 대사관을 서로 방문하면서 회담을 계속하는 형식을 취한 것이다. 북미는 6자간 회담과 별도로 양자 회담을 통해 북핵문제와 북미관계 정상화를 외부의 간섭 없이 깊이 논의했던 것으로 보인다.

---

112) 2007년 6월 22일 힐 차관보는 기자회견에서 "북한은 영변 원자로를 즉각 폐쇄할 의사가 있고, (핵시설) 불능화를 할 준비도 돼 있다고 밝혔다"고 했다. 《동아일보》, 2007.6.22.

2) 테러지원국 해제에 목을 매나?

북한은 2007년 9월 1~2일 제네바에서 열린 북미관계 정상화 실무그룹 회의에서 연말까지 핵시설을 불능화 하겠다고 약속했다. 제네바 회의에서 북한이 연내 핵불능화에 합의함에 따라 미국의 테러지원국 지정해제와 대북 적성국 교역법 적용을 종료하는 문제도 의견 접근을 했던 것으로 관측된다.

10월 2일 북한외무성 부상 최수헌은 제62차 유엔총회 기조연설에서 "2·13 합의에 따른 영변 핵시설 가동중지는 한반도 비핵화를 달성하기 위한 북한의 정치적 대 용단"이라고 규정하면서, 핵문제의 근본적 해결을 위해서는 북미 적대관계가 청산되어야 한다고 주장했다. 이는 그동안 북한이 주장한 '행동 대 행동' 원칙을 상기시킴으로써, '신고·불능화'와 테러지원국 해제 및 대적성국 교역법 적용 종료의 병행 추진을 강조한 것이다. 미국이 북한과의 관계정상화에 걸림돌이 되고 있는 것들을 사전에 정리해 둠으로써 미국과의 관계개선에 적극 나서겠다는 것을 시사한 것이다.

사실상 테러지원국 해제는 일단 북한이 정치·경제적으로 국제사회에 발을 크게 내디딜 수 있는 관문이다. 미국이 북한을 테러지원국으로 지정한 것은 1987년 대한항공 858기 폭파사건 직후다. 미국은 수출관리법이나 무기수출통제법, 대외원조법 등을 적용해 북한 등 테러지원국에 무기수출·판매를 하지 못하게 하고, 군수용으로 전용될 수 있는 이중용도 품목의 수출도 통제해 왔다. 평화봉사단 활동도 제한했다. 특히 국제통화기금(IMF) 내 미국집행이사는 자신이 속한 기구가 이 국가들에 차관·지원 자금을 사용하는 것에 반드시 반대해야 하는 의무를 져왔다. 따라서 테러지원국 명단에서 삭제되면 이 같은 법 제재를 벗어나 첨단 컴퓨터도 쉽게 북한 땅에 반입될 수 있다.

테러지원국 명단 삭제를 위해서는 먼저 국무장관이 해제 의사를 표명한 뒤 대통령이 의회 하원의장과 은행·주택·도시문제위원회 의장 및 상원 외교위원회에 정당한 사유 등을 담은 보고서를 내야 한다. 해당 국가가 6개월 간 국제테러행위를 지원하지 않았고 앞으로 국제테러행위를 지원하지 않을 것을 확약하는 내용의 보증서도 첨부해야 한다.113) 대통령이 의회에 보고서를 낸 뒤 45일이 지나도록 의회의 반대가 없으면 자동적으로 해제가 발효되는데, 기간을 앞당길 수는 없다. 즉 12월 31일까지 삭제하려면 11월 16일까지는 보고서를 의회에 내야 한다는 근거다. 이것이 불가능한 상황에서 북한은 테러지원국 해제가 내년 초로 넘어가도 양해할 수 있다는 뜻을 미국에 전했다고 워싱턴 외교소식통이 2007년 11월 18일 전했다.

적성국 교역법 해제는 좀 더 쉬운 편이다. 미국은 한국전쟁 직후인 1950년 12월 북한을 적성국 교역법(TWEA) 대상국에 포함시키고 금융거래·교역 등 포괄적인 대북제재 조치를 시행했다. 재무부 해외자산 통제규정(FACR)을 개정, 대북 금융거래금지 및 자산동결조치도 취했다. 행정부가 별도 보고서를 발표하거나, 의회가 '북한과의 국가위기상황 해제'를 결의하면 적용해제는 가능하다. 더 쉽게는 매년 9월 14일 실시하는 적성국 교역법 적용 갱신을 할 때 북한을 누락시키면 자동적으로 해제효과가 발생한다.

그러나 테러지원국과 적성국 교역대상에서 해제된다고 해서 북한에 부과된 경제제재 조치가 모두 풀리는 것은 아니다. 대량살상무기(WMD) 확산 국가 및 단체에 대한 제재, 불법행동(위폐제조·돈세탁 등)에 따른 방어적 제재 조치 등이 있기 때문이다. 예컨대 이란에 미사일을 수출한 혐의로 북한의 조선광업무역회사 등 3개 기업에 취한 자산동결(약 3,100만 달러) 조치 등은 별도의 해제 절차가 필요하다. 북미가 불법 금융활동과 관련한 양자협의를 계속하고

---

113) 북한은 2000년 미국과 '국제테러에 관한 북미 공동성명'을 통해 테러에 반대하는 국제사회의 노력을 지지한다고 천명해, 요건을 갖춘 셈이다.

있는 것은 이 같은 대책의 일환이다.

3) 미국 과속에 대한 우려

미군이 10월 30일 아프리카 동북부 소말리아 해역에서 해적에 납치된 북한 선박 대홍단호를 구출하는 작전을 펼쳤다.114) 미 해군은 도움을 요청받자 즉각 구축함을 파견하는 등 신속하게 행동했고, 부상한 북한 선원들을 응급치료했다. 그동안 북한 화물선을 감시, 검색 대상으로 여겨온 미군의 이러한 행동은 북미관계의 급진전을 의미한다.

대홍단호가 구출되던 날, 미국이 제공하는 중유를 실은 선박은 북한에 입항했다. 2007년 10월 6일에는 북한 태권도 시범단 18명이 처음으로 미국을 방문해 로스앤젤레스 등 5개 도시 순회공연을 했다. 10월 6일 CBS방송국 체육관에서 개최된 LA공연에는 클라우스만 CBS사장, 스트블트릭 미 IOC위원 등 주요인사 및 LA동포 등 300여 명이 참석했다. 장웅 북한 IOC 위원은 축사에서 "북한태권도 대표단의 미국공연이 북미간 최초의 스포츠교류 행사라면서 금번 행사가 북미간 관계개선 및 남북교류협력에 기여하게 되기를 희망한다"고 말했다.

미국의 뉴욕 필하모닉 오케스트라 관계들도 10월 10일 방북해 내년 2월로 예정된 평양공연에 관한 협의를 마쳤다. 미주 중앙일보는 「북한 태권도팀 미국 오고, 뉴욕 필하모니 북한 가고」라는 제목의 기사에서 최근 북핵 6자 회담 및 남북정상회담 관련 북미관계가 곳곳에서 해빙조짐을 보이고 있다고 보도했다.115) 북한의 여자축구

---

114) 소말리아 해적을 제압한 북한 화물선 대홍단호는 북한에선 이미 '영웅' 대접을 받고 있는 선박이다. 대홍단호는 6,390톤급으로 국제해사기구(IMO)에 정식 등록해 부여받은 호출부호를 사용하고 있다.

115) ≪미주중앙일보≫, 2007.10.6. 북한 태권도 대표단의 미국공연은 북미간 최초의 친선 스포츠교류행사로서 미 언론들의 관심이 고조되는 등 북미간의 교

대표팀이 미국을 방문해 미 대표팀과 친선경기를 하는 방안이 추진되고 있다.116) 북한 여자축구대표팀은 아시아 최강으로 9월 11일 중국 청두에서 열린 국제축구연맹(FIFA) 여자월드컵대회에서 미국팀과 2-2로 비겼다.

이러한 북미 간의 빠른 접근에 대해, 《워싱턴포스트》지는 일부 북한전문가들은 부시 행정부가 너무 빨리 간다고 우려하고 있다고 전했다. 잭 프리쳐드는 "북한은 자신들이 원하는 것을 부시 행정부에 요구할 수 있다고 생각한다. 왜냐하면 부시 행정부는 외교적 성과를 보여 주고 싶어 안달하고 있기 때문"이라며 "북한은 이를 매우 만족해 하고 있을 것"이라고 지적했다.117)

미 하원 외교위 소속 로스레티넌 의원은 2007년 9월 25일 북한의 테러지원국 삭제조건으로 이란, 시리아 등 다른 테러지원국에 대한 불법적인 미사일·핵기술 이전 중단, 테러조직에 훈련지원 은신처 제공, 물품 및 재정지원중단, 미 달러화 위조중지, 불법자금 세탁 관련 조선노동당 39호실 폐쇄, 미 영주권자 김동식 목사 석방, 일본인 납북자 15명 석방, 국군포로 600여 명 전원석방, 추가적인 테러활동 개입 중단 등을 제시했다. 같은 날 부시 대통령은 유엔총회 연설에서 "북한, 벨로루시, 시리아, 이란 등 '야만정권'은 인권선언에서 규정된 국민의 기본 권리를 부정하고 있다"고 비난했다.

4) 미국의 보수세력에 대한 북한의 불만과 대응

이에 북한은 2007년 10월 12일 '6자 회담과 조미관계 진전의 훼방꾼'이라는 제목의 논평을 통해 미 공화당 일부 의원들의 '북한

류확대에 대한 기대감이 큰 것으로 보인다.

116) 외교부와 통일부 당국자는 "북한 여자축구대표팀의 방미가 한 달여 전부터 양측사이에서 추진돼 왔다"고 밝혔다. 《중앙선데이》, 2007.10.14.

117) 《워싱턴포스트》, 2007.10.4.

테러지원국 삭제금지 법안' 제출과 부시 대통령의 '야만정권' 발언에
대해 비난하면서, 6자 회담의 진전과 비핵화를 위해서는 미국이 대
북정책의 일관성을 견지해야 한다고 촉구했다.

조선중앙통신 논평은 10월 12일 "6자 회담과 조미관계 발전이
일정한 수준에서 이뤄지고 있는 때에 취하고 있는 미국의 강경보수
세력의 책동에 대하여 국제사회가 우려와 난감을 표시하고 있는 것
은 우연한 일이 아니"라며, "미국의 강경보수세력은 지난 시기에도
회담이 진전되는 움직임이 나타날 때마다 여러 가지 구실들을 만들
어 내어 회담의 앞길에 장애를 조성하여 왔다"고 주장했다. 이와 함
께 중앙통신은 "미국은 이제라도 6자 회담과 핵문제 해결과정에 부
정적 영향을 주는 요인들에 대하여 주의를 돌리고 심사숙고해야 하
며 대 조선정책에서 일관성을 견지해야 할 것"을 촉구했다.

2007년 '10·3 합의' 이후 미 정부는 식량난을 겪고 있는 북한
에 대규모 식량지원을 실시한다는 방침을 정하고 미 기관이 직접
북한에 들어가 식량배포와 모니터링을 맡겠다는 계획을 북측에 통
보했다.118) 또 미 정부는 10월 3일 힐 국무부 동아태 차관보를 통해
"미 정부는 북한에 대한 테러지원국 지정해제를 위한 의회와의 협
의를 시작할 것"이라고 밝혔다. 이와 함께 민간교류가 증가하는 등
북미관계가 급진전되는 과정에서 한동안 대미비난을 자제해 왔다.

그러던 북한이 미국에 대해 대북정책의 일관성 견지를 촉구한
것은 테러지원국 명단 삭제 논의가 본격화된 시점에서 이에 대한
미 강경보수세력의 견제를 사전 차단함으로써 핵불능화에 대한 성
과를 획득하려는 강한 의지를 표출한 것으로 볼 수 있다. 이와 함께
'UNDP 자금 전용의혹' 문제가 명확히 해결되지 못하고 있다. 즉
"유엔개발계획의 수백만 달러가 재래식 무기개발 및 미사일 수출

---

118) 연합뉴스, 2007.10.8

프로그램과 관련된 북한 업체로 유입되었으며, 북한을 위한 개발자
금이 '이중용도' 물품구입을 위해서도 사용되었다는 것이다.119) 이런
시점에서 '북-시리아 핵협력' 의혹 등 미 일각에서 지속적으로 제기
되고 있는 대북 압박에 대한 대응으로 보인다.

3. I0·3 합의 도출, 대미 접근출로 확보

1) 북한의 전략목표

2006년 북한에서 가장 괄목할 만한 사건이 있었다면 그것은 역
시 '핵실험'이었다. 주변국들은 물론 전 세계 국민들의 이목을 집중
시킨 큰 사건으로서 북한은 이것을 체제의 승리처럼 떠벌렸으나 북
한에게는 큰 시련이 닥쳤다. 북한은 홍수피해, 식량과 생필품 부족,
원자재와 전력부족, 경화(硬貨) 부족 등으로 경제가 엄청나게 어려
운 데다가 미·일과 유엔안보리의 경제제재까지 겹쳐 그야말로 위
기적 상황을 실감케 했다.

그럼에도 불구하고 북한은 핵보유를 지렛대로 미국과 양자회담
을 끌어내고 BDA 실무회담과 6자 회담을 개최하여 또 한 번 북한
특유의 협상전략과 벼랑끝 전술을 국제사회에 과시했다. 핵실험 성
공으로 핵무기 보유국이 됨으로써 현실적으로 최소한의 안전이 보
장된 '군사강성대국'을 이루어 낸 자신감을 나타냈다. 이를 바탕으로
북한은 앞으로 피폐해진 주민생활의 향상을 위하여 경제에 보다 많
은 관심을 돌리겠다는 것이다.

핵을 먹고는 살 수 없는지라, 북한은 제5차 6자 3단계 회담에
복귀하여 2·13 합의에 서명을 하고 영변 핵시설 폐쇄와 불능화에

---

119) *New York Times*, June 9, 2007

맞춰 100만 톤의 중유를 공급받기로 했다. 그러나 3월 19일 시작된 제6차 6자 1단계 회담은 BDA 은행의 북한자금 문제로 파행을 거듭하다가 22일 결국 소득 없이 끝났다. 무엇보다 북한이 긴급하게 해결해야 할 문제는 BDA 문제였다. 이 문제 해결을 위해 6자 회담 참여를 미루었고, 이 문제가 해결되지 않아 6차 1단계 회담을 일방적으로 무산시켰다. 미국의 협조를 끌어내어 북한은 결국 BDA 문제를 해결하는데 성공했다.

북한은 BDA 전액반환을 계기로 그동안 끊어졌던 해외금융망을 재건할 기회를 얻게 되었고 사용처를 인도적 목적으로 국한되긴 했지만 만성적인 경제난 해소에도 물꼬를 틀 수 있었고 김정일 위원장의 위상도 강화될 수 있게 되었다.

핵문제를 통한 북한의 전략목표는 분명하다. 한 마디로 체제의 생존이다. 2·13 합의 초기 단계 조치를 이행하는 것은 시작일 뿐 핵문제의 근본적인 해결이 아니다. 핵무기와 현존하는 핵 프로그램에 대한 완전한 신고를 해야 하고 폐기 검증절차도 밟아야 한다. 즉 영변의 핵시설 폐쇄와 불능화 조치를 취한다 해도 그것은 초기 조치에 지나지 않기 때문에 국제적인 지원만 확보되면 한 번 해 볼 만한 일이다. 북한이 당장에 경제적인 곤경이나 국제적 고립에서 벗어날 수 있는 길은 그뿐이며, 위기적 상황에서 한숨을 돌리고 난 후는 상황이 달라질 것으로 볼 가능성이 크다.

이런 맥락에서 북한은 영변의 5MW 원자로가 2003년 2월 26일 재가동된 후 4년 5개월 만에 스위치를 내렸다. 플루토늄을 더 이상 생산하지 않고 있다는 측면에서 비핵화로 가는 첫걸음을 뗀 것이다. 그 후 6자 회담 당사국들은 북한 핵문제와 관련하여 모든 핵 프로그램의 신고와 영구적 불능화라는 두 가지 초점에 맞췄다.

2) 핵 불능화 주고 제재 해제 확보

북핵 해결을 위한 제6차 6자 2단계 회담이 2007년 9월 27일부
터 4일간 중국 베이징에서 열렸다. '시리아에 대한 북한의 핵확산'
의혹이[120] 가시지 않은 가운데 북핵문제를 풀겠다는 북미 당국의
의지가 10·3 합의문을 끌어냈다. 합의문의 최대성과는 비핵화 2단
계인 핵 프로그램의 신고와 2단계 조치의 핵심인 영변의 5MW 원
자로, 핵재처리 시설과 핵연료봉 제조공장 등 3개 핵시설을 2007년
안에 불능화하는 것이다.

북한의 핵시설 불능화 조치에 따른 상응조치로 합의문은 "이미
북한에 전달된 10만 톤의 중유를 포함해 중유 100만 톤에 해당하는
경제, 에너지 지원을 북한에 제공하기로 했다"고 밝혔다. 4개국이
번갈아가며 매달 5만 톤씩 중유 45만 톤을 북에 제공하고 나머지
중유 50만 톤 상당은 발전소 개보수 설비로 지원하되 쌍방 준비가
되는 대로 제공한다는 것이다.

북미, 북일 관계 정상화에 대해 합의문은 "양자관계를 개선하
고 전면적 외교관계로 나아간다는 9·19 공동성명의 내용을 유지하
기로 했다"고 밝혔다. 미국은 구체적으로 북한은 테러지원국 면담에
서 삭제하고, 북한에 대해 적성국 교역법적용을 중단키로 했다.

북한은 10·3 합의에 따라 성김 미 국무부 한국과장을 단장으
로 한 미국의 핵 전문가 팀과 영변 5MW 원자로, 재처리시설, 핵연
료봉 제조공장 등 3대 핵시설의 연내 불능화를 위한 기술적 방안
등을 구체적으로 협의하였다. 앞으로 6자 회담 참가국 대표들이 직
접 모이거나 외교경로를 통해 이번에 합의된 '불능화 조치'를 추인
하는 절차를 거친 뒤 미국 중심의 전문가팀이 11월 1일 영변에 들

---

120) 북한과 시리아 사이의 핵기술 협력의혹, 핵장비를 실은 것으로 추정되는
    북한선박이 9월 3일 시리아에 입항한 지 사흘 만에 이스라엘 공군은 시리아
    북부 우라늄 추출시설로 의심되는 농업연구소를 공습했다.

어감으로써 불능화 단계가 실제 시작된다는 것이다.

특히 불능화 작업의 주체 및 비용, 앞으로 계획 등을 구체적으로 합의함으로써 불가역적인 불능화 조치의 이행 가능성을 보여 주고 있다. 이에 따라 앞으로 핵 프로그램에 대한 전면 신고가 연내에 이루어지는 등 비핵화 제2단계 이행조치가 실질적 이행국면에 들어갈 경우 미국의 테러지원국 지정해제, 대적성국교역법 적용종료 등도 병행적으로 협의·진행될 것으로 보인다.

북한이 영변의 핵시설 가동을 중단하고 핵 프로그램을 불능화하는 것은 북한의 입장에서 보면 그리 어려운 일이 아니다. 20여 년이 넘은 영변의 낡은 핵시설은 이제 그 용도가 폐기된다 해도 별로 문제될 것이 없다. 단지 억제수단이나 국내선 전용으로 이미 보유한 몇 개 정도의 핵무기가 있으면 그것으로 족하다. 북한이 끝내 핵을 포기하지 않을 것을 전제한다면 10·3 합의는 북한에게는 큰 성공이라 할 수 있다.

4. 활발해진 북한외교

1) 국제무대 진출할 적기로 판단

북한은 미국과의 관계개선을 이루고 있는 2007년을 국제무대에 진출할 적기로 판단하고 국내외에서 외교활동을 적극 펼치고 있다. 북한은 10·3 공동성명이 발표된 후 즉각 미 국무부 핵불능화 실무팀을 초청하는 등 후속조치에 적극 나섰다. 이와 함께 2007년 10월 남북정상회담을 계기로 남북경협의 내부 제약요인이 극복될 수 있는 토대가 마련되었다. 개성공단의 3通문제, 물류문제 등 제도적 미비점을 조속히 보완하기로 합의했고, 특구와 인프라 개발을 위한 청사진도 제시되었다. 특히 자원 및 인프라 개발 시 상대방에 '특혜와 우대'를 우선적으로 제공하는데 합의한 점은 특기할 만하다. 앞으로 북한개발이 중국, 일본과 경쟁 구도로 진행될 수 있는 점을 감안하면, 이는 한국에 선점 기회를 제공하는 의미로도 볼 수 있다.

만약 핵 폐기가 순조롭게 진행될 경우, 북한에 대한 테러지원국 해체가 대북 물자반출 통제완화, 대 선진국 수출여건개선, 국제사회의 대북 개발차관 제공 등 추가 제재 해제로 이어져 남북경협의 외부제약요인이 크게 개선될 수도 있다. 또한 남북관계도 탄력을 받아 정상간 합의사항의 조속한 이행이 가능할 것이다. 이 경우 개성공단의 제도적 미비점 보완과 백두산 관광, 지하자원개발, 한강하구 공동개발, 공동어로 수역설정 등 이른바 '원원사업'의 조기이행이 가능하고, 개성공단 2단계 사업, 해주특구건설 등 대규모 투자재원 확보가 전제되는 사업의 이행 가능성도 높아질 것이다.

그러나 핵 폐기 과정에 난관이 조성되는 경우, 테러지원국 해제가 추가 제재해제로 이어지지 못하여 외부제약요인들은 그대로 존속될 것이다. 또한 북미관계 교착은 남북관계에도 악영향을 미쳐 합의사항 이행이 지연될 가능성이 높다.

이런 점을 고려할 때 북한은 현재가 적극적인 외교활동을 펼 가장 좋은 기회로 포착하고 있는 것이다. 핵 폐기가 순조롭게 이루어지는 경우는 대외활동을 가속화시킬 수 있고, 핵 폐기가 난관에 부딪힌다 해도 이미 외교관계를 설정하고 합의한 사항을 쉽게 파기할 수 없는 것이라는 계산이 깔려 있는 것으로 보인다.

북한의 이러한 적극적이고 공세적인 대외전략 방침은 최근 북한노동당 기관지 ≪노동신문≫ 등의 논평에서 확인되고 있다. ≪노동신문≫은 "자주·평화·친선은 우리당과 공화국 정부의 시종일관한 대외정책 이념"이라며 "우리 공화국은 자본주의 나라들과도 선린우호관계를 발전시키려는 입장을 시종일관 견지해 왔다"고 밝혀, "자본주의 국가"와의 "선린우호관계"라는 표현으로 전문가들의 주목을 받고 있다.

특히 ≪노동신문≫은 "최근 시기 우리나라가 세계 여러 나라들과 연이서 외교관계를 수립한 것은 사변(대전환)적인 일로 공화국의 커다란 외교적 성과이고 자주적인 대외정책의 정당성의 힘 있는 과시"[121]라고 언급, 북한 대외전략의 '변화'사실을 스스로 인정했다.

2) 주변국 접근과 활발한 방문외교

북한은 일본과의 관계가 2차 세계대전 이후 최악이라고 규정하였으나, 제2차 관계정상화 W/G회의(9.5~6, 몽골)에서 '평양선언'에 따라 국교정상화를 조기에 실현하기 위해 노력한다는 데 합의하면서 대화재개의 돌파구를 마련하였다. 한편 북한은 일본의 대북제재 조치(10.13 만료)[122] 6개월 재연장 조치에 반발하여 '先 분위기 조성' 필요성을 강조하면서 대북제재 연장 시 위의 '합의사항이 수포가 될 것'이라고 위협하였다.[123]

북중 양국은 활발한 인적교류를 통해 전통적인 친선관계 발전을 도모하면서, 관계심화·발전에 대한 공감대를 확인하였다. 양제츠 외교부장이 2007년 7월 2~4일 북한을 방문했으며 이는 리자오싱 외교부장이 2004년 3월 방북 이후 3년 3개월만이다. 잇달아 군 친선참관단(8.7~11), 정부문화대표단(9.4~8), 그리고 국제우호연락회 대표단(9.8~15)등이 북한을 방문하였고 김영일 외무성 부상이 지난 9월 18~25일 중국을 방문하여 관계를 돈독히 하였다. 한편 6자 회담 진전과 더불어 무역·투자여건 개선에 대한 기대가 높아지면서 양국 간 경제교류도 뚜렷한 증가추세를 나타내고 있다.

---

121) ≪노동신문≫, 2007.10.29.
122) 대북제재는 2006.10 북핵실험 직후 '6개월간 북 선박 입항, 물품수입, 북한인 입국 및 사치품 대북수출 등을 금지한 조치이다'(2007.7.4. 6개월 연장)
123) ≪조선신보≫, 2007.9.10.

러시아는 2007년 6월 자국은행을 통한 BDA 북한송금에 참여하여 6자 회담 재개에 기여한 바 있다. 그 후로도 러시아는 6자 회담에 적극 참여함으로써 2·13 합의 이행과정에서 중요한 역할을 수행하고 있다. 북한의 대러 채무 상환 문제 미해결 등이 문제로 북·러 경제협력은 부진한 가운데 있지만 양국 간 문화교류는 지속되고 있다. 모이세프 국립아카데미 민속무용단이 방북공연(9.8~25)을 했으며 김정일 위원장도 관람하였다.

우선 북한은 외교활동의 일환으로 김영일 외무성 부상은 2007년 5월 7일 이란을 방문, 마디 사파리 이란 외무차관과 만났다. 김계관 부상의 이란 방문 목적은 양국관계와 국제문제를 논의하는 것으로 알려졌다.124) 김영남 최고인민회의 상임위원장은 2007년 7~8월 80살의 고령임에도 알제리, 에티오피아, 이집트, 싱가포르를 순방했다.

한편 김영일 내각 총리는 베트남, 말레시아, 캄보디아, 라오스를 공식 방문했고 노동당 대표단도 아세안을 방문했으며, 무역상 대표단이 이란과 시리아를 순방했다. 이와 동시에 호주, 시리아 등 국가의 장관급 인사들이 최근 6개월 사이에 평양을 방문했다.

이러한 북한의 활발한 외교의 결과로, 금년 들어 여러 국가와 수교를 하거나 중단됐던 관계를 복원했다. 북한과 미얀마는 1983년 아웅산 폭탄 테러 이후 24년간 중단됐던 외교관계를 회복했다.125) 아웅산 테러는 북한에 테러지원국 지정에 결정적인 영향을 미쳤다. 북한은 이 문제를 매듭지어 테러지원국 해제의 발판 마련을 기대했을 가능성이 있다. 양국이 지난 7년간 방콕, 브엔티안, 하노이 등을

---

124) ≪요미우리신문≫, 2007.5.8.
125) 두 나라의 복교 과정에서 중국의 역할이 주목된다. 김영일 외무성 부상을 단장으로 한 북한 대표단이 중국을 방문한 뒤 미얀마에 들른 데다 중국만 공식적으로 복교에 환영의 뜻을 나타냈기 때문이다. ≪중앙선데이≫, 2007.4.29.

전전하며 협상을 벌인 결과였다.

2007년 9월 중 각급 외국 대표단의 북한 입출국 횟수는 총 23건으로 2007년 8월 11건에 비해 대폭 증가하였다. 이중 북한 대표단의 외국방문 9건, 외국 대표단의 북한방문 14건이다. 특히 9월 중에는 4개 국가와 대사급 외교관계를 수립하였으며, '북·러 국경철도 공동위' 연례회의 등 4건의 국제행사에 참가하였다.[126]

북한은 2007년 9월 중 중남미의 과테말라, 도미니카 그리고 중동의 아랍에미리트연합(UAE), 아프리카의 스와질랜드 등과 수교를 했다. 아랍에미리트 연합과는 2007년 9월 18일 대사급 수교협정을 체결했다.

박의춘 북한외무상은 9월 1~8일 비동맹 각료회의 참가차 이란을 방문했고, 인민위원장 이상관을 단장으로 하는 황해북도 친선대표단이 9월 1~18일 몽골을 방문했으며, 외무성 부상 김영일을 단장으로 하는 외무성 대표단이 9월 18~25일 중국을 방문했다. 부원장 이성욱을 단장으로 하는 국가과학원 대표단이 '동북아시아 첨단기술박람회' 참석차 9월 18~26일 중국을 방문했고, 민주여성동맹 대표단이 9월 25일 스위스, 김일성 고급당학교 대표단 방중, 그리고 국가해사감독국 대표단이 '국제해사기구 해상안전위원회' 제83차 회의 참가차 덴마크를 방문했다.

3) 전방위 초청외교

외국대표단들의 방북도 줄을 이었다. 태국 록쓸리 태평양(주) 대표단이 9월 1~4일 평양을 방문한데 이어, 네팔 국제문화 및 교류재단 대표단, 중국장애인연합회 대표단, 인도네시아 해군 참모총장 일행(9.4~8), 베트남 조국전선중앙위 대표단, 중국정부 문화대표단,

---

아랍에미리트 경제개발장관 겸 국영 에마르부동산 회장 알리 라시
드 알라바르, 중국 국제우호연락회 대표단(9.8~15), 미·중·러 핵
전문가 대표단 9명(9.11~15), 미얀마 외무성 대표단, 이탈리아 외무
성 대표단, 그리고 시리아 사회부흥단 지역지도부 조직부장 싸이드
일리야 다우드(9.20~27) 등이 북한을 방문해서 활발한 외교활동을
벌였다.

　　유럽에서는 이탈리아와 폴란드 외교부 대표단이 북한을 방문했
다. 쟌니 베르네티 차관이 이끄는 이탈리아 대표단은 9월 13일부터
사흘간 평양을 방문해 김영남 상임위원장과 면담했다. 또 8월에는
폴란드의 비톨드 바스치코브스키 외교부 차관이 박의춘 외무상과
만났다. 9월 18일에는 김영일 부상을 단장으로 하는 북한 대표단이
중국을 방문했다. 이러한 흐름 속에서 북한은 수해 직후 국제사회의
지원을 신속하게 요청했고, 또 최근에는 중국과 아랍에미리트 연합
투자자들을 북한으로 불러들였다.

　　최고인민회의 최태복 의장은 이탈리아(10.15~18)와 시리아
(10.19~22)를 차례로 방문하여 친선 협조관계 강화를 도모하였다.
이탈리아에서는 국회 하원의장·상원 부의장·상원 외교위원회 위
원장·상원 종신의원인 전 수상 등을 각각 만나 친선적인 분위기
속에서 담화하였다고 보도했다.127) 시리아에서는 마흐무드 알 아브
라쉬 인민회의 의장과 회담(10.21)을 하였으며, 이 자리에서 쌍방은
두 나라 의회 사이의 친선협조 관계 강화와 상호 관심사항에 대해
의견을 교환하였다.128) 바샤르 알 아싸드 시리아 대통령은 앞으로도
북한의 입장을 전적으로 지지할 것이라고 강조했다는 것이다. 최태
복 의장의 시리아 방문은 그동안 양국 간의 연이은 활발한 상호교
류의 일환으로서 양국의 전통적인 친선관계 확대를 도모한 것으로

---

127) 평양방송, 2007.10.22.
128) 조선중앙방송, 2007.10.24.

보인다.

한편 북한은 국방상을 단장으로 하는 나미비아의 정부대표단을 북한에 초청(10.27~11.1)하여 군사적 치선관계를 도모했다. 인민무력부가 마련한 연회(10.27) 연설에서 나몰로흐 국방상은 "나미비아 인민은 민족해방 투쟁 시기에 성심성의의 지원을 준 조선정부에 사의를 표한다"면서 양국 간 친선 협조관계의 끊임없는 강화 발전을 강조했다. 김일철 인민무력부장은 연설에서 "대표단의 이번 방문이 오랜 전통을 가지고 있는 두 나라 군대와 인민들 사이의 친선협조관계를 더욱 추동하는 훌륭한 계기가 될 것"이라고 강조했다. 이번 방문은 국방상이 단장을 맡아 군사 분야 교류위주로 진행되었다는 점이 특징이었다.

북한은 6자 회담 관련국들과의 협의를 거쳐 '연내 영변 핵시설 불능화 및 핵 프로그램 신고'에 합의함으로써 2006년 미사일 발사·핵실험 이후의 경색 국면을 벗어나 대외관계 개선에 대한 적극적인 의지를 보여 주고 있다. 대외분야에서 보여 준 북한의 적극적이고 신축적인 자세는 앞으로 특별한 상황이 발생하지 않는 한 비핵화 과정의 진전과 더불어 지속될 것으로 전망된다. 그러나 북한이 핵 폐기 단계에서 어떠한 태도를 보일지 주목되고 북한의 적극적인 태도가 급변할 것임에 대비해야 할 것이다.

5. 적극적인 경제외교

1) '베트남 모델'에 눈독

북핵문제와 북미관계가 긍정적인 방향으로 진전되고 있는 가운데 북한의 경제외교도 탄력을 받고 있다. 북한의 대외 행보가 가속화되고 있는 가운데 북한의 요청으로 뉴욕에서 열린 북미 금융실무회의가 2007년 11월 21일 끝났다. 북한이 미국과 금융실무회담을 연 것은 북한 대표단이 언급한 것처럼 "국제금융체제에 접근하는 방법을 알아보기 위한 것"이다. 미국측 대표인 대니얼 글레이저 재무부 테러자금 및 금융범죄담당은 "북한이 국제금융시스템에 완전히 들어오기 위해 이해하고 맞춰야 할 기본적 규칙과 행동들이 무엇인가를 논의했다"면서 위폐 문제에 대해서도 언급했다. 북한은 미국과 관계 진전을 해나가는 과정에서 위폐문제와 같은 돌출상황이 발생할 가능성에 미리 대비하는 측면이 있는 것으로 보인다.

2007년 10월 10일 유엔 총회 2위원회(경제 및 금융)에서 북한 대표는 북한이 "자주성과 평등, 호혜의 원칙에서 평화롭고 공정한 새 세계를 건설하려는 모든 나라들과의 다방면적인 경제협조와 교류를 확대발전시켜나갈 것"이라고 강조했다.[129] 또 10월 16일 김명길 주유엔 북한대표부 차석대사는 베트남의 사례를 거론하며 "우리는 변해야 한다는 것을 잘 알고 있다"며 "우리는 개혁이란 용어는 쓰지 않지만 세계와 기술교류를 통해 세계가 변화하는데 맞춰 나가길 원한다"고 말했다.[130]

2007년 들어 북·중간의 무역규모는 9월 말 현재 14.4억 달러로 전년 동기대비 17.9% 증가했으며, 무역수지는 -5.7억 달러이다. 북한의 대중 무역증가는 미·일 등 국제사회의 대북경제제재로 무역에서 대중의존도가 심화되었기 때문이다. 중국을 제외한 북한의 주요대외 무역국인 태국·일본·러시아와의 교역현황은 같은 기간에 북한의 대 태국 교역은 1.6억 달러로 전년 동기대비 53.8% 감소(3.4억 달러), 대일교역은 일본정부의 대북경제제재 때문에 666만 달러로 전년 동기대비 94.1%(1.1억 달러)로 급감했다. 러시아는 북한의 승리화학 정유설비를 이용하여 연간 200만 톤의 석유를 정제하

---

129) 조선중앙통신, 조선중앙방송, 2007.10.10.
130) 미국 자유아시아방송(RFA), 2007.11.20.

기로 양해각서를 체결했으나 현재까지 이행되지 않고 있다. 북한의 대 러시아 교역(1~6월)은 6.8천만 달러로 전년 동기대비 1% 증가(6.7천만)하였다.[131]

개별국가 차원에서는 우선 베트남과의 교류가 눈길을 끌고 있다. 농 득 마잉 베트남 공산당 서기장이 베트남 최고지도자로는 50년 만에 북한을 방문해 김정일 위원장과 회담한데 이어 10월 28일에는 김영일 북한 내각총리가 베트남을 방문하여 경제발전상황을 살펴보았다.

북한의 조선중앙통신은 북-베트남 정상회담에서 "두 나라는 정치, 경제, 문화, 국제, 기술과학 등 모든 분야에서 폭넓은 협력을 강화해 나가기로 합의했다"고 밝혔다.[132] 한편 김영남 위원장과 농 득 마잉 사이의 회담이 만수대 의사당에서 진행되었다. 이 회담에는 노동당 중앙위 비서 김기남, 내각 부총리 노두철, 외무상 박의춘, 문화상 강동수, 주 베트남 북한대사 마철수 등이 참석했다. 이 자리에서 김영남은 베트남이 공업화·현대화를 실현하기 위한 사업에서 큰 성과를 이룩할 것을 진심으로 바라고 있다고 하면서, 두 나라 사이의 친선관계가 공동의 노력에 의하여 더욱 강화 발전될 것이라는 확신을 표명하였다.

특히 이번 방문은 지난 남북정상회담을 제외하고는 2007년 들어 처음 있는 정상급 외국인사의 방북으로서 베트남판 개혁·개방 정책인 '도이모이' 정책이 만성적인 경제난에 직면하고 있는 북한에게 많은 시사를 해줄 것으로 전망된다. 이러한 움직임에 대해 방콕의 한 외교소식통은 "북한의 미얀마와의 재수교는 외교와 군사적인 면으로 볼 수 있으나, 베트남과의 우방관계 복원 노력은 경제면에 더 집중 될 것"이라고 말했다.[133]

---

131) 『월간북한동향』 2007.11.4. pp53-55.
132) 조선중앙통신, 2007.10.18.

    김정일 위원장이 마잉 서기장의 베트남 방문 초청을 수락함에
따라 방문이 실현된다면 북한 재건을 위한 이른바 '베트남 모델'론
을 확인시키는 계기가 될 것이다. 베트남을 방문한 김영일 총리는
곧바로 11월 1~4일 캄보디아를 방문, 북-캄보디아 정부 간 투자
양해 각서를 체결하고 이어서 말레시아와 라오스도 방문했다.

    김영일 총리는 동남아 순방일정 첫 번째 대상국가인 베트남을
공식 친선방문(10.26~30)하며, 농 득 마잉 서기장·웬떤중 수상과의
회담을 통해 양국 간 친선·협조 관계의 확대 발전을 도모했다. 김
영일과 웬떤중이 참석한 가운데 양측은 '2008~2010년도 문화예술과
학 및 교육교류계획서'를 조인(10.27)하였으며, 양국 농업성 사이에
'농업과학기술분야에서 협조에 관한 양해문'을 체결하였다.

    김영일의 베트남 방문은 양국 정상회담 직후에 이루어진 방문
으로 양국 최고지도자 간에 논의되었던 사항들을 보다 명확히 정리
하는 계기이자 김정일 위원장의 베트남 방문을 위한 사전 정지 작
업적 성격을 띠고 있는 것으로 보인다. 북한은 앞으로 베트남과의
활발한 교류를 통해 '베트남판 개혁·개방'의 성공사례를 학습하고
양국관계를 실질협력의 단계로 발전시키는 전기를 마련할 것으로
보인다.

  2) EU와 몽골 경제외교 확대
    몽골정부의 경제대표단과 싱가포르 투자시찰단도 최근 평양을
방문했다. 북한은 2007년 10월 6일 몽골 대표단 방북을 계기로 몽골
과 '경제무역 및 과학기술 협의 위원회 제7차 회의 의정서'를 채택
했다. 최고인민회의 상임위원장 김영남은 야 쏘드바따르 공업 및 무
역성 부상을 단장으로 하는 몽골정부 경제대표단을 만나 친선적인

---

133) 자유아시아방송(RFA), 2007.10.18.

분위기 속에서 담화를 했다. 여기에는 무역성 부상 리명산과 관계부문 일꾼들이 참가했다.[134] 북한은 최근 3~4년간 7~10%의 경제성장을 기록하는 등 시장경제에 빠르게 적응하고 있는 몽골과 건설인력 파견문제를 포함한 경제분야 협력확대를 꾸준히 협의해 오고 있으며, 이를 위해 '경제무역 및 과학기술협의위원회'를 개최하기도 하였다. 싱가포르 '투자고찰(시찰)'대표단은 10월 13일 평양에 도착, 림경만 무역상과 관계자들이 배석한 가운데 김영일 총리와 면담했다.

2007년 10월 18일에는 북한 임업성 대표단이 러시아를 방문, 양국 간 '무역·경제 및 과학기술협조위원회 임업분과위원회' 제12차 회의를 가졌다. 한편 제3차 평양 가을철 국제상품전람회(10.8~11)에는 유럽기업협회 소속 기업을 포함해 독일, 스위스, 이탈리아, 네덜란드, 핀란드, 영국, 프랑스 등 유럽 기업들이 "가장 큰 규모"로 참가해 "북한과의 무역·투자를 장려하며 적극 협조할 의향을 밝혔다"고 재일본 조선인총연합회 기관지 ≪조선신보≫가 보도했다.

북한과 EU는 2007년 3월 EU 트로이카 대표단 방북으로 중단되었던 정치대화를 재개한 이후 비교적 활발한 인적 교류가 이루어지고 있다. 양자 간 교류는 EU 본부, EU 회원국, 개별기업 등 다양한 차원에서 인적·물적 교류와 인도적 지원을 중심으로 추진되고 있다.

EU와 이탈리아 商議는 2007년 3월 28~29일 토리노에서 대북투자설명회와 북한-EU 기업 간 워크숍을 개최하고 개별 사업 미팅을 주선했다. EU와 주영북한대사관은 2007년 7월 28일 '북한-EU 기업인간 교류·통상 촉진을 위한 무역조정이사회 설립규약'에 합의했고, EU-북한 간 '제3차 경제개혁워크숍'을 10월 23~24일 평양에서 개최했다. Europe Aid는 '북한 교역능력 향상 프로그램'을 재개

---

134) 평양방송, 2007.10.9.

할 예정인 것으로 밝혀졌다.

독일 라이프치히대-북한의학협회·학술교류처(DAAD)·과학연구재단 등의 기존 초청 연수사업을 확대하고, 유전공학을 비롯한 과학·수학 등으로 연구 분야 확대를 추진하고 있다. 영국 캠프리지대가 북한관리·교수대상 영어연수(1개월)를 실시(3월, 5월)하였으며, 국제평화·보도재단이 북한 언론인 양성 연수사업을 추진할 예정이다. 스웨덴(스톡홀름 경제대)·스위스(국제협상응용연구센터)는 북한관리를 대상으로 시장경제 연수를 매년 실시하고, 독일 나우만재단은 평양에서 세미나(4월 2~5)를 개최하고, 외자유치전략 등을 전수하였다. 북한에 진출한 유럽기업 11개는 '평양주재 유럽기업연합회'를 결성하고 2007년 10월 개최된 제3차 '평양 가을철 국제상품전람회'(10.8~11)에 동 연합회를 중심으로 EU 지역 6개국 18개 기업이 참가했다.135)

2007년 10월 23~24일 북한과 EU는 평야에서 '북한-EU 경제토론회'를 개최하였다. 농업·경공업·IT 등 개발산업 및 금융분야 정보를 교환하고 북·EU 경제관계 발전 방안에 대해 논의했다. 북한은 이 행사를 통해 시장경제 제도 및 외자유치 관련 지식을 습득하는 한편, 대외적으로 북한의 경제발전 및 변화의지를 부각시킴과 동시에 서방 선진국과의 무역확대 및 외자유치의 계기로 활용하고자 하는 것으로 보인다. 한편 EU의 입장에서는 EU가 북한에 대해 채택하고 있는 '앙가주망(engagement)' 정책의 일환으로 '북한경제 개혁을 지원'하기 위해 추진되고 있다.

북한-EU 양자 간 교류는 아직까지 주로 인적 교류와 인도적 지원에 머물고 있으나, 앞으로 핵문제 진전 추이에 따라 상호대화와 경제적 지원, 협력이 확대되어 나갈 것으로 보인다. 핵문제 해결 과

---

135) 『월간북한동향』, 통일부, 2007.9.29~11.4, pp90-92.

정이 지연되더라도 현재 수준의 대화와 인적 교류는 당분간 지속될 전망이다.

북한은 2006년 핵실험 후 경제재건을 새로운 국가정책 목표로 내세우고 있어 앞으로도 경제외교를 더욱 강화해 나갈 것으로 전망된다. 문제는 북핵문제와 북미관계가 어떻게 풀려나갈 것인가에 달려있다. 북한에게 보다 중요한 문제는 경제를 살리기 위한 제한적 개혁·개방이 북한체제에 미칠 영향을 어떻게 대처해 나가느냐 하는 것이다. 즉, 자본주의라는 벌레는 막고 외자(外資)란 혜택만 받아들이는 '모기장식 개방'이 얼마나 주효하겠느냐 하는 것이다. 한편 ≪노동신문≫은 "화는 외세의존에서 오고 복은 자력갱생에서 온다"며 "앞으로 어떤 바람이 분다고 해도 우리 경제관리 분야에서 사회주의적인 것과 인연이 없는 그 어떤 사소한 요소도 발붙이지 못할 것"136)이라며 체제고수를 강조했다. 이어 이 신문은 대외경제협력을 하더라도 자본주의 사조의 유입을 막고 경제개발에 필요한 외부 투자를 받겠다는 이른바 '모기장론'을 되풀이했다.

6. 우리들의 기도

"그가 많은 민족들 사이의 일을 심판하시며 먼 곳 강한 이방 사람을 판결하시리니 무리가 그 칼을 쳐서 보습을 만들고 창을 쳐서 낫을 만들 것이며 이 나라와 저 나라가 다시는 칼을 들고 서로 치지 아니하며 다시는 전쟁을 연습하지 아니하고"(미 4:3)라고 하신 하나님께 기도드립니다.

---

136) 「노동신문」 2007.10.30

첫째, 체제의 생존을 위해 핵을 만든 북한이 2·13 합의 초기 단계 조치를 이행하는 것은 시작일 뿐 핵문제의 근본적인 해결이 아니라 미봉책에 그칠 수 있습니다. 칼을 쳐서 보습을 만들고 창을 쳐서 낫을 만들며 다시는 전쟁을 연습하지 않는 그 날이 속히 올 수 있도록 특별히 한반도를 보호하여 주시옵소서. 핵으로 체제를 보장하는 것이 아니라 하나님께로 돌아와 하나님만 의지할 때 진정한 살 길이 있고 진정한 체제 보장이 있다는 것을 북한이 깨닫게 하여 주시옵소서.

둘째, 핵 폐기 절차가 순조롭게 진행되어 북한에 대한 테러지원국 해제, 적성국 교역법 적용 종료, 대북 물자반출 통제완화, 대선진국 수출여건개선, 국제사회의 대북 개발차관 제공 등 추가 제재 해제로 이어져 남북경협이 활성화되고 북한이 국제사회에 편입할 수 있도록 환경을 조성하여 주시옵소서.

셋째, 유럽, 동남아, 아프리카 등지와 교류협력을 강화하는 등 전방위 외교를 펼치고 있는 북한외교의 변화된 기류에 감사합니다. 북한이 베트남의 '도이모이' 정책 등을 본받아 개혁·개방정책을 추구하게 하시고, 다양한 인적·물적 교류를 통한 개혁·개방으로 만성적 경제난에 직면한 북한에 살길을 찾을 수 있도록 도와주시옵소서.

넷째, 유럽의 북한에 대한 앙가주망(engagement) 정책으로 경제적 개혁·개방에의 도움뿐만 아니라, 인권, 교육 분야 등의 교류도 활발히 일어나 북한사회의 변화를 추동할 수 있는 계기가 되게 하여 주시옵소서.

2. 2007년 북한 외교

Ⅰ. 최근 북한의 외교 동향

모든 국가들은 안전 유지, 국제적 위신의 증대, 경제적 번영과 같은 핵심적인 국가 이익을 추구해 오고 있으며, 국가가 지향하는 나름대로의 목표를 가지고 있다. 외교란 이러한 목표를 달성하려는 대외적 활동으로 북한 역시 국제사회에서 국가로서 생존과 번영을 달성 하려고 외교 활동을 전개하고 있다.

북한은 다른 국가와 다르게 분단국이라는 특성에서 나오는 한 국과의 정통성 경쟁이라는 외교 목표가 있으며, 이는 궁극적으로 북한 주도의 한반도 통일이라는 국가 목표로 귀결되고 있다.

실제로 북한은 1980년 10월 제6차 당 대회에서 개정되어 현재 까지 바뀌지 않고 있는 북한의 최고 규범인 당 규약을 보면 '전국적 범위에서 민족 해방과 인민민주주의 혁명 과업 완수'와 최종 목적으로 '온 사회의 주체사상화와 공산주의 사회 건설'을 명시하고 있음을 알 수 있다. 즉 북한 주도의 한반도 통일을 위한 '민족해방 인민민주주의혁명'이라는 기본 대남 정책을 포기하지 않고 있는 것이다.

이러한 김정일 정권이 최근 적극적인 외교 정책·활동을 전개하고 있다. 북한은 2007년 전 세계 여러 나라에 당·군·정 고위 인사가 이끄는 대표단을 파견해 폭넓은 외교활동을 벌였다.

그 결과 2007년 9월 26일 과테말라와 수교한 외에 4개국과 대사급 외교관계를 새로 수립했고 니카라과·미얀마(버마)와 단절됐던 외교관계를 복원했다. 제2차 북핵위기가 터진 2002년부터 2006년까지 5년 동안 불과 3개 국가와 외교관계를 맺은 것과 비교하면 큰 성공이다.

한편 북한은 2007년 10월 16~19일 부산에서 열린 제4차 아세안지역안보포럼(ARF) 사이버테러 세미나에 정성일 외무성 부국장 등 당국자 4명을 파견했다. 북한이 남북 간 회의를 제외하고 남한에서 열린 국제회의에 정부 대표단을 파견한 전례는 거의 없다.

결국 이러한 적극적인 외교 행보는 북한주민들에게 대내적 패배주의를 일소하고 체제에 대한 희망과 낙관적 미래 인식을 심어줌으로써 김정일 체제의 권위와 위상제고를 통한 체제 안정성을 높여나가는 데 그 목적이 있는 것으로 분석된다. 왜냐하면 몇 년 동안 주춤하던 공개 처형이 다시금 늘고 있고, 장사(상거래)와 같은 '비사회주의적 현상'에 대해 강력한 단속 의지를 보이고 있기 때문이다.

특히 2007년 10월 27~28일 이틀 동안 평양 4·25문화회관에서 13년 만에 열린 전국 당세포비서(당 조직의 말단 간부)대회는 체제 안정을 도모하기 위한 행사로 인식 되고 있다.

2. 우리들의 기도

여호와의 지으심을 받고 그가 다스리시는 모든 곳에 있는 너희여 여호와를 송축하라 내 영혼아 여호와를 송축하라.(시 103:22)

첫째 생존과 번영을 달성하려는 북한의 외교 활동이 단순히 북한 주도의 한반도 통일을 위한 '민족해방 인민민주주의혁명'이라는 기본 대남 정책을 뛰어넘어 경제적·정치적으로 고통 받는 주민들에게 유용한 정책이 되어 지게 하여 주시옵소서.

둘째, 최근 북한의 내부 동향과 적극적인 외교 활동을 올바로 분석·이해하면서 북한 복음화를 위해 기도하는 주의 백성들의 기도를 응답하사 흑암이 행하던 백성이 큰 빛을 보고 사망의 그늘진 땅에 거하던 자에게 빛이 비춰지게 하여 주시옵소서.(사 9:2)

셋째, 북한의 실상과 최근 북한의 외교 동향 및 남북한 주변 정세를 하나님의 뜻(롬 12:2) 안에서 분별하며, 북한과 우리를 향한 하나님의 궁극적인 목표인 하나님의 영광을 보고(요 17:24) 그 영광을 누리는 복된 자들이 되어 지게 하여 주시옵소서.

　* 출처 : 2007.10.29. ≪동아일보≫, 북 외교 잰 걸음 … 내부 단속은 칼바람
　　 북한의 통일 외교, 북한연구학회

3. 美 정부, '김정일 이후 北韓' 검토

1. 김정일 이후 북한선교

미 정부에서 북한 문제를 다루는 핵심 당국자들이 워싱턴에서 열린 '북한인권주간' 행사에 참석했던 탈북자들을 잇달아 만나 "김정일 정권이 어떤 방식으로 붕괴될 것 같은가? 만일 당장 김정일이 사망하면 어떤 일이 일어나나 그 경우 대체세력은 있는가?" 등을 물었다고 한다.

이에 대해 탈북자들은 "김정일이 사망하면 군부가 집단지도체제 형식으로 중국식 개혁개방을 할 가능성이 높다", "김정일 정권 붕괴 과정에서 미국과 서방세계가 지원하고 개입한다면 親미·親서방 국가로 변하겠지만 현재처럼 김정일과 타협하려 한다면 결국 親중국화될 것"이라고 말했다.

이번 탈북자 면담을 통하여 미 정부관리들이 이미 김정일 이후 북한 문제를 심도 있게 검토하고 있음이 밝혀진 것이다.

이러한 김정일 이후의 북한 문제에 대해 2007년 3월 17일 모퉁이돌선교회가 주최한 『김정일 이후의 북한선교』 세미나에서 제1회의 주제 발표자는 "김정일의 신상 변화의 속도와 내용에 따라 중장

기 또는 급변사태로 나뉠 수 있고, 개혁 또는 반개혁의 상황 전개를
예상할 수 있다. 그러나 현실적으로 김정일의 신상에 돌발적인 급변
사태가 발생하지 않는 한 북한체제는 김정일의 예상 자연 수명과
함께 상당 기간 존속할 가능성이 높을 것으로 보인다."고 전망하였
다.

아울러 세미나에서는 김정일 이후 북한선교에 대해 "무엇보다
도 가시적 성과를 얻으려 하거나 과시하기 위한 선교는 지양되어야
하며, '조용한' 선교, 선교 사실 자체가 드러나지 않는 선교가 되어
야 한다."고 밝혔다.

또한 김정일 이후의 북한선교는 첫째, "장기적이고 단계적인
선교 전략이 필요하며," 둘째, "현재 할 수 있는 선교의 방법과 전
략, 향후 중국선교 정도의 선교가 가능할 때의 선교 전략, 동남아
국가들에 대한 선교와 같은 선교를 할 수 있을 때의 전략 등을 구
분, 단계적으로 실행되어야 하고," 셋째, "섣부른 선교가 그나마 할
수 있는 선교마저 못하게 하는 우를 범할 수 있다는 점을 명심해야
하며," 넷째, "인터넷·방송 등 미디어를 통한 간접 선교, 지하교회
를 거점으로 한 선교 등 현재 중국선교에서 가능한 방법들을 북한
선교전략으로 계획하는 것이 필요하며," 마지막으로 "중국선교에 있
어서 중국의 종교 정책에 대한 정확한 이해와 중국 문화 전반에 대
한 해박한 지식 등이 절실히 요구되는 것과 마찬가지로 김정일 이
후의 북한선교는 북한의 종교 정책과 그 현실, 향후 방향에 대한 점
검 등이 함께 고려되어야 한다."고 제시하였다.

2. 우리의 기도

"대저 여호와는 지혜를 주시며 지식과 명철을 그 입에서 내심

이며"(잠 2:8)

첫째, 김정일 이후의 북한선교가 군림하는 정복자의 모습이 아닌 예수 그리스도를 알지 못하고 죽어가는 북녘 주민들에게 소망과 빛을 보여 주는 섬김의 선교 전략(눅 17:10)이 되어지고, 이러한 선교 전략이 차질 없이 준비되며, 진행되게 하여 주시옵소서.

둘째, 인터넷·라디오 등 방송선교, 지하교회를 거점으로 한 선교, 성경 배달 등의 사역이 인간의 열심과 방법이 아닌 하나님의 열심(왕하 19:31)과 하나님이 주시는 지혜와 지식·총명함으로(출 35:31) 감당하게 하여 주시옵소서.

셋째, 북한에 급변 사태가 발생하였을 때 직면하게 될 문제는 무엇인지, 어떻게 대응하고 현명하게 판단하여 대비할 것인가를 하나님이 주시는 지혜로 준비하는 한국정부와 교회가 되게 하시며, 급변 사태로 인한 부정적 파급 효과를 최소화하기 위한 방안을 준비하는 지혜로운 의인이(호 14:9) 되어지기를 기도합니다.

* 참조 : 2007.4.30. ≪조선일보≫ : 美 정부, '김정일 이후 北韓' 검토

4. 북미관계 급진전과 실망스런 6자 수석대표회의

l. 심상치 않은 북미관계 급진전

BDA에 묶였던 북한의 자금이 풀리고 6자 회담 미국측 수석대표인 크리스토퍼 힐 차관보가 방북한 후 미국과 북한관계가 급진전될 조짐을 보이고 있다.137) 6자 회담 재개에 이어 6개국 외교장관회담이 열리면 북미 외무상 간의 양자회담을 통해서 양국 간의 관계가 새 국면으로 접어들 것 같다. 북미 모두 양국관계 개선을 위한 돌파구 마련을 절실히 원하고 있다는 측면에서 그럴 가능성이 어느 때보다 높은 것으로 보인다.

한반도 정전체제를 평화체제로 전환하기 위한 북미의 움직임도 주목된다. 힐 차관보는 "북한과 적대관계 공식종료를 위한 방안을 고려하고 있다"고 말했고, 북한도 최근 "평화체제 수립을 더 이상 미룰 수 없는 긴급과제"라고 주장했다. 북미 간 적대관계를 줄이고

---

137) 2007년 6월 22일 힐차관보는 기자회견에서 "북한은 영변 원자로를 즉각 폐쇄할 의사가 있고, (핵시설) 불능화를 할 준비도 돼 있다고 밝혔다"고 했다. ≪동아일보≫ 2007.6.22.

한반도 평화와 안전보장을 위한 평화체제를 수립한다는 데는 반대할 이유가 없다.

북한이 앞으로 다른 걸림돌을 만들지 않고 핵시설 불능화 합의를 지킨다면 북한 핵 폐기와 한반도 안보 상황은 종전과는 차원이 다른 단계로 진입하는 것이다.138) 그러나 문제는 그렇게 간단하지 않다. 해결해야 할 문제가 산 너머 산이고 북한이 각 단계마다 시비를 걸기로 말하면 '부지하세월'이 될 것이라는 우려의 목소리가 적지 않다. 모하메드 엘바라데이 IAEA 사무총장은 문제는 북한이 신고하지 않은 핵시설들이라고 지적했다.

핵문제를 통한 북한의 전략목표는 분명하다. 한마디로 체제의 생존이다. 2·13 합의 초기 단계 조치를 이행하는 것은 시작일 뿐 핵문제의 근본적인 해결이 아니다. 핵무기와 현존하는 핵 프로그램에 대한 완전한 신고를 해야 하고 폐기를 하고 검증절차도 밟아야 한다. 즉 영변의 핵시설폐쇄와 불능화 조치를 취한다 해도 그것은 초기 조치에 지나지 않기 때문에 국제적인 지원만 확보되면 한 번 해 볼 만한 일이다. 북한이 당장에 경제적인 곤경이나 국제적 고립에서 벗어날 수 있는 길은 그 뿐이며 위기적 상황에서 한숨을 돌리고 난 후는 상황이 달라질 것으로 보고 있을 가능성이 크다.

2007년 7월 13일 북한은 한반도 평화와 안전보장 문제를 협의하기 위해 유엔대표도 참가하는 북미 군사회담을 열자고 제의했다. 한국은 배제한 채 평화협정을 비롯한 군사문제를 미국과 담판짓겠다는 것이다. 특히, '북한 핵문제는 미국의 핵문제'라고 규정함으로써 핵군축을 거론할 것임을 강력히 시사했다. 또 북한군부는 "우리가 교전 일방인 미국의 위협 공갈에 대처해 생존권을 지키기 위한 필요한 모든 자위 수단을 마련하는 것은 누구도 부정할 수 없는 교

---

138) 같은 맥락에서 김정일 위원장은 "한반도 상황이 완화되는 일부 징후가 있다"고 발언한 것으로 분석된다. 《중앙일보》, 2007.7.5.

전 상대방인 우리의 당당한 권리"[139)라고 주장하여 미국의 위협이 존재하는 한 핵무기는 결코 폐기할 수 없음을 분명히 했다. 같은 맥락에서 2007년 7월 4일 한성렬 전 UN 대표부 차석대사는 "주한미군이 철수해야 핵을 포기하겠다"고 말했다. 이는 미국이 한반도에서 손을 떼면 핵을 포기하겠다는 것이다.

한편 북한은 영변 원자로 가동중단 사실을 14일 미국측에 직접 통보했다. 북미 간 뉴욕채널로 불리는 유엔주재 북한대표부를 통해서다. 영변 핵시설의 스위치가 꺼진 사실이 언론에 처음 알려진 것도 미 국무부의 브리핑에서였다. 중국과 한국을 따돌리는 전형적인 북한의 배제 전략의 일환인 것으로 보인다.

같은 날 미국무부는 성명에서 "북한이 영변 핵시설의 가동을 중단했다고 통보해 왔으며, 우리는 이를 환영한다"고 했다. 북한의 군사회담 제의와 관련, 미 국무부는 비핵화를 강조하며 별 반응을 보이지 않았지만 "북한이 6자 회담에서 제안하면 논의할 기회는 있을 것"이라고 여운을 남겼다. 이러한 북미 간의 변화된 태도에 대해서 중국사회과학원 진시더(金熙德) 연구원은 "부시 행정부의 대북정책이 점차 빌 클린턴 행정부 시대로 회귀하는 조짐을 보이고 있다"고 분석했다.[140)

힐 차관보와 김계관 부상이 2007년 7월 17일 베이징에서 파격적인 회담형식을 선보였다. 두 사람은 이날 오후 세 곳을 돌아다니며 세 시간 가량 만났으니 말이다. 힐 차관보는 여장을 풀자마자 1시 10분쯤 주중 미국대사관에서 김계관 부상을 만났다.[141) 이어 그

---

139) 이날 담화에서 북한군부는 "조·미 두 나라는 전쟁상태에 있으며, 미국의 끊임없는 핵위협 속에서 살고 있다"고 주장했다. ≪중앙일보≫, 2007.7.14.
140) 진 연구원은 "조지 W 부시 행정부가 2006년 말 중간선거 패배이후 외교분야에서 실적을 기대해왔다"며 이같이 말했다. 신화통신, 2007.7.15
141) 2007년 6월 21~22일 힐 차관보가 평양을 방문한 지 25일 만에 얼굴을 맞댄 셈이다.

들은 중국대반점으로 자리를 옮겨 1시간 15분 동안 오찬을 겸한 회
담을 했다.

그러나 그 다음 행보는 뜻밖이었다. 힐 차관보는 주중 북한대
사관으로 옮겨 김계관 부상과 다시 회담을 가졌다. 북미수석대표가
상대방의 대사관을 서로 방문하면서 회담을 계속하는 형식을 취했
다. 북미는 6자간 회담과 별도로 양자회담을 통해 핵불능화와 핵 프
로그램 신고, 북미관계 정상화를 외부의 간섭 없이 깊이 논의할 필
요가 있는 것으로 보인다.

힐 차관보는 이 날 김계관 부상에게 핵시설 불능화를 올 연말
까지 끝내기 위한 로드맵을 설명한 것으로 알려졌다. 미국이 의심하
고 있는 북한의 고농축 우라늄(HEU) 개발문제와 핵 프로그램 목록
신고 방안에 대해 미측의 요구사항을 전했다는 것이다.

이에 대해 김계관 부상은 테러지원국 명단 삭제, 적성국 교역
법 적용해체 등 대북 적대시 정책을 먼저 철회할 것을 요구한 것으
로 전해졌다. 정부 고위 관계자는 "북측은 핵 프로그램 신고 뒤 불
능화를 하자는 입장인 반면 미측은 신고와 불능화를 함께 진행해
2·13 합의 이행 시기를 앞당기자고 주장한 것으로 안다"고 설명했
다.142)

2. 6자 수석 대표회의 의미와 성과

북한 영변의 5MW 원자로가 2003년 2월 26일 재가동된 후 4년
5개월 만에 멈췄다. 북핵 폐기를 위한 2·13 합의의 '행동 대 행동'
이 실현된 것이다. 원자로가 멈춰선 것은 영변 핵시설의 전원스위치

---

142) "북한에 있는 모든 핵무기 2·13 합의대로 신고해야" ≪중앙일보≫,
   2007.7.18.

를 내린 것이지 2·13 합의에 따른 폐쇄(shut-down)를 한 것은 아니다. 가동 중단 검증에 이어 감시카메라 설치와 봉인작업이 남아 있다.

북한과 IAEA는 폐쇄·봉인 방식에 이미 합의했고 1994년 동결 경험도 있기 때문에 15대 정도의 감시카메라를 설치하고 500여 개 핵시설 출입구 또는 장비를 봉인하는 데 2주 정도면 가능하다는 것이다.[143] 북한과 IAEA는 폐쇄대상 시설은 영변 5MW원자로, 핵재처리시설, 플루토늄 생산공장, 방사화학실험실, 태천 200MW 원자로 등 5개로 하기로 합의했다.

핵시설 폐쇄는 북한이 더 이상 플루토늄을 생산하지 못한다는 것을 의미한다. 영변 5MW 원자로를 폐쇄하면 폐연료봉을 더는 생산할 수 없고, 재처리 시설을 폐쇄하면 폐연료봉에서 플루토늄을 만드는 작업을 할 수 없어 앞으로 더 이상 핵을 개발할 수 없게 하는 것이다.

따라서 18~19일 개최된 6자 회담 수석대표회의에서는 핵시설 폐쇄를 조속히 마무리 짓고 핵불능화 수준, 중유(총100만 톤) 제공 방식, 북미관계 정상회의 연계방안을 집중논의하면서 회담의 목표는 HEU 문제와 핵불능화를 조속히 마무리 한다는 데 있다. 이와 함께 6자 회담 당사국들은 또 5개 실무그룹[144]의 가동 방안을 논의한다는데 의미를 두었다.

회담 첫날 북한이 연내 핵불능화와 핵 프로그램 목록신고를 하겠다는 의지를 보임에 따라 회담의 전망이 밝았다. 17일 북미 양자 회담이 3차례 걸쳐 열려 양측의 협상의지가 돋보였기 때문이다. 첫

---

143) 모하메드 엘바라데이(Elbaradei) 국제원자력기구(IAEA) 사무총장은 7월 12일 기자회견에서 폐쇄 종료까지 1개월을 예상했다. ≪조선일보≫, 2007.7.16.
144) 5개 실무그룹은 ① 한반도 비핵화 ② 경제·에너지 협력 ③ 동북아 평화·안보 체제 ④ 북미관계 정상화 ⑤ 북일관계정상화이다.

200 북한에도 생명의 빛을

날 1시간 반 동안 열린 수석대표회의에서 불능화와 목록신고 이행
문제, 6자 외교장관 회담, 5개 실무그룹 회의일정을 논의했다. 정부
당국자는 "북한은 95만 톤의 중유 또는 에너지를 어떻게 제공할 것
이냐에 많은 관심을 보였다"고 말했다.145)

힐 차관보는 18일 첫날 회담을 마친 뒤 "우리는 지금 좋은 과
정에 있다"며 "실질적인 논의를 한 만큼 19일 오후 의장성명을 낼
수 있을 것 같다"고 낙관적인 견해를 내놓았다. 천영우 수석대표도
"북한이 올해 안에라도 (핵 프로그램) 신고와 불능화를 이행할 의지
가 있다는 것을 보여 줬다"고 말했다.

회의 이틀째인 19일 각국의 수석대표들은 핵불능화와 핵 프로
그램 목록 완전신고의 시한을 담은 의장성명을 마련했다. 그러나 북
한의 김계관 부상은 '연내 불능화'라는 시간표를 받아들이지 않았
다.146) 결국 20일 발표된 의장 성명에는 6자 외무장관회담 일정, 6
개 실무그룹회의 일정, 차기 6자 회담 일정만 포함된 것으로 알려졌
다. 한미가 당초 목표로 했던 핵불능화와 핵 프로그램 목록 완전신
고의 시한은 빠진 셈이다.147) 또 8월 초로 추진됐던 6자 외무장관
회담은 9월로 미뤄졌다.

2・13 합의의 2단계 조치인 북한의 핵 프로그램 신고와 핵시설
불능화를 '행동 대 행동의 원칙'에 따라 조속히 이행한다는 공감대
는 형성했으나 시한을 설정하고, 그에 따라 구체적 이행계획을 마련
하는 본격적 협상은 다음 달 중 열릴 실무그룹 회의로 넘어가게 됐
다.

---

145) 2.13 합의에서 북한이 불능화를 하면 5개국이 중유 95만 톤 상당의 에너지
  를 제공한다고 약속했다.
146) 천영우 수석대표는 "시한 설정은 워낙 어렵고 복잡한 문제인 만큼 이번에
  합의가 어려울 것"이라고 말했다. ≪중앙일보≫, 2007.7.20.
147) 이는 북한 핵시설을 2007년 안에 불능화 하도록 시간표를 만들겠다는 한미
  양국의 회담 목표에 크게 못 미치는 것이다.

3. 멀기만 한 북미의 입장 차이

북한과 미국은 6자 회담 수석대표회의에 참석하기 전서부터 불능화의 개념 및 전제조건 등에서 뚜렷한 이견을 보였다. 7월 15일 김명길 유엔 북한대표부 차석대사는 영변원자로 가동중단 직후 AP 통신과의 인터뷰에서 2·13 합의 2단계의 불능화(disablement) 이행 조건으로, 미국이 먼저 "테러지원국 명단 삭제와 적성국 교역법 적용 종료 등 미국의 상응조치들이 전제되어야 한다"고 말했다.

2·13 합의는 "테러지원국 지정 해제 과정을 '개시'하고, 적성국 교역법 적용 종료를 '진전'시켜 나간다"고만 되어 있다. 그런데도 북한은 이를 불능화의 전제조건으로 밀어붙이고 있는 것이다.

미국의 입장은 물론 정반대이다. 이 두 가지는 북한이 불능화를 성실하게 이행하는 경우 그 때 가서 선물로 북한에게 베푼다는 것이다. 더구나 테러지원국 해제나 적성국교역법 적용 종료는 미 행정부의 권한이 아니고 의회의 동의를 얻어야 하는 사안이기 때문에 그렇게 쉽게 해결될 문제가 못 된다는 것이다.

북미 간에는 불능화의 개념도 합의가 안 되어 있는 상황이다.[148] 2·13 합의 당시부터 문제가 되었던 불능화의 개념은 앞으로도 계속 논란거리가 될 가능성이 크다. 미국은 불능화의 개념이 사실상 '핵 폐기'에 근접한 것으로 보고 있다. 노심(爐心)을 빼내거나 콘크리트를 넣는 방식으로 영구적인 사용 불능화를 목표로 한다는 것이다.

그러나 북한은 핵 폐기와 불능화를 확실하게 구분한다. 북한은 실제 2007년 3월에 개최된 북핵 6자 회담에서는 불능화 대신 '무력

---

148) 한미일은 불능화를 핵시설의 폐기·해체 직전의 단계로서, 핵물질 생산과 관련된 핵심 부품·장비의 기능을 회복 불능 상태로 만드는 것이라고 규정한다. 하지만 북한은 '무력화'라고 말하며 명확한 개념 정의를 회피해왔다.

화(無力化)' 개념을 사용했다. 북한이 불능화의 개념을 문제 삼고 시간을 끌 가능성도 있지만 불리해지면 그대로 넘어갈 가능성도 없지 않다.

한편, 핵 프로그램 목록을 신고하는 문제이다. 미측은 북한에 대해 이미 보유한 핵무기와 플루토늄(50kg으로 추정)같은 핵물질을 모두 신고하라고 요구하고 있다. 그러나 북한이 이를 순순히 따를 것으로 보는 사람은 별로 없다. 즉 미국은 1994년 1차 북핵위기 당시 북한이 신고한 영변 핵시설 외에도, 2002년 시작된 2차 북핵위기의 직접적인 원인인 고농축우라늄(HEU) 문제가 해명되어야 한다고 주장한다. 그러나 북한은 HEU 문제에 대해서는 여전히 '허무맹랑한 주장'이라며 존재 자체를 부인한다.

또 불능화를 이행하는 순서상의 문제도 있다. 북측은 핵 프로그램 신고 뒤 불능화를 하자는 입장인데 반해 미측은 신고와 불능화를 함께 진행해 2·13 합의 이행 시기를 앞당기자고 주장하는 것이다.149) 논의의 우선순위에서 미국은 북한이 먼저 핵 프로그램을 성실하게 신고하고 불능화를 할 경우 테러지원국 해제 등 관계정상화 문제 논의를 시작할 수 있다는 입장이다. 반면 북한은 테러지원국 해제 등 관계정상화를 전제해야 신고와 불능화 논의를 시작할 수 있다는 것이다.

핵 프로그램 목록 신고와 불능화 완료시기의 문제이다. 한미는 6자 회담 수석대표회의의 목표를 고농축우라늄(HEU) 등 핵 프로그램 목록신고와 불능화 완료시기에 집중시켰다. 특히 미국은 북한에 대해 보유 핵시설을 연내에 불능화하고 고농축우라늄 개발의혹을 해소하기 위해 모든 핵 프로그램을 신고해야 한다고 주장해왔다.

그러나 북한의 김계관 부상은 '연내 불능화'라는 시간표를 받아

---

149) 이런 맥락에서 힐 차관보는 김계관 부상에게 핵시설 불능화를 올 연말까지 끝내기 위한 로드맵(시간표)을 설명한 것으로 알려졌다. ≪중앙일보≫ 2007.7.18.

들이지 않아 각국 수석대표들은 핵불능화와 핵 프로그램 목록 완전 신고의 시한을 의장성명에 담는데 실패했다. 베이징의 외교소식통은 "기술·안전상 문제를 핑계로 불능화 수준을 최대한 낮추고, 시기를 최대한 늦추는 게 북한의 전략일 것"이라고 진단했다.150)

4. 무엇이 문제인가?

무엇보다 중요한 것은 아직까지 6자 회담 참여국 간에 신뢰의 문제이다. 북미의 양자접촉이 양국 간에 신뢰를 조성하는 데는 어느 정도 성과가 있는 것으로 보이나 기본적인 불신은 변하지 않고 있다. 북미간의 깊이 있는 양자접촉이 힐 차관보의 낙관적인 견해를 뒷받침해 주지 못하고 있는 것은 의장성명 채택과정에서도 잘 나타나 있다. 김계관 부상이 불능화와 신고의 시한을 일방적으로 거부한 것이다. 한편 북미 양국 간의 비공개 만남이 북핵문제 해결에 도움이 될 수는 있겠지만 주변국들이 '따돌림'을 당하게 되어 양자회담에 대한 불신을 일으킬 수가 있다.151)

둘째, 북한의 일방통행식 태도가 우려된다. 북한은 마음만 먹으면 신고 단계에서 HEU 프로그램 존재부인, 생산한 플루토늄 양 축소신고, 불능화 개념합의 지연, 추가 경제지원이나 경수로 등 새로운 요구 제시 등 '각종 카드'를 통해 불능화 및 핵 폐기 일정을 지연시킬 수 있다. 북한의 일방적인 결정을 막을 적절한 대안이 없고 미국이 강경한 태도를 보인다고 해도 한·중의 협력은 보장받을 수

---

150) 한미는 폐기에 가까운 가동 불능 상태를 연내 목표로 하는 반면 북한은 폐쇄에서 조금 진전된 수준의 불능화를 최대한 시간을 늦추어 하겠다는 태도를 보였다. ≪중앙일보≫, 2007.7.20.
151) 2007년 7월 13일 북한군부는 갑자기 한국을 배제하고 유엔이 참가하는 가운데 미·북 군사회담을 열자고 제안한 것과 같은 것이다.

없다. 북한의 이행에 대한 철저한 검증체제도 갖춰져 있지 않다.152)

셋째, 북미가 국내정치에 몰려 성급한 합의를 끌어내고 이행 단계에서 새로운 제의를 들고 나와 북핵 해결을 지연시키고 회담을 무력화 시킬 가능성이 있다. 자연수명의 한계와 후계체제의 불안에 직면한 김정일과 시간에 쫓기고 업적이 아쉬운 부시 대통령의 성급한 빅딜 가능성을 배제할 수가 없다. 이런 경우 북핵문제가 되돌릴 수 없는 수준으로 완전하게 해결될 때까지 기다리지 않고, 핵시설 불능화라는 중간 수준에서 미봉될 수도 있을 것이다.

넷째, 북한은 용도폐기가 되어도 크게 잃을 것이 없는 영변 핵시설 불능화를 마지노선으로 삼고 최대한 경제·에너지 지원에 매달리고 있는 것이다. 6자 수석대표회의 관계자들은 "북한은 핵불능화에 소극적이었으나 그 대가로 받을 중유 95만 톤 상당(약 4,200억 원)의 경제·에너지 지원에 대해서는 큰 관심을 보였다"고 했다. 중유든, 에너지든 '빨리, 확실히 받기 쉽게' 해달라고 요구했다는 것이다. 힐 차관보도 "북한에 대한 인도적 지원방안을 검토하기를 원한다"고 말했다.153) 그럼에도 핵불능화 시한에 대해서는 한걸음도 앞으로 나아가지 못한 것을 보면, 북한이 불능화를 통한 최대한 지원에 목을 매고 있는 것으로 보인다.

다섯째, 엉뚱한 문제를 들고 나오는 북한의 일관성 결여된 협상태도가 문제이다. 북한은 2005년 9·19 공동성명 발표 다음날 마카오 방코델타아시아(BDA) 문제를 이유로 회담을 파행으로 몰고 갔다. 이후 17개월 만에 마련된 2·13 합의 역시 BDA에 배치된 북

---

152) 미국외교협회(CFR) 마이클 레비 박사는 "북한이 신고를 한다 해도 그것을 검증하는 데 오랜 시간이 걸릴 것이다"고 말했다. ≪중앙일보≫, 2007.7.21.

153) 6자 회담 참가국들은 북한의 중유저장 능력이 월 5만 톤에 불과한 현실을 감안해 전력수송, 사회 인프라 지원방안 등을 내놓았다. 힐 차관보의 이러한 언급은 비핵화의 진전에 따라 미국이 주도하는 원조계획이 별도로 가동될 가능성을 열어놓은 것이다. ≪동아일보≫, 2007.7.20.

한자금 송금문제에 걸려 4개월이나 표류했다. 올 3월부터 북측은 "BDA 자금송금 문제만 해결해 주면 핵시설 폐쇄는 물론 불능화에 적극 나서겠다"고 했다. 그러나 북한은 자신이 한 약속을 지키지 않았다.154) 2·13 합의에 따르면 곧 가져야 하는 6자 외무장관 회담도 북한은 뒤로 미루었고, 느닷없이 경수로를 지어달라고 했다. 북한이 약속을 지키지 않거나 빠져나가는 수법을 계속 쓰는 한 북핵문제 해결은 요원하다.

5. 회담전망과 과제

1) 회담전망

북한의 영변 핵시설 가동이 중단되었다. 플루토늄을 더 이상 생산하지 않고 있다는 측면에서 비핵화로 가는 첫걸음을 뗀 것이다. 이제부터 6자 회담 당사국들은 북한 핵문제와 관련하여 모든 핵 프로그램의 신고와 영구적 불능화라는 두 가지에 초점을 맞추게 될 것이다. 가장 어렵고 힘든 문제는 신고다. 북한이 이미 보유한 핵무기의 양과 장소, 플루토늄의 양과 장소, HEU의 존재 여부 등을 분명히 밝히지 않고 모호하게 신고할 가능성이 있다.

미국의 한반도 전문가인 존 페퍼 국제관계센터(IRC) 국제문제 담당 국장은 "고농축 우라늄 문제와 관련해서는 북미가 협상할 여지가 있으나 북한이 이미 만든 핵무기와 추출해 놓은 플루토늄을 제거하는 문제를 논의할 땐 큰 진통을 겪을 것"이라고 예상했다. 페

---

154) 제임스 릴리 전 주한 미국대사는 "북한은 결코 핵 목록을 투명하게 신고하지 않을 것이며, 그 경우 미국 정보기관이 실체를 알기 힘들 것"이라고 말했다. 그는 이어 "북한은 협상과정에서 갖가지 부수적인 주장을 통해 초점을 흐리고 한미, 중미 사이의 이간질에도 능하다"고 강조했다.

퍼 국장의 예상과 같이 신고문제는 간단한 것이 아니다. 신고로 끝나는 것이 아니라 신고한 목록을 차례로 폐기해야 하기 때문이다.

북한이 모든 핵 프로그램의 목록을 성실하게 신고할 것으로 믿을 사람은 없다. 북한이 모호하게 신고를 한다고 하더라도 투명성을 확보하기란 결코 쉽지 않다. 따라서 신고의 투명성 확보는 핵 프로그램을 불능화 하는 것보다 훨씬 어렵다. 이것은 북한의 전략적 의지문제이다. 북한은 2·13 합의에 따라 핵시설을 불능화시켜야 한다. 북한은 그렇게 하기로 합의했다. 북한의 입장에서 보면 영변의 핵시설은 이제 그 용도가 폐기된다 해도 별로 손해 볼 것이 없다.

북한은 처음부터 미국이나 러시아 또는 중국처럼 수천 개의 핵무기를 가질 의사도 능력도 없었다. 단지 억제수단이나 국내 선전용으로 몇 개 정도의 핵무기가 있으면 충분한 것이다. 따라서 핵무기를 더 많이 생산하기 위해서 필요한 영변이나 인근지역 핵생산시설이 불능화 된다 해도 북한의 당초 목표나 전략이 달라지는 것은 아니다. 더구나 20여년이 넘게 된 영변의 낡은 핵시설을 가지고는 크게 기대할 것이 없는 상황이다. 북한으로서는 이 기회에 불능화의 조건으로 주변국들로부터 최대한의 에너지와 경제지원을 받아낼 수만 있다면 더없이 환영할 일이다.

따라서 북한이 핵시설 불능화를 내걸고 전제조건으로 여러 가지를 요구하고 있지만 결국 전제조건이 아니더라도 약속이 확실하다고 믿으면 북한은 어렵지 않게 불능화에 착수할 가능성이 있다. HEU 문제도 북미가 서로 오해했던 대목이 있다는 걸 인정하고, 북한은 HEU 관련 장비를 미국에 넘기는 선에서 협상을 마무리할 여지가 있다는 것이다.[155]

---

155) 북한 군부는 "역사상 핵실험까지 마친 나라가 핵을 포기하는 것을 보았는가?", "우리는 고난의 행군 등 온갖 고생을 했지만 이제 핵무기를 손에 쥐었다"고 말했다는 것이다.

그러나 모든 핵 프로그램 목록의 신고는 전혀 다른 문제이다. 북한은 당초부터 핵을 폐기할 의지가 없다.156) 다만 핵문제를 활용해 더 이상 자체적으로 해결할 수 없는 경제적 난관을 뚫고 핵을 미끼로 주변국들로부터 경제적 지원을 확보하는 한편 장기적으로는 미국과 수교를 통해 체제를 유지하겠다는 것이다. 북한이 궁극적으로 지향하는 목표는 핵보유국의 자격으로 주변국들과 수교를 하는 것이다. 북한이 핵을 폐기하지 않을 전략을 가지고 있다면 핵 프로그램 신고에서부터 방해를 조성해야 하는 것이 순서이다. 따라서 미국이 다음 핵 폐기 문제를 다루기 위해서 모호한 핵 프로그램 신고를 적당히 받아들이지 않는 한 신고문제는 결국 회담을 파탄시킬 것이다.

2) 함께 풀어야 할 과제

2007년 3월 5일 김계관 부상은 뉴욕에서 힐 차관보를 만나 "우리(북한)를 인도처럼 대우해 주면 안 되겠나?"라고 한 것으로 전해졌다. 그는 인도의 사례를 들어 핵무기를 보유한 채 미국과 수교를 할 수 있을지 그 가능성을 타진해 본 것이다. 핵을 보유한 마당에 북한이 뚫고 나갈 곳은 미국밖에 없기 때문이다. 물론 현재 6자 회담 참가국들의 입장에서 볼 때 어림도 없는 소리다. 미국도 이제까지 북한이 현존하는 모든 핵과 핵 프로그램을 포기한다는 전제 밑에서 협상을 해 왔기 때문이다.

그런데 최근 들어 북한을 대하는 미국의 입장이 크게 달라졌다. 그동안 부시 행정부는 대북 강경일변도로 대해 왔다. 그러나 북핵문제는 해결보다 더 악화되었고 부시 행정부는 중간선거에서 마

---

156) 미국의 한반도 전문가인 존 페퍼 국제관계센터 국제문제담당 국장은 7월 15일 중앙일보와의 인터뷰에서 HEU와 관련 이같이 말했다. 《중앙일보》, 2007.7.18.

저 패배를 당하는 곤역을 치렀다. 이라크 상황이 악화되고 아프가니스탄에서는 탈레반의 움직임이 심상치 않았다. 더욱이 부시 행정부가 우려하는 것은 중국의 일방적인 대북 영향력 확대 문제이다. 북한의 모든 산업시설, 지하자원, 시장, 상품 등이 완전히 중국의 손에 들어가 북한의 급변 상황 시 북한은 중국의 속국이 될 수밖에 없는 상황까지 왔다는 것이다.

부시정부가 종래의 대북강경책을 지속한다면 북한의 핵문제도 해결하지 못하고 북한을 완전히 중국에 넘겨 주어 미국의 동북아에 대한 영향력이 치명적으로 축소될 수밖에 없는 상황으로 치닫게 된다. 이에 따라 부시정부는 2006년 말부터 이런 냉전적 질서를 재조정하려는 의지를 강하게 보였다. 그 핵심은 북한과의 데탕트를 통한 북핵 해결이다. 결국 북한과 관계정상화를 통해서 북한 핵을 폐기 또는 관리하도록 한다는 것이다.

미국은 핵을 보유한 북한을 수교를 통해 잘 관리하면 적어도 핵확산을 막고, 중국의 대북 배타적 영향도 상당히 견제할 수 있는 효과를 가질 것을 기대할 수도 있다.157) 북한도 중국과 한국에는 거리를 두고 미국과 접근하는 전략에 매력을 느낄 것은 분명하다. 한미관계가 원만치 못한 상황에서 북한의 대미 접근은 미국도 굳이 마다할 이유가 없을 뿐만 아니라 이러한 변화를 통해서 한미관계를 복원시키는 기회가 될 수 있기를 바랄 것이다.

북핵이라는 반드시 풀어야 할 과제를 안고 있는 우리로서는 가장 두려운 시나리오다. 기존 핵물질을 테러리스트 단체들에게 유출하지 않는다는 보장 밑에 미국과 북한이 꾸밀 수 있는 일들은 상상

---

157) 조지 슈왑 전 미외교정책협회(NCAFP) 회장은 2007년 3월 29일 자유아시아방송(RFA)과의 인터뷰에서 "미국은 북한이 핵을 보유했다 하더라도 앞으로 더 이상 핵무기를 생산하지 않는다는 조건으로 북한과 조속히 외교관계를 정상화 시키는 것이 바람직하다"고 말했다. 자유아시아방송, 2007.3.29.

만 해도 끔찍하다. 우리의 전통 우방인 미국이 북한과 평화체제 수립 명분으로 주한미군을 철수시키는 등 우리의 안보를 불안하게 하는 일은 없기를 바란다.

북한은 2007년 7월 13일 남한을 배제한 북미 간 군사회담을 제안했다. 6자 회담의 북미수석대표인 크리스토퍼 힐과 김계관이 주고받은 대화를 우리가 모두 안다는 보장이 없다. 요즈음 북한의 외교가에서는 북미양자채널을 강화하면서 6자 회담 의장국인 중국의 위상을 깎아 내리려는 움직임이 엿보인다는 것이다. 또 일본의 6자 회담 참가자격을 부인하는 발언을 잇따라 내놓고 있다. 외교소식통은 "북한의 비핵화를 압박하는 6자 회담의 대오를 무너뜨리고 북한의 이해관계에 맞춰 협상의 장을 만들겠다는 전략"이라고 보고 있다.

미국 백악관과 국무부는 6자 회담을 긍정적으로 평가하면서 북한과의 향후 협상 전망에 대해 낙관론을 펴고 있다. 북한이 과연 핵 프로그램을 제대로 신고할 지, 모든 핵시설과 핵활동을 영구 불능화할 지에 대해 의문을 나타내는 전문가들이 많은데도 유독 미행정부만이 낙관론을 펴는 것이 어쩐지 마음에 걸린다.[158] 힐 차관보는 7월 16일 AP통신과의 인터뷰에서 "북한이 비핵화를 원하면 모든 것이 다 될 수 있다"고 말했다. 그는 북한이 폐기할 모든 핵 프로그램을 완전히 신고하면 중유뿐만 아니라 인도적 지원을 확대하고 북한을 테러지원국 명단에서 삭제하기 위한 과정을 시작할 것이라고 밝혔다. 미 ≪월스트리트 저널≫은 2007년 7월 19일 미행정부가 한반도 정전협정의 평화협정으로의 전환을 본격적으로 연구하고 있다고 전하면서 늦어도 2007년 안에 북한과의 공식적인 평화조약 체결에

---

158) 톰 케이시 국무부 부대변인은 "이번 6자 회담은 대체도 긍정적이었다"고 평가했다. 그는 회담에서 2·13 합의의 2단계인 신고 및 불능화의 시한을 정하지 않고 8월 중 실무그룹에서 논의하기로 했다는 힐 차관보의 발표에 대해 "이견이 있어서라기보다는 회담이 꽤 잘 진행됐다는 뜻에서 그런 말을 한 것"이라고 주장했다.

대한 논의를 시작할 것이라고 전했다. 평화협정이 체결되면 주한미군 철수가 유력하다고 밝혔다.

게다가 한성렬 북한 군축평화연구소 소장은 2007년 7월 4일 영국 런던의 한 싱크탱크에서 "한반도 비핵화는 오직 미군철수 등을 통한 미국의 적대적 조치 중지와 북미의 핵 폐기를 위한 동시적 조치 이행을 통해서만 가능하다"고 연설했다. 이 발언은 미군철수 이전에는 핵을 폐기하지 않겠다는 북한의 속셈을 드러낸 것으로 보인다.

앞으로 북미관계가 개선되기를 바라지만 "북한이 '비핵확산'을 지킨다면 모든 것이 다 될 수 있다"고 미국이 태도를 바꾸지 않기를 바란다. 먼 일 일지 모르지만 앞으로 미군이 북한 땅에 주둔하게 될지도 모르는 상황에 우리는 미리 대비책을 강구해야 할 것이다. 급변하는 상황에 적절히 대처하지 못하면 승자의 대열에서 낙오가 된다는 것에 주목해야 할 것이다.

6. 우리의 기도

"평화를 예언하는 선지자는 그 예언자의 말이 응한 후에야 그가 진실로 여호와께서 보내신 선지자로 인정받게 되리라."(렘 28:9)

첫째, 정전체제를 평화체제로 전환하기 위한 북미의 움직임이 빨라지고 있습니다. 북미 간 적대관계를 줄이고 한반도 평화와 안전보장을 위한 평화체제를 수립하는데 있어 양국의 성급한 움직임으로 인해 복잡하고 세밀하게 진행되어야 하는 북핵문제 해결이 미진하게 넘어가지 않도록, 한반도 비핵화를 투명하게 실현하는 평화체제를 만들어 갈 수 있도록 양국이 성실하게 노력하도록 도와주시옵소서.

둘째, 북미 간에 불능화의 개념도 합의가 안 되어 있는 상황에, 협상시한 미정, 핵 프로그램 목록 신고 문제 등 북핵문제 해결이 까다롭고 복잡하게 전개될 전망입니다. 불능화 개념합의 지연, 추가 경제지원이나 경수로 요구 등 각종 카드를 통해 불능화 및 핵 폐기 일정을 지연시키려는 북한의 일방통행을 막고 북한의 이행에 대한 철저한 검증체제를 갖추도록 도와주시옵소서.

셋째, 북미 간 양자접촉으로 신뢰를 조성하는데 진전이 있게 하시며, 남한을 배제한 북미 간 군사회담을 제의하는 등 주변국들을 배제하는 것이 아니라, 함께 풀어가는 방향으로 인도하여 주시옵소서.

넷째, 북핵문제에 해결에 대한 지나친 낙관론, 지나친 비관론 모두 지양하고, 협력하면서도 냉철하고 철저하게 비핵화의 과정을 이루어나갈 수 있도록 도와주시옵소서. 북미관계 개선과 더불어 한반도 비핵화와 통일을 이루기까지의 로드맵을 세밀히 준비하여 철저하게 대비할 수 있도록 위정자들에게 지혜를 더하여 주시옵소서.

5. 중국의 새로운 대북정책

북한의 예기치 못한 6자 회담 복귀 결정에 중국의 역할은 지대
했다. 기존의 내정불간섭 원칙에서 벗어나 중국은 북한 핵실험에 대
해서 즉각적으로 국제사회에 동참하여 강한 톤으로 비난했으며,
UN 안보리 제재 결의한 1718호를 채택에 찬성했다. 중국의 결정은
워싱턴으로부터 큰 찬사를 받았다. 조지 부시 대통령은 중국에 북한
으로 하여금 회담으로 복귀하도록 고무한 데 대해 고마워했다. 크리
스토퍼 힐 차관보도 "아마도 역사책에서 김정일은 미국과 중국을
가깝게 해 주는데 큰일을 했다고 찬사를 받을지도 모른다"라고 말
했다. 사실, 중국의 대북정책에 영향을 끼치는 가장 중요한 요소 중
의 하나는 그것이 중미관계에 끼칠 영향이다. 중국은 자국의 이익을
위해 미국과 양호하고 안정적인 관계를 유지해 왔다. 비록 사안들에
대한 차이와 논쟁이 있음에도 불구하고, 두 나라는 한반도 비핵화에
대해 이익을 공유하고 있다. 그러나 북한의 종말에 대한 두 나라의

---

* 이 글은 *Asia Times* 2006년 11월 14일자 "China's new North Korea diplomacy"를
번역, 요약한 것이다. 필자인 위엔 징동 박사는 몬테레이 국제학연구소산하 CNS(Center
for Non-proliferation Studies)의 동아시아 비확산 프로그램 책임연구원이며, 국제정책학
연구교수로 활동하고 있다.

비전은 다르다. 중국에게 있어서 가장 좋은 결과는 비핵화된 생존한 북한정권이다. 미국에게 있어서 핵무기 감축은 근본적인 이슈이지만, 이것은 오직 체제전복에 의해 얻어낼 수 있는 것이며, 비군사적인 수단을 사용하더라도, 체제전복을 위해 할 것이다. 확산비용을 지불하지 않고 핵무기 능력을 추구하려는 데 대해 최소한의 벌을 주어야 한다는 것이다.

이처럼 중국과 미국의 전술적 차이가 명백히 존재한다. 때때로 중국은 한반도 핵문제 해결에 대한 미국의 비융통성과 과연 문제를 해결할 의지가 있는지에 대해 절망하곤 한다. 잘 알려진 예는 2005년 9·19 공동성명이 채택된 직후 북한에 대해 금융제재를 가한 것이다. 중국의 분석가들은 미국이 위기를 이용하여 그 지역에서의 전략적 이익을 추구하고 있다고 분석한다. 즉, 미일동맹과 한미동맹의 강화, 그 지역 주둔 미군의 강화와 재배치인데, 이것은 중국으로 하여금 어려운 선택을 하도록 만들며, 중국의 경제성장을 지체시키고 방해하는 지역적 불안정 환경을 조성한다고 보고 있다. 때문에 2002년 10월 북핵위기가 재발된 이래, 중국은 핵위기를 해소하기 위한 협상과 토론 유도에 최선을 다해 왔다. 중국은 북한에 에너지와 식량을 원조하는 한편, 6자 회담을 진행해 왔던 것이다.

그러나 북한은 중국의 인내와 관대한 도움에 대해 중국의 이익을 해치는 행동으로 보답했다. 즉 북한은 공개적으로 북경의 충고를 무시하고 7월의 미사일 발사와 10월의 핵실험으로 중국을 당황스럽게 만든 것이다. 북한의 핵미사일 벼랑끝 전술은 일본의 미사일 방어체계와 위성정찰의 강화와, 미일안보동맹을 강화 발전하는데 아주 좋은 합리화 명분을 제공했다. 이것은 또한 중국의 대북정책에 중요한 영향을 끼쳤다. 중국은 명분 있는 이유로, 석유와 식량 지원을 중단하여 북한에 대한 압박을 행사하라는 요구를 몇 번이나 거부해 왔다. 내정불간섭 원칙을 떠나, 중국은 북한정권이 외부의 압력이나 제재로 인해 내부붕괴 되거나 극단적 행동으로 표출되는 결과를 심각하게 우려하고 있는 것이다. 빈번하는 무장 충돌, 대량 탈북난민의 중국 동북지역으로의 유입, 그리고 김정일 이후 중-북 접경지역에 미군이 주둔하는 형태로의 남한에 의한 흡수 통일이 그것이다. 그렇기에 북한의 핵실험은 중국이 도저히 받아들일 수 없는 행위였다. 중국은 다른 주요국가들과 긴밀하게 협상했고, 김정일에게 엄격한 메시지를 전달하기 위해 북한에 특사를 보냈다. 외교를 계속적으로 강조하면서도, 중국은 접경지역의 통제를 강화했고, 북한과의 거래계좌를 동결시키고, 9월엔 북한으로의 석유공급을 중단했다는 보도도 있었다.

이런 모든 것들이 중국이 북핵문제를 풀고자 얼마나 노력했는지 보여 준다. 지난 3년 동안 중국은 회담을 진행하기 위해 중요한 역할을 했지만 과정이 결과를 대체할 수 없다. 이제 평양이 레드라인을 넘어섰기 때문에, 중국은 대북정책을 재평가하고 대안을 마련하는데 고심하고 있다. 평양의 6자 회담 복귀는 아마도 북경의 새로운 대북정책에 대한 첫 번째 증거가 될 것이다.

V

북한의 대남전략과 남북관계

1. 북한의 대남전략, 막가자는 건가

1. 2007년 북한의 대남 기본 전략

1) 민족공조, 경제지원, 반미, 국론분열겨냥

민족공조는 북한이 2007년에 내세운 대남기본 핵심전략이다. 신년공동사설은 "민족중시, 평화수호, 단합실현으로 6·15 통일시대를 빛내여 나가자"라는 구호를 제시했다.[159] 공동사설은 '민족중시'의 입장을 특별히 강조했다. "'민족중시'는 외세에 의하여 분열과 전쟁을 강요당하고 있는 우리 겨레가 견지해야 할 기본입장이며 좌우명"이라며 "그 어느 외세도, 그 어떤 리념도 민족의 리익보다 앞설 수 없다"고 주장했다.

북한은 결국 '민족중시'를 내세워 남한에게 '동족지원이라는 명분'을 주면서 최대한의 경제지원을 끌어내, 경제적 곤경에서 빠져나가겠다는 것이다. 이보다 더 중요한 것은 "우리 민족 내부문제에 대한 미국의 간섭과 방해책동을 단호히 배격"하는 것이다. 또 북한은

---

159) 이 3대 과업은 2006년 "자주통일, 반전평화, 민족대단합의 3대 대중운동" 구호와 별반 차이가 없다.

핵보유를 기정사실화 하면서 '우리 민족끼리'를 더욱 강하게 내세워 남한의 대선기를 맞이하여 국론분열을 주도하고 친북 진보세력들을 집결시키기 위한 6·15 민족대축전과 8·15 통일축전 등 각종 민족 행사를 주도한다는 것이다.

'민족공조'를 내세우는 북한의 전략은 김기남 비서의 담화에서 분명히 드러났다.160) 김기남 노동당비서는 담화에서 "남조선 당국은 외세를 추종하고 동족을 반대하고 제재하는 수치스러운 일을 하지 말며 북남관계를 하루빨리 회복하고 화해와 협력, 통일의 길로 나가 기 위한 응당한 조치를 취해야 한다"161)고 주장했다.

김 비서의 담화는 대북 쌀·비료 지원 확보라는 실리적 측면도 고려한 것으로 보인다. 담화에는 지난해 핵실험 강행으로 예상됐던 50만 톤의 쌀 지원이 중단된 것을 다시 지원해 달라는 우회적인 표 현이 담겨 있었다. 겨울철 식량난에 고통을 받고 있는 북한주민들을 민족적 차원에서 지원해 줄 것을 완곡하게 표현한 것이다.

김 비서의 담화와는 직접 관계가 없겠지만 북한은 3주일 후 노 무현 대통령으로부터 시원한 반응을 받아낸 셈이다. 이탈리아를 방 문 중인 노 대통령은 2월 16일 로마에서 열린 동포 간담회에서 북 핵 해결을 위한 6자 회담의 2·13합의와 관련해 "협상하는 사람한 테 (북한이)달라는 대로 다주고 오라고 마음속으로 기도했다"며 "우 리가 다 주고 다 부담하더라도 이 문제는 해결돼야 하며 결국은 남 는 장사가 될 것이라고 마음먹고 있었다."162)고 말했으니 말이다.

---

160) 북한관영 중앙방송, 2007.1.21.
161) 김기남(81)은 기자동맹위원장과 당선전선동부장을 거친 체제선전분야 전문 가이다. 그는 2년 전 8·15 때 김정일 국방위원장의 지시로 남한을 방문해 노무현 대통령을 만나고, 김대중 전 대통령을 문병했다. 당역사연구소장을 겸 직하고 있다.
162) 노 대통령은 "우리도 남북관계, 개성공단 등이 북핵 때문에 중단되고 있는 데 북한경제를 살려 가면 미국의 마셜플랜 이상의 성과를 거둘 수 있다"고 주장했다. 《중앙일보》, 2007.2.17.

2007년 통일부에서 발간된 「통일백서」에 따르면 1998년부터 2007년 3월까지 정부 및 민간단체의 대북지원 총액은 1조 6000억 원 가량이다. 그러나 여기에는 식량차관과 양특회계금액이 빠져 있어 실질적으로 지출된 정부예산은 4조 6000억 원에 이른다는 것이다. 또 경수로 사업이 개성공단, 금강산관광 등 주요 대북사업 비용이 포함되면 총 대북지출액은 실로 8조 원이 넘는 천문학적인 액수에 달한다는 것이다.163)

북한은 남한의 지원에 감사하다기보다는 동족이 어려울 때 돕는 것을 당연한 것으로 받아들이는 태도이다. 올해도 북한 핵문제가 잘 풀리지 않으면 '민족공조'를 더욱 내세워 남한의 지원을 최대한 확보하고 반미정서를 부추기어 국론분열을 꾀할 것이 확실시된다.

2) 군사위협카드, 남측은 일찌감치 포기

남한은 대북군사위협카드를 일찌감치 버렸는데도 북한은 그 카드를 필요할 때마다 유효적절하게 활용하고 있다. 남북관계의 모든 문제를 대화로 풀겠다는 남한정부보다는 필요할 때 효과를 극대화시킬 수 있는 또 하나의 강력한 협상의 지렛대를 가지고 있는 셈이다. 이 카드를 북한은 앞으로도 계속 쓸 것이 예상된다. 2006년 5월 22일 북한군 판문점 대표부는 한미 을지포커스렌즈(UFL) 합동군사훈련과 관련해 "인민군측은 앞으로 나라와 안전의 자주권을 수호하는데 필요한 군사적 조치를 주동적으로 취하는 데서 정전협정의 구속을 받지 않을 것"이라고 위협했다.164) 2006년 7월 13일 부산 남북 장관급회담의 판을 깬 북한대표단이 떠나며 발표한 성명에서 "회담을 무산시킨 남측의 처사를 엄중하게 계산할 것"이라고 위협했으며,

---

163) 이러한 지원은 "'인도주의적 지원'이 아닌 북한정권 살리기 목적의 '전략적 지원'으로 보아야 한다"는 전문가들의 지적이다. ≪미래한국≫, 2007.5.12.
164) ≪중앙일보≫, 2007.5.23.

10월 25일에는 조평통 대변인 담화를 통해 남측의 대북제재 참여 움직임과 관련해 "우리에 대한 무모하고 무분멸한 제재책동으로 하여 북남관계에서 파국적 사태가 빚어지는 경우 남조선 당국은 그에 대해 전적인 책임을 지게 될 것이며, 비싼 대가를 치르게 될 것이다"165)고 위협했다.

지난 5월 25일 북한은 러시아제 스틱스미사일을 개조한 KN-01 미사일(사거리 100km)로 파악되는 미사일을 발사했다. 북한은 또 지난 6월 7일 북한해군이 사용하는 사거리 100km 미사일 2발과 19일에는 단거리 미사일 한 발을 동해상에 또 한 번 발사했다. 미·일은 겨냥한 정치적인 의도가 있다면 사거리 1,000km 이상인 미사일을 쏘았을 것이다. 단거리 미사일로는 사거리 안에 있는 남한 만이 주된 표적이라는 것이다. 노 대통령이 "북미사일 발사는 정치적 무력적 위협으로 보지 않는다"고 강조했음에도 말이다.

앞으로 6자 회담이 실패하고 미국의 압박이 거세지는 경우, 북한의 대남군사위협이 본격화될 가능성이 높다. 브루스벡톨 미국해병대 참모대 교수는 "6자 회담이 결렬되고 미북 간 군사적 긴장이 고조될 경우, 북한이 한국을 압박하기 위해 한반도 위기조성에 나설 가능성이 높다"고 경고했다. 북한의 군사위협 시나리오는 추가 핵실험, 미사일 발사, 서해북방한계선(NCC) 일대와 동해성의 국지적 도박을 들 수 있다.

북한 김영남 최고인민회의 상임위원장은 2006년 11월 3일 방북 중인 민주노동당 대표단을 만난 자리에서 "핵은 미국의 제재와 압살정책에 대응하기 위한 것이지 결코 남쪽이나 동포를 겨냥한 것은 아니다"라고 말했다.166) 김 위원장의 이러한 발언에도 불구하고 북

---

165) 북한 조국평화통일 위원회. 2006.10.25.
166) 김영남 위원장은 "미국이 우리의 자주성을 말살하고 생존권까지 위협하려 하기 때문에 부득불 자위적 측면에서 핵을 갖지 않을 수 없었다"고 주장했

한이 핵을 사용할 경우 그 대상국은 한국일 가능성이 가장 크다는 것이 전문가들의 판단이다. 미일을 위협하기 위해서라도 남한을 공격하는 것은 있을 수 있는 일이다.

북한은 앞으로도 군사위협카드를 적절히 활용하여 그들의 전략목적을 달성하려 할 것이다. 특히 2007년은 남한에서 대선이 있는 해이고 국론이 몇 갈래로 갈라져 있는 상황에서 이 카드는 큰 위력을 가질 것으로 본 것이다. 이 카드를 쓰지 않기로 작심한 남한정부에게는 가장 고통스러운 약점이지만 북한에게는 마음 놓고 쓸 수 있는 강력한 전략임에 틀림없다.

3) 북체제 위협할 보수정권 극력저지

2007년 북한의 대남역점전략은 남한에 보수정권이 들어서는 것을 막는 것이다. 그렇기 때문에 북한은 2007년에 들어서면서부터 한국의 대통령 선거에 대한 언급수위를 갈수록 노골화, 직설화시키고 있다. 북한은 남쪽의 대선을 맞이해서 수단과 방법을 가리지 않고 세를 결집시키겠다는 것이 분명해졌다.

2007년 신년 공동사설은 12월 19일 실시되는 대통령 선거와 관련, "남조선"의 각계각층 인민들은 반보수 대연합을 실현해 대통령 선거를 계기로 친미보수세력을 매장해 버리기 위한 투쟁을 더욱 힘 있게 벌여나가야 한다"고 말했다. 또 공동사설은 "지금 한나라당을 비롯한 반동보수세력은 외세를 등에 업고 매국반역적인 기도와 재집권 야망을 실현해 보려고 발악적으로 책동하고 있다"고 보수세력을 비난했다.[167]

다. ≪중앙일보≫, 2006.11.4.

167) 친북단체인 남북공동선언 실천연대는 "반보수 투쟁에 화력을 총집중하고 대선 승리를 위해 총력하여 미국의 새로운 전쟁책동을 단호히 분쇄하자"고 호응했다. ≪조선일보≫, 2007.1.8.

북한은 2007년에 만일 대통령선거에서 보수세력이 집권하면 차기 남한정부가 남북화해와 협력 대신 한미동맹 공조정책 위주로 나가면서 '반북정책'을 추구할 경우 북한에게는 악몽과 같은 것으로 생각하고 있다. 남한으로부터 지원이 대폭 감소되고 국제적 압박을 강화시켜 북한의 생존이 위태로울 수도 있을 것을 우려하고 있다.

조평통은 2007년 1월 4일 보도를 통해 "반동보수세력이 집권하면 우리민족이 핵전쟁의 참화를 입게 될 것이 너무나 자명하다"고 협박했다. 공식적인 노동기구를 통해 '핵위협'을 한 것은 예사로운 일이 아니다. 이어 조평통은 "우리 민족의 누구도 이 땅에 재앙을 몰아 올 한나라당의 재집권 책동을 결코 강 건너 불 보듯 할 수 없다"고 남측 대선에 개입할 뜻을 재차 확인했다.

2007년 1월 21일 김기남 노동당 비서는 "남조선의 정당, 단체들과 각계각층 인민들은 보수세력의 정권 강탈책동에 각성을 높이고 그것을 절대 용납하지 말아야 한다"고 주장했다. 또 그는 "광범위한 반보수 대연합을 실현하여 자기 시대를 다 산 친미반통일 매국세력의 재집권 음모를 결정적으로 파탄시키고 그들을 역사무대에서 영영 제거해 버려야 한다"[168]고 강조했다.

북한은 한나라당이 기존 대북정책을 수정한 것과 관련하여 '서푼짜리 변신술'이라고 비난했다. 북한은 《노동신문》 논평을 통해 "한나라당이 하루아침에 평화세력으로 둔갑해 나선 것은 누구도 납득시킬 수 없는 거짓 변신과 허황한 말치레"라면서 "한나라당이 협잡의 방법으로 설사 집권한다고 하더라도 누구도 그들을 상대해 주지 않을 것이다. '서푼짜리 궤변'으로 여론을 오도하고 민심을 기만하려 하지 말라"고 몰아세웠다. 또 신문은 "한나라당 패들이 평화세력으로 자처하며 남북관계 발전이란 광고까지 들고 나선 것은 늑대

---

168) 조선중앙방송, 2007.1.21.

가 양의 가면을 쓰려는 것이나 다름없는 정치 만화가 아닐 수 없다"고 비난했다.169)

복수의 미 소식통들은 남한의 대통령 선거에서 노무현 대통령의 대북 유화정책을 계승할 후보에게 유리한 환경을 조성하기 위해 대선전 남북정상회담 개최를 추진할 가능성이 높다고 진단했다.170) 2007년 6월 18일 평양방송은 "한나라당의 반공화국 대결의식, 전쟁의식은 갈수록 악랄해지고 있다"며 "남조선 인민은 한나라당에 대한 투쟁의 불길을 더욱 높여야 한다"고 촉구했다.

북한의 대남 선거전략은 진보진영 대통합으로 지지율을 높이고, 보수진영이 집권하면 남북관계가 악화되어 한반도가 전쟁참화를 면치 못하는 반면 진보세력이 집권하면 남북관계가 지속적인 평화유지로 통일에 이른다는 논리고 '전쟁이냐 평화냐'를 선택하는 선거로 끌고 나가겠다는 것이다. 이번 대선을 '평화세력' 대 '비평화세력'의 대결구도로 몰고 가겠다는 것이다.

여당에서 대통합을 운운하고 8·15를 기해서 여당의장이 남북정상회담을 제안하는 것과 맥을 같이하고 있다.

열린 우리당 정세균 의장은 2007년 6월 7일 국회교섭단체 연설에서 "남북정상이 올 8월 15일 광복절에 세계평화의 섬 제주도에서 만날 것을 제안한다"고 말했다. 이어 그는 "국민의 요구는 대통합신당을 만드는 것"이려 "우리당은 대통합만 이룰 수 있다면 어떤 허드렛일도 마다하지 않겠다"고 말했다.171) 진보세력이 재집권을 하는 방법은 대통합밖에는 없다는 의미에서 김대중 전 대통령도 "대통합에 기여한 사람이 범여권 대선후보가 될 것"이라고 말하면서

---

169) ≪노동신문≫, 2007.3.16.
170) 아시아재단 스콧 스나이더는 진보진영 후보들은 데탕트 무드를 이용한 남북정상회담으로 추락하는 지지율을 끌어올리려 할 것으로 내다봤다. ≪중앙일보≫, 2007.3.30.
171) "광복절에 남북정상회담열자", ≪중앙일보≫, 2007.6.8.

연일 범여권 정치인을 만나 반 한나라당 투쟁에 연합할 것을 지시
했다.172)

2. 북한의 남북회담 전략

1) 장관급회담, 경제지원에 눈독

북한은 2007년 들어 20차, 21차 장관급 회담을 개최했다. 2006
년 7월 부산에서 열린 19차 회담에서 한국이 쌀 50만 톤의 대북차
관 제공을 중단한데 대한 불만으로 회담을 깨고 평양으로 대표단을
철수시키면서 권호웅(48) 단장은 "남측이 선군정치의 덕을 보고 있
다"고 주장했다. 권 단장의 이 발언은 우리에게는 억지이지만 북한
의 논리인 '민족공조'적인 측면에서 볼 때 북한이 주장할 수 있는
부분이다.

2·13 합의가 이루어짐에 따라 남북관계를 가로막는 장애물이
없어졌다고 판단하고, 북한은 즉각적으로 남북대화를 수용했다. 그
러지 않아도 북측은 그동안 여러 경로를 통해 대화재개를 희망해
왔다. 남북대화를 한다고 해도 북한은 남한으로부터 지원이 중단된
쌀 50만 톤과 2007년분 쌀과 봄철 농사용 비료를 확보하는 것 외에
남한에 별로 줄 것이 없는 형편이다.

2007년 2월 27일부터 3월 2일까지 평양에서 개막된 제20차 남
북장관급회담의 주요의제는 대북식량 및 비료지원, 이산가족 상봉과
납북자 및 국군포로 송환 등 인도주의적 현안, 군사현안 그리고 남
북경제협력이었다. 북한의 기본전략은 이산가족 상봉행사와 열차시

---

172) 「미래한국」은 6월 15일자 기사에서 "김정일, 노무현, 김대중 세 사람이
    反한나라당 연합전선을 구축하고 있다"며 "좌파의 초조한 생존투쟁이 극에
    달하는 형국이다"고 논평했다.

험운행을 양보하는 대신 '민족공조'의 기틀을 더욱 다지기 위한 6·15~8·15를 계기로 '민족통일 대축전' 개최와 쌀·비료 지원과 개성공단 건설 활성화를 이루는 것이었다.173) 북한에게는 한 번 해 볼 만한 사업이었다.

제21차 남북장관급회담이 서울에서 2007년 5월 29일부터 6월 1일까지 열렸다. 이 회담은 2007년 5월 17일 경의선, 동해선 열차 시험운행과 경공업-지하자원을 연계한 남북경제협력의 본격적 추진 등 긍정적인 기류 속에서 진행되었다. 기조발언에서 남측은 ① 한반도 비핵화와 군사적 신뢰구축으로 한 단계 높은 평화 실현, ② 경의선, 동해선 철도 단계적 개통, ③ 평화정착 과제 등 구체적 실천방안 모색을 위한 남북 국책기관 공동회의 개최였다.

북한의 입장은 ① 남북한 합의 민족중시·민족우선원칙으로 해결, ② 합동군사훈련, 국가보안법 등에 대한 책임 있는 조치 촉구 ③ 새 합의보다 기존 문제 해결에 역점을 두는 것이었다. 북한으로서는 남측이 제시한 의제는 단기적 차원에서 실현 불가능한 것이며, 당면과제를 해결하는데도 부차적인 것이었다. 북한은 무엇보다도 북핵 '2·13합의' 미이행과 연계돼 미뤄지고 있는 대북 쌀 지원에 대해 "합의된 약속은 지켜야 한다"고 밀어붙였다. 어디까지나 '민족중시', '민족공조'를 해치는 한미 합동군사훈련 반대, 그리고 반보수 진보진영 규합을 위한 국가보안법 폐기 등을 내세운 것이다.

그러나 회담은 대북 쌀 차관제공에 대한 남북 간 견해차만 확인한 채 아무런 성과를 내지 못하고 끝냈다. 남북은 회담을 마무리하며 공동보도문을 내놓았지만 구체적 합의사항을 담지 못했고 다음 회담 일정도 잡지 못해 회담은 사실상 결렬되었다. 남북은 정식

---

173) 제20차 남북장관급회담 공동보도문 3항은 "남과 북은 민족적 화해와 단합을 실현하기 위해… 6·15와 8·15를 계기로 평양과 남측지역에서 진행하게 될 민족통일대축전에 적극 참가하기로 하였다"고 규정했다.

의제도 아닌 40만 톤의 쌀 차관 제공문제로 지루한 줄다리기만 벌였다. 북한은 2007년 4월 남북 경추위 제13차 회의에서 합의한 '쌀 40만 톤 차관제공' 이행 주장에만 매달렸다. 북한은 쌀을 받아내지는 못했지만 '남북관계를 우리 민족끼리의 정신'에 부합시킬 것과 쌍방은 '6·15 공동선언의 기본정신'에 따를 것을 공동보도문에 못 박는데 성공했다.

2) 군사회담, 서해해상경계선 새로 확정 노려

2007년 5월 8~9일에 개최된 제5차 남북장성급회담에서는 철도 시험운행 군사보장과 함께 '서해 해상충돌방지와 공동어로 문제'도 주요의제였다. 북측은 2006년 3월 제3차 회담 이래 이 문제를 줄곧 제기해 왔다. 핵심내용은 이른바 '근본대책'으로서 북방한계선(NLL)을 대신하는 서해해상 경계선을 새로 확정하자는 것이다.174)

북한은 2006년 5월 16일 4차 장성급회담에서 새 제안을 내놓았다. NLL무효화 주장에는 변함이 없지만 서해 5도와 북쪽 육지가 만나는 부분의 바다는 절반씩 가르고, 소청도와 연평도 사이는 영해 기준을 따라 북쪽해안에서 12해리까지 북쪽 관할로 하자는 것이다.

북측이 이 문제에 집착하는 이유는 첫째, NLL이 유지될 때보다 북측 함정의 서해 5도 접근이 쉬워지는 점을 노린 군사전략적 차원이다. 둘째, 꽃게잡이 수역을 늘리려는 경제적 차원의 전략이다. 4차 회담 때 제안대로라면 연평도 서쪽의 꽃게 어장 대부분은 북쪽 관할로 바뀐다. 공동어로가 성사되더라도 북쪽이 입어료를 요구할 근거가 된다.175)

---

174) 북한은 '연평해전'에서 패배한 후 남쪽 서해 5도 남쪽까지 내려온 해상 군사분계선을 일방적으로 선포했다. 2000년에는 서해 5도로의 통항은 두 곳의 좁은 수로를 통해서만 가능하도록 한 '서해 5도 통항질서'를 내놓았다.

175) 북한이 경계선 재설정을 공동어로 문제의 근본대책이라고도 부르는 까닭이 여기에 있다.

제5차 남북장성급회담에서 남북은 5월 17일 열차시험운행을 위한 군사적 보장합의서 문제를 타결했다. 북한은 17일 시험운행에 한해서 군사보장을 한다는 입장을 분명히 했다. 북한은 이와 함께 한미연합훈련 중단과 공동어로, 서해해상 충돌방지, 경제협력사업에 대한 군사적 보장 등을 요구했다. 이날 실무접촉에서 북측은 공동어로 등을 서해 해상경계선 설정 문제와 연계를 시도한 것으로 알려졌다. 북한이 주장하는 서해 해상경계선은 현재 남북 간의 해상경계선인 서해북방한계선보다 100km 가량 남쪽으로 그어진 것이다.

2007년 6월 8일 판문점 남측 평화의 집에서 남북군사실무회담이 열렸다. 이날 회담은 북한이 새로운 서해 해상경계선 설정문제를 논의하자고 고집하는 바람에 성과 없이 끝났다. 북한은 이날 회담에서 "서해상 충돌의 근원적인 제거 등 원칙문제를 우선 협의하자"는 주장만 되풀이했다. 남측은 NLL폐지 요구에 "(91년 체결된) 남북기본합의서에 명시된 군사부분 합의사항들과 함께 패키지로 논의해야 할 사안"이라고 반박했다. 입장이 팽팽히 맞서는 바람에 양측은 5월 5차 장성급회담에서 합의한 '서해 공동어로 수역설정'을 구체화하지 못한 채 회담을 마쳤다.176)

3) 남북경제협력추진위원회 회담, 지원확보창구로 활용

남북경협추진위는 그동안 여러 차례 회담을 가졌지만 남북경협을 진지하게 논의하는 자리라기보다는 북측이 일방적으로 남한으로부터 지원을 받아내는 기회로 잡았다. 북한은 2005년 10월에 열린 11차 경추위에서 상당한 물량의 신발, 비누, 의류 제조 원료를 요구했다.177) 회담 내내 남북은 의견차로 합의를 못해 회담은 실패로 끝

---

176) ≪중앙일보≫, 2007.6.9.
177) 북한의 이러한 요구는 2005년 7월 서울 10차 회담 때 경공업원료 제공에 합의한데 따른 것이다. ≪중앙일보≫, 2005.10.29.

났다. 남측은 남북 간 철도, 도로 개통식 등 경협사업 일정을 확정
하자고 요구했으나, 북측은 경공업원료 지원만 집중 토의하자고 버
텨 합의문안 도출에 실패했다.

　2006년 6월 제주도에서 개최된 12차 경추위에서 북측 주동찬
위원장은 느닷없이 "제3국 자원개발에 남북이 공동 참여하자"고 제
안했다.[178] 그는 북한이 이미 벌이고 있는 러시아 극동지역 원목벌
채와 석탄채굴을 예시했다. 북한이 사업권을 가진 만큼 남한이 자본
과 기술, 장비 등을 보태 달라는 것이다. 2005년 7월 10차 경추위
때 요청한 비료공장건설도 재차 언급했다. 이 회담에서 남북은 남의
경공업 원자재와 북의 지하자원을 맞교환하기로 합의했다.

　남측은 북한이 남북열차 시험운행에 응하는 것을 전제로 8월부
터 8,000만 달러어치의 옷, 신발, 비누의 원자재를 북에 제공하고,
북측은 광물이나 지하자원 개발권 등으로 이를 상환하기로 한 것이
다. 양측은 9개 합의 합의문과 별도의 '경공업 및 지하자원 개발협
력 합의서'에 서명했다. 문제는 우리는 당장 원자재를 제공해야 하
지만 북한이 약속한 지하자원 개발에는 몇 달, 몇 년이 걸릴지 모른
다는 것이다. 지하자원 개발은 도로도 내야 하고 전력, 항만 등 기
간시설도 갖춰야 하기 때문에 엄청난 비용이 드는데 '공동투자'한다
지만 결국 한국에 떠넘길 것은 불을 보듯 뻔한 일이다.[179]

　13차 경추위가 2007년 4월 18일부터 22일까지 평양에서 열렸
다. 10개항 합의문에는 2006년 무산됐던 경의・동해선 열차 시험운

---

178) 2006년 5월 25일로 예정된 남북열차 시험운행을 일방적으로 파기한 후유증
　　이 있는 때였다. 이를 의식한 듯, 북한은 2002년 8월부터 이 회담대표로 줄곧
　　나온 박정성 철도성 대외철도 협력국장을 이번에 빼버렸다. ≪국민일보≫,
　　2006.6.5.
179) 북한은 과거에도 합영법에 따라 일본의 총련계 기업들과 50대 50으로 개발
　　사업을 하기로 해놓고선 결국 자신들이 부담할 비용까지 총련계 기업에 떠넘
　　긴 전례가 많다. ≪동아일보≫, 2006.6.7.

행을 5월 17일 실시하기로 하고 남측은 쌀 40만 톤을 5월말부터 차
관형식으로 북한에 주기로 했다. 그러나 북핵 폐기를 위한 2·13 합
의 이행과 연계하는 데는 실패했다. 2·13 합의를 이행하는 문제는
남측과 협의할 문제가 아니라는 태도이다.

북한은 19일 첫 전체회의에서 식량차관 제공합의서의 사전교환
을 요구하며 7시간 반이나 지연시키다가 우리측이 응하지 않자 개
회 직후 일방적으로 퇴장했다.[180] 이런 식의 억지와 무례가 어제오
늘의 일은 아니지만, 남북 경추위를 오로지 남한의 지원을 얻어내는
'통로'로만 보고 있음을 거듭 확인시켜 준 것이다. 북측은 남측이 쌀
을 준다는 것이 확인이 된 다음에야 회담을 하겠다고 한 셈이다. 결
국 북한은 쌀 지원을 챙기기 위해 육로를 열면서도 남측의 경협물
자 육로수송제안을 거절하면서 쌀과 경공업 원자재 지원은 각각 부
속합의서까지 챙겨갔다.

3. 남북경협 3대 사업

1) 금강산관광사업, 잦은 압박으로 현금 챙겨

1998년 11월 18일 첫 출항으로 시작된 금강산 해로관광사업은
민간차원의 경제협력사업으로서, 그간 남북을 잇는 평화사업의 성격
을 갖고 남북 간 긴장완화와 화해협력에 기여해 온 바 있다. 그러나
해로관광은 이용과다와 관광일정 제한으로 관광객 수가 갈수록 줄어
들자 정부는 사업중단을 우려해 2002년 4월부터 금강산관광경비 지
원금으로 216억 원을 확보하여 초·중고등 학생들에 대해서는 70%,
이산가족과 대학생들에 대해서는 60%, 도서벽지 학생과 교원, 국가

---

180) 북측은 기조발언문 뿐 아니라 공동보도문 초안, 식량차관합의서도 보여 달
라고 떼를 썼다는 것이다. ≪조선일보≫, 2007.4.20.

유공자, 장애인 등에게는 전액을 지원했다.[181]

2002년 말 정부의 지원금이 바닥나면서 현대아산은 관광활성화 차원에서 육로관광을 구상하여 정부로부터 허가를 얻어 실행할 단계가 되었다. 그러지 않아도 관광수입이 줄어드는데 불안감을 느낀 북한은 2003년 1월 31일 담화를 통해 금강산 육로 시험답사와 시범 육로관광을 2월 4~14일 사이에 갖자고 제의해 왔다.

이에 따라 휴전 50년 만에 금강산 육로관광을 위한 사전답사단 87명이 버스 10대에 나누어 타고 군사분계선과 휴전선을 넘어 동해 선 임시도로를 따라 북한으로 들어갔다. 통일전망대에서 출발한 답 사단은 금강산에서 하룻밤을 자고 다음날 같은 코스로 통일전망대 에 돌아왔다. 바닷길로 네 시간 걸리는 금강산이 육로로는 한 시간 밖에 걸리지 않았다.

이어서 금강산 시범관광단 400명이 2월 14일 낮 1시 비무장지 대(DMZ) 군사분계선(MDL)을 지나 북측지역으로 들어갔다. 시범관 광단은 2박 3일의 관광일정을 마치고 귀국했으나 북한은 첫 번째 일반 육로 관광단 380명에게는 도로 보수라는 이유로 입국을 거부 하여 혼란을 빚기도 하였다. 현대아산은 금강산관광이 시작된 이후 북한에 약 6,400억 원을 투자했고, 이와 별도로 2000년 6월 "북한은 믿고 사업할 만한 파트너"라면서 대북사업 계약서를 쓰기도 전에 5 억 달러(약 6,000억 원)을 선금으로 주었다.

북한은 관광대금을 최대한 챙기기 위해서 현대아산을 계속 압 박했으며, 관광객들에게 벌금을 과대부과해 관광이 위축되기도 했 다. 북한은 금강산관광이 북한체제에 미칠 부정적인 영향을 최소화 하기 위해서 지역주민접근을 금했으나 한편 이른바 환경'관리원'을 통해 남한사회 정보를 끌어냈다. 북한은 관광객의 입국을 거부하거

---

181) ≪연합신문≫, 2003.4.17. 이 프로그램을 통해 정부는 7만 9천 89명에 지원 을 했다.

나 관광인원을 줄이는 방법으로 현대를 압박하였다. 2003년 4월 북한은 일방적으로 "남측 관광객 때문에 싸스(SARS) 감염이 우려된다"며 금강산관광중단을 통보했다. "4년여 동안 합작사업을 하면서 쌓은 상도의로 보아서도 이럴 수는 없다"며 애원했으나 북측은 "우리 인민의 생명을 위험하게 할 수 없다. 더 이상 협상은 없다"고 매몰차게 끊어버렸다.[182]

한편 북한은 비리 혐의로 해임당한 김윤규 씨의 복직이라는 엉뚱한 요구를 내걸며 현대에 온갖 압력을 가했다. 금강산관광객수를 대폭 줄이더니 '현대와의 모든 사업을 중지하겠다'고까지 위협했다. 또 북한은 현대아산에게 '금강산 면회소 건설을 할 수 없게' 되었으니 공사인력을 철수하라고 요구했다. 개성관광에서는 다른 남측기업이 참여하도록 유혹해 현대가 조바심을 갖게 하는 전술도 썼다. '대북사업에 목을 매고 있는 현대'라는 생각에서 자신들의 압력에 굴복할 수밖에 없을 것이라고 판단을 했겠지만 현대는 이런 북한의 부당한 간섭을 끝까지 뿌리쳤다.

이에 북한은 느닷없이 현대 북측파트너인 금강산국제관광총회사 책임자를 해임하고 후임에 민족경제협력연합회 장우영 부회장을 임명했다. 현대아산 고위관계자는 "북측으로부터 사전에 아무런 통보가 없었으며 행사장에서 처음 장 총사장의 임명사실을 알았다"고 말했다.[183] 북한은 결국 2005년 말 남한정부로부터 교사 1만 4,000명과 학생 2,000명에 대한 지원금 49억을 끌어낸 셈이다.

그동안 북한에 들어간 관광대금은 현대가 금강산관광 등 7대 사업독점권 대가 4억 5,000만 달러는 별도로 하고라도 2006년 9월말

---

182) 현대아산은 '북한이 해도 너무한다'는 분통을 터뜨렸으나 무슨 대책이 없었다. ≪조선일보≫, 2003.4.28.
183) 40대인 장우영 총사장은 민경련에서 잔뼈가 굵은 경제통으로 1998년 11월 금강산관광 출범 이후 줄곧 자리를 지켜온 방 전 총사장의 뒤를 이은 것이다. ≪중앙일보≫, 2005.11.22.

까지 4억 5,692만 달러가 지급되었다. 또 북한은 금강산관광단지 내 직영식당 및 교예단 등 각종 공연수입[184]을 포함해서 6,500만~ 9,100만 달러의 수익을 얻은 것으로 추산된다.

2006년 말 금강산관광 사업은 부진해졌다. 내금강관광 및 골프 장 개장의 지연, 그리고 북한의 핵·미사일 발사 이후 대북관광 사 업에 대한 부정적 국내여론 확산 등으로 관광객이 감소했다. 특히 북한 핵실험 이후 미국이 금강산관광 대가 일부에 대한 군사비 전 용의혹을 제기하면서[185] 2006년 10월 중에는 공공기관 및 학생들의 단체관광 예약자들의 대규모 취소사태가 발생하였다. 예약자 4만 명 가운데 약 45%가 취소하였고, 정부도 학생들과 교사들에 대한 금강 산관광 보조금 지원마저 중단키로 결정하였다.

이로 인해 2006년 11월말 현재 금강산관광객은 약 23만 명으 로, 당초 2006년 목표치의 40만 명은 물론, 전년 동기의 28.8만 명에 비해서도 약 20%가 감소하였다.[186] 이에 대해 북한의 남북경협 창 구인 조선아시아태평양평화위원회(아태평위)는 11월 1일에 "한나라 당을 비롯한 극우 보수세력에 의해 금강산관광길에 빗장이 걸리우 고 차단봉이 내려진다면 이는 겨레와 역사 앞에 씻을 수 없는 죄 악"이라며 "돌이킬 수 없는 사태가 조성된다면 해당한 조치를 취할 수밖에 없다"고 주장했다.

2007년 들어서 금강산관광객은 계속 저조해지면서 2월에는 10,539 명으로 최저점을 기록했다. 그러나 북핵 해결을 위한 2·13 합의가 이루어지면서 관광객 수는 급격히 증가해서 수익분기점인 15,000명

---

184) 공연수입은 관광객 1인당 50~70 달러 관광객 수 130만 명으로 계산된다. ≪중앙일보≫, 2006.10.19.
185) 크리스토퍼 힐 미 국무부 동아태 차관보는 2006년 10월 17일 "금강산관광 사업이 북한정부에 돈을 주기 위해 고안됐다"며 반대 입장을 분명히 했다. ≪중앙일보≫, 2006.10.18.
186) ≪통일경제≫, 2006 겨울호 p49.

을 넘어 17,000명선을 상회했다. 특히 북한이 내금강 코스를 개방할 자세를 보임에 따라 관광객은 더 늘어날 조짐을 보이고 있다.187)

2) 개성공단 사업, 김정일의 달러 박스 꿈 노려

개성공단에는 2004년 12월 주방기기업체 리빙아트가 첫 준공식을 마치고 본격적인 가동에 들어가는 등 15개 공장이 완공됐고, 24개 기업이 5만 1,000평의 공장부지를 분양받았다. 이 기업들을 위해 남북경협기금이 지원한 자금은 435억 원이다. 2006년 10월말 현재 총생산액 6,980만 달러와 수출액 1,560만 달러로 성장했다.188) 아직까지는 북한에 약 500만 달러 정도 임금을 지급했으나 1단계 개발이 본격화되면 최대 7만 명 북한 근로자들이 일을 해 월 400만 달러 이상의 수입으로 김정일의 달러박스가 될 수 있을 것이다.

이런 맥락에서 제이 레프코위츠 미국 북한인권특사는 개성공단과 관련해 북한 근로자에게 지급하는 임금이 사실상 북한정권을 지원하는데 쓰일 수 있다면 문제를 제기했다. 그는 "북한으로 보내는 자금은 북한정권의 핵야망을 채우는데 쓰일 가능성이 크다"고 우려를 표명했다.189) 실제로 개성공단을 개발하기 위해 우리측이 2004년부터 2006년 10월까지 북한에 지급한 금액은 2,807만 달러(약 264억 원)로 집계되었다. 통일부가 발표한 '개성공단 사업추진 현황'에 따르면 북측 근로자의 임금과 남측근로자의 소득세 등으로 북측에 모두 1,207만 달러를 지급했으며, 토지 임차료 등 초기 비용으로 1,600

---

187) 2007년 들어 1월에는 11,118명, 2월에는 10,539명, 3월에는 17,610명, 그리고 4월에는 17,805명으로 점차 증가되는 추세를 보이고 있다. 『월간 남북교류협력동향』, 190호 2007년 4월호.

188) ≪중앙일보≫, 2006.7.21.

189) 레프코위츠 특사는 2006년 10월 월스트리트 저널에 기고한 글에서 "몇 몇 국가들은 북한 근로자를 고용해 사실상 북한에 자금을 공급하고 있다"고 말했다. ≪동아일보≫, 2007.1.12.

만 달러가 들어갔다.190)

개성공단 입주기업은 북한 근로자 1인당 월평균 67달러를 북한의 중앙특구개발 총국에 전달하고, 총국은 사회보험료 8달러(임금의 15%)를 떼고 남은 59달러에서 다시 세금성격인 사회문화시책비(총임금의 30% 17.7달러)를 떼어 개성시 인민위원회에 준다. 총국은 나머지 돈(41.3달러) 대부분을 고려상업 합영회사에 주어 생필품을 수입하게 하고, 근로자들은 물품표를 개성백화점이나 보급소에 제시하고 물품을 받아간다.

2006년 10월말 공개된 '상품상태료'(거래내역)에 따르면 근로자들은 3월의 경우 1인당 사탕가루(설탕) 29kg, 쌀 21kg 등을 산 것으로 나타났다. 근로자들은 시장가격보다 싼 국정가격에 구입하기 때문에 시장에 되파는 경우도 있다.

공단 근로자들은 현물을 좋아해 북한 원화로는 5% 남짓(3.5달러)만 받아 이발, 목욕비 등으로 사용한다는 것이다. 물물교환 방식으로 중국에서 물품을 받아오고 국정가격과 암시세 차이(약 20배)만큼 당국이 이득을 보는 셈이다.191)

정부는 2006년 6월 개성공단 1단계 100만 평 부지가운데 미분양된 58만 평 일부를 분양할 계획이었지만 북한미사일 발사 및 핵실험 등으로 무기한 연기했다. 2007년 2월 20일에 통일부는 '2007년 업무계획' 브리핑에서 "(개성공단 추가분양을) 가급적 3월말 이내, 늦어도 4월 중순까지는 하는 게 가장 옳다고 생각한다"고 말했다.

개성공단관리위는 북한의 개성공업 지구법에 따라 설치된 북한

---

190) 작업 중 산재사고로 공단 내에서 3년간 3명이 사망하고 40명이 다치는 등 모두 43명의 사상자가 발생했다고 통일부는 밝혔다. ≪중앙일보≫, 2006.10.2.
191) 미국 달러와 북한원화 공식환율은 1달러당 140원이므로 67달러는 원화로 치면 9,380원 정도이나 암시세는 1달러당 3,000~4,000원이므로 결국 북한 근로자의 1개월 봉급은 3달러를 크게 넘지 못하는 것으로 계산된다. 참조 ≪조선일보≫, 2006.11.8.

의 법인이어서 남북한당국이 공동관리하는 형태이며 직원은 남측 39명, 북측 3명이다. 관리위는 7월 착공되는 공장이 올해 10월 완공되면 국내업체에 분양할 예정이라고 밝혔다.

문제는 북한 직장장이 모든 작업을 지시하고 인사에도 개입하고 있다는 것이다. 북한은 개성공단을 통해서 엄청난 현금을 챙기면서도 북한근로자들을 직접통제하고 있어 경영자율성을 해치고 있다. 개성공단에는 남측의 법인장 또는 공장장 외에 북측 근로자들을 대표하는 직장장이 있다. 북측 근로자들에게 직장장을 통해서만 작업지시를 내리 수 있어 칸막이 설치나 세차 같은 간단한 작업지시에도 응하지 않고 있다.

어느 한 기업은 최근 북측 직장장이 188명의 업무를 의의로 변경하고 직원평가와 승진심사에 개입하는 등 경영에 직접 개업하기도 하고 전체 근로자의 1/3에 대해 인사를 단행하면서 남측 법인장의 허가도 받지 않은 것으로 드러났다. 입주기업들은 북측 인력알선기관에 인력채용을 의존해야 하고, 근로자 해고 역시 북측과의 협의를 해야 하기 때문에 능력이 모자라는 근로자를 마음대로 교체할 수도 없는 실정이다.

북측은 근로자들의 사상교육 강화를 위해서 매일 아침 직장장 또는 조장, 반장이 전체 근로자들을 대상으로 1시간 반 가량 일종의 조회인 '총화'시간을 갖고, 퇴근시간 30분 전부터 퇴근준비를 하는 것이 관행으로 되어 있어 실제근무시간은 주 40시간에도 못미친다는 것이다.[192] 북한의 전략은 개성공단 사업에서 올 수 있는 사상의 해이를 최대한 막으면서 현금을 많이 챙기는 것이다.

---

192) "북직장장이 모든 작업 지시....인사에도 개입 '자율훼손'", ≪동아일보≫, 2007.4.25.

3) 남북철도 연결, 일회성 시험운행으로 엄청난 실리 챙겨

북한은 2004년 6월과 10월, 2005년 7월과 10월 단위로 철도시험운행 시기를 합의했으나 이행하지 않고 있다가 2006년 5월 16일 개최된 제5차 남북장성급회담에서 5월 25일 10시 30분 시험운행 날짜를 분 단위 행사계획까지 확정했다.

그러나 북한은 시험운행 하루 전인 24일 오전 남북철도도로 연결 실무접촉 북측 단장인 박정성 철도성 국장명의의 전화통지문에서 "남측에서 한미·극우 보수세력들이 나라의 정세를 험악한 대결과 전쟁 방향으로 끌고 나가는 형편에서 시험운행은 예정대로 할 수 없다"고 주장했다.

정부는 북한군부가 열차 시험운행에 제동을 건 것으로 보고 있으나 북측은 당초부터 당시 시험운행 의도가 없었던 것으로 보인다. 남북철도의 연결은 체제를 위협하는 외풍을 가중시키는 것이기 때문이다. 그럼에도 불구하고 북측은 2007년 4월 22일 평양에서 개최된 남북경추위 13차 회의에서 남측과 철도 연결공사를 마친 경의·동해선에서 5월 17일 열차 시험운행을 하기로 합의했다. 남측은 북측에 인도적 차원에서 쌀 40만 톤(수송비 포함해 1410억 원 상당)을 5월 하순부터 제공하고 경공업 원자재도 북측에 유상제공하기로 했다. 원자재는 비누, 신발, 의류 생산에 필요한 것이며, 금액으로는 8,000만 달러어치에 이른다. 2006년 5월 시험운행 합의를 막판에 뒤집었던 북한이 2,389억 원에 이르는 실리를 챙기려 일회성 시험운행을 수용한 것이다.

북한은 그 대신 북측지역 내 아연, 마그네사이트 광산을 남측과 공동개발해 빚을 갚기로 했다.[193] 남북철도연결이 내키지는 않지만 북한은 당장에 필요한 쌀과 경공업 원자재를 확보하기 위해서는

---

193) 양측은 이밖에 개성공단 개발과 극동러시아 원유, 천연가스를 비롯한 제3국의 자원 공동개발에 협력하기로 했다. ≪중앙일보≫, 2007.4.23.

단 한 번의 시험운행이 문제될 것이 없다는 판단이다. 그래서 북한 군부는 '잠정합의서'라는 말로 군사적 보장조치는 "딱 한 번"이라고 못을 박았다.

북한은 이렇게 선심 베풀듯 남북열차가 한 번 왔다 갔다 하게 해 주고 신발과 비누 등을 만들 원자재를 챙기게 되었다. 남측은 그 대가로 북한 광물 개발권을 받는다지만 어느 정도 구체성과 경제성이 있는지 알 수 없다. 북한이 걸핏하면 군부의 군사적 보장조치를 내세우고 있지만 김정일 위원장이 모든 것을 결정하는 북한에서 군부의 발언권이 따로 있다는 것은 말도 안 된다. 군사적 보장이란 결국 북측이 남북회담에서 무엇을 얻어낸 다음에 다시 한 번 더 얻어내기 위한 전략이거나 합의를 지키지 못한데 대한 '핑계'로 보면 될 것이다.

2000년 6월 남북정상회담 직후 철도 연결공사를 시작한지 7년 만인 5월 17일 첫 시험운행을 했다. 반세기여 만에 남북의 열차가 군사분계선을 통과했다. 비록 일회성시험운행이지만 대결의 상징인 군사분계선이 육로, 해로에 이어 철도까지 뚫렸다는 것은 큰 의미가 있는 것이다.

철도 연결 공사에 든 직접비용만 5,454억 원이다. 이 중 1,809억 원이 북한에 지원됐다. 북측 구간의 철도와 경의선, 동해선의 역사 여섯 곳의 건물, 시설을 새로 지어줬다.(개당 53억 5,000만 원을 쓴 셈이다. 북측의 철도 개·보수에 앞으로 총 3조 원이 들어갈 것으로 추산된다.)

어쨌든 지난번 시험운행은 말 그대로 1회성이다. 언제 다시 연결될지 기약이 없다. 시험운행에 조차 그토록 딴죽을 걸었던 북한군부가 정기적인 열차운행 요구를 받아들이기까지는 산 너머 산이다. 남측에서는 언론들이 시험운행소식을 대대적으로 보도했지만 정작 평양은 조용하기만 했다는 사실이 이를 입증한다.

4. 신뢰 회복이 우선

1) 얼룩진 6·15 축전

2005년부터 계속돼온 6·15 당국·민간 공동행사가 북한의 초청장 발송거부로 당국의 참여가 무산되었다. 북한의 이런 태도는 6월 1일 서울에서 끝난 21차 장관급회담에서 우리 정부가 북핵합의 이행 지연을 이유로 쌀 40만 톤의 대북지원을 유보하겠다고 밝힌데 따른 불만 표시로 보인다. 북한은 올 3월 평양 장관급회담 때만해도 남측에 당국 차원의 참여를 집요하게 요구했다가 갑자기 태도를 바꿨다.

그러나 남측 통일운동단체 등 300명의 방북은 예정대로 이뤄져 민간공동행사 형태로 치러졌고 통일부는 이들에게 남북협력기금으로 경비를 대주는 등 지원을 했다. 당국이 불참한 가운데 치러진 올해 '6·15 축전'은 북한정권의 실체를 실감나게 보여 주었다. 느닷없이 합의를 깨고 한나라당 박계동 의원이 주석단(귀빈석) 입장을 막아 대회를 파행으로 몰아갔다.

2차 남북정상회담을 촉구한 정세현 민화협 대표 상임의장의 발언에 관한 기사 송출을 강제로 저지했다. "사전에 기사를 보여 주지 않으려면 서울로 돌아가라"고 위협했다. 안하무인, 떼쓰기, 행패성 협박이 그들 체제의 속성임이 드러났다.

북한은 한나라당 의원의 주석단 배치와 관련, 시종 기만전술을 구사했다. 처음엔 한나라당 의원의 방북도 받아들이고, 이들의 주석단 배치에도 남측과 합의했다. 심지어 개막식 때는 박 의원의 주석단 입장을 허용하기도 했다. 그러나 다음날 본 대회 때 전격적으로 박 의원의 입장을 저지한 것이다. 상대방을 안심시켜 놓은 뒤 기습조치를 취함으로써 당황하게 만드는 특유의 교란 수법이다. 한나라당은 상대하지 않겠다는 태도로 한나라당에 타격을 주어, 대선경쟁에 부정적 영향을 주겠다는 것이다.

그동안 주최측은 입만 열면 "6·15 축전이 민족공조에 기여해왔다"고 주장해 왔으나, 이번 행사에서 북측태도는 남북합의는 무참히 묵살해 버리고 북한의 대남정치 공세만 횡행케 했다. 원래 '6·15 관련 남북공동행사'의 내용은 북한정권과 반미, 반보수, 반우파, 반한나라당 및 6·15 선언의 연합·연방제 실현을 결의하는 내용이 주를 이루어왔다.194)

이제까지 일곱 차례 열린 6·15 축전이 남북관계 개선에 기여치 못했다. 오히려 남북갈등, 남남갈등을 일으켜 왔던 것이 사실이다. 이번엔 '한나라당 배제'를 놓고 남측 주최측 대남전략이 무엇인지 모두가 절감했을 것이다.

2) 감상적 틀을 벗고 냉철한 자세로

북한의 대남전략 기본목표는 단기적으로 경제지원 확보와 장기적으로 체제유지와 혁명 성취이다. 그동안 많은 우여곡절은 있었지만 경제지원 확보는 상당히 성공한 셈이다. 국회 통일외교통상위원회가 2006년 10월 11일 통일부로부터 제출받아 분석한 자료에 따르면 1995년부터 2006년 1월까지 대북지원을 위해 쓴 액수는 실로 8조 4000억 원에 달한다는 것이다.195) 이 이상 북한이 더 바랄 수는 없다. 북한도 놀라운 수준일 것이다.

다음은 체제유지와 혁명을 성취하는 것이다. 장기적 목표에서

---

194) 특히 북한정권과 이 행사 주최 단체가 주장하는 6·15 선언의 연합·연방제 실현은 북한의 혁명전략인 '고려연방제' 실현을 의미한다는 점에서 심각성을 더해 주고 있다. ≪미래한국≫, 2007.6.16.

195) 주요 내역은 △차관 및 보조금 5조 1000억 원, △ 한국형경수로 사업 1조 1000여억 원 △남북경협사업 5000여억 원 △현금지원 9000여억 원 등이다. 현금지원에는 금강산사업권 및 관광대가 4000억 원, 개성공단 북측 근로자 임금 70억 원 등이 포함돼 있다. ≪미래한국≫, 2006.10.21.

도 북한은 상당한 성과를 거둔 것으로 자평을 할 것이다. 북한은 김일성 사후 최악의 체제위기를 남측으로부터 적극적인 지원을 받아 어렵지 않게 극복할 수 있었고, 대남 친북 진보세력 부식과 주한미군 부분철수의 성과를 얻어내 혁명 성취에도 괄목할 만한 진전을 이룬 것으로 평가할 것이다.

앞으로 남한의 대선결과가 북한의 대남전략 목표를 달성할 수 있는 여건을 조성할 수 있느냐를 가늠하는 시금석이 될 것이다. 북한은 '반보수 진보세력' 규합을 통해서 대선에서 승리를 하면 주한미군은 철수시키고 남측으로부터 경제지원도 안정적으로 확보할 수 있을 것으로 볼 것이다.

이제 우리는 민족을 앞세운 모든 감상적 틀을 벗고 냉엄한 현실로 돌아와야 할 것이다. 남북관계는 낙관이나 장밋빛이 아니라 비관적인 현실에서 출발해야 한다. 꿈을 꾸는 것이 아니라 꿈에서 깨어나는 것이다. 그동안 남북한은 무수한 합의를 쏟아냈다. 그중 절반이라도 지켜졌더라면 남북은 벌써 하나가 되었을지도 모른다. 남북관계에서 중요한 것은 몇 마디 말보다 한 가지 실천이다.

북측은 떡먹듯이 합의를 해놓고도 막판에 군부의 반발을 핑계로 열차 시험운행을 무산시킴으로써 남북관계에 찬물을 끼얹었다. 이 같은 구태를 되풀이하는 한 남북합의란 아무런 의미가 없다.

북핵은 폐기되어야 한다. 동족을 향해 핵을 쓰지 않는다고 입버릇처럼 말을 하고 있지만 미·일을 위협하기 위해서 핵을 쓸 곳은 한국밖에 없다는 것이 전문가들의 견해이다. 의미 있는 남북관계의 진전은 북한이 완전히 핵을 폐기한 후에 있을 일이다. 북한이 이미 핵을 개발했지만 국제적 압력을 써서라도 핵을 폐기케 하고 앞으로 북한이 핵개발에 쓸 수 있는 현금이나 물자는 일체 보내지 말아야 한다.

북한인권문제는 대북관계에서 해결해야 할 핵심사안이 되어야 한다. 국군포로와 납북자 송환문제, 이산가족 상봉과 재결합, 종교의 자유와 정치범을 포함한 다수의 북한주민들이 적법한 절차 없이 처형, 실종, 임의 구금되는 인권유린이 개선되도록 압력을 가해야 한다.

생명과 관련된 최소한의 인도적 지원은 이루어져야 하나, 반드시 투명성이 확보되어야 한다. 정부차원이든 민간차원이든 모든 대북 인도적 지원은 북한주민에게 반드시 전달될 수 있도록 철저한 모니터링(분배확인)이 이뤄져야 한다. 투명성 없이 지원되는 물자는 북한주민들의 고통을 연장시킬 뿐이기 때문이다.

남북관계를 정략적으로 이용해서도 안 되고 '당근'만 쓰는 대북 협상전략도 빨리 바꿔야 한다.196) 정략적으로 이용하려다 국익을 크게 해칠 수 있음을 명심해야 한다. '채찍'만 있는 협상이 없듯이 '당근'만 있는 협상도 없다. '채찍'과 '당근'은 동전의 양면인데 대화로만 모든 것을 해결하겠다는 정부의 원칙은 빨리 폐기해야 할 것이다.

5. 우리의 기도

"보라 내가 너희를 보냄이 양을 이리 가운데로 보냄과 같도다. 그러므로 너희는 뱀 같이 지혜롭고 비둘기 같이 순결하라."(마 10:16)고 말씀하신 주님께 기도드립니다.

첫째, 남북관계, 대북정책 가운데 특별한 지혜가 필요합니다. 대북정책을 수립하는 관계자들에게 특별한 지혜를 허락하시옵소서. 남북관계를 정략적으로 이용하지 않고 '당근'만 쓰는 대북협상전략

---

196) 조지 소로스 펀드 메니지먼트 회장은 "지나친 대북 포용정책으로 북한체제 강화에 도움을 주는 것은 바람직하지 않다. 지금이 바로 북한에 주었던 당근을 끊고 채찍을 행사할 때"라고 주장했다. 《중앙일보》, 2006.10.19.

242 북한에도 생명의 빛을

이 아니라 '당근'과 '채찍'을 필요할 때마다 지혜롭게 사용하게 하시
옵소서.

둘째, 남북관계 갈등에 앞서 한국사회의 남남갈등이 심화되고
있습니다. 상대방을 인정하지 않거나 친북좌파 혹은 냉전수구로 매
도하는 자세는 지양하고 '정권' 차원이 아닌 '민족'과 국익 차원의
정책을 추진하게 하소서.

셋째, 북한의 대남전략이 아무리 주도면밀하게 추진되고 있다
하더라도, 건전한 시민의식과 하나님의 사랑으로 무장된 크리스천들
이 부화뇌동되지 않고 선으로 악을 이길 수 있게 하시옵소서. 이 나
라를 주관하시는 분은 하나님이시며, 하나님의 능력이 북한의 대남
전략가보다 훨씬 크심을 믿고 담대하게 평화와 통일을 위해 정진하
게 하시옵소서.

넷째, 분단의 잔재와 갈등 구조들이 난무하는 이 땅에, 한국교
회가 먼저 하나 되게 하시며, 사랑으로 사회의 아픔과 고통을 품고
주님의 지혜로 모든 계층 간의 화해를 이룰 수 있도록 은혜 내려
주옵소서. 원수된 것을 하나님 안에서 화평하게 하기 위해 이 땅에
오신 주님을 본받아 한국교회가 화평케 하는 직책을 잘 감당할 수
있도록 힘과 지혜를 주시옵소서.

2. 통일 의식 변화

I. 통일 의식의 이중성

서울대 통일학연구소의 2007년 통일의식조사에 의하면 "통일은 필요한가"라는 통일의 필요성 또는 당위성을 묻는 질문에 대해 "매우 또는 약간 필요하다"는 응답이 전체 응답자의 63.8%를 차지하여 통일의 필요성을 공감하는 사람들이 국민여론의 다수임을 알 수 있다. **통일 되어야 하는 가장 큰 이유가 무엇인지를 물어 보았을 때** 응답자들의 50.6%는 "같은 민족이니까"라는 이유를 들었다. 그 다음은 "남북한의 전쟁위협을 없애기 위해"(19.3%) 순으로 나타났다.

이처럼 한국인들은 분단 후 거의 두 세대에 가까운 세월이 흐르고 있고, 남북이 다른 체제 하에서 **각자 서로 다른 발전의 길을 걸어오면서 사고와 이념이 많이 달라졌지만, 남북통일에 관한 한 같은 민족이니까 통일을 해야 한다는 생각을 갖고 있는 것이다.**

그러나 통일에 대한 실제적 기대는 하고 있지 않은 것으로 나타났다. 통일 이후 현재의 한국사회문화가 개선되기는 커녕, 도리어 더 악화될 것이라고 예상하고 있고, 통일이 한국 또는 자기 자신에게 얼마나 도움이 될 것인가 하는 직접적인 질문에 대한 응답 역시 마찬가지이다. 전체적으로 한국에는 조금 이익이 될 것으로 기대하지만, 자기 자신에 대해서는 이익보다는 불이익의 우려가 훨씬 큼을 알 수 있다.

분단 60년이 넘도록 남에서나 북에서 남북한이 하나의 민족이라는 인식은 아직도 상당하다. 그러나 "통일이 필요 없다"거나 "현상 유지"의 사고를 하는 사람들이 점차 많아지고 있다.

독일의 통일 경험에서도 보듯이, 상당수의 국민들은 통일을 통해 기대되는 사회적·개인적 이익이나 통일 이후의 사회 문제에 대해서는 상당히 부정적인 견해를 가지고 있다.

민족의 염원이자 역사적 당위성으로 통일을 열망하면서 현실적으로는 통일 이후의 미래에 대해서는 큰 기대를 갖지 않거나 오히려 일부 부작용에 대해 우려를 가지고 있다는 이 이중성이야말로 통일에 대한 현재 국민들의 의식구조의 가장 큰 특징이라고 할 것이다.

한편 북한의 무력 도발 가능성을 우려하는 의식은 일관된 경향을 띠기보다는 남북관계의 상황에 따라 크게 좌우되는 것으로 나타났다. 북한의 대남 무력 도발 가능성에 대해 "가능성이 있다"는 의견은 낮을 때 43~44%, 높을 때는 60%로 시기에 따라 등락을 거듭했다. 남북관계가 긴장된 상황에서는 북한에 의한 전쟁 가능성을 60% 정도로 보고 있는 것으로 나타났다.

2. 우리의 기도

"우리가 이 보배를 질그릇에 가졌으니 이는 능력이 심히 큰 것이 하나님께 있고 우리에게 있지 아니함을 알게 하려 함이라."(고후 4:7)

첫째, 주님, 남과 북이 과거의 아픔과 상처를 십자가의 사랑으로 용서하며 진정한 회복이 있게 하시고, 서로 용기 있게 결단하여 앞으로 통일의 긴 여정의 동반자로서 신뢰가 형성되게 하시옵소서.

둘째, 화해와 평화의 중보자로 오신 주께서 60여 년의 남과 북의 아픔·상처를 알고 계심을 감사드립니다. 우리의 무지함으로 두 번 다시 똑같은 아픔을 겪지 않도록 남과 북 모두에게 어떻게 행하여야 할지를 가르쳐 주시고 인도하여 주시옵소서.

셋째, 통일 기피 현상이나, 통일에 대한 환상 즉 통일에 대한 이중성을 극복하고 본격적으로 분단과 정전 상태를 청산하고 한반도의 평화체제를 만들기 위한 노력이 지속되게 하시옵소서.

넷째, 통일이 되어야 북한 복음화가 가능하다는 사고(思考)에서 벗어나 지금도 여전히 믿음을 지키는 성도들을 위한 중보기도와 말씀 배달, 후원 등에 이름도 없이 빛도 없이 헌신 하는 주의 군사가 필요함을 알게 하시옵소서.

예수님의 이름으로 기도 하옵나이다. 아멘 !

* 출처 : 국민 통일의식 변화와 시계열비교 분석, 김병로

3. 대선 후보들의 대북 정책

I. 주요 정당 후보의 대북 정책

이명박 후보는 김정일 위원장에 대해 국민을 제대로 입히지도 먹이지도 못하고 장기 집권하는 독재자, 인권과 먹고 사는 문제를 해결하지 못한 실패한 지도자라고 인식하고 있다.

한편 남북정상회담에서 핵 폐기 문제와 국군포로 및 납북자 문제가 다뤄지지 않은 것과 한국정부가 북한 인권 문제에 대해 의도적으로 외면하는 것은 올바르지 않다며 북한 인권 문제와 납북자 문제에 대해 적극 제기해야 한다고 한다. 아울러 개성공단 확대에 부정적인 입장을 보이고 있다. 서해북방한계선(NLL)에 대해서는 해상 경계선으로 지켜야 하며, 평화 협정 시기에 대해서는 북핵 폐기 이후 착수를 주장한다.

통일부장관 출신의 정동영 후보의 대북정책은 대체로 현 정부와 비슷하다. 대선 후보 중 유일하게 북한 김정일 위원장을 직접 면담(2005년 6월 17일)하기도 한 정동영 후보는 김정일에 대해 협상 가능한 상대라고 평가한다.

1992년 남북 불가침 부속합의서에서 논의한 대로 군사적 신뢰

구축이 진전되는 것을 보면서 서해북방한계선(NLL) 문제를 논의
할 수 있다는 입장이다. 아울러 제2, 제3의 개성공단을 추가로 만들
어야 한다는 입장이 확고하다.

또한 정동영 후보는 국군포로와 납북자, 북한인권문제와 관련
하여, 북한을 공개적으로 망신을 주는 방식은 안 되고 점진적으로
해결해야 한다며, 경제적 인권과 정치적 인권을 함께 풀어야 한다고
주장한다. 즉 국군포로·납북자 문제보다 경제협력을 통한 북한주민
들의 삶의 질 향상이 우선이라는 것이다.

이인제 후보는 김정일 위원장에 대해 북한을 이끄는 최고실력
자로 확고한 대화 파트너라고 인식하고 있다. 또한 이 후보는 국군
포로와 납북자, 인권문제는 남북정상회담에서 의제로 다뤘어야 했
고, 실질적 진전이 있어야 한다고 주장한다. 서해북방한계선(NLL)
재설정 논란에 대해 서해북방한계선이 해상 군사분계선인 것은 분
명하다고 주장하면서 남북기본합의서에 따라 정치·군사적 여건이
되면 해상경계선에 대해 논의는 할 수 있다는 입장이다.

핵 폐기와 경제협력을 별개로 생각하며, 공약으로 남북 평화경
제 해상특구를 제안한 이인제 후보는 개성공단 등 경제특구에 대해
적극적으로 추진해야 한다는 입장이다.

권영길 후보는 개성공단 같은 경제특구 추진에 대해 남북 간
경제협력의 좋은 모델로 더 늘려가야 하며, 경제협력 문제는 북한
핵 폐기 단계와 관계없이 동시에 진행이 가능하다는 입장이다. 또한
서해북방한계선(NLL)의 적법성을 원천적으로 인정하지 않는 권영
길 후보는 평화체제 논의는 연내에 시작돼야 하고, 북한 인권 문제
나 납북자·국군포로 문제는 북을 고립시키거나 공격하기 위한 소
재로 다뤄져서는 안 된다고 주장한다. 김정일 위원장에 대해서는 북
한을 실질적으로 이끌어가고 있는 최고지도자라는 입장이다.

김정일 위원장에 대해 꽉 막히지 않고, 실리를 위해 변신할 수
있는 사람이라고 평가 하는 심대평 후보는 남북통일을 위해 북한경
제를 살려야 하지만, 현 정부가 업적을 세우기 위해 북한에 여러 개

의 경제 특구를 한꺼번에 졸속 추진해선 안 되며 경제특구는 단계
적으로 해야 한다고 주장한다. 또한 서해북방한계선(NLL)은 우리가
실질적으로 관리하고, 국군장병이 목숨을 바쳐 지켜낸 실효적 영토
선이라는 입장이다. 심 후보는 평화체제와 경협은 함께 갈 수 있지
만, 핵 폐기가 전제되지 않는 일방적 경협 확대는 바람직하지 않다
고 주장한다. 아울러 북한 인권은 국가 간 문제라 강요할 순 없지만
계속 문제제기를 해야 한다는 입장이다.

2. 우리의 기도

"각 사람은 위에 있는 권세들에게 복종하라. 권세는 하나님으
로부터 나지 않음이 없나니 모든 권세는 다 하나님께서 정하신 바
라."(개혁 개정판, 롬 13:1)

첫째, 나라와 민족을 사랑하는 그리스도인들이 독일 통일의 근
원이 서독의 흡수가 아닌 교회의 기도였음을 깨닫고, 교회와 하나님
의 백성들이 기도로 준비하고 올바른 판단을 하여 하나님 보시기에
합당한 대통령이 선출되게 하여 주시옵소서.

둘째, 각 정당 후보들의 대북정책이 북한주민들의 실제적인 필
요와 어려움을 해결해 주는 기본이 되어 지게 하여 주시옵소서.

셋째 새로 선출된 대통령은 남과 북의 화해와 평화는 중보자로
오신 예수님으로 말미암아 이루어짐을 깨달아 알게 하시고, 분단과
휴전상태를 청산하고 한반도 평화체제를 만들기 위한 노력을 게을
리 하지 않게 하여 주시옵소서.

* 출처 : 2007.10. 20. ≪조선일보≫, 2007 대선 정책 점검

4. 남북한 종교교류

Ⅰ. 남북 종교 지도자들의 만남

2007년은 한국의 주요 7개 종교 연합체인 한국종교인평화회의 (KCRP)와 남북대화 및 통일논의 등 대남선전과 국제적 연대 강화를 위한 창구 역할을 담당할 목적으로 1989년 5월 30일 결성된 북한의 조선종교인협의회(KCR)가 본격적인 교류를 시작한 지 10년째 되는 해이다.

이를 기념해 2007년 5월 5~8일 평양을 방문한 한국종교인평화회의(KCRP)는 1965년 서울에서 기독교, 불교, 원불교, 유교, 천도교, 천주교 지도자들이 모여 대화 모임을 갖기 시작한 것이 그 시초이다. 대표단은 칠골 교회를 비롯해 장충성당, 단군릉, 러시아정교회 예배당인 정백성당 등 종교시설을 둘러보고 돌아왔다.

지금까지 남북한 종교교류의 과정을 살펴보면 다음과 같이 다섯 단계로 나누어 볼 수 있다.

1단계는 1945년 이후부터 1950년 6월 25일까지로, 대체로 기독교인 7~8만 명이 남하한 것으로 추산되고 있다. 이는 북한 기독교인의 절반가량이 남하한 것이 된다. 결국 이 시기는 교류보다는 남북한 종교인들의 단절 혹은 대립이 시작된 시기라고 할 수 있을 것이다.

2단계는 휴전 이후 1960년대 말까지의 시기로, 종교교류의 공백기로 규정할 수 있다. 이 시기 북한에서는 종교가 없어졌다고 공언 할 만큼 반종교정책으로 일관하였다. 한편 이 시기인 1968년에 한동규(감리교 목사), 이영태(목사), 이순남(여 전도사) 등이 공화국 창건 20주년 훈장, 공로 메달 등을 받기도 하였다.

3단계는 1970년대의 약 10년 동안의 시기로 상호교류 제의 및 외국에서의 접촉 시기 이다. 이 시기에 북한 종교인들의 통일 전선 사업의 필요성이 대두되면서 북한의 종교단체들이 다시 활동을 시작하였다.

4단계는 1980년대 초부터 1990년대 초까지로 직접교류의 시도 및 해외에서의 접촉 시기이다. 북한은 1980년대에 들어서면서 종교를 대남통일전선의 구축에 이용하기 위한 노력을 가속화 하였다. 또한 1990년대 초반에는 통일이 북한 종교단체들의 대외 대남 교류의 주된 목적이었고, WCC와 같은 국제적인 진보적 종교단체들과 남한의 KNCC와 같은 진보적 단체나 교단들이 주된 교류의 대상이었다.

5단계는 90년 대 후반부터 현재까지로 경제적 지원이 가능한 경우 어떤 종교 단체들과의 교류도 마다하지 않는 양상으로 변하기 시작하여 종교교류에서도 실리적 관점이 크게 작용하기 시작했다.

2. 우리의 기도

"그 막대기들을 서로 연합하여 하나가 되게 하라. 네 손에서 둘이 하나가 되리라."(겔 37:17)

첫째, 교회 지도자들과 성도들의 방북을 통하여 어둠과 죽음의 그늘에 앉은 자들에게 돋는 해가 위로부터 임하며, 평강의 길로 인도하는 역사가 나타나게 하여 주시옵소서.(눅 1 : 78 ~ 79)

둘째, 남북한 종교교류와 남북 종교 지도자들의 만남이 가시적 성과를 얻으려 하거나 과시하기 위한 선교가 아닌 어둠의 세력들을 예수 그리스도 이름으로 결박하여 하나님의 공의가 북한 땅에 이루어지는 계기와 초석이 되어 지게 하여 주시옵소서.

셋째, 남북한 종교교류가 단순히 남북한의 필요를 채워 주는 것이 아니라 확대 진전되어, 지속적인 교류로 남북한 이질화를 극복하고 정치 사회 문화적 동질성을 회복하며 더 나아가 평화와 화해 (잠 16 : 7)를 이루는 밑거름이 되게 하여 주시옵소서.

* 출처 : 남북한사회·문화 교류에 관한 연구 - 종교교류를 중심으로 - , 현대사회연구소

5. 납북자

Ⅰ. 피살·납북 종교인

2007년 4월 13일 국회에서 통일부장관은 적십자회담 결과를 보고하면서 "전쟁 시기와 그 이후 소식을 알 수 없게 된 사람들의 생사·주소 확인을 북측과 협의하여 해결하기로 했다"고 밝혔다.

"전쟁 시기와 그 이후에 생사를 알 수 없게 된 사람이란 표현에 대하여 대북 협의에 관계했던 관계자는 북한이 국군포로 납북자 등의 존재를 인정하지 않으려고 해 고육책으로 합의문에 담은 것"이라며 "이를 국회에 보고하거나 대국민 설명에 그대로 쓰겠다는 건 비판받을 소지가 있다"고 말했다.

하지만 적십자회담 남측 수석대표인 한적 사무총장도 언론 브리핑에서 국군포로·납북자란 말을 꺼내지 않았다. 또한 통일부가 배포한 회담 결과 설명 자료도 마찬가지이다. 통일부장관은 "이 문제는 제18차 장관급회담에서 남북 간 용어 통일을 했다"고 주장했다.

생존 국군포로 500여 명과 1955년 이후 2000년까지 납북된 486명 중 1990년 이후 지금까지 국군포로 59명, 납북 어부 4명만이 겨우 돌아온 상황 속에서 정부가 납북자·국군포로라는 용어를 사용하지 않기 시작한 것이다.

북한이 국군포로·납북자 등의 존재를 인정하지 않으려 하지만 국군포로와 납북자 486명 외에 1950년 6·25 전쟁에 북한으로 납북된 민간인들은 통계에 따라 차이가 있지만 적어도 8만 3천여 명에서 많게는 12만여 명이 넘는다.

또한 6·25 전쟁 당시 수천 명의 국군포로가 북한에서 소련으로 압송되면서 휴전 후 포로교환 대상에서 제외됐다는 내용이 최근 보도되기도 하였다.

6·25 전쟁 중 북한군과 공산당에 의해 살해된 목사, 전도사, 장로 집사 등 이름을 확인할 수 있는 사람만 140명, 납북된 목사·장로·집사 등 성도는 158명으로 살해된 사람과 납북 피해자를 합하면 희생자는 298명에 달하며, 북한에서는 장로교 교역자 240명, 감리교 46명이 순교 또는 행방불명 된 것으로 2006년 발간된 도서 「납북」은 밝히고 있다.

한편 「한국 기독교회사」(민경배 저, 1968년)에 따르면 6·25 전쟁 중 파손 손실된 교회가 장로교는 152교회, 감리교가 84교회, 성결교가 27교회이며, 순교, 납북 당한 이는 장로교가 177명, 감리교가 44명, 성결교가 11명이다.

6·25 전쟁 전부터 북한에서 많은 기독교인들을 처형·투옥하다가 전쟁을 일으킨 후 남쪽지역에서도 기독교인을 처형하거나 납북시킨 경우가 많았던 것이다. 기독교인들을 수십 명씩 집단으로 학살한 사건도 여러 곳에서 발생하였다.

2. 우리의 기도

고난당하는 자를 변호해 주시고 궁핍한 자에게 정의를 베푸시는(시 132 ; 12) 왕이신 나의 하나님을 높이고 송축하며, 납북되어 생사를 알 수 없는 주의 백성들과 순교한 거룩한 백성들을 기억하며 기도드립니다.

첫째, 빛을 받은 후에 고난의 큰 싸움을 견디어 낸(히 10:32), 좁은 길, 십자가의 길, 고난의 길을 걸어간 북한 땅의 순교자들을 기억하며 비방과 환난으로서 사람들에게 구경거리·조롱거리가 되는(히 10:33) 북한 지하교회 성도들이 성령의 검인 하나님의 말씀을 가짐으로 사탄과 싸워 승리하는 믿음의 사람들이 되게 하시옵소서.

둘째, 순교한 거룩한 백성들처럼 북한 지하교회 성도들이 선을 행함으로 고난 받는 것이 하나님의 뜻(벧전 3:17)임을 깨달아 성령 하나님이 주시는 분별력과 자기 통제력으로 유혹과 시험, 고난이 다가올 때 오히려 더 성결해지고 더 거룩해지고 인내심을 더 배워 견고한 믿음으로 서는 하나님의 사람들이 되게 하여 주시옵소서.

셋째, 더 낫고 영구한 소유가 있는 줄 알아 소유를 빼앗기는 것도 기쁘게(히 10 ; 34) 감당한 믿음의 선진들(히 11)을 북한성도들이 본받아 하나님의 뜻을 순종할 줄 아는 믿음의 사람들이 되어 북한사회가 회복되는 축복을 누릴 수 있도록 은혜를 더하여 주시옵소서.

* 참조 : 2007.4.14. ≪중앙일보≫ : "전쟁 시기와 그 이후 생사를 알 수 없게 된 사람?"
　　　　「납북」, 정진석, 기파랑

VI

한국전쟁과 한반도 평화체제

1. 한국전쟁, 끝나지 않았다

1. 그 때 그 참상

초등학교 때였던 걸로 기억된다. 조용하던 동네에 느닷없이 피난민들이 들이닥쳐 온 집안을 차지하는 등 아수라장이 되었다. 국군은 쫓겨가고 인민군들이 그 뒤를 추격했고, 공작대원들이 마을마다 들어와 북의 노래를 가르치는 등 사상교육을 시켰고, 한국경찰서를 접수한 인민 보안대들은 전쟁인원들을 차출해 가기에 혈안이 되었다. 현지 친북세력들은 세상을 만날세라 이른바 '착취계급'인 부자와 지주들을 총살시키는데 앞장섰다. 젊은이들은 인민군 지원부대로 노인들은 전쟁 보급대로 끌려가 대부분은 그곳에서 죽었다.

어렸을 때의 체험이었지만 그 때 그 참상은 지금도 끔찍하고 몸서리쳐진다. 한국전쟁이 중반을 넘어서자 북한군이나 친북세력들의 잔인성은 더해 갔다. 마을청년들은 대부분 깊은 산속이나 집 마루 밑을 파고 그 속에 숨어 밤낮으로 숨을 죽이었다. 유엔군의 반격으로 전쟁이 종반으로 접어들자 그들은 민청단을 조직하여 초등학교에 진을 치고 패잔 인민군들과 지방 친북세력들에 맞섰다.

어느 날 저녁 친북첩자의 밀고를 받고 산 속에 숨어 있던 인민군 소대병력이 초등학교를 덮쳐 그날 밤 젊은 청년들 20여 명을 죽이고 달아났다. 다음날 새벽에 온 동네마을은 초상집이 되어 울음바다가 되었다. 다음날에는 친북첩자를 색출하여 무자비한 보복이 이루어졌다. 이런 광란의 상황에서는 아군이나 적군을 막론하고 사상적으로 적군에게 동조한 사람이란 이유만으로 총살이 자행되었다. 확실한 증거를 캘 여유도 없고 변명을 들을 필요도 없는 상황에서 얼마나 많은 사람들이 희생을 당했는지 모른다.

한국전쟁 당시 수없이 점령군이 바뀌어 엄청난 희생을 겪은 이웃마을들도 있었다. 그럴 때 마을 주민들은 인공기와 태극기를 모두 준비하고 있다가 북한군이 지나가면 인공기를 내세우고, 국군이 지나가면 태극기를 흔들어 목숨을 연명하기도 했다. 그러나 가장 무서웠던 적은 토착 친북 '빨갱이'였으며 이들에 의해서 많은 주민들이 학살을 당했다.

1950년 6월 25일 북한의 선제공격으로 시작된 한국전쟁은 3년 남짓 동안 엄청난 희생이 뒤따랐다. 인민군, 중공군과 국군, 그리고 유엔군의 치열한 전투 가운데 한반도 어디에도 안전한 곳은 없었다. 이 전쟁으로 국군이 약 62만 명, UN군이 약 15만 명, 중공군이 약 90만 명, 인민군이 약 52만 명의 사상자를 냈다. 남한 민간인이 약 99만 명, 북한 민간인이 약 150만 명의 희생자가 생겼다.197) 이를 모두 합치면 약 5,758,000명의 인명이 직접적인 피해를 받은 것으로 나타났다.198)

생각만 해도 끔찍스런 일이었다. 다른 민족도 아닌 동족끼리 어떻게 서로 총부리를 겨누고 죽일 수 있을까. 그러나 상상을 해 보

---

197) 국군의 피해가 인민군보다 많았던 것은 선제공격으로 인한 것이며 북한 민간이 피해가 극심했던 것은 미군의 폭격 때문이었던 것으로 분석된다.
198) (단위: 명)

라. 인민군이 먼저 국군을 죽이고 민간인들을 무차별 학살하고 지나간 뒤, 그 참혹한 학살 현장을 목격한 국군들이 북측마을에 들어갔을 때 이성을 잃고 똑같은 행동을 한 것을 어떻게 설명할 수 있을까. 이러한 현상은 매우 비이성적 증오심 때문에 일어난 일로서 인민군, 미군, 국군 할 것 없이 자행되어 온 매우 슬픈 일이었다.

이러한 전쟁이 3년 남짓 지속된 후 휴전협정이 맺어졌을 때 죽음에 대한 공포심이 이 땅에 가득했고 서로를 향한 증오심과 적대감이 하늘을 찌를 것은 어쩔 수 없는 일이다. 이 시기에 전쟁을 직접 경험한 세대들이 왜 북한을 그토록 증오하고 미워하게 되었는지 이해가 되는 부분이다. 57년이 지난 오늘날도 우리 사회는 아직도 이 전쟁의 상처에서 벗어나지 못하고 있다. 전쟁은 끝났다고 하지만 전쟁 후 30여 년간 북한은 끊임없이 무장간첩을 남파시켜 무고한 주민들을 무차별 학살했고 미얀마 암살폭파(1983년)와 KAL 858기 폭파(1987년) 사건으로 그 잔인성은 세계를 깜짝 놀라게 했다.

우리에게 한국전쟁은 아직 끝나지도 중단되지도 않았다. 전쟁 이후의 새 세대들은 전쟁의 현실과 아픔을 이해하지 못하고 전쟁경험 세대들을 보수강경세력으로 몰아세우고 있다. 전쟁 경험세대들은 신세대들을 순진한 철부지로 보고 있다. 이런 경험과 시각적 차가 남남갈등으로 이어지고 있는 진보와 보수의 갈등, 언제 열전으로 바뀔지 모를 휴전선, 그리고 휴전선 주변에 집중된 남북의 군사진이

6.25 전쟁당시 한국군 및 UN군 피해상황					6.25전쟁당시 북측공산군 피해상황 추정				6.25 전쟁당시 남측,북측 민간인 피해상황					
구분	계	사망/전사	부상	실종/포로	구분	전투손실	비전투손실	계	합계	남한민간인				북한민간인(추측)
										계	사망/학살	부상	납치/행불	
계	776,360	178,569	555,022	42,769	인민군	520,000	?	?						
한국군	621,479	137,899	450,742	32,838	중공군	900,000	?	?	2,490,968	990,968	373,599	229,625	378,744	1,500,000
UN군	154,881	40,670	104,280	9,931	계	1,420,000	46,000	1,455,000						

아직도 전쟁 중임을 말해 주고 있다.

2. 한국전 발발 당시 주변상황

1) 미·소 냉전으로 한국전 불씨

미국과 소련은 제2차 세계대전을 거치면서 전시외교로 동맹관계를 형성하였으나 대전 종료와 함께 대립관계로 변했다. 과거의 동맹이 적대관계로 바뀜으로써 전후의 국제질서가 미·소를 중심으로 양극화 현상을 보였다.

미·소 간의 대립관계는 1946년에 들어 급속히 악화되었다. 공산 게릴라가 침투하는 그리스 문제, UN 안보리 내에서의 미소의 대립, 1946년 초 시발하는 인도차이나 반도 문제를 둘러싼 미소의 대립, 특히 전후 미국이 급속하게 군사를 해체해 가는데 반하여 소련은 군사를 그대로 유지하고 있는 데서 기인하는 불안이었다.

미·소 간의 냉전체제가 구체화되는 가운데 동북아에서의 한국전쟁 발발은 냉전을 이 지역으로 확산시켰다. 한국전쟁은 사실상 제2차 세계대전 이후의 냉전체제의 극치를 이루는 전쟁이며, 정치적 사건이었다. 아시아에서의 냉전체제는 중소우호상호원조 조약이라는 대륙에서의 중소체제와 미·일 간의 군사동맹조약이었던 미일안보조약이라는 두 조약체제의 대립이 기본적인 아시아 냉전구조의 시발이었다.

이어서 미국은 한미 방위조약과 미·대만 방위조약 등의 군사동맹체제를 형성하여 대륙의 공산세력을 봉쇄하였다. 그러나 아시아의 냉전구조를 전후 상당기간 구축하였던 기본구조는 역시 아시아 대륙세력인 중공과 미국 간의 대립이었다. 한국전쟁은 미·중공 간의 아시아에서의 냉전구조를 한층 심화시켰다.

미·중의 대립과 함께 한반도에서 냉전체제가 형성되어 실제상 두 개의 정부가 형성되었다. 소련이 주도하는 인민공화국과 국제연합 옹호 하에 유일한 합법정부로서 국제적인 인정을 받고 대한민국 정부가 수립된 것이다.199) 결국 한국전쟁은 중·소 등 대륙의 공산 세력을 등에 업은 인민공화국이 미국 등 자유진영 국가들의 지원을 받고 있는 대한민국을 불법 공격함으로써 발발한 것이었다.200)

2) 미국은 북한의 '철천지 원수'

북한의 불법 남침으로 미국의 개입을 부른 한반도에서의 열전과 1953년 휴전 이후의 냉전기 북미관계는 최악의 상황이었다. 미국은 북한에게 있어 한반도와 동북아는 물론 전 세계 평화를 위협한 '침략자'요, 한반도 적화통일의 유일한 기회를 잃게 한 '철천지 원수'로서 제일의 적이었다.

1953년 휴전협정이 이루어진 후 미국은 UN사령부를 통하여 북한 및 중공과 협정수행을 감시하기 위하여 판문점에서 회담을 가졌다. 북한은 UN사령부는 즉 미국이며 적을 대표하는 적으로 간주하였다. 1950년대와 1960년대를 통해서 북한은 미국을 '한국전쟁의 침략자'요, '남조선 혁명을 위해 축출해야 할 주적이요', '민족통일의 주된 방해자'로서 씻을 수 없는 한민족의 적으로 낙인을 찍었다. 그 후 북한 지도자들은 가장 치열하게 반항하고 투쟁함으로써 미군을 남한에서 물러가게 하는데 그들의 정책목표를 두었다.

---

199) 한국 총선거가 유엔감시위원단 밑에 자유로운 의사 표시 하에 실시된데 비해 북한은 유엔 감시위원단의 입북을 반대하고 흑백통이라는 공산단의 감시 하에서 의사 표시의 자유 없이 선거가 실시되었다. 여기에서 '한국을 유일한 합법정부'로서 북한정권을 국민의 진정한 의사표시 없이 권력을 형성하였다는 점에서 괴뢰정권이라고 부르며, 이는 유엔의 인정을 받지 못한 데서였다.

200) 북한 방송은 초기 공격에서 2km 후퇴하고 있다는 허위방송을 하였으나 북한은 계획적이고 치밀한 전략 밑에 38선을 넘어 서울을 3일 만에 점령했다. 이기택 저「국제정치사」, 일신사 1993. pp450-462.

북한이 대남혁명전략을 완전히 버리지 않는 한 북한의 대미외
교의 가장 으뜸가는 목표는 주한미군의 전면 철수이다. 한국에 주둔
한 미군은 북한의 대남 통일전략에 있어서 가장 크고도 직접적인
장애물이 되어 왔으며, 한국의 정치, 경제, 사회 등 모든 면에 있어
서 안정을 가져오게 하는 요인이 되어 한국의 국력 증가를 촉진시
킴으로써 간접적으로 북한의 대남혁명의 가능성을 멀리하는 결과가
되었다. 이와 아울러 북한은 자신의 안전을 위협한다고 판단되는 연
례적인 한미합동군사훈련을 폐지케 하는데 역점을 두어 왔다.201)

주한미군 철수의 목적을 달성하기 위하여 북한은 한국 스스로
미군을 철수시키도록 유도하는 방안으로 한국과의 모든 대화나 접
촉을 위한 전제조건으로 주한미군 철수를 내세웠으며, 미국과의 회
담 제의에서도 항상 주한미군 철수가 전제되거나 그것이 회담의 유
일한 내용이 될 것을 주장했다.

3) 한국전으로 다져진 한미동맹

1945년 광복 이후 한반도에 진주한 미군은 대한민국 정부수립
이후 한국의 반대에도 불구하고 철수했다.202) 이는 50년 북한의 남
침을 유인하는 결과가 되었으며, 북한의 남침은 미군이 유엔군의 일
원으로 한국에 주둔케 하는 원인을 제공했다.

한미동맹의 배경은 6·25 전쟁 초기 전황이 극도로 불리해지자
이승만 대통령이 북한침략군을 격퇴하기 위해 당시 유엔군사령관인
맥아더 장군에게 국군의 작전통제권을 이양한 데서 시작되었다. 휴
전 후 한국은 1953년 10월 1일에 미국과 상호방위조약을 조인하고

---

201) 유석렬, "북한의 대미관계 개선을 위한 전략", 「주요국제문제분석」,
    92-19(외교안보연구원, 1992.5.13) p9.
202) 1950년 1월 1일 에치슨 미국무부장관은 일본과 필리핀, 그리고 알루산 열
    도를 따라 미국의 방어선을 선언함으로써 한국을 제외시켰다. 공산국가들은
    미국의 한국방어포기로 오인하고 한국전쟁을 일으켰던 것으로 보인다.

이를 1954년 11월 18일부터 발효시켰다.

조약의 서문에서 한미 양국은 "당사국 중 어느 일국이 외부로부터 무력공격을 받을 때 공동으로 방위한다"는 결의를 정식으로 선언했다. 또 제4조에는 "상호적 협의에 의해 미합중국의 육·해·공군을 대한민국의 영토 내와 그 부근에 배치하는 권리를 인정한다"라고 명문화했다.

한미동맹은 그동안 몇 단계를 거쳐 발전해 왔다. 한국전쟁 이후 60년대 말까지 미국의 참전으로 북한의 남침을 저지할 수 있었고, 전쟁으로 인한 피해복구, 경제재건을 위해 막대한 군사원조(총 404억 달러)를 제공받았다. 그리고 1968년부터 한미 연례안보협의회(SCM)의 모체인 한미 국방각료회의가 발족, 우리나라 국방에 지대한 기여를 했다.

1970년에 들어 미국의 무상군사원조가 종결되고 1971년에는 닉슨 독트린 선언으로 주한미군 1개 사단이 철수했다. 1977년 카터의 주한미군 철수계획이 발표됨에 따라 자주국방력 확보의 일환으로 방위산업 육성에 역점을 두면서 군사동맹 공고화를 위한 한미연합사령부를 창설해 연합방위 능력을 향상시키는 계기가 되었다.

1980년에 들어 레이건 대통령의 '힘 우위'에 바탕을 둔 '적극적 억제전략'으로 주한미군 철수계획이 백지화되었다. 1980년대 말부터 주한미군의 경비를 일부 지원하는 방위비분담과 함께 평시작전 통제권 환수, 판문점 공동경비구역의 한국군 경비병력 증원, 한국군 장성의 군사 정전위원회 수석대표 임명 등 일련의 조치가 이루어졌다. 이는 한미 양국 간 상호보완적·안정적인 군사관계 발전은 물론 우리군의 자주적 위상이 한층 강화되는 계기가 되었다.

그러나 새로운 안보환경의 변화 속에서 전통적인 한미동맹 관계의 의미가 도전 받게 되었다. 냉전체제가 무너지고 북미, 북일 관계가 개선되며 한반도 내에서 일고 있는 남북한 화해·협력 분위기,

그리고 21세기 중국의 국력이 급격히 부상하는 가운데 나타난 북한의 변화 움직임은 한미 동맹 관계에 새로운 변수로 등장했다.[203]

3. 화해와 협력시대를 위협하는 안보현실

1) 체제생존 위해 닫아버린 북한

1980년대 후반 들어 대결과 갈등으로 특징지어진 냉전시대는 지나가고 동서 데탕트 시대라고 불리는 화해와 협상의 시대가 찾아왔다. 고르바초프 소련 공산당 서기장의 '페레스트로이카', '글라스노스트', 그리고 '신사고' 외교 전개와 함께 시작된 이 동서 화해무드는 1989년 말 동유럽 공산국가들을 휩쓴 민주화 개혁바람과 냉전종식을 공식선언한 몰타 정상회담으로 더욱 그 뿌리를 다졌다.

이념대결에서 소련은 공산주의로서는 더 이상 사회발전을 기대할 수 없다는 한계를 인식하고, 자유주의가 신봉하는 인간의 존엄성, 자유평등, 민주주의, 그리고 법의 지배를 받아들이는 개혁을 추진함으로써 이 대결은 공산주의 패배로 사실상 결판이 난 것이다. 개혁과 개방으로 대변되는 고르바초프의 새 정책은 근본적으로 낙후된 소련 경제를 재건시키기 위한 목적에서 출발했지만 그것은 불가피하게 군비축소와 정치개혁 등을 수반할 수밖에 없게 됨으로써, 엄청난 정치경제적 실험이 공산국가에서 일어나는 전기가 되었다.

이제까지 없었던 이 같은 거대한 개혁실험은 소련 한 국가에서만 그치지 않고 폴란드, 헝가리, 동독, 체코, 불가리아, 루마니아 등 모든 동구 위성국가들에게까지 확산되어 전후 40년 간 유럽지역서 동서분단을 고착시킨 '얄타체제'는 사실상 그 종말을 고했다.

---

203) 분명한 것은 평화와 화해, 협력을 추구하는 새로운 상황에서도 이를 촉진하는 한미동맹 강화는 필요하다는 것이다.

1989년 11월 9일에 동독정부가 단행한 '베를린 장벽' 개방은 동서냉전의 종식을 알리는 상징적인 사건이며, 공산당의 지도적 역할을 규정한 헌법조항 폐지, 다당제 도입한 개혁 프로그램들은 마르크스 레닌주의가 이 지역에서 소멸했음을 의미하는 것이었다.

대부분 동구권 사회주의 국가들은 정치적 탈이데올로기·탈군사회를 추구했으며 사회주의의 실패를 스스로 인정했다.204) 이와 같은 동구의 변화를 완강하게 저항하고 김일성과 연합전선을 형성했던 루마니아의 차우세스쿠 독재자의 정권도 힘없이 무너지고 말았다.

이런 상황에서도 북한은 베를린 장벽 철거 등 동서독의 통일 움직임을 위한 동구권 국가의 민주화 개혁운동 당시 대규모 인원을 동원, 북한 전 지역에 대한 수색을 실시하는 등 내부에 대한 통제를 강화시켰다. 또 북한은 중국의 天安門 사건 이후 도별로 대대적인 주민철거 대회를 개최하고 김일성 부자 중심의 단결을 촉구했다.

북한은 북경 천안문 사태에서 보았듯이 개방으로 미칠 체제에 대한 위협을 우려하여 사회의 개방을 최대한으로 늦추고 북한주민들에 대한 적극적인 사상교육으로 체제강화에 안간힘을 썼다.

2) 드디어 북한은 대량살상 무기 보유국으로 등장

2006년 7월 5일 북한이 발사한 '대포동 2호(사정거리 6500km)'는 발사 이후 미사일 기지로부터 400~460km 가량 떨어진 동해에 떨어져 실패한 것으로 추정되었다. 그러나 북한은 대포동 2호 발사에 이어 강원도 안변군 깃대령에서 한국을 사정권으로 하는 화성 6

---

204) 폴란드에서는 비공산세력이 내각을 구성했고 공산당 일당 독재를 포기했으며, 헝가리에서는 집권당의 탈공산화 사회민주주의를 이룩했고 비공산정권이 들어섰다. 불가리아에서도 자유선거를 통해서 중도좌파가 정권을 장악했으며, 루마니아에서도 좌파세력이 정권을 잃었다. 유석렬, 「남북한 통일론」, 법문사, 1995. pp63-66.

호(스커드 C형), 일본을 사정거리에 두는 노동미사일, 그리고 미 본토를 겨냥한 대포동 2호 등 모두 7기를 발사했다. 이로써 북한은 핵무기 개발과 함께 주변국들을 위협할 수 있는 운반체계를 마련한 것으로 볼 수 있다.

북한 노동당 기관지 ≪노동신문≫은 "미제도 감히 덤벼들지 못하는 불패의 혁명 무력이 있기에 우리는 복잡하고 첨예한 정세 속에서도 혁명과 건설을 우리의 사상과 신념에 따라 우리나라의 실정과 우리 혁명의 이익에 맞게 우리식으로 정정당당하게 해내고 있다"205)고 주장했다. 같은 날 평양방송은 "우리 공화국에 대한 침략자들의 군사적 위협 공갈 도수가 높아질수록 우리는 자위적 국방력을 천백 배 강화할 것"206)이라고 강조했다.

한편 북한은 2006년 10월 9일에 국제사회의 거듭된 경고에도 불구하고 핵무기 시험을 강행했다. 북한은 조선중앙통신사 보도를 통해 "지하 핵실험이 성공적으로 진행되었고 방사능 유출은 없었다"고 공식 발표했다.207) 10월 9일 오전 10시 35분 함경북도 길주군 풍계리 지역에서 TNT 0.4~0.8Kt 폭발규모 핵실험으로 추정되었고 미국의 국가정보국은 16일 북한의 핵실험을 공식확인했다.

이로써 북한은 미·러·영·중·불과 인도·파키스탄·이스라엘에 이어 9번째 핵보유국으로 등장했다. 북한의 핵실험 성공으로 본격적인 핵무기를 생산, 배치하면 한국군은 안보개념을 전면 수정해야 할 것이다. 남북 간에 핵무장 국가와 비핵무장 국가라는 비대칭으로 군사적 균형은 무너졌기 때문이다. 북한이 핵무기를 실전에 배치하면 재래식 무기로만 무장한 한국군은 역부족일 수밖에 없다. 북한군이 폭발규모 10Kt급 핵탄두를 실은 탄도미사일을 쏘면 전방

---

205) ≪노동신문≫, 2006.7.5.
206) 평양방송, 2006.7.5.
207) 조선중앙통신, 2006.10.9.

에 배치된 우리군은 회복불능의 피해를 입는다. 1Kt급 핵탄두는 반경 1Km 이내에서 작전 중인 병력에 치명적인 피해를 줄 수 있는 강력한 것이라고 한다.

북한의 화학무기는 핵무기의 그늘에 가려 크게 표면화되지 않고 있지만 북한은 화학무기의 대국이라고 일본평화안보연구원 쯔카모토 원장이 밝혔으며 이것이 사용될 경우 그 피해는 핵무기에 필적하게 된다는 것이다.208) 북한은 이미 1,000톤의 화학무기를 보유하고 있고 연간 5,000톤의 생산능력을 가지고 있으며 평양 용성구역에 위치한 마람자재 상사에 비축된 양만으로도 4,000만 명을 희생시키고도 남을 정도라는 것이다.209) 이런 맥락에서 망명한 북한 노동당 전 비서 황장엽 씨도 "북한은 핵무기·화학무기·로켓무기를 동원해 남조선을 순식간에 초토화시킬 수 있다"210)고 했다.

1999년 10월 4일 국회 국방위의 합동참모본부에 대한 국감에서 합참정보본부 자료를 인용해 "북한은 신경작용제(VX), 사린독가스(GB), 질식작용제(CG)를 북한정부가 관리하는 저장시설이나 군단급 저장소에 보관하고 있다"고 밝혔다.211) 북한이 보유하고 있는 신경작용제는 무색무취로 4~10분 만에 급속도로 확산되고 효력도 3~21일에 달해 유사시 피해가 상상을 초월한다는 것이다. 특히 사린독가스는 4.5kg이면 4분 안에 1,000만 명을 희생시킬 수 있다는 것이다.

세균무기로는 콜레라, 페스트, 탄저균, 유행성 출혈열 등을 생산하고 있으며, 스커드 미사일에 장착해 발사하는 방법, 폭격기에서 폭탄으로 투하하는 방법, 드럼에 넣어 직접운반, 공중에서 폭파시키는 방법, 포로 쓰는 방법 등이 있다는 것이다. 미 국방부 정보국에

---

208) ≪조선일보≫, 1992. 6.1.
209) ≪조선일보≫, 1995.3.22.
210) ≪조선일보≫, 1997.5.8.
211) ≪동아일보≫, 1999.10.5.

의하면, 북한은 신경가스 등 무기용 화학제와 이를 사용한 화학무기 생산 및 저장 시설을 보유함으로써 화학무기를 사용해 한국을 공격할 능력을 갖추고 있다고 밝힌 바 있다.212)

3) 북미움직임이 심상치 않다

북한을 대하는 미국의 입장이 크게 달라지고 있다. "북한과는 절대 양자회담을 안 하겠다. 불법행위는 협상대상이 아니다. 잘못된 행동에 보상은 없다"고 강경한 태도를 보이던 미국이 이제는 북미수교와 평화협정문제까지 거론하고 있다.

2006년 11월 18일 부시 미 대통령은 아시아·태평양 경제정상회담(APEC)에 참석한 노무현 대통령과 회담을 한 후 "북한이 핵무기와 핵야망을 포기하면 북한의 안전보장과 경제적 인센티브 제공에 대한 협의에 들어갈 것이라는 것을 북한지도자들이 알기를 바란다"고 느닷없이 말을 꺼냈다.

같은 날 미국 백악관의 토니 스노 대변인은 "북한이 핵 프로그램을 철폐하고, 나아가 어떠한 핵야망도 포기하면 우리는 한국전 공식종료선언(a declaration of the end of the Korean War)을 하고, 경제협력을 하며, 문화·교육 등의 분야에서 유대관계를 맺는 등 일련의 조치를 기꺼이 취할 것"이라고 말했다. 이어서 그는 "북한이 핵을 포기할 경우 우리가 취할 북한당국과 주민에겐 좋은 것이 될 것"이라며, "미국은 북한에 대한 채찍(sticks)이 아니라 당근(carrots)에 무게를 두고 있다"고 강조했다. 그는 전제조건보다는 '당근'에 역점을 두었다.

스노대변인이 '한국전 공식 종료선언'이라고 말한 것은 현재의 북미 간의 정전상태를 종전·평화체제로 전환하겠다는 의미다. 미국

---

212) ≪조선일보≫, 1996.3.26.

이 진정으로 '한국전 종식종료'를 선언하기 위해서는 먼저 주한미군을 한국전쟁 이전 수준으로 완전 철수시켜야 하고, 한국전쟁 결과물인 한미상호방위 조약을 철폐해야 한다. 미국이 한국전쟁으로 성립된 '한미동맹과 주한미군'을 그대로 둔 채 북한에 "핵을 폐기하는 대가로 한국전쟁의 종료를 선언해주겠다"면 씨도 안 먹힐 말이다.

정말 미국은 북한이 한국전쟁의 종료선언을 받아내기 위해서 핵을 포기할 수 있다고 생각하는지 궁금하다. 북한의 전략 상황에 조금이라도 관심이 있는 사람이라면 북한이 쉽게 핵을 없앨 것으로 보지는 않을 것이다. 그럼에도 불구하고 3월 5~6일 뉴욕실무회담에서 북미는 테러지원국 명단 해제문제, 적성국 교역금지법에 의한 경제제재 해제, 고농축우라늄(HEU) 프로그램을 포함한 북핵 폐기 초기이행 조치, 평화체제구축 등 북미관계 정상화를 위해 거의 모든 의제를 다루었다.213) 북핵 해결을 위한 첫 실무회의에서 평화협정 체결과 외교관계수립까지 논의함으로써 북미관계 급진전을 예상케 하고 있다.

문제는 부시 대통령이 한국전쟁의 종전선언과 평화협정체결의 전제조건으로 내세운 '북한의 핵무기와 핵야망 포기'내용이 변질되고 있다는 것이다. 미국 백악관 국가안전보장회의(NSC)와 국무부 고위당국다자들은 5월초 미국을 방문한 한국 국회의원들을 만난 자리에서 평화협정 체결의 전제조건으로 "북핵 물질에 대한 완전한 신고와 핵물질의 완전한 확보"를 들었다. 미국이 의심해온 HEU에 대한 해명도 있어야 하고 폐기 대상인 핵물질도 미국 등에 넘겨야 한다면서도 보유핵무기에 대한 언급은 없었다.

미 국무부 고위당국자는 북미관계 개선을 위해 북한이 선결해야 할 세 가지 조건을 제시했다. 영변 핵시설 가동중지, HEU에 대

---

213) 클린턴 행정부 말기인 2000년 10월 북미공동코뮈니케를 만들 때와 유사한 북미관계 움직임을 본격화 했다.

한 분명한 설명, 이미 추출한 플루토늄을 미국에 넘겨 폐기하는 것
이다. 이중 관심을 끄는 것은 HEU 폐기가 아니라 납득할 수 있는
해명을 한다면 문제 삼지 않겠다는 뜻으로 보인다.214)

함께 방미한 박진 한나라당 의원은 "미 행정부 내에 북한을 핵
보유국으로 사실상 인정하는 분위기가 강해지고 있다"고 말했다. 실
제로 미국은 북한이 4~5개 핵을 보유하고 있는 것이 자신의 안보
에 직접적인 위협이 아니라고 믿을 가능성이 크다. 미국은 핵을 보
유한 북한을 수교를 통해 잘 관리하면 적어도 핵확산을 막고, 중국
의 대북배타적 영향도 상당히 견제할 수 있는 효과를 가질 것을 기
대할 수도 있다.

조지 슈왑 전 미외교정책협회(NCAFP) 회장은 2007년 3월 9일
자유아시아방송(RFA)과의 인터뷰에서 "미국은 핵을 보유한 북한이
앞으로 더 이상 핵무기를 갖지 않는다는 조건으로 북한과 조속히
외교관계를 정상화 시키는 것이 바람직하다"고 말했다. 그는 "몇 개
의 핵무기를 가진 북한을 지금 받아들이는 것이 앞으로 2~3년 동
안 회담을 질질 끌면서 북한에 4~5개의 핵무기를 더 얻도록 만드
는 것보다 낫다"며 이같이 말했다. 박진 의원도 2007년 5월 9일 "미
국의 정책은 북한 핵의 완전한 해체(dismantlement)라기보다 기왕
에 만든 핵무기를 소량상태로 제한하는 방향으로 나가고 있다"며
"미국은 북핵 불능화 조치가 진행되면서 평화체제 프로세스에 대한
논의를 동시에 추진할 수 있다는 입장"이라고 전했다.215)

이런 맥락에서 미국은 중국과 한국에는 거리를 두고 북한과 접
근하는 전략에 매력을 느낄 것은 분명하다. 북한의 핵보유를 인정한

---

214) 미국은 2002년 북한핵 2차 위기를 촉발한 HEU에 대해 폐기를 주장하다 최근
에는 "강한 확신(high-confidence)이 아니라 중간단계의 확신(mid-confidence)만
있다"고 한 발 물러섰는데 이번에 더 완화된 표현을 쓰는 것이다.(≪조선일
보≫, 2007.5.9.)
215) ≪중앙일보≫, 2007.5.10.

채 미국이 한국전쟁 종전선언과 평화협정체결에 나서지 않기를 바란다. 그러지 않아도 한미관계가 원만치 못한 판에, 상황이 더욱 악화되면 한국을 제치고 북한에 접근하여 본의 아니게 우리의 안보를 위협할 가능성도 전혀 배제할 수 없음에 유의해야 할 것이다.

　4) 삐걱대는 한미관계

　언제부터인가 우리 사회 일각에서는 미군주둔 자체를 민족자주성 문제와 결부시켜 철수를 공공연히 주장하는가 하면 한미주둔군지위협정(SOFA)의 불평등성을 들고 나와 반미감정을 부추기었다. 실로 한미관계는 반세기가 넘는 동맹관계에서 매우 어려운 상황을 맞게 된 셈이다. 전통우방관계인 한국과 미국은 불행하게도 서로의 오해와 불신을 지속적으로 확대재생산하면서 급기야 한미관계 전체를 위협할 수 있는 상황으로까지 발전할 조짐을 보였다. 더욱 염려되는 것은 미국 내에 반한 내지 혐한(嫌韓) 현상이 일고 있다는 것이다.

　한국과 미국은 대북정책과 관련 분명한 시각 또는 입장 차이를 보이고 있는 데서 문제의 발단이 있다. 무엇보다 미국은 북한을 자신의 주민들을 기아상태로 처하게 된 독재국가이자 제네바 합의를 어기고 핵 계획을 계속 추진해 온 '불량국가'로 규명하면서 대북 강경책을 지속적으로 추진해 왔으나, 반면 한국 내에는 북한이 포용과 관용의 대상이어야 한다는 인식이 확산되면서, 한미동맹은 북한을 포용하는 공동포용의 효율적 계기가 되어야 한다는 것이다.

　둘째, 한미는 대북전략 목표설정과 추진에서 다른 입장을 취하고 있다. 부시 행정부는 북한을 고립·봉쇄하고 체제전환을 시켜야만 북핵의 본질적 해결이 가능하다고 파악해 왔다. 그러나 한국은 북한의 체제전환을 전략 목표로 설정하는 것을 반대하고 당장 시급한 핵과 미사일 문제에 역점을 두어야 한다고 주장하고 있다. 미국

은 고농축 우라늄 프로그램을 은밀하게 개발함으로써 제네바 기본
합의를 위반한 북한은 그에 합당한 대가를 치러야 한다는 것이나
한국은 북한을 범죄자가 아니라 정당한 협상 상대로 인정해야 한다
는 것이다.

셋째, 북한과의 대화전략과 관련하여 미국은 북한과 직접대화
를 피하고 다자주의 채널을 통해 북한에 대한 다중적 압력을 가해
야 한다는 입장이었는데 대해 한국은 가급적 다자주의 틀 안에서
북미 간 양자대화로 돌파구를 마련해야 한다는 것이었다.

넷째, 미국은 대북군사행동도 협상카드로 쓰려고 하는데 반해
한국은 이에 반대해 왔다. 미국은 북핵문제가 UN안보리로 회복됨
으로써 대북제재와 그에 따른 핵무기의 가능성이 높아지고 있기 때
문에 최악의 경우, 북핵 시설에 대한 외과수술적 폭격을 감행할 수
도 있다는 입장이었다. 한국은 협상전략으로 어떠한 경우라도 군사
행동카드는 반대하며 어디까지나 외교적 해결을 내세웠다.

한미 간에 이러한 기본적인 시각과 입장 차이와 더불어 현 정
부 출범 후 북한의 민족공조를 내세운 반미감정 충동, 미 장갑차에
희생된 두 명의 여중생사건이 터져 친북 진보세력들의 반미감정을
주도적으로 이끌었다.216)

이러한 상황 속에서 전시 작전통제권 이양문제까지 겹쳐 한미
관계는 어려운 상황을 맞게 되었다. 노무현 대통령을 비롯한 정부
측에서는 '자주'와 '주권'을 제한하는 것이니 만큼 빨리 내놓아라, 미
국정부는 '그렇게 가져가고 싶다면 더 빨리 넘겨줄 테니 책임도 함
께 떠맡아라', 또 다른 쪽에서는 '전작권은 이양해야겠지만 지금은
때가 아니라'고 반대를 하고 있다.

사실 따지고 보면 북한이 핵무기로까지 무장한 상황에서 그렇

---

216) 유석렬, 「모퉁이돌 정세분석」, 2003.4.1. pp1-3

게 서두를 일이 아니다. 이양을 주장하는 측에서는 '전작권 이양은 자주국방의 핵심이고 자주국방은 자주국가의 길'이라고 마치 우리가 남의 나라 속국이나 되는 것처럼 야단법석을 벌이고 있다.[217]

그러나 그동안 전작권은 한국의 '자주'나 '군사주권' 또는 '군수통권'을 크게 훼손하여 문제를 일으킨 적이 없으며, 한미관계도 상호존중의 대등한 파트너십 기반 위에 한미연합사의 전쟁억지능력까지 갖춰 손색없는 동맹국으로서 협력을 해왔다. 2006년 느닷없이 불거져 나온 전작권 이양문제는 원만한 한미관계에서도 극히 신중해야 할 일인데 현 정부출범 이래 크게 악화되어 있는 지금의 현실에서 정부의 무모한 '밀어붙이기'와 미국의 '감정적 대응'이 우리를 불안케 하고 있다. 오늘날 세계화시대는 협력, 공조 그리고 동맹의 시대이지, '힘'의 뒷받침 없는 의지만 앞세우는 주권이나 자주의 시대는 아니다.

4. 휴전 아닌 지속되는 비정규 한국전

한국전쟁 후 1950년대 말까지 북한은 큰 도발행각을 벌리지 않았으나 1960년대 들어오면서 4대 군사노선을 채택하고 대남혁명전략을 줄기차게 추구했다. 1968년 1·21 청와대 습격, 11월의 울진·삼척지구 무장간첩 침투 양민학살, 1969년 12월 KAL 여객기 남치 등의 사건을 연이어 일으켰다.

1970년대는 대남공산세력 침투를 위해 남한과의 협상정책을 써오다가 1980년대에 들어서는 비정규전 형태로 남한을 공략하였다. 1983년 10월 9일에 일어난 전두환 대통령과 각료들을 겨냥한 아웅

---

217) 유석렬, 「모퉁이돌 정세분석」, 2006.10.

산 폭탄테러사건, 1989년 11월 29일에 서울올림픽 방해공작으로 미얀마 상공 KAL 858기 폭발사건에 이르기까지 무수한 테러전을 벌려왔다.

최근 들어 북한은 남북관계와 관련하여 '민족중시', '우리 민족끼리'를 내세워 친북 진보세력 결집에 안간힘을 쓰고 있다. 친북 진보세력을 등에 업고 정권을 잡은 현 남한정부 초기에는 진보세력 천하였다. 친북 진보세력의 남한사회 침투는 어제와 오늘의 일이 아니다. 1997년 황장엽 북한 노동당비서 망명 당시 수만 명의 친북세력들이 남한 각계각층에 침투되어 정부전복을 노려 전쟁이 임박했다고 했다. 황장엽 씨는 망명배경을 밝히면서 "전쟁이 일어나는 길밖에 출로가 없는 조건에서 우리 민족을 불행으로부터 구하기 위해서 남쪽에 왔다"고 했다.218)

북한이 '민족공조'를 내세우는 것은 "우리 민족 내부문제에 대한 미국의 간섭과 방해책동을 단호히 배격"한다는 명분으로 반미감정을 부추기어 주한미군을 철수시키고, 국론분열을 주도하고 친북진보세력을 결집하려는 전략의 일환이다. 올해 신년공동사설에서는 "남조선 인민들은 '신보수'의 결탁과 도전을 진보의 대연합으로 짓부셔 버려야 한다"며, "평화는 투쟁으로 쟁취해야 한다"면서 남한내 친북활동의 강경 폭력투쟁을 독려했다.219)

북한은 2007년 12월 19일 남한의 대통령 선거와 관련 "남조선 인민들은 반보수대연합을 실현해 대통령 선거를 계기로 친미보수세력을 매장해 버리기 위한 투쟁을 더욱 힘 있게 벌려나가야 한다"고 했다. 또 북한은 조평통을 통해 "한나라당과 같은 반동보수세력이

---

218) ≪조선일보≫, 1997.3.30.
219) 2007년 공동사설은 "반역의 무리를 그대로 두고는 조국통일운동의 진전을 기대할 수 없기 때문에 독초는 제때에 뿌리 뽑아 제거해 버려야 한다"고 주장했다.

집권하면 우리 민족이 핵전쟁의 참화를 입게 될 것이 너무나 자명
하다"[220]고 협박했다. 공식적인 노동당 기구를 통해 2006년 10월 핵
실험 이후 처음으로 '핵위협'을 한 것은 예사로운 일이 아니다.

요즈음 국내외 전문가들은 북한이 체제붕괴 위기에 직면할 경
우 대남군사도발에 나설 수 있을 것으로 보고 있다. 브로스벡톨 미
국 해병대 참모대 교수는 "6자 회담이 결렬되고 미국과의 군사적
긴장이 고조될 경우, 북한이 한국을 압박하기 위해 한반도 위기 조
성에 나설 가능성이 높다"고 전망했다. 바실리 미혜예프 러시아 세
계경제 및 국제관계연구소(IMEMO) 아시아태평양연구센터 소장은
"북한이 체제붕괴 위기를 맞을 경우 북한군 특수부대가 한국의 핵
시설이나 생화학물질 저장소를 파괴해 한국을 혼란에 빠뜨릴 가능
성이 크다"고 말했다.

한국전쟁은 휴전으로 중단된 것이 아니라 오늘날도 지속되고
있다. 정규전 형식 아닌 테러, 살상, 방화, 침투, 포섭, 납치 등 비정
규전은 지금 이 시간에도 끊임없이 진행되고 있다. 더구나 북한이
핵을 보유하고 있는 이상 신일순(예비역 대장) 전 한미연합사 부사
령관이 "북한의 핵보유로 남북한 군사균형이 깨진 마당에 안보상황
을 적절히 관리할 수 있다는 주장은 허황된 것"[221]이라고 한 말을
기억해야 할 것이다.

5. 이 땅에서 전쟁은 없어야

이 땅에 또다시 전쟁은 없어야 한다. 어떤 형태든 이를 용납되
어서는 안 된다. 그러기 위해서는 무엇보다도 북한 핵에 대한 확고

---

220) 《노동신문》, 2007.1.4.
221) 《동아일보》, 2007.1.2.

한 원칙을 가지고 대처해야 한다. 북핵은 어떤 이유로도 용납할 수 없다는 분명한 원칙 밑에 미국과 긴밀한 협조를 해야 할 것이다. 핵보유 자격으로서 주변국들과 수교를 원하고 있는 북한의 전략을 저지시키고 미래의 북핵 동결에만 만족하고 현재와 과거의 핵을 용인하려는 어떠한 음모도 분쇄해야 한다.

북한과 미국의 수교협상을 경계해야 한다. 미국과 수교가 이루어지면 북한은 평화체제를 위해 주한미군 철수를 요구할 것이다.222) 전시작전권이 전환됨에 따라 한미연합사 및 UN사가 해체되고 나면 한미동맹은 외피만 남게 될 것이기 때문이다.

북한이 존재하는 한 대북한 억지력을 위해 한미 동맹은 필요하고, 통일 이후에도 중국, 일본 등 한반도 주변 강대국들의 충돌 가능성을 예방하고 또 앞으로 발생가능한 강대국들의 안보 위협에 대처하는 차원에서도 한미동맹은 강화되어야 한다. 그러나 한미동맹의 의미는 시대와 상황에 따라 수정, 보완돼야 하며 한미 안보동맹 발전을 위한 양국 간의 지속적 협의가 있어야 할 것이다.

우리나라의 안보 현실을 볼 때 오늘날 최소의 비용으로 우리 스스로 분단 현실을 극복하고 미래지향적인 안보역량 구축과 평화통일로 갈 수 있는 길은 극히 제한적일 수밖에 없다. 이러한 상황에서 가장 확실한 방법은 안보의 버팀목이 될 수 있는 동맹관계를 통해 주변국과의 세력균형을 이루어 전쟁을 방지하는 것이다.

우리가 유의해야 할 것은 전쟁억지를 위한 미군주둔과 그 임무 수행에 의해 부수적으로 발생하고 있는 일부 부정적 문제에 집착하여 주한미군의 역할과 한미동맹관계 전부를 부정하거나 개별적·지엽적 쟁점에 대해 감정적으로 대응할 때 우리의 국가안보 전체를 훼손하는 잘못을 범할 수 있다는 점이다.

---

222) 북한은 평화협정은 "남조선을 강점하고 있는 미군을 철거시키는 것"을 전제로 하고 있다. 「북한백과전서」 (평양과학백과사전출판사 간)

현재 우리 내부의 반미 논의와 움직임, 그리고 이에 대한 미국 내의 반한 분위기 등은 조속히 정리돼야 하는 한편, 한미공조를 통해 가장 확실하고 효과적으로 한반도 안보위기를 해결해야 할 것이다. 결론적으로 주한미군은 광복 이후 좌익세력을 척결하고 북한의 남침으로 우리 자유민주주의를 수호했으며, 한국전쟁 이후 한미동맹 결성은 북한의 남침을 억제하는 정치·군사적 기능을 수행해 왔다.

그럼에도 불구하고 언제까지나 우리의 안보를 미국에게 의존할 수는 없다. 우리 경제를 크게 해치지 않는 범위 내에서 하루 빨리 자주국방을 이룩하는 것은 이 땅에 또 다른 한국전쟁을 막는 최선의 방법이다. 유의해야 할 것은 동맹과 자주국방은 따로 가는 것이 아니라 동전의 양면임을 깨닫고 상호보완 해나가는 지혜를 가져야 할 것이다.

6. 우리의 기도

"그가 열방 사이에 판단하시며 많은 백성을 판결하시리니 무리가 그들의 칼을 쳐서 보습을 만들고 그들의 창을 쳐서 낫을 만들 것이며 이 나라와 저 나라가 다시는 칼을 들고 서로 치지 아니하며 다시는 전쟁을 연습하지 아니하리라"(사 2:4)라는 말씀을 묵상하면서 하나님께 기도드립니다.

첫째, 반세기 동안 서로에 대한 미움과 증오심을 낳게 한 전쟁의 아픔은 남과 북 모두에게 깊이 남겨져 있습니다. 이처럼 많은 상흔들을 치유하는데 믿는 사람들이 앞장서게 도와주시옵소서. 서로를 용서하고 하나님 안에서 진정한 화해를 이룰 수 있도록 하여 주시옵기 원합니다.

둘째, 전쟁세대와 전후세대 간에 서로를 '전쟁의 참상을 모르는 철부지'와 '보수강경세력'으로 몰아붙이며 이해하려 하지 않고 대화를 하지 않는 서글픈 현실입니다. 먼저 세대 간에 대화를 통해 이해하게 하시며, 불신을 버리고 용서와 사랑으로 분단의 아픔을 치유하고 극복할 수 있는 하나님의 놀라운 역사가 있게 하시옵소서.

셋째, 대북한 억지력과, 통일 이후 중국, 일본 등 한반도 주변 강대국들의 안보 위협에 대처하는 차원에서도 한미동맹은 강화되어야 합니다. 한편, 한미동맹의 의미는 시대와 상황에 따라 수정, 보완해 나가는 양국 간의 지속적 협의가 있어야 할 줄로 믿습니다. 한미동맹과 자주국방을 따로 가는 것이 아니라 동전의 양면임을 깨닫고 상호보완해 나갈 수 있는 지혜를 허락해 주시옵소서.

넷째, 북핵은 어떤 이유로도 용납할 수 없다는 분명한 원칙 밑에 주변국과 긴밀히 협조하여 핵보유 자격으로서 주변국들과 수교를 원하고 있는 북한의 전략을 저지시키고 미래의 북핵 동결에만 만족하고 현재와 과거의 핵을 용인하려는 어떠한 음모도 분쇄하게 하소서. 이 땅에 다시는 전쟁이 일어나지 않도록 도와주시옵기 원합니다.

다섯째, 남북의 통일 이전에 여러 교단으로 나누어진 기독교가 일치된 마음을 품게 하시고, 교회가 한 마음으로 먼저 북한을 용서하고, 용서를 구하며, 사회의 반목과 갈등의 중심에 서서 화해의 메시지를 선포하게 하시옵소서.

2. 한반도 평화체제, 쟁점과 전망

1. 평화체제 논의의 배경과 의미

1) 평화체제 논의의 배경

한반도의 평화와 이를 보장할 수 있는 체제를 만드는 것은 모든 한국인의 바램이며, 동북아 지역의 평화와 안정을 위해서도 꼭 필요한 것이다. 그러나 한국전쟁 이후, 반세기가 지나도록 한반도 평화체제에 대한 남북 간의 이견은 물론, 주변국들의 각기 다른 이해관계 때문에 평화체제 수립에 관한 논의도 시작하지 못하고 있는 실정이다.

지난 2006년 11월 베트남 하노이 한미정상회담에서 북한이 핵을 폐기할 경우 미국은 한국전의 종료를 선언하겠다는 부시 대통령의 '종전선언' 언급은 한국전 종식을 위한 평화협정 체결 논의 가능성을 열어 놓았다. 노무현 정부는 그 출범에서부터 한반도 평화체제를 주요 국정과제로 선정했었고, 한반도 평화체제 로드맵 연구 태스크포스팀을 구성하고, 국제심포지움을 개최하는 등 평화체제 추진 의지를 강하게 드러내고 있다. 또한 북미 간의 급속한 움직임으로 한반도 평화체제로의 가속도가 붙는 것은 아닌가 하는 생각이 든다.

우리 사회 일각에서는 북핵문제도 해결되지 않았는데 평화체제 논의를 시작하는 것은 오히려 부작용을 낳게 되지 않겠냐며 우려를 하고 있다. 또 다른 쪽에서는 지금이야말로 평화체제를 논의해야 할 적기라며 적극적으로 추진해야 한다고 주장하고 있다. 한반도 평화체제는 연말 대선을 2개월여 앞두고 갖게 될 2차 남북정상회담의 주요의제가 될 것으로 예상되어 더욱 우리의 관심을 끌고 있다.

2) 평화체제의 의미
가. 평화체제와 평화협정

평화체제란 "국가들 간에 전쟁의 위험을 제거하고, 상호불신과 군비경쟁으로 생긴 적대관계를 청산하며, 상호 간에 공존과 번영을 추구하기 위해 협력을 해나가도록 국가 간에 합의하는 절차, 원칙, 규범, 규칙, 그리고 그것을 관할하는 기구 등을 의미"한다. 한반도 평화체제는 한국전쟁에서 비롯된 정전체제를 종식하고, 상호불신과 군비경쟁의 문제를 해결하여, 남북 간의 분쟁과 대결을 해결할 수 있는 합의된 절차와 원칙, 제도를 조성하여 남북관계, 대외관계에서 이를 보장하는 제도의 발전이 이루어진 상태를 의미한다. 결국 한반도 평화란 남북한 간에 화해와 불가침, 교류협력이 균형적으로 추진됨으로써 적대행위가 없는 공존이 법적·제도적으로 보장된 상태를 말한다.223)

평화체제란 정전상태의 평화상태로의 전환이 제도적으로 보장되는 체제, 즉, "전쟁 없는 평화적인 남북관계의 항구적 제도화"라면 평화협정은 이를 최종적으로 보장하는 일종의 요식행위라고 할 수 있다. 평화체제 구축은 단순히 정전협정을 평화협정으로 대체하

---

223) '한반도 평화체제의 쟁점과 구축 방향' 조성렬, 새로운 코리아 구상을 위한 연구원. 2007.7.

는 법적·제도적 합의가 아니라, 실질적인 평화 상태를 유지·발전 시켜나가는 과정을 의미한다. 224)

평화협정의 체결에서 가장 중요한 것은 당사자 문제이다. 정전협정은 1953년 7월 27일 마크 클라크 유엔군 사령관, 김일성 북한군 최고사령관, 펑더화이(彭德懷) 중국 인민해방지원군 사령관 명의로 서명함으로써 체결되었다. 그러나 정전체제는 1991년 한국군 장성이 군사정전위원회 수석대표로 임명되자 이듬해 북한과 중국이 각각 군사정전위원회에서 철수함으로써 현재는 유명무실해진 상태이다. 또한 유엔 16개국 참전국 가운데 대부분 철수하고 사실상 주한미군이 유엔군의 역할을 해 왔기 때문에 군사령관이 서명자로 참가했던 정전협정과는 달리, 평화협정에는 한반도 평화체제를 유지·관리할 국가 정상들이 참가하는 것이 타당할 것이다.

한반도 평화체제에 대한 남북한 간 처음으로 합의한 것은 "남과 북은 현 정전상태를 남북 사이의 공고한 평화상태로 전환시키기 위하여 적절한 대책을 강구한다"는 1992년 남북기본합의서에서다. 그리고 2005년 9·19 북핵 공동성명도 한반도의 항구적 평화체제에 대하여 명기했다. 6자 회담의 진전 상황에 따라 '적절한 시점'에 한반도 평화체제 구축을 위한 논의가 시작될 것을 예고한 것이다.

평화체제는 이중성을 가지고 있다. 정전협정을 평화협정으로 대체하는 법적 제도적 장치의 마련이라는 측면과 적대관계를 평화협력관계로 바꾸어 가는 정치 군사적인 과정이라는 측면을 가지고 있다. 한반도에서는 남북 간, 북미 간에 정전상태와 적대관계가 너무 오랫동안 지속되어 단 한 순간에 적대관계 해소과정 없이 평화협정을 체결한다고 해서 정전상태가 종결되고 평화체제가 이루어지는 것은 아니다.

---

224) '한반도 평화포럼의 쟁점과 과제', 구본학, 「한반도 평화포럼: 구상과 이행」 통일연구원, 2006.

3) 평화체제 논의는 이미 시작되었다

'9.19 북핵공동성명'은 제4항에서 "6자는 동북아시아의 항구적인 평화와 안정을 위해 공동 노력할 것을 공약하였다. 직접 관련 당사국들은 적절한 별도의 포럼에서 한반도의 항구적 평화체제에 관한 협상을 가질 것이다"라고 밝힘으로써 한반도 평화체제 구축을 위한 관련국들 간의 논의를 '보장'하고 있다. 그러나 과연 북핵문제가 어느 단계에 도달했을 때 논의를 시작하고 어떤 시점에서 평화협정을 체결할 것인가 등 평화체제 논의 및 완성시기에 대하여는 애매모호하다.

2006년 10월 9일 북한의 핵실험으로 유엔 안보리를 중심으로 대북 제재와 압박 강화에 주력하던 미국은 같은 해 11월 18일 하노이 한미정상회담 직후 태도를 완화했다. 부시 대통령은 "북한이 핵을 폐기할 경우 미국이 취할 수 있는 구체적인 목록 중에는 한국전의 종료를 선언하고 경제협력과 문화, 교육 등 분야에서의 유대를 강화하는 게 포함돼 있다"고 언급함으로써 미국의 '유연한' 대응을 시사한 것이다.

9·19 공동성명의 연장선상에서 나온 부시 대통령의 '종전선언' 언급은 한국전 종식을 위한 평화협정 체결 논의 가능성을 열어놓은 것이다. 북한이 핵개발의 원인이라고 주장하는 대북 적대시 정책 포기 요구에 유연하게 대응하고, 평화체제 논의를 좀 더 구체화시키자는 것이다. "미국 때문에 6자 회담이 진척되지 않는다"는 불평을 미리 차단하려는 다차원적 고려가 작용했다고 볼 수 있다.

2006년 12월 22일 제5차 6자 회담 2단계 회의에서 미국은 북한이 1) 영변 5MW 원자로 동결, 2) IAEA 사찰단 입국 허용, 3) 핵 프로그램 신고 등으로 구성된 '초기 이행조치'를 수용할 경우, 1) 문서화된 안전보장 및 테러지원국 명단에서의 삭제, 2) 식량 및 경제지원, 3) 북미관계 정상화 협의 착수 등의 조치를 취하겠다는 내용의 대북 제안을 했다.

이에 대해 북한이 2007년 1월 17일~19일 미국과의 베를린 접촉을 통해 큰 틀에서 '긍정적'인 입장을 보였고, 2월 13일 베이징 제5차 6자 회담 3단계 회의에서 참가국들은 '9·19 공동성명 이행을 위한 초기 조치(2.13 합의)'에 합의했다. 이로써 북한 핵문제로 인한 위기국면은 일단 넘긴 셈이다. '2·13 합의'는 미국 대북정책의 변화에서 비롯되었다. 북한의 일방적인 선 핵 폐기를 주장하면서 북미양자회담을 거부해 온 부시 행정부는 북한의 핵실험으로 파국적 상황을 맞자, 북핵 '완전폐기'보다는 핵무기 '확산방지' 쪽으로 정책의 중심을 옮긴 것으로 보인다. 미국은 그동안 강력히 주장해 온 북핵 완전폐기 문제는 외교적인 타협과 협상에 의한 '장기과제'로 설정하면서 북한을 미국의 동북아 전략구도 속으로 끌어들여 관리하는 것이 효율적이라고 판단한 것이다.

평화체제 구축문제는 비핵화 문제와의 연관성, 관련국들의 시각 차이, 남북관계 및 한미동맹에 미치는 영향 등에서 여러 가지 복잡한 문제를 일으킬 수 있으므로 이에 대한 철저한 분석과 대비가 필요하다. 평화체제가 구축된다면 남북 간의 평화공존에 크게 기여하겠지만 민족의 통일까지 보장해 주는 것은 아니다. 도리어 평화체제 구축이 어떤 방향으로 이루어지느냐에 따라 분단 영구화를 가져올 위험성도 안고 있다. 만약 평화체제의 구축이 북한사회주의 체제 지속에 도움을 준다면 분단영구화로 이어질 가능성도 없지 않다. 반면, 북한의 개혁·개방을 촉진시키는 요인이 된다면 민족 경제공동체의 형성에 도움이 될 수 있고, 나아가 평화적인 통일을 앞당길 수 있게 된다.

2. 평화체제 접근법과 관련국 입장

1) 평화체제는 결과인가 수단인가

가. 평화체제 '결과론'

평화체제를 보는 두 가지의 다른 시각이 있다.[225] 북핵 폐기 이전이라도 별도의 포럼에서 평화체제 구축방안을 논의할 수 있다. 그러나 평화체제를 비핵화 달성을 위한 수단으로 활용할 경우 핵 포기 지연, 주한미군 철수 요구 등 북한에 의해 악용될 소지가 크다. 때문에, 평화체제의 완성은 북핵 폐기 종료를 통해 생화학무기 및 재래식 무기의 위협 제거와 더불어 북한의 위협이 상당부분 사라진 이후, 남북, 북미, 북일관계 정상화의 결과로서 한반도의 평화체제를 구축해야 한다는 평화체제 '결과론'적 관점이다.

나. 평화체제 '수단론'

한편, 북핵 폐기를 한국과 미국의 대북 안전보장 등을 포함한 외교·군사적 조치와 연결하여 평화체제를 구축해 나갈 경우 평화체제는 비핵화를 촉진할 수 있는 수단이 될 수 있다는 주장, 즉 평화체제 '수단론'적 관점이 있다. 국제법적 규범력을 갖는 평화협정 틀에 의해 북한에 대한 군사적 위협이 해소되는 평화체제 안에서만이 북한은 WMD 포기가 가능하다는 것이다.

양 접근법 모두 한반도 비핵화와 평화체제 '병행 추구'라는 점에 있어서는 큰 차이가 없으나, 상대적으로 어느 쪽에 초점을 두느냐 하는 각론 차원에서 상당한 차이를 드러낼 소지가 있다.

---

225) '6자 회담 진전에 따른 평화체제 논의의 쟁점과 전망', 김성한, 외교안보연구원, 주요국제문제분석, 2007.1.30.

2) 관련국 입장

가. 북한; 평화체제 '수단론' 고수

북한은 1962년 6월 20일 최고인민회의 제2기 11차 회의에서 '주한미군철수'와 '남북평화협정' 체결을 주장함으로써 주한미군을 철수시키기 위한 방편으로 남북평화협정을 추구해 왔다. 북한의 남북평화협정 체결 제의에 대해 한국정부는 이를 거부하고 1974년 1월 18일 '남북상호불가침협정'을 제의했다. 1974년 3월 25일 북한은 최고인민회의 제5기 3차 회의를 통해 미 의회에 보내는 편지를 채택, '조·미 평화협정'을 제의하고 그 후 집요하게 북미평화협정 체결을 주장했다. 북한은 1984년 1월 '남북미 3자회담'을 제의하면서, 북미간의 평화협정 체결과 남북 간의 불가침선언 채택을 주장했다.

1980년 10월 10일 노동당 6차 대회에서 고려연방제 실시의 선결조건으로 한국전쟁 및 정전협정의 당사자가 북한과 미국임을 내세우고 양자 간 평화협정 체결을 거듭 주장했다. 한국을 북미협상 구도의 '들러리' 정도로 취급하던 북한은 냉전 종식 직후, '위기의식'에서 한국과의 대화에 응했으나, 1992년 남북기본합의서 채택 이후부터는 한국을 철저히 배제한 가운데 북미 평화협정 체결을 계속 주장했다.

그 후에 북한은 '북미 평화협정'체결을 단순히 주장에 그치지 않고 일련의 조치들을 통해 군사정전위원회와 정전협정을 무력화시키려는 의도를 나타냈다. 1994년 4월 대미 직접 평화협상을 제의한 이래 북한은 군사정전위원회의 북한측 대표를 철수하고 조선인민군 판문점대표부를 임의 설치했으며, 1994년 12월에는 중국대표도 철수시켰다. 또한 체코 및 폴란드 중립국감독위원회 대표단을 축출하고 DMZ 유지 및 관리임무 포기 선언 및 DMZ 및 서해해역 경계선 무단 침범 등 정전협정 사문화 전략을 대미평화협정 체결을 위한 정지작업 차원에서 추진했다. 정전협정을 실질적으로 관리하는 군정위와 중감위가 해체나 다름없는 상황에 이르자 북한은 1996년 2월 22일 대변인 담화를 통해 북미 잠정협정을 체결할 것을 제의했다.

그러나 남북한의 합의도 지켜지지 않고 실질적인 긴장완화조치도 없는 가운데 평화체제를 논의하는 것은 의미 없는 것이다. '7·4 남북공동성명', '남북기본합의서', '한반도 비핵과 공동선언', '6·15 공동선언' 등 남북 간 합의가 있었지만 어느 것 하나 지켜지지 않았을 뿐만 아니라 북한은 이들을 대남 전략에 이용하려 했을 뿐 합의를 철저히 무시해 왔다.

2002년 10월 미국의 북한 고농축우라늄(HEU) 이용 핵무기개발 의혹문제와 관련하여 북한은 "조미 사이의 불가침조약 체결이 핵문제 해결의 방도"라고 외무성 대변인을 통해 발표했다. 2005년 7월 4차 6자 회담에 앞서 북한은 핵문제와 관련, "조선반도에서 불안정한 정전상태를 공고한 평화체제로 전환하는 것은 조선반도 문제의 평화적 해결과정으로 된다"고 핵문제 해결을 위한 평화체제 구축 필요성을 역설했다. 북한은 핵무기 개발의 근본 원인이 미국의 대북 적대시 정책에 있다는 점을 일관되게 강조함으로써 평화체제 '수단론'을 내세웠다.

북한이 주장하는 대북 적대시 정책 중 경제적인 것으로는 테러지원국 지정, 대적성국 교역법 등이며, 외교적인 것으로는 UN 및 국제사회를 통한 대북 제재 및 압박, 미북, 북일 간의 외교관계 미수립 등이다. 한반도 평화체제와 직접 관련이 있는 것은 군사적인 것으로 한미동맹, 주한미군, 유엔사, 한미 연합연습 등이다. 하지만 정전체제, 유엔사 등은 한반도 평화체제의 구축 이후 또는 동시에 이루어질 문제이지 선행조건이 아니다. 북한은 유엔사령부의 해체와 주한미군의 철수를 연계시켜 주장해 왔으나 유엔사령부의 설치와 주한미군의 주둔은 별도의 창설 근거를 갖고 있는 별개의 법적 군사기구다. 실제로 북한이 그동안 유엔사 해체와 주한미군의 철수를 주장할 때 그 근거로 '정전협정' 제4조(60항)를 제시한 데서도 양자는 별개의 문제라는 점이 잘 드러난다.226)

나. 미국; 평화체제 '결과론'을 유연하게

미국은 1970년대 이후 북한의 북미평화협정, 북미잠정협정, 남북미 3자회담 등의 제의에 대해 거부 입장을 분명히 해 왔으며, 특히 1996년 북미잠정협정 체결 제의에 대해 "미국정부는 이에 대한 북한의 어떠한 제안도 수용하지 않을 것", "1953년에 맺은 정전협정이 그동안 한반도의 안정을 유지해왔다. 미국정부는 한국이 제외된 어떤 협정도 북한과 맺지 않을 것"이라는 입장을 지켜 왔다.

2002년 제2차 북핵위기 발생 이후 미국은 "미국의 대북 적대시 정책 때문에 핵을 개발할 수밖에 없다"는 북한의 논리가 6자 회담 참가국들에게 상당부분 받아들여지고 있는 것으로 판단했다. 이에 미국은 평화협정 체결을 위한 논의 가능성을 열어 놓음으로써 북한의 대북 적대시 정책 포기 요구에 유연하게 대처하고 미국 때문에 6자 회담이 진척되지 않는다는 논리의 확산을 차단했다.

2006년 11월 중간선거에서 패한 부시 공화당 행정부로서는 이라크 문제와 북핵문제 등 대외정책에 있어 가시적 성과를 도출해야하는 '압박'을 받았다. 특히 2007년 12월 한국 대선이 있는 상황에서 북핵, 평화체제, 한미동맹에 관한 한미간 우선순위의 차이가 공개적으로 부각될 경우 불필요한 '반미감정'을 일으킬 수 있으므로 평화체제 문제에 관한 '유연한' 접근을 하고 있다.

---

226) 정전협정 제4조(60항)는 "……정전협정이 조인되고 효력을 발생한 후 3개월 내에……한국으로부터의 모든 외국군대의 철수……문제를 협의할 것"이라고 규정되어 있다. 다시 말하면, 북한이 주장하는 주한미군 철수는 결국 유엔사 군대로서의 주한미군 철수를 의미한다. 조성렬. 위의 글

전시작전권 전환에 합의한 한미양국은 전작권 전환 이후 유엔사의 역할 및 임무, 유엔사령관의 지휘권 범위 등을 어떻게 조정해 나갈지 협의 중이다. 만일 전작권 전환에 앞서 평화협정이 이루어지더라도 미국은 유엔사를 해체하기보다는 한국전의 법적 종전으로 인한 한반도 '평화상태'를 관리한다는 것이다. 평화가 깨질 경우 유엔 회원국들의 지원을 책임지는 기구로서의 역할을 유지해 나가려고 할 가능성이 있다.

2007년 9월 7일 시드니 한미 정상회담에서 노무현 대통령은 평화체제 '수단론'을 내비쳤으나 조지 부시 미 대통령은 북한이 핵무기를 포기하면 새로운 안보체제(Security arrangement)를 실현할 수 있다는 평화체제 '결과론'을 확실히 해두었다. 부시 대통령은 한국전쟁을 끝내는 평화조약을 체결하는 것은 핵무기 포기를 결심할 수 있는 김정일에게 달렸다는 것을 분명히 밝혔다.

다. 중국; 모호한 평화체제 입장
중국은 지금까지 한반도 평화문제는 남북한 간 직접 대화를 통해 해결하는 것이 최선이며, 미국과 중국은 남북합의에 대한 지지와 보장 역할을 하는 것이 바람직하다는 입장을 견지해 왔다. 중국은 한반도의 항구적 평화체제 구축을 바라고 있다. 북핵문제에 대한 중국의 기본원칙은 1) 한반도는 비핵지대로 유지되어야 한다. 2) 북핵문제는 오직 평화적 접근을 통해 해결되어야 한다. 3) 북한의 안보와 경제에 대한 고민이 제기되어야 한다. 어떤 결의의 제안이라도 성장원조와 자원원조가 포함되어야 한다. 북한의 안보 불안을 풀어주어야 한다. 4) 핵문제의 해결은 한반도의 항구적 평화체제로 이어져야 한다는 것으로 되어 있다.

비록 항구적 평화체제의 구축과 핵문제 해결이 함께 이루어질 수 있더라도 중국의 한반도 정책의 초점은 북핵문제의 평화적 해결에 맞춰져 있다. 중국은 자신이 개입하는 것을 신중했던 1992년, 1994년의 1차 북핵위기와는 달리 2차 북핵위기 이래 북핵 다자회담에 주도적으로 개입했다. 2006년 10월 북핵실험 관련 UN안보리 대북제재 결의안에 투표함으로써 책임 있는 강대국이라는 중국 신외교 정책을 추구했고, 북핵문제를 넘어 동북아지역안보협력에 있어서의 중국의 영향력을 크게 확대시켰다.

북핵정책과 관련하여 중국은 미국보다 한국과 견해를 함께 할 때가 훨씬 많았다. 대화와 협의에 의한 해결의 원칙, 북핵위기 속에서 평양 정권에 대한 교류와 지원의 용의, 중장기적으로 평양 정권의 존속에 관한 이익의 일치 등에서 그러하다. 이러한 입장은 사실상 북한핵 폐기를 절대시하고 우선시하기보다는 결국에 핵 모호성을 구사하는 북한과도 공존할 수 있음을 보여 준다. 중국의 입장에서는 현 상태의 남북한 공존이 상당한 기간 동안 진행되는 것을 바라고 있다. 북한이 한국과 일본 등의 지원에 의해 상당한 정도로 안정화되고, 그러는 동안 중국의 남북한에 대한 영향력이 강화된 다음에 중국의 영향 하에 남북한이 통일 되는 것을 바라고 있다.

주한미군 철수 문제에 관한 중국의 입장만 해도 그렇다. 남북 간 평화협정 체결에 따른 조건으로 주한미군에 대한 언급이 없이 남북한이 평화협정에 합의할 경우, 중국은 주한미군 감축이나 철수를 요구하지 않을 것으로 예상된다. 만약 남북한 평화협정 체결 전에 북한이 상당규모의 주한미군 감축을 조건으로 제시할 경우, 중국은 북한의 입장에 동조하지 않을 것이다. 이유는 남북한 평화협정 체결로 남북한 정치관계가 발전되면 될수록 주한미군의 대북 군사력 견제 명분이 급격히 축소되면서 자연스럽게 한미 간에 주한미군 감축논의가 있을 것으로 예측하기 때문이다.

한미 양국이 한반도 통일 실현 이후에도 주한미군의 존재 필요성을 역설한 데 대해 중국의 ≪해방군보≫는 "한반도에서의 미군주둔이 점점 부적절해지고 있음이 분명하다"라고 지적함으로써[227] 반대한다는 입장을 피력한 바 있다. 중국의 한 학자는 한반도 통일 이후에는 중국은 주한미군의 철수를 강력히 요구할 것으로 전망하였다.[228] 그러나 주한미군이 한반도 남부지역에 대폭 감축되어 주둔할 경우 중국이 주한미군에 대해 큰 위협을 느끼지 않을 것으로 보여 완전한 철수를 강력히 요구하지 않을 것으로 예상된다. 왜냐하면 중국의 주된 관심사는 주한미군 철수로 인해 장기적으로 주일미군의 감축이 예상되며, 주일미군의 감축에 따라 일본이 중국의 군사적 위협을 견제한다는 차원에서 군사력 확대를 독자적으로 추진하는 것을 더욱 우려하기 때문이다. 즉, 중국은 남북한 평화협정 체결 이후에는 미군의 대규모 감축을, 통일 후에는 주한미군이 한중 국경 부근에 주둔하는 것을 원치 않고[229] 통일 이전처럼 남쪽에 주둔하는 것을 수용할 것이 예상된다.

라. 한국; '비핵화 평화' 전략

지금까지 미국의 '선 비핵화, 후 평화체제', 북한의 '선 체제보장, 후 비핵화' 논리가 평행선을 그어왔다. 한국은 최근 한반도 비핵화와 평화체제 구축의 병행 추진 또는 양자의 선순환 구조의 측면에 주목하기 시작하면서, 9·19 공동성명과 2·13 합의에 비추어 비핵화와 한반도 평화체제는 반드시 연계 추진되어야 한다는 입장이다.

북한이 핵무기를 어떻게 처리할 것인가에 따라 북한과 미국 간 다음과 같은 세 가지 시나리오를 상정할 수 있다.

---

227) ≪해방군보≫, 2000.7.10.
228) Shiping Tang, "A Neutral Reunified Korea: A Chinese View", *The Journal of East Asian Affairs*, Fall/Winter, 1999, p466.
229) Quansheng Zhao, "The Chinese Position on the Korea Four-Party Talks", The Korean Association of International Studies - Korea Institute for Maritime Strategy, 1999.10.15. p25.

① 북한 핵무기 폐기/북미 수교 병행 추진
② 북한 핵무기 인정하되 확산방지를 전제한 북미수교
③ 북한 핵무기 인정한 북미수교

이 가운데 북한의 핵무기를 인정하면서 수교를 추진하는 세 번째 시나리오는 미국 부시 행정부 밑에서는 가장 가능성이 낮다. 한국이 예상하고 바라는 시나리오는 첫 번째 방식이다. 그러나 한국의 입장과 달리 두 번째 방식의 현실 가능성도 무시할 수 없다. 최근 미국 조야에서는 두 번째 시나리오 즉, 북핵의 비공식적 인정 속에서 북핵의 '확산방지'에 초점을 맞출 수밖에 없다는 논리가 고개를 들고 있다. 북미 간 이러한 타협 결과는 한국과 일본에게는 악몽의 시나리오일 수밖에 없다.

북한은 핵보유국 자격으로 미국과의 관계정상화를 겨냥할 수 있다. 미국 내에서도 북한과 관계정상화를 하지 않으면 핵을 통제할 방법이 없다는 논리가 나타나고 있기 때문이다. 여기서 북미 간 핵보유를 기정사실로 전제하고 확산방지에만 협조하는 이른바 '파키스탄 모델'을 염두에 둔 시나리오가 가능하다.

그러나 한국은 북한의 핵보유국 지위 인정의 기대와 암묵적 요구를 결코 수용할 수 없다. 따라서 한국은 한반도 비핵화 공동선언의 원칙 위에서 북한 핵 폐기와 한반도 평화체제 구축을 연계시키는 '비핵화평화' 전략을 추진해야 한다.

3. 한반도 평화체제 프로세스와 주요쟁점

1) 한반도 평화체제 프로세스

아직 북핵 폐기에 대한 체계적이고 명확한 정책적 프로그램이나 로드맵이 구축되어 있지 않다. 향후 북한이 비핵화 약속을 성실히 이행하면서 협상을 계속한다고 해도 부시 대통령 임기 내 핵 폐기를 완료하기는 쉽지 않다. 이런 조건 속에서 미국은 지금 세계를 향해 동북아의 북한 핵문제 해결의 성과를 과시해야 할 절박한 상황에 있다.

한반도 평화 프로세스는 6자 회담의 직접 관련 당사국인 남북한, 미국, 중국 4국의 합의사항 이행·실천의 진전에 따른 단계별 접근을 예상할 수 있다. 이 과정에서 북한의 비핵화와 그에 대한 상응조치로서 미국의 체제보장과 북미수교 문제가 핵심적인 사안이다. 그와 관련하여 한국을 비롯한 6자 회담 참가국의 역할과 합의사항의 이행이 각국의 과제로 부각된다.

한반도 평화 프로세스는 북한의 비핵화에 따른 단계별 접근과 각국의 상응조치를 전제로 접근할 수 있다. 아래 표의 한반도 평화 프로세스 로드맵을 보면, 종적 구분은 '비핵화/평화체제'의 합의수준에 따른 단계적 구분이다. 북한은 비핵화가 의무 이행사항이다. 횡축은 비핵화에 대한 각국의 상응조치이다. 미국의 대북체제보장과 미북 수교, 한국의 대북개발협력 및 통일준비, 그리고 중국·일본·러시아의 경우 동북아 다자안보 및 경제협력체를 추진해 나가는 구도이다. 횡적 차원의 국가별 구분은 북한, 미국, 한국 등 관련국의 의무사항 즉, 핵심적 실천 사안을 중심으로 접근한 축이다.

이 로드맵은 단계별 시기 구분을 미국의 비핵화에 대한 주도적 의지와 정책방향을 감안하고 '2·13 합의' 내용과 부시 정부의 예상 가능한 정치 일정을 참고한 것이다. 특히 Phase 1의 경우 '2·13 합의'의 초기 조치와 다음 단계 조치를 한반도 비핵화의 실천적 행동계획 단계로 규정하고, 2007년 말 또는 올해 초까지 모든 핵 프로그램 폐기를 목표로 삼는 미국정부의 시한 설정을 출발점으로 본 것이다. Phase 2부터는 북한의 사정과 한국, 미국의 정치상황을 고려한 시기별 단계 구분을 시도했다.

한반도 평화 프로세스
(PPKP: A Peace Process on the Korean Peninsula) 로드맵[230]

	북한 : 비핵화	미국: 대북체제보장 및 미북수교	한국: 대북개발협력 및 통일준비	중국·일본·러시아 :동북아 다자안보· 경제협력체 추진
Phase 1 2007년 -2008년 초	* 비핵화 초기조 치 이행 * 다음단계조치 이행 - 핵시설 불능화 - 현존 핵 프로 그램, 핵물질 완전신고	* 미북관계정상화 협의 - 테러지원국 리스트 해제 - 대적성국교역법 적용 종료검토 * 한반도평화포럼 가동 - 경수로 제공 시 기 논의 * 미사일 및 생화 학무기 협상시작 - 한반도평화협정 논의/체결	* 경제 및 에너지협 력 Working Group 운영 * 군사당국자회담 개최 - 군사적 긴장완화 방안 논의 * 한반도평화포럼 가동 * 한반도평화협정 논의/체결 * 군축방안 협의 * 대북개발협력 프로젝트 가동	* 중국: 한반도비핵 화 Working Group 운영 * 일본: 북일관계정 상화 Working Group 추진 * 러시아: 동북아평 화안보체제 Working Group 운영
Phase 2 2008년 -2013년	* 핵무기 신고/검 증/사찰/폐기 시작	* 한반도평화협정 체제 개막 - 경수로 공사 재 개 * 수교협상 개시 -북미 연락사무소 설치 * 유엔사 해체	* 군축 추진 * 남북경제공동체 형성	* 일본: 일북 수교 협상 배상금 지 불 시작 - 일·북 수교 * 중국: 교류협력 증대 * 동북아안보·경제 협력기구 출범
Phase 3 2013년 이후	* 핵무기 완전폐 기 및 핵물질 반출완료	* 미북 수교 * 주한미군 평화유 지군 전환	* 남북연합 단계진 입 - 유엔 보장	* 동북아 안보·경 제 공동체 형성

　　한반도 평화체제 구축은 '분단고착'이나 '현상유지'를 위한 평화
정착이 아니라, '통일지향'을 위한 평화체제 구축이어야 한다. 특히
평화협정 체결에서 남북한이 중심이 되어야 하는 이유가 바로 '통일

지향적' 평화체제 구축의 필요성 때문이다.

2) 무엇이 문제인가?

가. 선후관계 및 당사자 문제

우선적으로 제기되는 문제는 비핵화와 평화체제 간 선후관계를 정립하는 문제이다. 북한의 핵 동결이 이루어지면 별도의 평화포럼을 구성하고 평화체제 논의를 시작할 수 있을 것이다. 그러나 실제 평화협정은 북핵 폐기 검증이 상당부분 완료된 시점에서 체결될 공산이 크다.

당사자문제는 2+2 방식과 3+1 방식이 경합하고 있다. 북한이 평화협정과 평화체제를 동일시하고 있는지 불확실하며, 제4차 6자 회담에서 남북미 3자 접촉이 이루어진 것을 북한의 입장 변화로 간주할 수 있을지 미지수이다. 미국은 '말 대 말'에 합의하고, '행동 대 행동'이 순조롭게 진행되면 평화체제 구축 문제 논의가 가능하다고 보고 있다. 그러나 미국은 적어도 현재까지 평화협정은 북핵 폐기 완료 후 체결하는 평화체제 '결과론'을 고수하고 있다. 한국과 중국은 평화체제 '수단론'과 남북 당사자 원칙을 선호하고 있는 실정이다.

나. 북한의 평화 협정 대상과 전략

북한은 한국전은 어디까지나 '조미 전쟁'이라는 전제 아래 한국전 종전을 위해서 '조미 평화협정'이 필요하다고 주장해 왔다. 초기 이행조치가 부분적으로 행해지고 6자 회담과 별도로 평화포럼이 출범할 경우 북한은 북미 양자회의를 통한 북미 평화협정을 추구할 가능성이 높다. 북한은 남북미 3자 회의를 제의하고, 이것이 받아들여질 경우 3자 회의를 사실상 북미 양자구도로 몰고 가 한미관계를 이간하려 할 가능성을 배제할 수 없다.

미국의 입장이나 접근법이 북한의 '기대'에 미치지 못한다고 판단할 경우 북한은 남북정상회담에서 남북한 간 '평화선언'을 함으로써 남북관계, 한미관계, 북미관계 등을 포함한 전반적인 구도를 깨려 할 가능성을 배제할 수 없다.

다. 평화체제 수립과 한미동맹 재조정 문제

남북한이 평화협정의 전 단계인 '한반도 평화선언'에만 합의해도 주한미군 주둔의 명분이 사라졌다고 주장할 국내 정치세력이 나설 가능성이 있다. 그들은 1992년 남북기본합의서로 '평화협정'을 대체하고, 제2차 남북정상회담의 '평화선언'으로 남북 평화협정 문제를 매듭지은 후 북미 평화협정은 별도로 맺도록 하자는 논리를 펼 가능성이 있다.

한미 양국 간에 동맹관계가 원만치 못한 상황에서 남북 간 평화체제 논의가 본격화될 경우 한미동맹에 심각한 균열을 초래할 수 있다. 북한의 위협이 사라지면 주한미군의 계속 주둔 여부가 불투명하게 되고 한국은 미국이 북한과의 관계 진전 상황에 대해 서로 상세한 정보를 나누지 않을 경우 한미동맹에 심각한 균열이 생길 수 있다.

남북정상회담에서 한반도 평화선언이 나오면 유엔사 문제, 주한미군의 지위문제 등이 주요 이슈로 등장하게 되어 한미동맹의 '재조정' 문제가 대두될 것이다. 그러한 상황에서 "한반도 평화체제를 동북아 평화체제로 연결시키기 위해선 한미동맹을 '전략적 동반자' 수준으로 낮추고 동북아 안보협력체를 출범시키자"는 주장이 국내적으로 힘을 얻을 가능성이 없지 않다.

라. 평화체제의 주요 내용

① 유엔사와 주한미군 문제

유엔사는 1950년 6월 채택된 유엔안보리 결의안에 따라 북한의 침략을 격퇴하고 한반도 지역의 국제평화와 안전을 회복하기 위해 설립되었다. 유엔사령관이 군사령관 자격으로 1953년 7월 27일 정전협정을 체결함으로써 휴전선 이남의 정전협정의 이행을 감독하고 위반을 시정하는 책임을 갖게 되었다.

북한은 유엔군사령부의 해체를 지속적으로 주장해 왔다. 북한을 적으로 규정하고 있는 유엔군사령부는 한반도 평화체제 구축에 장애가 되기 때문에 평화협정이 체결되기 이전에 해체되어야 한다는 것이다. 정전체제가 평화체제로 전환되면 유엔사의 '지위'와 '역할'은 변할 수밖에 없게 된다. 그러나 북한 핵문제 해결을 포함한 한반도 평화체제 구축에 관한 대내적 외적 여건이 성숙되는 단계에서 즉, 남북 간에 공고한 평화상태가 지속되고 북한이 한반도 평화체제 구축에 성실한 태도로 임할 때 유엔군사령부의 해체문제를 검토해야 한다.

또한 유엔사가 해체되면 불가피하게 주한미군의 지위변경문제도 어떤 형태로든 제기될 수밖에 없다. 남북한 간 신뢰구축과 군비통제 및 군축이 상당 수준으로 진척되면 미군이 담당해 온 대북 억지력의 역할은 대폭 감소하게 될 것이다. 주한미군의 역할은 '대북억지'에서 '지역안보'로 전환되고 그 기능·규모가 재편될 것이다.

또한 '한국군의 전시작전통제권 환수' 문제와 '주한미군의 전략적 유연성' 문제가 평화체제 구축과 양립할 수 있는 방법을 모색해야 한다. 한편 북한은 1990년대에 들어 주한미군의 철수보다는 '지위'와 '역할'의 변경을 요구해 왔다. 즉 북한은 주한미군이 북한에 대한 적대적 군대로부터 한반도와 동북아의 안정과 균형을 통해 평화를 유지하는 군대로 지위와 역할을 변경해 주기를 요구해 온 것

이다.231)

② 평화체제 구축과 군비통제

평화체제 구축을 위해서는 군비통제가 합의되어야 한다. 남북한 간에 구체적인 군비통제 방법과 기구로서는 남북 간에 남북기본합의서 중 '불가침'에 관한 부분과 관련 부속합의서를 되살려 '남북군사공동위원회'가 담당해야 할 것이다. 정전체제가 평화체제로 전환되기 위해서는 북미 및 북일 관계 개선이 수교단계로까지 발전되어야 하고, 북한이 핵무기는 물론 생화학무기 그리고 운송수단인 중장거리 미사일까지 폐기해야 한다. 이를 위해 북한은 1991년 '한반도 비핵화에 관한 공동선언'을 따르고 화학무기금지협정(CWC)에도 가입해야 한다.

③ 군사적 분쟁 유발 요인 제거

평화체제 구축 추진과정에서 남북 간의 군사적 분쟁을 유발할 수 있는 요인들을 제거하고, 상대방을 적대시하는 법률과 제도를 개폐해야 한다. 그 대표적인 것이 해양경계선의 설정, 한미합동군사연습, 국군포로 및 비전향장기수, 국가보안법 및 노동당 규약 개폐 문제 등이다. 서해 NLL232)은 정전협정을 종결하고 평화협정을 체결하기 위해 반드시 해결해야 할 문제이다. 또한 한미 합동군사연습의 중단 문제가 있다. 이 문제는 남북한 또는 남북미 군비통제라는 큰

---

231) '통일지향의 한반도 평화체제 구축 방안', 백학순, 흥사단 통일포럼, 2007.7.25.
232) 서해 NLL은 정전협정 체결 당시 해양경계선의 합의가 이루어지지 못하자, 당시 클라크 유엔군 사령관이 정전협정 직후 일방적으로 선포한 것이다. 하지만 북측이 1973년부터 서해 NLL을 인정할 수 없다는 입장을 밝히기 시작했고, 1999년 6월과 2002년 6월에 서해교전이 발생하여 남북 양측에 많은 희생자를 냈다.

틀 속에서 다뤄야 한다.233)

④ 평화체제 구축과 동북아 다자안보와 협력

한반도 평화체제와 동북아 다자안보와 협력을 한반도와 동북아에서 불가분의 국제질서로 '연계'되도록 하여야 한다. 남북평화협정 체결 전후 동북아 다자안보회의(NEASED)와 협력하여 남북평화협정을 주변 4강이 보장하는 차원에서 NEASED 의장성명을 채택할 수 있다.

노무현대통령은 2007년 6월 제4회 제주평화포럼에서 동북아 평화체제의 모델로 '헬싱키 프로세스'234)를 언급했다. 헬싱키 프로세스의 한반도 평화모델 성립여부에 관해서는 이미 학계에서 오래 전부터 논의돼 왔다. 헬싱키 프로세스는 군사적 신뢰구축 이전에 정치적 신뢰구축이 선행되었고, 군사적 신뢰구축에 있어서 처음부터 구속력 있는 강력한 조치보다는 참여국의 자발적인 시행을 권하는 상징적인 의미였다는 점을 참고할 수 있다. 실제로 유럽안보협력회의 참여국의 의무적 신뢰구축조치는 구속력이 없는 헬싱키 최종결의상의 군사적 신뢰구축조치가 시행된 후 10년이 지나서야 1986년 스톡홀름협약에서 감시·검증의 방법을 도입하면서 본격적으로 시행하게 되었다.

---

233) 그동안 한미 양국은 한반도에서의 전쟁억제 및 연합 전비태세 강화를 위해 다양한 연합연습 및 훈련을 실시해 왔다. 하지만 북한의 핵무기 위협이 존재하고 생화학무기를 비롯한 재래식무기의 위협이 상존하고 있기 때문에 한미 연합군사연습만을 언급하는 것은 적절치 않다.

234) '헬싱키 프로세스'는 1975년 헬싱키에서 체결된 유럽안보협력회의 최종결의를 말한다. 협의로는 1973년의 7월 9월, 1975년 8월의 3단계 회담 과정을 지칭하며, 광의로는 헬싱키 최종결의 완성 후 각종 후속회의를 통해 회원국들의 의무이행 상황 점검 등 유럽지역의 안보협력과정을 총칭한다.

⑤ 타조약과의 관계

남북한이 평화협정을 체결하고 미·중이 서명을 할 경우 4자 중 일방을 적국 또는 가상적국으로 하는 동맹조약을 체결하는 것이 평화협정과 배치된다는 주장이 제기될 가능성이 있다. 그러나 동북 아의 안보현실을 고려할 때 평화협정의 체결만으로 동북아의 안정 과 평화가 확보되었다고 볼 수는 없으므로, 평화협정 속에 평화협정 체결이 기존의 조약에 영향을 미치지 않는다는 조항을 두는 것이 타당하다.235)

4. 우리의 고려사항

평화협정이나 종전선언 자체가 평화를 보장한다는 식의 '선언 적 평화'보다는 평화협정 체결에 이르는 과정을 철저히 관리하여 '실질적 평화'를 지향하도록 특별히 유념해야 할 것이다. 한반도 평 화체제의 구축은 협정의 체결뿐만 아니라 다방면에 걸친 남북관계 의 개선과 병행해서 추진해야 한다. 남북관계 개선의 핵심은 군사적 신뢰구축과 군비통제이지만, 사회문화적 인적 교류와 경제협력의 확 대도 동시에 추진해야 한다.

또한 한반도 평화체제의 구축은 동북아 다자안보협력과 병행 추진되어야 한다. 한국전쟁은 세계 차원에서 진행된 냉전구조의 산 물이면서 동시에 한반도 및 동북아 냉전구조를 만들어 낸 원인이기 도 하다. 따라서 한반도 정전체제를 평화체제로 전환하기 위해서는 한반도 차원을 넘어 지역차원에서의 안보협력이 필요한 것이다.

특별히 한반도 평화체제의 구축이 분단의 영구화로 귀결되지

---

235) '6자 회담 진전에 따른 평화체제 논의의 쟁점과 전망', 김성한, 외교안보연 구원, 주요국제문제분석, 2007.1.30.

않도록 철저히 대비해야 한다. 평화체제의 구축은 남북 간의 평화공존을 보장해 줄 수는 있지만, 민족의 통일까지 보장해 주는 것이 아니기 때문이다. 도리어 평화체제 구축이 분단 영구화를 가져 올 위험성도 안고 있다. 만약 평화체제의 구축이 단순히 북한사회주의 체제의 강화로 귀결될 뿐이라면 분단 영구화로 이어질 가능성이 높은 것이다. 반면, 북한의 개혁·개방으로 나아가는 계기가 된다면 민족 경제공동체의 형성, 나아가 평화적인 통일을 기대할 수 있게 될 것이다.

1973년에 미·월맹 간에 체결된 파리평화협정의 주역인 미국의 헨리 키신저와 월맹의 레둑토가 노벨평화상 수상자로 결정되었지만, 당시 레둑토는 베트남에 '평화'가 아직 완전히 실현되지 않았다는 이유를 들어 수상을 거부했다. 그가 말한 '평화'는 공산화였다. 평화협정 체결 직후 미군이 월남으로부터 철수하자마자 베트남은 공산화되고 말았다. 베트남 공산화 과정은 평화협정도 노벨상도 결코 실질적 평화와 안보를 보장해 주지 못한다는 역사적 교훈을 주고 있다.

다수의 안보전문가들은 한국전쟁 종료선언 제안에는 미국이 북한의 전략에 말려들 소지가 있다고 말한다. 북한은 핵 포기를 선언적으로 약속한 채 주한미군의 전면 철수, 유엔군사령부 해체, 핵우산 철폐 등을 관철시키는데 주력하는 등 월맹식 접근방식을 답습하려 할 것이라는 것이다. 6·25 전쟁을 종식한다는 것은 정전협정이 폐기되고 평화협정이 체결되며, 유엔사가 해체되고 주한미군이 전면 철수하게 되면, 한미군사동맹도 자동적으로 무효화된다고 김정일은 판단할 것이다. 사실상 미국의 종전선언 언급은 한반도 안보구도를 근본적으로 변동시킬 군사문제를 포함하고 있다는 점에서 위험부담이 매우 큰 것이다. 김정일이 최후의 승부수를 노리고 월맹식 모험을 시도할 가능성이 있다고 보는 시각은 부정하기 어렵다.[236)]

새로운 동북아 질서의 동력은 부시 행정부의 동북아 정책변화에 있으므로 한미 공조를 통한 우리의 참여 지분 확보가 중요하다. 부시 대통령은 이미 2003년 9월 북한이 핵을 검증 가능하게 포기한 다면 단계적 대북 제재 완화에서 평화협정까지 일련의 대북 지원조 치를 취할 용의가 있음을 선언했다. 북핵문제만 해결되면 한반도 평 화체제 구축에 동의할 준비가 되어 있다는 의미였으나 당시에는 주 목을 받지는 못했다. 2006년 5월 부시 대통령은 북핵문제 해결을 위 해 6자 회담과 함께 평화협정 체결을 동시에 논의하는 광범위한 새 대북접근법을 시사했다.

 2007년 3월초 서울을 방문한 네그로폰테 부장관은 미국은 한반 도 평화체제 구축을 내년 상반기에 완료한다는 목표를 가지고 있다 고 말했다. 현재 부시 행정부는 이라크에서 실추된 대외정책의 위신 을 만회하고 임기 말 국정지지도를 향상시키기 위하여 중동지역보 다 손쉽게 실적을 올릴 수 있는 동북아 및 한반도 문제에 보다 큰 관심을 기울이고 있다. 북핵문제를 대증적 요법이 아니라 한반도 평 화체제와 동북아 다자안보라는 지역 안보틀의 전면 개조를 통해 해 결하려 하고 있다. 지난 6년간 북한에 대해 '악의적 무시'정책으로 일관하던 부시 행정부가 뒤늦게나마 '불량국가' 북한을 관리하는 실 용적 현실주의 또는 포용기조로 전환하고 있다.

 부시 행정부의 대북·동북아 정책변화를 우리는 국가안보와 민 족운명의 환경과 진로를 결정적으로 호전시키는 계기로 삼아야 한 다. 같은 민족이지만 믿을 수 없는 북한과 동맹국이지만 전적으로 의존할 수 없는 부시 행정부와 관계를 개선하지 못하면 한반도 평 화체제 협상 과정에서 한국은 자칫 배제될 가능성도 있다. 한반도 평화체제는 바로 우리 자신의 문제이다. 특히 우리의 생명과 재산이 걸린 국가안보 문제이고 그 전제조건은 남북한 간 군사적 신뢰구축

---

236) '핵 포기시 한국전 종료선언'의 의미와 심각성, 남만권, 국방연구원 동북아 안보정세분석, 2006.12.6.

과 군비통제이다. 남북한 간의 군사회담이나 안보대화가 지지부진한 상황에서 2차 남북정상회담이 한반도 평화체제 준비를 위한 남북 군사공동위원회를 만든다면 매우 바람직한 것이 될 것이다.[237]

남북정상회담에서는 김정일 국방위원장에게 상호안보 개념과 남북 군비통제를 통한 군사력 균형 유지를 약속하여 핵 포기 결심을 촉구해야 할 것이다. 또한 핵 폐기와 함께 개혁·개방으로 나설 때 정권의 안정성을 걱정하는 김 위원장에게 핵의 완전한 폐기를 조건으로 경제지원을 약속해야 할 것이다. 그리하여 현재 중국 자본에 속속 넘어가고 있는 북한의 지하자원을 포함한 민족자산의 공동 개발과 통일한국을 준비하기 위한 북한 내 인프라 건설 등 호혜적인 이득을 도모해야 할 것이다.

5. 우리의 기도제목

"평화를 예언하는 선지자는 그 예언자의 말이 응한 후에야 그가 진실로 여호와께서 보내신 선지자로 인정받게 되리라"(렘 28:9)

첫째, 한반도 평화와 안전을 위한 평화체제를 수립하는데 성급한 마음으로 인해 북핵문제 해결이 미진하지 않도록, 한반도 비핵화를 실현하는 평화체제를 만들어 갈 수 있도록 도와주시옵소서.

둘째, 한반도 비핵화와 통일을 이루기까지의 로드맵을 세밀히 준비하여 철저하게 대비할 수 있도록 위정자들에게 지혜를 더하여 주시옵소서. 한반도 비핵화 공동선언의 원칙 위에서 북한의 핵 폐기가 전제되는 한반도 평화체제가 이루어지게 하여 주시옵소서.

---

237) '2·13 합의와 한반도 평화체제', 홍현익, 세종연구소, 「정세와 정책」, 2007년 3월호.

셋째, 2차 남북정상회담에서 평화선언으로 평화나 종전선언 자체가 평화를 보장한다는 식의 '선언적 평화'를 추구하지 않게 하시고, 평화협정 체결에 이르는 과정을 철저히 관리하여 '실질적 평화'를 이루는데 남북이 함께 노력하도록 도와주시옵소서. 특별히 한반도 평화체제의 구축이 분단의 영구화를 부추기는 일이 없도록 지혜를 주시옵소서.

넷째, 2차 남북정상회담을 통하여 남북한 간 군사적 신뢰구축과 군비통제를 진지하게 협의하게 하시고, 김정일 위원장이 핵 포기를 결심할 수 있도록 도와주시옵소서.

3. 북한군 복음화 방안

1. 북한군 성격과 복음화 방안

국방부는 2006년 12월 29일 발간된 「2006년 국방백서」를 통해 북한의 핵능력을 전면 재평가하는 한편, 북한의 위협을 기존 '직접적 위협'에서 '심각한 위협'으로 표현했다. 즉 북한의 재래식 군사력, 핵실험, 대량살상무기, 군사력의 전방배치 등은 우리 안보에 대한 '심각한 위협'이라고 평가한 것이다.

핵무기에 대해서는 1994년 북미 기본합의서 이전에 추출한 것으로 추정되는 플루토늄 10∼14kg으로 핵무기 1∼2개를 제조했을 것으로 추정된다'고 평가하고 있다.

북한의 군대는 방어적 개념도 있지만 그것은 소극적 개념이며, 남조선 혁명과 해방이라고 하는 수령과 조선 로동당의 정치적 목적을 실현하기 위한 혁명적 무장력이다. 이는 또 조선로동당 총 비서와 혁명 무력의 최고사령관인 김정일의 독제체제를 강화하고 유지하는 수단으로서 성격과 사명을 지니고 있는 것이 특징이다.

북한은 어느 나라보다 인구와 영토에 비하여 조밀한 군사력을 가지고 있으며, 정규군과 '민간 무력'까지 합치면 인구의 3 분의

1(745만 명)이 넘는 사람들이 총을 들고 있는 군사력으로 보아도 과언이 아니다.

현재 북한 군인들은 사상적 우월성으로 적을 타격해서 승리해야 한다는 교육을 받고 있다. 교육의 내용은 우상화 교육을 기본으로 한다. 또한 북한 군인들은 당의 선군 사상 기치 아래 혁명 역량 가운데서 핵심적 역할을 해야만 한다.

이러한 북한 군인들을 하나님의 사상으로 구원하고 하나님의 사상으로 무장시켜 하나님의 사람으로 만드는 것이 북한군 복음화의 본질일 것이다.

현 시점에서 어떤 방법으로 북한군 복음화를 할 것인가? 우선 기도이다. 즉 마음으로부터 우러나오는 간절함과 열렬함으로 지속적인 기도에 많은 시간을 헌신해야 한다. 또한 기도를 한 만큼 행동해야 한다. 즉 삶과 마음과 기도제목은 분리되는 것이 아니므로 기도제목이 바뀌기 위해서는 마음과 삶도 바뀌어야 한다. 하나님의 은혜를 경험했다면 변화된 삶과 변화된 기도로 다른 사람들과 구별된다는 것을 보여 주어야만 한다.(단 9:18)

중요한 것은 펼쳐진 북한의 상황이 아니라 주권자이신 하나님의 뜻이다. 그래서 상황을 주목하는 대신 하나님을 바라보아야 하고, 변화의 조짐에 희망을 거는 대신 하나님께 아뢰어야 한다.

북한군 복음화에 풍선 전도지가 좋은 도구임을 기억해야 한다. 풍선 전도지가 떨어지는 지역은 북한 군인들이 주둔하고 있는 지역이다. 국경연선(북중 국경)에 있는 군인들과 중국에 나와 있는 군인들도 놓치지 말아야 한다. 또한 중국에 나와 있는 북한군 외화벌이 일꾼들과 북한군 보급일꾼들도 생각해 볼 수 있다.

북한 군인들을 복음화 하는 것은 일반 북한주민들을 복음화 하는 것보다 더 위력적이다. 북한군 복음화는 평시에 즉 지금은 절대로 우리가 할 수 없는 대상으로 보아서는 안 된다. 오히려 더 좋은 대상일 수 있다.

2. 우리의 기도

"내가 여호와께 아뢰되 주는 나의 주님이시오니 주밖에는 나의 복이 없다 하였나이다."(시 16 ; 2)

첫째, 더 많은 북한주민들이(군인) 해외에서 근무할 수 있는 길들을 열어 주신 것을 감사 합니다. 해외에서 생활하는 가운데 주체사상의 허구성을 깨닫는 기회를 갖게 하소서.

둘째, 거룩하신 아버지여, 우리들에게 은혜를 베푸사 펼쳐진 북한의 상황이 아니라 주권자이신 하나님의 뜻에 순복하여 북한군 복음화에 헌신하는 자들의 기도가 지속되어지고 간절함과 열렬함이 더해지게 하시옵소서.

셋째, 북한군 복음화에 유용한 도구인 풍선 전도지 사역에 필요한 도구와 인력, 재원이 하나님의 때에 하나님의 방법으로 공급되며, 눈앞에 닥친 문제만 바라보는 것이 아니라 엘 샤다이(전능하신 하나님, 창 17:1-2)을 의지하는 주의 백성들에게 풍선전도지가 그리스도의 편지가(고후 3:3) 되어 지게 하시옵소서.

* 참조 : 2006.12.29. 연합뉴스

VII

북한의 주체종교와 반기독교정책

1. '주체敎'

1. 세계 10대 종교

미국의 인터넷 종교 통계 사이트 어드히어런츠(adherents.com)의 집계 결과 북한의 주체사상이 신도 수(1900만 명)로 세계 10대 종교 자리에 올랐다. 주체사상이 종교적 차원으로 발전하는 계기는 '수령론'이 대두되면서 시작되었으며, 종교적 신앙으로 심화된 것은 '사회정치적 생명체론'이 완성되면서부터이다. '사회정치적 생명체론'이란 인간사회를 살아 있는 생물유기체에 비유하여 설명하는 것으로, 북한사회는 수령과 노동당, 인민대중이 하나가 되는 일사불란한 조직체라고 주장한다.

여기에서 수령은 생물유기체의 두뇌(뇌수)에 해당하며 노동당은 심장(혈관)이고 인민대중은 몸의 각 부분에 해당한다. 한 개인은 죽으면 육체적 생명은 없어지지만 집단의 한 구성원으로서 사회정치적 생명은 영원히 살게 된다고 주장한다.

실체론적 관점에서 주체사상은 종교로서 충분히 간주될 수 있다. 기독교의 신과 같은 신학체계는 없지만 주체사상은 수령의 신격화, 신비화를 통해 "인격화된 초인간적이고 위대한 것에 대한 믿음"

을 형성하고 있다. 김일성에 대한 초인간적인 숭고함이나 경외하는 것은 "신에 대한 믿음"과 같은 것이다.

북한이 주체사상을 종교로 숭배하고 있다는 것을 외형적으로 확인할 수 있는 것은 종교의식을 거행할 수 있는 특별한 장소와 시설이 갖추어져 있다는 사실이다. 북한은 전국적으로 기독교의 예배당과 같은 김일성혁명사상연구실을 갖추고 그 안에서 모임과 학습 등 예배의식을 행한다. 이와 같은 혁명사상연구실이 행정기관, 산업기관, 군대를 포함하여 전국적으로 약 45만여 곳에 이를 것으로 추정되고 있다.

기독교가 주일예배를 비롯하여 수요예배, 새벽기도회, 철야기도회, 토요집회, 금요구역예배, QT(아침 묵상의 시간), 가정예배 등 모임과 집회를 갖는 것처럼 북한에서도 일주일을 단위로 여러 종류의 모임과 학습을 진행한다.

주간 생활총화, 수요 강연회, 아침 독보회, 월요학습침투를 비롯하여 인민반 학습, 철야작업, 새벽 참배 등의 집회를 유지하고 있으며, 그 가운데서 토요일에 직장 각 조직단위에서 실시하는 생활총화는 일종의 자기반성적 종교집회로 매우 중요한 종교의식이다.

또한 자아비판은 기독교의 예배에서 하나님께 자신의 잘못을 회개하고 결심하는 기도의 행위에 해당하는 것으로 북한사회의 종교성을 유지하는 골간이며 북한체제를 다른 사회주의 체제와 구별되게 하는 중요한 요인이다.

기독교인들이 성경을 소중히 여기며 모든 행동 지침을 성경으로부터 찾는 것과 마찬가지로 북한사회도 성경의 일종인 주체사상의 경전, 즉 김일성 교시와 김정일 말씀을 갖고 있고 이 교시·말씀에 따라 생각하고 행동한다. 기독교인의 신앙을 유지하는데 있어서 찬양이 중요한 수단이듯이 북한에도 김일성·김정일 찬양가가 공식·비공식 행사에 동원되고 있다.

2. 우리의 기도

"저희 중에 어떤 이들과 같이 너희는 우상 숭배하는 자가 되지 말라."(고전 10 : 7)

첫째, 종교적 차원으로 발전하는 주체사상 가운데 살아가는 북한주민들이 여호와 하나님을 신뢰하고, 범사에 그를 인정하며, 경외하여 악에서 떠나는 그리하여 하나님과 사람 앞에서 은총과 귀중히 여김을 받는(잠 3:4-7) 일들이 일어나게 하여 주시옵소서.

둘째, 여호와 하나님을 경외함으로 말미암아 악에서 떠나는(잠 16:6) 추수하는 날에 얼음냉수 같아서 능히 그 주인의 마음을 시원하게 하는 충성된 일군들로(잠 25:13) 말미암아 거짓 신과 거짓 종교로 고통 받는 주린 영혼들에게 좋은 것으로 채워 주시는 하나님의 인자하심이 넘쳐나게 하여 주시옵소서.

셋째, 주체사상을 종교로 숭배하는 곳에서 모든 사람들이 두려워하여 하나님의 일을 선포하며 그의 행하심을 깊이 생각하는(시 64:9) 온 땅이 주를 경배하고 주를 노래하며 하나님의 영광을 찬양하고 영화롭게 찬송하게(시 66:2,4) 하시옵소서.

* 출처 : 북한사회의 종교성 : 주체사상과 기독교의 종교 양식 비교

2. 금수산 기념궁전

1. 김일성의 무덤

김정일 국방위원장이 신년을 맞아 김일성의 시신이 안치돼 있는 금수산 기념궁전을 참배하였다. 지금까지 김정일이 금수산 기념궁전을 참배한 것은 모두 네 번으로, 선군정치를 시작한 1995년, 노동당 총비서로 추대된 1997년, 김정일 체제가 공식 출범한 1998년, 그리고 2001년이다.

한편 조선중앙방송은 김일성 사망 12주기인 작년 7월 8일 12년간 금수산 기념궁전을 다녀간 사람이 919만8천200여 명에 달한다고 밝힌 바 있다.

금수산 기념궁전은 평양 대성구역 미암동 금수산(모란봉의 별칭) 기슭에 위치하고 있다. 이 건물은 1973년 3월에 금수산 의사당으로 착공되어 1977년 4월 15일 김일성 탄생 65돌에 준공되었다. 금수산 기념궁전은 김일성 생전에 금수산의사당 또는 주석궁으로 불리면서 김일성의 집무실 및 거처로 사용되었던 곳으로 김일성 사후 금수산 기념궁전으로 이름을 바꾸면서 김일성의 시체를 미라로 영구보존하고 천문학적인 돈을 투자하여 새롭게 조성하였다.

황장엽은 이때 들어간 돈이 약 9억 달러로 그 돈이면 1990년대 중반 대량 아사를 피할 수 있었을 것이라고 증언한 바 있다.

김일성은 스스로 죽고 나면 대성산 혁명 열사능에 묻히기를 원했다고 한다. 그러나 김정일은 김일성을 영원한 주석으로 모시기 위해 금수산의사당 전체를 '시신궁전'으로 만들었다.

1995년 6월 12일 노동당 중앙위·당중앙 군사위·국방위·중앙인민위·정무원 연명으로 "위대한 수령 김일성 동지를 영생의 모습으로 길이 모실 데 대하여"라는 결정서를 채택하였다. 그 내용은 김일성 시신을 금수산 기념궁전에 영구 안치한다는 것이다. 그리고 김일성 사망 1주기를 맞은 1995년 7월 8일에 김정일을 비롯해 당·정·군 고위 간부들이 참석한 가운데 개관식을 가졌다.

금수산 기념궁전 앞 광장의 넓이는 한 번에 20만 명이 운집할 수 있는 10만㎡로, 김일성 광장의 두 배에 달한다. 화강석 70만 개를 20여 가지 모양의 규격으로 다듬어 깔았다.

금수산 기념궁전은 처음 유럽식 궁전을 모방한 5층짜리 복합석조건물이었으나, 김일성 시체를 미라로 영구보존하면서 중앙홀에 대형 김일성 초상화와 김일성 입상을 세웠고, 궁전 앞 광장은 김일성과 김정일의 생일을 상징해 폭이 415(4월 15일 김일성 생일)미터, 길이는 216(2월 16일 김정일 생일)미터로 되어 있다.

김일성은 아홉 번째 영구 보존된 공산주의 지도자이다. 레닌(1924년), 불가리아의 디미트로프(1949년), 스탈린(1953년), 체코슬로바키아의 고트발트(1953년), 베트남의 호치민(1969년), 앙골라의 네트(1979년), 가이아나의 바남(1985년), 중국의 모택동(1976년), 그리고 김일성이다.

한편 1995년 7월 7일에 러시아의 모스크바 뉴스는 "러시아인 7인에 의하여 김일성의 사체보존 작업이 완료되었다. 100만 달러가 소요되었지만 이후에도 막대한 비용이 든다"고 보도했고, 1996년 7월 북한을 방문한 인도네시아 골카당 대표단은 노동당 간부로부터 "김일성의 사체 관리를 위해 연간 80만 달러가 든다"는 말을 들었다고 전한 바 있다.

2. 우리의 기도

"사무엘이 가로되 여호와께서 번제와 다른 제사를 그 목소리 순종하는 것을 좋아하심 같이 좋아하시겠나이까. 순종이 제사보다 낫고 듣는 것이 수양의 기름보다 나으니 이는 거역하는 것은 사술의 죄와 같고 완고한 것은 사신 우상에게 절하는 죄와 같음이라. 왕이 여호와의 말씀을 버렸으므로 여호와께서도 왕을 버려 왕이 되지 못하게 하셨나이다."(삼상 15 : 22-23)

첫째, 북한주민들의 실제적인 필요에 민감한 북한 위정자들이 일어나게 하시며, 개인 우상화를 위해 낭비되고 있는 엄청난 재원이 북한주민들을 위해 사용되게 하시옵소서.

둘째, 김일성 시신을 보존하기 위해 엄청난 재원을 낭비하는 북한정권의 허구성을 더 많은 북한주민들이 깨달으며, 핵심계층 안에서 김정일 정권의 한계를 알아 북한주민들과 민족의 장래를 생각하는 자들이 일어서게 하시옵소서.

셋째, 거역하는 것은 사술의 죄와 같고 완고한 것은 사신 우상에게 절하는 죄와 같음이라.

완고해서 자기네 방식으로 개인뿐만 아니라 집단적으로 김일성·김정일 부자 우상 숭배(렘 10 : 14-15)에 열중하는 죄악이 중단되게 하시옵소서.

* 참조 : 김일성 시신처리 관련 결정서 채택, 북한문제연구소

3. 신사참배와 북한

1. 신사참배의 의미

한국교회는 1945년 여름까지 우상숭배, 곧 신사참배를 했다. 교회 대표자들과 총회원과 노회원들이 열을 지어 신사(神社)에 가서 신도교의 예배 대상인 일본 신(神)을 참배한 것이다.

'가미나다'라고 하는 이동식 신사를 교회당 안 동편에 두고 신도들은 그것을 향해 예배했다. 제1부 예배로 신도 예배를 드렸고, 제2부 예배로 여호와 하나님을 예배했다. 일본의 신을 향하여 기도, 소원간구를 드렸으며, 그 예배는 찬양-손뼉, 예물 바치기, 황국신민서 낭독 등의 순서로 진행되었다.

구체적으로 신사참배 시기에 자행된 죄악을 살펴보면 다음과 같다.

신사참배, 황거요배, 교역자들의 신도침례(미소기 바라이) : 천조 대신 외에는 참신이 없다고 한 신앙고백과 더불어 일본 귀신의 이름으로 교역자들이 한강과 부산 송도 앞 바다에서 받은 세례이다.

배교 : 기독교 신학을 신도주의에 맞게 개조한 일, 여호와 하

나님과 함께 천조대신을 함께 섬긴 일, 일본 왕을 현인신(現人神)으로 인정하고, 천조 대신이 여호와 하나님보다 더 높다고 고백한 일, 각 교회의 대표자들이 그 같은 진술에 서명한 일, 그리스도의 유일성을 포기한 일, 그리스도의 통치를 불신하고 거부한 일, 그리스도의 재림을 부정한 일 그리스도의 왕권, 통치, 재림, 천년왕국에 관한 성경 일부를 삭제한 일, 이 같은 내용이 담긴 찬송가를 삭제한 일, 그리스도의 교회를 훼파한 일, 그리스도의 신조와 신앙고백을 배반한 일, 각종 배도 신앙고백서를 발표한 일, 발표한 배도 신앙 고백서대로 실천한 일이다.

민족 배신과 백귀 난행 : 일본군의 전승 기도회, 전승 축하예배, 전쟁무기 제공 및 지원병과 정신대에 나가도록 강연한 일, 헌금을 병기 구입에 바친 일, 교회당 종과 철문을 뜯어 병기 제작에 바친 일, 교회당을 팔아서 전비(戰費)로 사용하도록 바친 행위 등이다.

한국교회 조직을 신도주의 종교단체, 곧 이단에 개편한 일, 순정 일본 기독교라고 하는 신도교로 개종한 일과 국가의 교회간섭에 항거하지 않은 일, 시대적 책임과 사회적 책임을 다하지 못한 일, 악의 세력에 항거하지 않은 일과 우상숭배를 거부하는 동역자를 파면·해직·제명·추방한 일, 신사참배를 거부하는 동료를 일본경찰에 고발하여 체포되게 한 행위, 신자들에게 우상숭배를 강요한 일, 형제자매, 동족, 동료교역자와 그 가족에게 무정했던 행위, 무고히 핍박받는 신앙동지와 동족을 돌아보지 않았을 뿐 아니라 어리석은 신앙을 가졌다고 폄하한 일 등이다.

신사참배에 대하여 북한『력사 과학』 1993년 3월호에 의하면 "신도는 봉건시기에 발생한 일본 고유의 토착종교로, 원시적인 조상숭배 신앙으로 불교나, 기독교, 이슬람교와는 달리 교리도 경전도 교조(창시자)도 없었다. 신도에서 신앙의 대상에는 황실의 조상신인 천조 대신(아마데라스 오미가미), 역대 천왕들, 특히 초대 천황이라고 하는 신무천황과 명치천황, 일본 역사에 이름 있는 황족들과 공신 그 밖의 잡다한 신들이 있다. 이러한 신을 제사지내는 신사를 만들어 놓고 그를 믿게 하였다. 일본 제국주의자들은 우리 인민의 유구한 민족문화를 말살하고 반동적인 신도 종교를 우리 인민에게 강요함으로써 조선 인민의 자주의식과 계급의식을 마비시키려고 책동하였다."고 한다.

김일성 저작집 4권에는 신도에 대하여 다음과 같이 설명하고 있다. "일본제국주의자들은 조신인민의 민족적 각성을 마비시킬 목적으로 반만년의 오랜 역사를 가진 우리의 민족문화를 없애 버리려 하였으며 일본말과 일본풍습과 일본문화의 이른바 신도 종교를 우리 민족에게 강요 하였습니다."

2. 우리의 기도

"주께서는 용서하시는 하나님이시라. 은혜로우시며 긍휼히 여기시며 더디 노하시며 인자가 풍부하시므로 그들을 버리지 아니하셨나이다."(느 9:17)

첫째, 민족의 죄를 아파하며 하나님의 은혜를 갈망했던 다니엘을 기억하게 하옵소서. 오래 전부터 지은 민족의 죄를 참회하며 흐느끼는 다니엘의 기도를 외면하지 않으시고, 이스라엘 역사에 찾아오시어 하나님의 영광을 알리셨던 하나님! 이제 우리도 다니엘처럼 하나님의 긍휼을 보여 주는 통로의 한 사람(겔 22:30)이 되게 하여 주시옵소서.

둘째, 전능하신 하나님이 이미 "내 이름으로 일컫는 내 백성이 그 악한 길에서 떠나 스스로 겸비하고 기도하여 내 얼굴을 구하면 내가 하늘에서 듣고 그 죄를 사하고 그 땅을 고칠지라"(대하 7;14)고 말씀하신 신실하신 언약이 한국과 북한 땅에 이루어져 주의 영광이 회복되게 하시옵소서.

셋째, "나와 내 아버지의 집이 범죄하여 주를 향하여 크게 악을 행하여 주께서 주의 종 모세에게 명령하신 계명과 율례와 규례를 지키지 아니하였나이다. 주여 구하오니 귀를 기울이사 종의 기도와 주의 이름을 경외하기를 기뻐하는 종들의 기도를 들으시고"(느 1:6-7,11, 개역개정) 저희들에게도 은혜를 베푸시옵소서.

* 참조 : 「한국교회 친일파 전통」, 최덕성

4. 탈북자 선교

1. 탈북자 선교의 명암

1990년대 중반 이후 지속적으로 심화되어 온 북한의 식량난으로 탈북자들이 선교의 대상으로 부각되기 시작하였다. 그리고 1999년을 기점으로 많은 선교단체와 NGO들이 생겨나기 시작했다.

초기에 선교사들의 활동은 비밀리에 이루어져 탈북자들을 만나는 것조차 힘들었으나, 2001년부터 일부 선교사들은 앞다투어 탈북자 기획망명에 개입하고 자신들의 공과라고 선전하기에 이르렀다.

심지어 같은 교단에 소속되어 있는 미션 홈에서 서로 탈북자들을 빼가기에 바빴다. 그들은 일정한 돈을 주면서 탈북자들의 마음을 흔들었고, 믿음과 관계없이 한건주의 실적위주의 선교활동이 경쟁적으로 이루어지기도 하였다.

이러한 믿음과 관계없는 실적위주의 선교활동은 복음화는 뒷전이고 소속단체나 교단의 깃발을 먼저 흔들기 위해 여러 가지 이벤트에 치중하는 것으로 비춰지고, 선교사들끼리 서로 시기하고 질투하는 등 탈북자들에게까지 웃음거리가 되기도 하였다.

물론 선교단체와 NGO는 탈북자에 대한 지원과 선교활동을 활발히 전개해 왔다. 그러나 탈북자에 관하여 타 종교와 기관에 비해 많은 역할과 노하우를 축적하고 있지만 동시에 그에 관한 공유와 대안을 찾지 못하고 있는 것 또한 현실이기에 많은 성과를 냄과 동시에 많은 문제를 일으켰다고 한다.

이름을 알리고 모금을 하기 위해 탈북자 선교를 하는 소영웅주의로 빠져 물욕에 치우쳐 문제가 되고, 탈북자 몇 명을 구하고 탈북자들에게 고통을 주는 일은 없어야 할 것이다.

존 파이퍼(John Piper)는 그의 저서 「열방을 향해 가라」에서 "선교는 교회의 궁극적인 목표가 아니다. 예배가 그 목표다. 예배가 없기 때문에 선교가 필요한 것이다. 궁극적인 목표는 선교가 아니라 예배다."라고 지적한다. "그러므로 선교의 목표는 백성들이 하나님의 위대하심을 기뻐하는 것이다."라고 말한다.

하나님의 목표, 궁극적인 목표, 선교의 목표가 탈북자들에게 이루어져 차별, 고통·고난 등 환난(살전 1:5-6)을 기쁨으로 견뎌냄으로 그들이 겪은 많은 환난이 하나님께서 북한에 구원을 가져다주기 위한 도구가 되어야 할 것이다.

각 족속과 방언·백성과 나라(계 5:9-10) 가운데 흩어진 하나님의 자녀들(요 11:52)을 모으기 위해 죽으신 예수 그리스도의 사랑을 전파하는 신실한 선교사들로 말미암아 하나님의 생명에서 떠난(엡 4:18) 탈북자들이 평양에서 예루살렘까지 흔들림 없이 십자가의 길을 걸어가는 하나님께 영광을 돌리는(마 5:16, 벧전 2:12) 주의 군사가 되어야 할 것이다.

2. 우리의 기도

"그런즉 너희가 먹고 마시든지 무엇을 하든지 다 하나님의 영광을 위하여 하라."(고전 10:31, 6:20)

첫째, 오직 겸손한 마음으로 자기보다 남을 낮게 여기는(빌 2:3), 섬기려 오신 예수님의 모범을 따라(마 20:28, 막 10:45) 죽도록 충성하는 신실한 선교사들로 말미암아 탈북자들에게 하나님의 말씀이 전파되게 하여 주시옵소서.

둘째, 믿음과 관계없는 한건·실적위주의 선교, 잘못된 모금 활동, 소영웅주의·물욕 등이 사라지고 하나님의 뜻 안에서 율법의 완성인 하나님의 사랑(롬 13:10)만이 나타나게 하여 주시옵소서.

셋째, 선교사들과 탈북자들이 선한 데 지혜롭고 악한 데 미련하여(롬 16:19) 성령의 능력으로 소망이 넘치게 하여 주시옵소서 (15:13)

* 출처 : "한국교회의 탈북자 선교에 관한 문제와 제언 탈북자 선교 10년, 그 명과 암", 2007.6. 『월간 말』

5. 탈북 성도

1. 탈북자의 북한선교

"보위부의 모진 고문을 받을 때는 죽는 것보다 고통스러웠지만 신앙의 힘으로 극복했으며 그곳에서 믿음은 더 확고해졌다. 믿음을 가지고 북한에서 죽어도 두려운 것이 없다." 기독교 신자라는 이유로 처형 위기에 처한 손정남의 신앙 고백 내용이다.

손정남은 1990년대 후반 식량난으로 사람들이 무더기로 굶어 죽는 사태가 발생하자 체제에 환멸을 느낀 나머지 먼저 탈북한 동생의 도움을 받아 가족들을 데리고 1998년 1월에 탈북했다.

그는 1년 간 비밀 아지트에서 신학공부를 했고, 전도사가 됐다. 당시 중국 공안의 감시 때문에 떨어져 살았던 동생은 "몇 달 만에 만나본 형이 '그리스도를 믿으라.'고 진심으로 설교를 하는 걸 보고 형이 너무나 달라져 있음을 실감했다."고 말하기도 하였다.

손정남은 함께 공부했던 탈북자 팀을 이끌고 중국에서 탈북자 선교에 나섰고, 북·중 국경을 통해 성경책을 보내는 일도 함께 했다고 한다. 그러다가 손정남은 함께 일하던 탈북 동료가 중국 공안에 체포되는 바람에 붙잡혔고, 결국 북한으로 강제 송환됐다.

이러한 탈북자들을 통한 북한선교는 2005년 7월 발행된 <강연 제강> "우리 내부에 종교를 퍼치려는 적들의 음흉한 모략책동을 단호히 짓부시자"에 잘 나타나 있다.

남한은 "비법월경자들(탈북자)과 사사 려행자(개인 여행자), 무역거래자들을 돈과 물건으로 매수하여 그들을 통해 우리 내부에 성경책을 비롯한 종교출판선전물들과 종교, 록음, 록화물들을 들여보내려고 교활하게 책동하고 있다"고 비난하고 있다.

<강연제강>에는 신앙생활을 불법으로 간주하여 처벌한 사례도 제시하고 있다.

2004년 5월, 무산군에서 부양으로 사는 한 여성은 주변나라에 사사 려행(개인 여행)을 갔다가 교직자로 가장한 남조선 괴뢰 정보원 놈에게 매수되여 우리 내부에 종교를 퍼치라는 권고를 받고 성경책과 기도를 하는 방법을 적은 수첩을 물품 속에 감춰가지고 나오다가 세관에서 적발됐다.

2004년 5월, 어느 국경 연선군에서는 비법 월경했다가 남조선 괴뢰 정보원 놈들에게 매수되어 3년여 간의 전문종교교육을 받고 우리 내부에 종교를 퍼치면서 지하종교조직을 꾸릴 간첩임무를 받은 비법 월경자 년을 체포했다.

2004년, 주변나라의 어느 한 도시에서 남조선 선교사 박모(정보원 요원) 놈이 자기 집에 여러 명의 비법 월경자들을 끌어들여 종교교육을 준 다음 전문 간첩훈련과 지하종교조직을 꾸릴 구체적인 임무를 주기 위해 그들을 남조선으로 빼내가려다가 해당 나라 안전기관에 체포됐다.

2. 우리의 기도

"내가 환난 중에 여호와께 부르짖었더니 내게 응답하셨도다." (시 120 ; 1)

첫째, 한국교회와 성도들이 탈북자들을 섬김과 말씀으로 양육하고 훈련하는 일에 게르지 않고 열심을 품게 하시며 하나님의 열심(왕하 19:31, 사 9:7, 사 37:32)으로 잘 감당하게 하여 주시옵소서.

둘째, 북한선교의 중심적인 역할을 감당하는 동역자로 삼아야 할 탈북자들이 훈련 받으며 북한에 필요한 하나님의 말씀을 배달하는 일 등을 감당하는 동안 안전케 지켜 주시고(시 121:4) 구체적으로 협력하며 동역하는 자들이 넘쳐나게 하여 주시옵소서.

셋째, 현재 수감되어져 있는 성도들의 무릎이 연약해지지 않도록 보호하여 주시고 주 여호와를 피난처(시 73:28)로 삼아 성도의 영혼을 보존하사 악인의 손에서 건짐(시 97:10) 받는 역사로 말미암아 여호와로 인하여 기뻐하며 감사의 노래를 부르게 하여 주시옵소서.(시 97:12)

* 출처 : 왜 그는, 2007.7.21. 조선, 「북한인권백서」, 2007, 통일연구원

6. 탈북자 교회

1. 탈북자 교회와 북한선교

탈북자 1만 명 시대를 맞아 최근 2~3년 동안 탈북자들을 위한 전문 교회가 잇따라 설립돼 교계의 주목을 받고 있다. 이들 교회는 탈북자들에게 그리스도의 복음을 전파하는 것은 물론 한국 정착을 위해 편의·정보를 제공한다. 특히 북한선교는 이들의 가장 중요한 기도 제목이자 창립 목적이기도 하다는 것이다.

이처럼 탈북자 교회 설립이 줄을 잇는 것은 탈북자들이 기존 교회에서 느끼는 상대적인 소외와 설교를 잘 알아듣지 못하는 점 등 부적응이 주된 이유로 꼽힌다. 여기에다가 탈북자 중 신학을 공부한 목회자가 잇따라 배출되면서 탈북자 교회 설립이 늘고 있다.

2007년 7월 현재 국내 탈북자 교회는 창조교회, 열방샘교회, 새평양순복음교회, 평화통일교회, 바울선교교회, 장대현교회 등이 있으며, 전문 사역자로는 남포교회 하나 청년회 담당인 유대열 목사와 온누리교회 하나 공동체 담당 마수현 전도사 등이 있다.

평양 방어사령부 정치장교 중좌로 근무하던 중 평양 거주 친구에게서 모퉁이돌선교회가 보낸 성경책을 받고 북한에서부터 기독교

인이 되어 탈북한 심주일 목사가 개척한 창조교회의 경우 탈북자와
일반인 40여 명이 한데 어울려 예배를 드리고 있다.

한편 만여 명에 이르는 탈북자 중 신학을 공부하고 있는 사람
은 60~70명에 이른다. 북한에 무너진 하나님의 교회를 재건, 확장
하고 이를 토대로 평양에서 열방을 향해 나아가는 것을 그 목표로
하여 2006년 8월 창립 된 '탈북민사역자연합회' 모임에 참석하는 탈
북자는 30~40명이라고 한다.

이들 탈북자들은 남북한 두 사회의 장단점을 이미 경험하였고,
북한사회의 특성과 문화에 익숙하다. 그러하기에 이러한 탈북자들을
올바로 양육·훈련 준비시켜 북한선교를 위한 하나님의 도구로 쓰
임 받도록 하여야 할 것이다.

지금까지 한국교회 일부에서는 북한선교라고 하면 통일 이후에
북한에 교회를 세우면 된다는 식으로 생각하고 준비를 해 왔다. 그
러나 북한선교는 바로 지금 해야 한다. 통일 후 북한에 교회를 세우
고 복음화 하려 하기 이전에 탈북자들을 북한선교의 중심적인 역할
을 감당하는 동역자로 삼아야 할 것이다.

탈북자 교회들은 기독교 자체에 익숙하지 않고, 예배의식이나
모임 형태가 북한에서의 사상 학습 방법·체험과 유사할 뿐만 아니
라, 교회에서의 부정적인 경험 등으로 인하여 기독교에 부정적인 탈
북자들을 위한 전문적인 신앙 양육 프로그램의 개발·시행과 더불
어 능동적으로 지혜롭게 북한선교에 헌신하도록 하여야 할 것이다.

또한 분단 하에 형제의 아픔에 동참하고 여러 가지 모양으로
실질적 도움을 주면서, 통일 독일 수립에 결정적 역할을 했던 독일
교회의 역할을 감당하여야 할 것이다.

2. 우리의 기도

"하나님께 가까이 함이 내게 복이라. 내가 주 여호와를 나의

피난처로 삼아 주의 모든 행사를 전파하리이다."(시 73:28)

첫째, 탈북자 교회들이 이 시대 교회의 역사적 사명과 교회의
본질을 올바로 깨달아 거룩한 교회의 참된 자태를 드러내는 길로
전진하게 하여 주시옵소서.

둘째, 주의 말씀이 내 길의 빛이요, 내 발의 등불로서 역사하는
그 큰 은혜가 탈북 성도 개인 개인의 삶과 탈북자 교회 안에 있어
바벨론에 있던 다니엘이 속했던 몇 사람의 교회가 그 시대의 등불
로서 사명을 다한 것 같이 주어진 사명을 잘 감당하는 교회가 되어
지게 하여 주시옵소서.

셋째, 탈북자 교회들이 단순히 탈북자들에게 한국사회 정착을
위해 편의·정보 제공의 친목과 서로 도움을 주는 것을 뛰어넘어
진실로 그리스도를 나타내며 하나님의 말씀을 선포하고 증거하는
진리의 기둥과 터가(딤후 3;15) 되어 지게 하여 주시옵소서.

* 출처 : 2007.6.29. ≪국민일보≫, "새터민 교회 설립 잇따라… 남한사회
정착위한 편의·정보도 제공"

VIII

북한지하교회 실상과 선교방향

Ⅰ. 흔들리는 북한, 선교방향

1. 북한은 동반자인가 적인가?

북한을 어떻게 보아야 할까? 어떤 이는 북한을 동반자로 또 어떤 이는 적으로 보아야 한다고 열을 올린다. 그러나 분명한 것은 남북관계의 이중적 현실이다. 북한은 한국과 정치·군사적으로 대결상태에 있는 경계 대상이며, 동시에 하나의 민족공동체 형성을 위해서 함께 협력해 나가야 할 동반자라는 것이다.

북한과 한국은 아직 적대관계를 완전히 청산하지 못하고 있으며, 이러한 상황에서 북한은 한국 안보를 위협할 수 있는 충분한 군사적 능력을 가지고 있다. 다른 한편, 북한은 한국과 함께 하나의 민족공동체를 실현해야 할 평화와 통일의 동반자이다.

이런 맥락에서 2004년 9월 대법원은 국보법 폐지를 정면 비판하면서 판결문을 통해 "북한은 조국의 평화적 통일을 위한 대화와 협력의 동반자임과 동시에 우리 체제의 전복을 획책하는 반국가 단체라는 성격도 가지고 있다"라고 규정한 바 있다.[238]

따라서 한국에게 오늘의 북한은 '경계대상'과 '동반자'라는 이중

---

238) ≪조선일보≫, 2004.9.31.

성을 가지고 있다. 이러한 이중적인 현실인식 속에서 한국국민들에게 필요한 것은 서로간의 적대감을 줄이고 동포애를 증진시켜 북한을 공존과 동반자 관계로 확대시켜 나가는 지혜와 노력이다.

한편 북한을 이해하기 위한 학문적 차원의 연구방법론은 외재적 접근법과 내재적 접근법으로 크게 나눈다. 외재적 접근은 북한을 객관적·외부적인 시각에서 분석하는 방법론으로서 인류보편적 가치인 자유민주주의와 자본주의적 시각에서 북한체제의 전반적 현실을 분석한다. 사이비 종교집단으로서 1인 독재정치의 부정적인 측면이 강조될 수밖에 없는 한계가 있다.

내재적 접근은 북한의 특수한 현실을 고려하면서 북한체제가 설정해 놓은 이념과 논리를 기준으로 북한의 정치·사회 현상을 분석하는 것이다. 따라서 이 접근법은 의도적이든 아니든 북한체제를 이해하고 두둔하면서 긍정적인 면을 지나치게 부각시키는 오류를 범하고 있다.

중요한 것은 남북분단의 현실에서 이데올로기의 개입을 배제한 채 북한을 객관적으로 보는 것이다. 기본적으로 북한주민들의 생활양태를 기준으로 그 사회의 특성을 분석하는 측면을 인정하지만 결국은 인류의 보편적 가치인 자유·평등·인권·민주 등에 근거하여 윤리적 판단을 해야 할 것이다. 주체사상의 사회생명체론에 따라 민주와 인권보장을 주장해도 국제사회로부터 인정을 받지 못하면 설득력이 없다는 것이다.

2. 북한의 종말 징후인가

1) 평양의 이상 징후; 핵심권력 실세 줄줄이 병사

평양의 핵심권력 실세그룹을 '움직이는 종합병동'이라고 한다.239) 북한 내 당·정·군 권력층의 상당수가 심각한 질환에 시달리고 있다. 심장병과 신부전증, 당뇨 등의 질병 때문에 유럽과 아시아 각국에서 치료를 받은 핵심실세는 권력서열 3위, 국방위원회 제1 부위원장이며 인민군 총정치국장인 조명록을 비롯해서 10여 명에 이른다. 최근에 질병으로 죽은 실세들은 국방위원회 부위원장인 연형묵(2005.10.22.), 대남정책을 총괄하는 임동옥 통일전선부 부장 (2006.8.20.), 당 중앙위 공안담당비서 계응태(2006.11.23.), 그리고 2007년 1월 3일 신장병으로 사망한 백남순 외무상 등이 있다.240)

유달리 심장질환이 자주 발견되는 것과 관련해 순환기 관련 의학전문가들은 권력투쟁 과정에서 중압감과 스트레스가 큰 영향을 미쳤을 것으로 진단하고 있다. 2000년 이후 3월 현재까지 현직에서 질병으로 사망한 경우는 모두 20여 명으로 파악되고 있다.

특히 신장과 간이 나쁘고 심한 신부전증에다 고혈압으로 고통을 받고 있다는 김정일은 앞으로 5년을 넘기지 못할 것이며241) 심지어는 1~2년내 건강에 큰 이상이 있을 것으로 예언하는 사람들이 있어 주목되고 있다.

이와 같이 북한 핵심지도층들이 질병으로 줄지어 사망하거나 상당수가 심각한 질환에 시달리고 있는 것은 북한정권의 종말징후일 수도 있다는 분석이다. 여호와의 진노가 북한에 이른 것이라는 판단이다. 여호와께서 바로에게 이르기를 "내 아들을 놓아서 나를 섬기게 하라 하여도 네가 놓기를 거절하니 내가 네 아들 네 장자를 죽이리라 하셨다"(출 4:23)함에 주목하는 것이다.

북한 핵심실세들이 여호와의 백성, 북한 지하교회 교인들을 놓아서 하나님을 믿고 섬기도록 하라는데도 계속 그들을 탄압하니 북한권력의 장자인 핵심실세들을 죽일 수밖에 없다는 말씀으로 받아들이는 것이다. 북한이 종교의 자유를 인정치 않고 기독교를 계속 탄압하는 한 권력핵심실세들을 차례로 제거시켜 권력기반을 송두리째 무너뜨리겠다는 경고로서 그들의 종말이 가까워 왔음을 의미하

---

239) "평양의 핵심권력 실세그룹은 '움직이는 종합병동'", ≪중앙일보≫, 2005.6.29.
240) ≪중앙일보≫, 2007.1.4.
241) 미 육군전쟁대학 전략연구소 캔 고스 연구원은 이같이 진단했다.

334 북한에도 생명의 빛을

는 것으로 보아야 할 것이다.

2) 우상숭배에 대한 하나님의 진노

또 하나의 북한 종말 징후는 김일성, 김정일 우상화가 극치에 이르고 있다는 것이다. 북한에는 어떠한 정치체제가 있다기보다는 주체라는 교리를 가진 이른바 '김일성교'라는 사이비 종교집단이 있다. 김일성 수령이 말한 것은 모두가 주체사상이요, 교리로 승화되고, 북한주민들에게 수령의 말씀은 '복음'이요, 과학이요, 예술이라는 것이다.

김일성 수령은 사망 후에도 하늘에 있는 신으로 받들고 김정일은 기독교에서 말하는 '하나님의 아들인 예수님'과 같은 존재로서 세상을 통치한다는 것이다.[242] 1998년 9월에 개정된 북한의 헌법전문에 김일성을 '영원한 주석'으로 받들어 모신다고 한 것도 그와 같은 논리를 따른 것이다.

북한 선전기관들은 "어버이 수령님을 천국으로 높이 받들어 모시고 해와 달이 다하도록 끝까지 충성을 다할 것"을 강력히 독려하고 있다. 백화원 초대소의 한 여종업원은 주체사상에 대하여 "태양빛은 그늘이 생기지만 어버이 수령님의 햇살에는 그늘진 곳이 생기지 않는다"는 신앙고백을 했다.

이처럼 북한의 주체사상은 북한사람들에게 내재적으로 종교화되었다. 북한주민들은 인간에게 육체적 생명과 사회적 생명이 있다는 주체사상의 사회생명체론을 믿고 있다. 이러한 논리에 따라 김일성 수령의 육체적 생명은 죽었을지라도 그의 사회적 생명은 영생불멸이고 그가 창시하고 가르친 주체사상의 길을 따라야 한다는 데는

---

242) 북한에서는 김일성의 생애는 신약이고 조상숭배는 구약으로 상징되어 있다. 김일성, 김정일의 초상화나 석고상은 이른바 '십자가', 김일성 혁명사상 연구실은 '교회', 김일성의 출생지라고 하는 만경대는 '성지'가 되고 있다. 수령, 당, 인민의 사회생명체 논리는 '성부·성자·성령 3위일체'이고, 토요학습은 '구역예배', 총화는 '간증', 독보회는 '성경공부', 그리고 통일은 '예수재림'으로 믿고 있다는 것이다.

어느 누구도 이의를 제기하지 않고 있다.

하나님께서는 북한의 우상숭배가 극에 달하고 대를 이어 김정일과 그 아들에까지 확대되는 것을 용납하시지 않을 것이 분명하다. 하나님은 십계명 중 1,2,3 계명에서 우상숭배를 금하고 여호와의 이름을 존귀하게 여기라고 했다. 제1계명에서 '나 외에는 다른 신을 두지 말라'고 했으며, 제2계명에서는 우상을 만들지 말고, 절하지 말며, 섬기지도 말라고 구체적으로 우상을 금하셨다. 이어 제3계명은 '여호와의 이름을 망령되이 일컫지 말라'고 못을 박았다.

하나님을 멀리하고 우상을 숭배하는 북한사람들에게 여러 차례 경고와 많은 재난을 주었음에도 불구하고 북한이 끝내 돌이키지 않는다면 하나님의 인내에도 한계가 있다는 것이다. 그 인내의 한계를 드러내는 여러 징후가 북한에서 일어나고 있음을 북한이 빨리 깨닫고 돌이켜야 할 것이다.

3) 핵을 걸고 마지막 도박

총체적 위기에 접한 북한은 6자 회담을 이용, 핵 폐기를 미끼로 미·일을 비롯한 국제지원을 끌어내어 위기 극복에 안간 힘을 쓰고 있다. 북한은 미국과 맞서는 동안 미사일발사(7.5)에다 핵실험(10.9) 도발까지 하면서 막무가내로 대결을 불사했다. 그 결과 체제를 방어한다는 이유로 핵무기를 손에 쥐었지만, 그 때문에 유엔안보리의 압박과 미·일 등 개별국들의 대북제재 강화로 숨통이 막힐 지경이 되었다. 핵을 먹고는 살 수 없는지라 회담에 복귀하여 합의문에 서명을 했다지만 과거에도 그랬듯이 언제 또다시 합의가 깨질런지 불안하기만 하다.

합의사항들이 어떤 이유로 지켜지지 않게 되면 유엔제재는 강화될 것이 불을 보듯 뻔하고 남북경협도 제한을 받고, 중국도 체면을 구겨 대북제재를 더욱 확대할 것이 예상된다. 에드워드 로이스 미 하원의원은 김정일 돈줄을 끊어 숨통을 조이기 시작하면 작업착수 후 2개월이면 모두 끝장난다고 밝혔다.

북한은 생물학무기 시설을 적어도 20여 곳을 운영하고 있으며, 화학무기 공장도 12곳을 운영하고 있는 것으로 나타났다.243) 북한이 비축한 화학무기의 양은 순위로 따지면 4만 톤을 보유한 러시아, 3만 톤을 비축해 놓은 미국에 이어 세계 3위다.244) 화학무기 1,000톤으로 대략 4,000만 명을 살상할 수 있으며, '사린가스'의 경우 4.5Kg만 살포해도 4분 안에 1,000만여 명을 몰살시킬 수 있다는 것이다.

북한이 핵무기를 포함, 생·화학무기를 다량 보유했다고 해서 전쟁에서 이기고 체제를 보장할 수 있는 것이 아니다. 잠언 21장 31절 말씀은 아무리 "싸울 날을 위하여 마병을 예비하거니와 이김은 여호와께 있느니라"고 했고, 사무엘상 17장 47절에는 "여호와의 구원하심이 칼과 창에 있지 아니함을 이 무리로 알게 하리라. 전쟁은 여호와께 속한 것인즉 그가 너희를 우리 손에 붙이시리라."고 하였다.

전쟁에서 이기는 것은 핵, 생·화학무기를 개발하고 선군정치를 해 나가는 것이 아니고 여호와 편에 서고 여호와께 속해야 하는 것임을 일깨워 준 것이다. 북한이 이대로 가면 망할 수밖에 없다. 세계적인 중보기도 사역자인 신디 제이콥(Cindy Jacob) 목사는 2006년 5월 8일에 북한 김정일을 향해 멸망을 선포하고 "한국이 영적인 추수의 선두주자가 될 것"이라며, 북한의 문을 여는 역사가 곧 일어날 것이라고 예언한 바 있다.245)

---

243) 미국의 과학기술 전문지인 '포퓰러 메카닉스'는 최신호(2월호) 보도에서 미 정부의 정보보고서 등을 인용해 "북한이 무려 5천 톤에 달하는 화학무기 재고를 보유하고 있으며, 특히 탄저와 수두, 콜레라, 폐 페스트 등을 무기화할 능력을 갖추고 있다"고 밝혔다.

244) 세계 각국이 생물·화학무기를 폐기하는 추세인 점을 감안한다면 북한은 머지않은 장래에 생물·화학무기 분야에서 세계 1위로 올라설 것이 예상된다.

245) 제이콥 목사는 에스더와 유대인들이 나라가 위태로웠을 때 합심기도 했던 것처럼 한국사람들은 40일 구국금식기도를 해야 한다고 선포했다.

3. 정말 지하교회가 있나

북한에 지하교회가 정말 있느냐는 질문을 받을 때가 있다. 지하교회가 있는 것은 분명하지만 의심을 가지고 묻는 사람들에게 확실하게 설명하기는 쉽지 않다. 먼저 성경에서 그 근거를 찾아본다. 로마서 11장 2~5절에는 "하나님이 그 미리 아신 백성을 버리지 아니 하셨나니, 내가 나를 위하여 바알 앞에 무릎을 꿇지 아니한 칠천을 남겨 두었다 하셨으니 이제도 은혜로 택하심을 따라 남은 자가 있느니라."고 기록되어 있다. 1907년 평양대부흥운동 이후 많은 하나님의 백성들이 남쪽으로 내려오고 김일성 폭정 밑에 순교를 당했지만 아직도 김일성 동상 앞에 무릎을 꿇지 아니한 수만 명의 기독교인들이 하나님 은혜로 택하심을 따라 신앙을 지키고 있다는 말씀이다.

북한 지하교인들은 혹독한 고난과 핍박 가운데서도 신앙을 포기하지 않고 지금도 남아 있다. 죽음이나 투옥이나 순교나 그 모든 고통을 무릅쓰고 반세기 동안 신앙을 지켜오고 있다. 사도행전 20장 23~24절 "결박과 환란이 나를 기다린다 하시나, 나의 달려갈 길과 주 예수께 받은 사명 곧 하나님의 은혜의 복음을 증거 하는 일을 마치려 함에는 나의 생명을 조금도 귀한 것으로 여기지 아니하노라"라는 말씀으로 신앙고백을 하고 있다. 또 그들은 "사망을 폐하시고 복음으로써 생명과 썩지 아니할 것을 나타내신 예수님을 의지함으로써 고난을 받되 부끄러워하지 아니한다"는 신앙을 가지고 엄청난 고난을 이겨 나가고 있다.[246]

그들은 시간이 있을 때마다 눈물로 기도하고 찬양하며 식량이 없어 배를 곯아 굶어 죽는 한이 있어도 신앙을 잃지 않고 있다. 매를 맞아 살가죽이 터져 죽고, 연탄 한 장이 없어 겨울에 얼어 죽어도 원망하지 않는다. 굶어 죽고 매 맞아 죽고 얼어 죽는 것보다 순

---

246) 디모데후서 1장 10~12절 말씀

교하는 것을 하나님 축복과 은총으로 여기고 있는 신앙인들이다.

오늘날 이 세상에서 가장 아름다운 교회가 있다면, 그것은 틀림없이 북한에 있는 지하교회이다. 가장 핍박받는 교회이기 때문에 그렇다. 물론 예루살렘의 교회, 중앙아시아나 중동의 교회도 핍박을 많이 받지만 북한지하교회처럼 그렇지는 않다. 북한지하교회 성도들은 발각되면 갖은 고통을 겪고, 물고문, 전기고문에, 생매장에, 쇳물에 태워 죽이고, 깔아죽이는 상황에서도 생명을 유지하는 교회이다. 그곳은 예수님이 피로 사신 곳이고 주님이 계신 교회이다.

그들은 찬송도, 기도도, 예배도 소리 내서 할 수 없으며, 성경도 십자가도 가질 수 없고 예수를 믿을 수도 전도할 수도 없다. 지하교회는 건물만 없는 게 아니라, 십자가도, 강대상도, 의자도, 피아노도 없다. 5~6명이 모이면 그들이 바로 교회이고 예배를 보면 예배당이고 헤어지면 한 줌의 자취도 남기지 않는다. 그곳에는 한 권의 성경도, 찬송가도 신앙서적도 없고, 목사도 전도사도 교사도 없다. 그곳에는 살아 있는 숨결만 있다. 핍박과 눈물과 고통 하는 심령과 환난이 기다리고 있을 뿐이다.

그러나 그 지하교회는 예수님이 피로 사신 곳이며, 주님이 계시고, 하나님이 기뻐하시는 교회이기 때문에 이 세상에서 가장 아름다운 교회이다. "자기도 함께 갇힌 것 같이 갇힌 자를 생각하고 자기도 몸을 가졌은즉 학대받는 자를 생각하라" 하였으니 우리도 그들의 핍박과 고통을 생각하며 함께 나누어야 할 것이다.247) 이러한 북한의 지하교회가 1,000개를 훨씬 넘어서 날마다 북한 전역에 확산되고 있는 현실을 접하면서 한국교회가 해야 할 일들이 막중함을 한 번 더 깨닫게 한다.

하나님께서는 북한에 남겨 둔 당신의 백성들을 위하여 새 일을 시작하셨다. "보라 내가 새 일을 행하리니, 이제 나타낼 것이라. 너희가 그것을 알지 못하겠느냐, 정녕히 내가 광야에 길과 사막에 강

247) 히브리서 13장 3절 말씀

을 내리니 장차 들짐승 곧 시랑과 및 타조도 나를 존경할 것은 내
가 광야에 물들을, 사막에 강들을 내어 내 백성, 나의 택한 자로 마
시게 할 것임이라. 이 백성은 내가 나를 위하여 지었나니 나의 찬송
을 부르게 하려 함이라"(사 43:19-21)라고 하셨다.

그 새 일이란 무엇인가. 그것은 광야에 길을 내고, 사막에 강을
내는 것이다. 사막처럼 말라 있는 심령에 영혼의 눈을 뜨게 하여 생
명과 은혜의 강이 터져 흐르게 한다는 것이다. 잡초가 우거지고 황
폐해진 마음의 광야에 생명과 은혜의 길을 내어서 사랑이 솟아나게
한다는 것이다.

죄악과 우상숭배와 증오와 절망 속에서 사막과 같은 생활을 하
고 있는 북한동포들로 하여금 생명수를 마시며 하나님의 찬송을 부
르게 한다는 것이다. 헐벗고, 눌리고, 굶주리고 갇힌 자들을 위하여
광야에 길을 내고 사막에 강을 낸다는 것이다.

하나님께서는 동서독을 가로지른 베를린 장벽을 무너뜨리고,
루마니아의 철권통치를 끝장내고, 소련을 러시아로 거듭나게 해서
모든 사람들이 주인이 되게 하셨다. 하나님께서는 남북통일을 가로
막는 장벽을 뚫고 길을 내 주시고 북한을 복음화시키는 새 일을 시
작하셨다. 이 일에 한국 기독교인이 동참하여 북한에 있는 '들짐승'
즉, 불신자들로 하여금 하나님을 존경케 하고 생명수를 마시고 하나
님의 찬송을 부르도록 해야 할 것이다.

4. 빗나간 북한선교

1) 북한선교 '시기상조'라는 오판

우리 한국교회는 민족의 복음화를 돕지 않는 지난 수십 년 간
의 잘못을 돌이키고 지금부터 팔을 걷어붙이고 나설 때이다. 가장
잘못된 판단은 지금은 북한선교 할 때가 아니라고 단정하는 것이다.
김일성, 김정일 1인 독재 신정체제가 건재하는 한 그 모진 핍박과

탄압 밑에서 기독교가 발을 붙일 수 없다는 것이다. 그러나 김일성, 김정일보다 훨씬 능력 있으신 여호와께서 북한에 있는 당신의 백성을 지키시고 보호하고 있다는 것을 잊고 있는 것이다.

요한복음 8장 29절에는 "나를 보내신 이가 나와 함께 하시는도다. 내가 항상 그의 기뻐하시는 일을 행하므로 나를 혼자두지 아니하셨느니라"라고 기록되어 있다. 하나님께서는 핍박받는 북한 지하교회 교인들은 혼자 두지 아니하시고 함께 하신다는 것이다.[248] 요한복음 14장 14절에서 여호와는 "내 이름으로 무엇이든지 내게 구하면 내가 시행하리라"고 약속하셨다. 수십만 명의 북한지하교회 교인들이 날마다 여호와의 이름으로 구하고 있음에 주목해야 한다.

북한선교는 악한 영과 치르는 영적 전쟁이다.[249] 북한을 잡고 있는 악한 영은 무너지고 하나님의 영이 영광을 받도록 기도로 무장을 해야 한다. 치열하게 벌어지고 있는 영적 전쟁에서 북한에 있는 하나님의 백성들이 승리할 수 있도록 총력지원을 하는 것이다. 그들을 위해 기도로 힘을 실어 주고 성경과 신앙서적, 식량과 생필품, 그리고 생활비를 지원해야 한다.

그동안 한국교회들은 북한선교에 관심을 가지고 북한선교주일을 지키면서 헌금을 해 두고 있지만 북한선교는 통일이 된 다음에 북한에 종교의 자유가 이루어진 다음에 남북관계가 좋아진 다음에 하겠다고 때를 기다리고 있다. 지금은 준비만 하고 때를 기다려야 한다는 것이다. 통일이 되면 그 때 가서 모아놓은 헌금을 가지고 평양, 원산, 신의주, 회령, 함흥으로 들어가 대형교회를 지어 북한선교에 앞장선다는 것이다. 가서 땅을 차지하고 군림한다는 생각이다.

---

248) 역대하 7장 14절에는 "내 이름으로 일컫는 내 백성이 그 악한 길에서 떠나 스스로 겸비하고 기도하며 내 얼굴을 구하면 내가 하늘에서 듣고 그 죄를 사하고 그 땅을 고칠지라"라고 기록되어 북한 지하교회와 북한에 대한 하나님의 약속을 분명히 하고 있다.

249) 고린도후서 10장 4절에는 "우리가 싸우는 병기는 육체에 속한 것이 아니요 오직 하나님 앞에서 견고한 진을 파하는 강력이다"라고 분명히 해 주고 있다.

하나님의 영역을 넓히기보다 내 교단, 내 교회, 한 개인의 관할 영역을 넓히겠다는 것이다.250)

아주 잘못된 생각이다. 통일이 되고 북한에 종교의 자유가 허락되면 일차적인 영적 전쟁은 끝난다. 치열한 영적 전쟁이 벌어지고 있을 때는 팔짱을 끼고 있다가 전쟁이 끝나면 가서 교회를 짓겠다면 이미 때는 늦은 것이다. 일차적인 영적 전쟁이 끝나면 한국교회가 해야 할 중요한 일도 같이 끝난다.

이제부터는 북한에 교회를 짓는 것이 아니다. 북한 전역에 잘 세워진 45만 개의 김일성혁명사상연구소251)를 개조하면 훌륭한 교회가 될 수 있기 때문이다. 한국교회가 북한에 들어가 군림하는 것이 아니고 반세기 넘게 눈물로 기도해 온 지하교회 교인들로 하여금 하나님의 영광을 회복하도록 돕고 후원을 하는 것이다. 북한지하 교인들을 중심으로 탈북재중 기독교인, 한국에 있는 탈북 기독교인들이 고향으로 돌아가 교회를 재건시키고 평양대부흥운동과 같은 성령운동을 재연시키도록 뒷받침을 해 주는 것이다.

이때를 위해서 한국교회들은 미리 탈북동포들을 신앙으로 훈련시켜 북한교회재건을 위한 지도자를 양성해야 한다. 지금이 바로 북한선교를 할 수 있는 가장 좋은 시기이다. 북한주민들의 마음속에는 지난 반세기 동안 수령이라는 거짓신이 자리 잡고 있다. "수령님만 모시면" 어떠한 어려움도, 고통도, 배고픔도, 슬픔도 모두 이겨낼 수 있다는 신앙을 가지고 살아왔다. 그런데 문제는 그러한 신앙의 대상인 김일성 수령이 사망한 것이다. 북한주민들은 의지할 곳을 잃고 마음이 표류하게 되어 공허함 때문에 불안감을 갖기 시작했다.

거짓신이 빠져나간 그들의 공허한 마음을 무엇으로 채울 것인

---

250) 북한교회세우기 연합회는 2006년 10월 27일 북한 문이 열리면 10년 사이에 3,000개의 교회 재건을 포함해 1만 5,000개의 교회를 설립키로 했다. ≪국민일보≫, 2006.10.28.

251) 주체사상에서 김일성혁명사상연구소는 기독교의 교회와 같은 역할을 하고 있다.

가? 또 다른 거짓신(김정일 수령)이 자리 잡기 전에 참 신(하나님)이 그들의 마음에 믿음, 소망, 사랑을 줄 수 있도록 하는 것이 한국 기독교가 해야 할 일이다. 프랑스와 이태리에서 생명과 재산과 복지를 약속한 공산당이 몰락한 후 모든 국민이 허탈해 하고 있을 때 카톨릭이 들어가 자리를 잡았듯이, 심리적 부적응 현상과 정신적 공백 때문에 중국 지하교회가 그 공백을 메워 크게 번창하고 있는 것 같이,252) 북한주민들의 허전한 마음을 기독교가 채워 준다면 북한 복음화의 길은 크게 열릴 것이다.

2) 북한정권이나 조그런을 통한 선교

지금은 북한선교를 할 때가 아니라고 판단한다면, 할 수 있는 방법이란 김정일 정권이나 조선그리스도교연맹(위원장, 강영섭 목사)을 통한 북한선교일 수밖에 없다는 결론일 것이다. 지금은 때가 아니라고 단정한다면 이해될 수 있는 부분도 있지만 그 전제가 틀렸다. 현재의 북한 독재체제가 지속되는 한 북한정부를 통한 선교지원은 무모한 짓일 뿐 아니라 결과적으로 북한선교를 방해하고 민족 통일과 고통을 지연시키기 때문이다. 그런데 한국기독교 단체들은 조그런을 통한 선교지원에 앞을 다투고 있지 않는가 말이다.

조그런 위원장 강엽섭 목사는 누구인가? 그는 김일성 주석의 외증조부인 강량욱 목사의 아들로 김정일에게도 할아버지뻘이다. 강량욱 목사는 1904년 평남에서 태어나 그 곳에서 신덕(新德) 학교를 다녔으며, 1923년에 평양신학교를 졸업한 후 8·15 해방이 되기까지 평양의 암정교회 목사로 일했다. 해방 이후 김일성이 북에 공산정권을 세우자 그는 목사직을 버리고 김일성의 앞잡이 노릇을 했다.

이때부터 그는 공산당의 앞잡이로 기독교 탄압에 앞장 서 수많

---

252) 전문가들은 중국인들이 교회를 찾는 이유가 급속한 사회변화에 따른 심리적 부적응 현상 때문인 것으로 보고 있다. 베이징의 한 언론인은 "사회주의에 대한 신념이 약화되면서 생긴 정신적 공백을 종교가 메워 주기를 원하는 사람이 많다"고 말했다. ≪중앙일보≫, 2007.1.15.

은 목사들과 성도들을 고발, 형장의 이슬로 사라지게 했던 말하자면 스스로 교리를 판 북한판 '가롯 유다'가 된 셈이다. 그 때문에 그는 교인들에 의해 배신자의 낙인이 찍혀 암정교회에 있었던 그의 사택이 폭파당한 사건까지 일어났었고 그때 그의 아들 하나가 폭사했으나 그는 무사했다. 1946년 강량욱은 북한이 위장 평화 공세를 위해 급조한 이른바 북조선 기독교연맹 중앙위원장으로 임명돼 대남모략 선전과 기독교인 말살에 앞장섰다.253)

그의 아들 강영섭은 대를 이어 기독교탄압에 선봉을 섰고 기독교인들에 의해 폭사당한 동생을 위한 복수심이 불탈 수밖에 없었다. 강영섭 목사는 1971년 12월 조선기독교연맹 중앙위 위원장에 오른 후 김일성, 김정일 정권의 반기독교정책을 충실히 따랐다. 1990년대 들어서 북한이 국제사회에서 종교의 자유를 표방함에 따라 강 위원장은 조기련 대표단과 예술단을 이끌고 일본, 미국, 마카오, 독일, 헝가리 등지를 순방하면서 종교를 통한 국제지원을 얻으려고 애썼다.254)

복수심에 불탔던 그의 태도는 그 후 기독교를 가장 잘 이해하는 것처럼 보이고 인자한 웃는 얼굴로 변신했다. 그는 한국을 비롯한 미국과 서방국가 기독교인들을 환대하고 북한에 종교의 자유가 있음을 설파하면서 봉수교회와 칠골교회 그리고 가정교회를 적극 활용했다. 조그련이 조선노동당 통일전선부 산하기관으로 알려져 있는 만큼 강영섭 위원장을 통해 지원되는 북한선교기금은 그대로 김정일 정권에 필요한 비용에 우선적으로 충당될 것은 불을 보듯 뻔한 것이다.

이러한 상황인데도 한국교회나 NGO 단체들은 북한정부를 상대로 앞을 다투어 지원활동에 참여하고 있다. 한국교회의 대북지원 활동이 때로는 부분적인 성과를 거둘 수 있음을 부인하는 것은 아니다. 문제는 북한정부나 조그련으로부터 황당한 기대를 하고 있다

---

253) ≪내외통신≫, 제314호, 1983.1.14.
254) 「북한인명사전」, 1998년 개정·증보판, 서울신문사, pp45~46.

는 것이다.

가. 1,200석 규모 봉수교회 재건축

대한예수교장로회 통합측 전국남선교회는 남선교회 창립 80주년 행사로 45억 원을 들여 봉수교회를 재건축하고 있다. 이 예배당은 대지 3만 평, 건평 600평에 지상 3층의 1,200석 규모로 건축돼 앞으로 북한선교를 담당할 전초기지가 된다는 것이다. 여기에는 당회장실을 비롯한 접견실 등이 들어서게 되며, 최대의 음향실, 발전실, 동시통역 시설을 갖추어 비상시에 대비한다는 것이다.

예장통합 총회장 안영로 목사는 봉수교회가 완공되면 "평양 시내에서 십자가의 불빛을 볼 수 있게 되었으며, 그 불빛은 평양시민들에게 복음의 기쁨을 알리는 불빛이며 북한 복음화를 위한 전초기지로 활용될 것"이라고 흥분했다. 안 목사는 "그렇게 하기로 북한당국과 합의했다"며 "평양 시내에 다시 신앙의 씨앗을 뿌리는 셈"이라고 한껏 기대를 부풀리었다.[255]

그러나 북한당국이 미국의 핵공격이나 한국의 보수세력보다 기독교를 북한체제의 더 큰 위협세력으로 보고 탄압하고 있는 한 봉수교회를 북한 초대형 교회로 재건축한다는 것이 무슨 의미가 있을까? 1,200석 규모의 봉수교회를 짓는다고 해서 그 만큼 교인들이 느는 것도 아닐 테고 외국인 중심의 기독교 행사가 있는 때를 빼놓으면, 비어 놓거나 사회주의 로동청년 동맹원들의 이념교육장으로 쓰든지, 노동당 간부들의 대남전략논의 집회장소로 사용하게 될 것은 분명한 것이다.

---

255) 2006년 11월 30일 남측 91명을 포함, 130여 명이 참석한 상량감사예배 단장 김대범 목사는 "봉수교회 건축을 계기로 남북한교회가 도약하는 모습을 보여 주어야 한다. 교회마다 책임을 져야 한다"고 주장했다. ≪기독교신문≫, 2006.12.10.

나. 장대현교회 복원사업

2006년 3월 27일 평양 장대현교회 복원사업을 추진하고 있는 예장합동교단 실무진과 조그런 강영섭 위원장이 만난 자리에서 복원사업과 관련 '교회' 명칭의 사용을 북측이 거부함에 따라 사업에 제동이 걸렸다. 조그런의 요구대로 교단측은 교회 대신 체육시설을 포함한 봉사센터로 사업을 변경했으며 이 같은 명목으로 사업비도 당초 10억 원에서 30억 원 규모로 확대했다. 건축위치도 현재 김일성 동상이 서 있는 원래 장대현교회 자리가 아니라 인근 칠골교회 근처로 결정되면서 사실상 '장대현교회 복원'은 의미가 없게 되었다.

실무진에서는 '장대현교회 봉사센터'라는 명칭을 요구하기로 결정했으나 3·27 회담에서 북측이 이를 거절한 것이다. 장대현교회 건물을 그대로 복원한다고 하더라도 종교의 자유가 없는 북한에 교회를 짓는 것이 무슨 큰 의미가 있겠는가?[256]

다. '2007 평양대부흥 기념사업'

우리민족교류협회는 평양대부흥 100주년이 되는 2007년에 평양에서 12,000명이 모이는 대성회가 개최된다고 밝혔다. 당초 기획은 15만 명 수용능력을 가진 능라경기장(5·1 경기장)에서 대성회를 갖기 원했으나 북측이 거액의 돈을 요구하자 평양 정주영체육관으로 장소가 바뀐 것으로 알려졌다.

그 대신 우리민족교류협회는 "평양국제대성회 기간인 2007년 5월 31일 '평양복음심장병원' 현판식을 거행할 것"이라며 "한국측의 부담금은 1,500만 달러(약 150억 원)로 그 이상 소요될 경우 북측이 분담키로 합의서 제6조에 명시돼 있다"고 말했다. '2007 평양국제대

256) 1907년 1월 14일 장대현교회에서 열린 평안남도 도 사경회에서 길선주 장로는 "나는 아간과 같은 자입니다"라고 회개의 고백을 했다. 그의 고백은 그 날 밤 모인 사람들의 심령을 움직여 성령의 강한 임재와 통회의 역사가 나타났다. 장대현교회를 중심으로 한 성령의 역사는 평양 전 지역으로 확대되어 평양대부흥 운동의 포문을 열었다. 『미래세계』, 2007.1.13.

성회' 집회에 대한 대가로 북한에게 심장병원을 건립해 준다는 것이다.

한편 조국평화통일협의회는 2007년 2월 8일 "조그런과 오는 9월 1~3일 새로 건축된 평양봉수교회에서 평양대부흥운동 100주년을 기념하는 '남북교회연합 평양대성회'를 열기로 합의했다"고 밝혔다. 인원은 남측 700명, 북측 300명, 해외 200명 등 모두 1,200명의 목사와 기독교인이 참여키로 했다고 한다. 사흘 동안 계속되는 성회에서는 평양봉수교회 성가대와 남측교회의 성가대가 찬양하고 성찬예식을 드리며, 남북화해와 통일을 위해 기도한다는 것이다.

대표회장인 진요한 목사는 "남북교회가 부흥운동의 발상지인 평양에서 기도하면 사탄의 세력이 물러가고 남북이 하나되리라고 믿는다"며 "이번 평양성회는 성령의 역사와 회복의 역사가 일어나 온 세계에 하나님의 은혜를 전파하는 놀라운 집회가 될 것을 확신한다"고 자신감을 표했다.257)

그러나 이러한 기대나 자신감은 북한의 현실에 비추어 실망과 좌절감으로 바뀌게 될 가능성이 크다. 기본적으로 조그런에서는 대형기독교 집회를 달갑게 여기지 않고 있는데다가 특히 집회를 위한 비공식적 현금지원이 관행이기 때문이다. 또 집회를 야외에서 할 수 있다면 외부의 북한주민에게 말씀이 전해질 수도 있겠지만 야외와 차단된 실내공간에서의 집회는 그 효과가 극히 제한적일 수밖에 없다. 이것이 사실이라면 엄청난 대가를 북한정권에 지불하면서 그런 집회를 하는 명분이 부족하다.

라. 평양과기대 건축

평양과기대는 동북아교육문화협력재단과 북한교육성이 공동추진하는 것으로 되어 있다. 통일부가 승인한 지원규모는 400억 원이며, 건물 10개동을 건축하는데 드는 비용은 280억 원이다. 이 대학

---

257) 《국민일보》, 2007.2.9.

은 북한의 첨단과학기술 교육을 강화하자는 취지에서 남북합의로 추진되고 있다. 공사규모는 평양시 낙랑구역 승리동 일대 100만 평 부지에 건물 연면적 약 24,000평이다.[258]

현재 학사동 건물과 식당, 도서관, 강당, 연구소 및 기숙사 등 10개 동 공사가 거의 마무리 단계다. 앞으로 정보통신과 생명공학 등의 석·박사 과정을 개설해 김일성 종합대학 등 북한 내 대학졸업생 100여 명을 모집할 계획이라고 한다.

교수진은 세계 각국에서 활동하는 한국인 학자와 연구자들도 초빙할 방침이다. 장기적으로는 학부학생도 모집하면서 남북한 교수 240여 명과 학부 2,000여 명 규모의 종합대학을 구상하고 있다는 것이다.[259]

이민복 탈북선교사는 "김정일 정권에 북한선교 차원으로 수백 억의 자금과 과학기술 지원을 하는 것은 핵무기를 지원하는 것이다"라며, 한국교회는 "탈북민돕기와 북한지하교인 돕기에 나서야 한다"고 주장했다. 누가 뭐라 해도 평양과기대는 김정일 정권의 지배를 받는 대학이며, 공산당 산하 대학으로서 북한정권의 지침에 따라 운영될 것은 뻔한데 한국교회 지도자가 이사로 있는 자체가 말이 안 된다는 설명이다.[260]

3) '열매를 살피며 지원하자'

2006년 11월 10일 한기총 가맹 63개 교단 북한선교 관계자들은 '향후 열매를 살피며 지원한다'는 방침을 정했다. "복음통일 원칙을 전제로, 열매를 살피며 투명하게 지원한다"는 것이다.

실제적인 열매란 북한주민들에게 지원금이나 물품이 직접 전달

---

258) 건축비용 280억 중 165억 원 정도가 후원금으로 들어왔다는 것이다. 앞으로 내부교육기자재와 교육설비에 40억 원, 내부설비에 40억 원 등 120억 원이 필요하다. 사회단체 등 2,800개의 단체가 후원에 동참하고 있다는 것이다. ≪미래한국≫, 2006.12.9.
259) ≪국민일보≫, 2006.11.6.
260) ≪미래한국≫, 2006.12.9.

될 수 있는 방안이라는 뜻이다. 이제까지 북한정부와 조그련으로 집중돼 온 한국교회의 대북지원이 도단위 이하의 지방에 직접 전달될 수 있는 방안도 연구한다는 것이다.[261] 북한정권의 실상을 감안한 매우 적절한 착상이다. 직접 지방에 전달되는 지원도 투명성이 보장되지 않고서는 무의미하다는 것에 주목해야 한다.

북한당국은 주체사상을 신봉하는 한 기독교를 허용할 수 없다. 그들을 전도대상으로 삼을 수도 없고, 그들이 기독교를 받아들일 수도 없다. 미국의 기독인권운동단체(ICC)는 최근 북한이 기독교에 대한 박해가 가장 심한 나라로 선정했다.[262] 이러한 나라에서 지원을 통해 북한지도층을 복음화시키는 것은 거의 불가능한 일이다.

5. 바람직한 북한선교 방향

1) 구제와 선교는 달라

북한은 지금 복음을 완강하게 거부하고 있다. 말씀과 교회를 거부하고, 그리고 신앙의 자유를 거부하고 있다. 한국교회들이 선교의 이름을 붙여 돈을 모아 그저 가져다주기를 바라고 있다. 병원이나 세워주고 학교나 지어줘 기독교인답게 아량을 베풀어 보라고 한다. 국수공장이나 빵공장이나 세워 주고 밀가루나 보내 달라는 것이다. 기독교의 사랑을 발휘하여 못사는 동족들에게 고아원과 양로원이나 세워 주고 필요한 물품들을 넉넉히 보내라는 것이다.

한국교회들이 북한에 고아원을 세워달라고 들여보낸 돈이 얼마이며 그 돈이 어떻게 쓰여지고 있는지 아는 사람이 없다. 한국교회들이 조그련을 통한 대북지원이 1995~2004년까지 10년 동안에 2,700억 원에 달해 대북민간지원의 77%에 해당한다고 한다.[263] 그

---

261) "63개 교단들 인도적 대북지원, 열매살피며 지속", ≪크리스천 투데이≫, 2006.11.11.
262) ≪국민일보≫, 2007.1.8.

후 지금까지 지원한 금액을 모두 합치면 그 액수가 어마어마할 것임은 말할 것도 없다. 2000년 이후 한국정부와 민간단체들이 북한에 보낸 지원금들이 8조 5,000억 원 정도에 이른다니 그 이상 얼마나 더 성의를 보일 수 있겠는가?[264] 북한동포를 위해 한국 나름대로 최대한 사랑을 베푼 것이다. 어떠한 대가도 받지 못하고 말이다.

구제하는 것과 선교하는 것은 다르다. 기독교 단체들이 조그련을 통해 봉수교회에서 예배를 보고 고아원이나 양로원을 방문해 구제물품을 전달하고 북한선교를 했다고 한다. 조그련이나 고아원, 양로원에 선교비와 물품을 전달했다고 하더라도 엄밀한 의미에서 그것은 구제일지언정 선교는 아니다. 선교란 가서 말씀을 전하고 예수님의 제자를 삼는 것이다. 버려진 한 사람 한 사람의 영혼을 구원하고 예수님의 제자를 삼아 신앙인으로 성장시키는 것이다.[265]

"형제들아 너희 가운데서 성령과 지혜가 충만하여 칭찬 듣는 사람 일곱을 택하라. 우리가 이 일(구제하는 일)을 저희에게 맡기고 우리는 기도하는 것과 말씀 전하는 것(선교하는 일)을 전무하리라"(행 6:3~4)[266]는 말씀과 같이 구제하는 일은 다른 NGO 단체들에게 맡기고 기독교인들은 선교에 전념해야 한다는 것이다. 물론 선교와 구제는 함께 갈 수 있다. 선교를 목적으로 한 구제는 기독교가 해야 하나 구제를 위한 구제는 다른 단체에 맡기라는 것이다.

2) 북한선교는 이렇게

무엇보다도 북한에 하나님의 말씀(성경)을 침투시키는 것이다.

---

263) ≪미래한국≫, 2006.9.9.

264) ≪미래한국≫, 2007.1.13.

265) 유석렬, 「삶, 신앙, 일의 보람」, 진흥문화사, 2003년, pp169~175.

266) 디아스포라의 결과로 생겨난 헬라파 유대인들이 많이 들어옴에 따라 교회에는 과부나 고령자 등 극빈자가 크게 늘어 구제의 효율적 실행이 당면 과제로 부각되었다. 교회는 헬라 출신의 경건한 유대인 일곱을 택해 이 일을 맡긴다. 이로써 교회는 예루살렘이라는 지역적 틀을 벗어나 서서히 이방에게 선교로 눈을 돌리게 된다.

지난 반세기가 넘게 기독교를 '아편'으로 본 김일성·김정일의 반기독교 정책은 기독교인들의 처형과 함께 성경을 강제 색출해 없애 버렸다. 성경 한 권으로 30~40명의 지하교회인들이 돌려가면서 손으로 베껴 보는 상황에서 그들의 신앙에는 한계가 있을 수밖에 없다.

"성경은 구원에 이르는 지혜가 있게 하느니라. 이는 하나님의 사람으로 온전케 하려 함이라"고 한 것과 같이 북한지하교회 교인들에게 구원에 이르는 지혜를 주고, 하나님 사람으로 온전케 하기 위해서 그들에게 성경이 반드시 필요하다는 것을 말해 주고 있다.267) 그러나 성경을 북한에 침투시키기는 결코 쉬운 일이 아니다. 재중 동포들의 장사 보따리 속에 넣어 몰래 반입을 시키거나 북한 지하교회 지도자들이 중국방문 시 그들의 손에 들려 보내기도 하고 비밀루트를 통해서 은밀하게 침투시키기도 한다. 매년 수백 권에서 시작하여 최근에는 수만 권의 성경이 북한에 들어간다.

2006년부터 '새누리' 북한어 번역 성경이 최초로 출간되어 나오면서 북한에 성경보내기 활동은 활기를 띠고 있다. 개인과 단체와 교회가 합심하여 수천 권, 수만 권의 성경을 북한에 보내는 운동이 전개되고 있다. '새누리'성경을 받아 본 지하교인이 보내온 편지 속에는 "몇 년 동안 성경공부를 하면서 성경에 쓰여진 내용을 요절마다 완전히 리해하지 못할 때가 많았으나, 이제 하나님을 쉽게 알고, 쉽게 리해할 수 있음으로 하나님을 모르고 사는 북한의 양떼들에게 더욱 복음이 쉽게 전파될 수 있어 정말 진심으로 감사, 감사를 드립니다.", "이 성경책이 몇 년만 빨리 나왔어도 북한의 성도들에게 복음이 빨리 가 닿았을 것"이라며 새누리 성경을 받아 보지 못한 이들에 대한 안타까운 마음도 표현했다.268)

---

267) 디모데후서 3장 15절은 "성경은 능히 너로 하여금--믿음으로 말미암아 구원에 이르는 지혜가 있느니라" 하였고 16절은 "교훈과 책망과 바르게 함과 의로 교육하기에 유익하니"라 했다. 17절은 "이는 하나님의 사람으로 온전케 하며 모든 선한 일을 행하기에 온전케 하려 함이니라"고 기록했다.
268) 《크리스천 투데이》, 2007.2.7.

한국교회들이 합심해서 북한에 성경보내기 운동에 동참하면 하나님께서 크게 기뻐하실 것이다. 북한선교, '새누리' 북한어 번역성경을 보내는 데서부터 시작하는 것이다. 성경이야 말로 영적 전쟁에서 승리케 할 수 있는 지하교회인들의 최대 무기가 될 수 있을 것이기 때문이다.

북한라디오 방송프로그램도 북한선교의 중요한 부분을 차지하고 있다. 모퉁이돌선교회에서는 2006년 7월 1일부터 북한 지하교회 교인들을 상대로 방송성경강의 프로그램을 시작했다. 전문가들을 동원하여 프로그램을 제작하고 탈북동포 중 방송사 아나운서 경력이 있는 기독교인을 선정, 녹음을 해서 매일 새벽 4시부터 1시간 동안 9780khz 단파 라디오로 방송을 한다. 이 방송을 통해 북한지하교회 교인들을 비롯한 북한주민들에 직접 신앙교육을 시킬 수 있고, 종국적으로 북한 전체 주민들의 의식구조를 크게 바꾸어 북한을 변화시키는 데도 일익을 담당케 하는 것이다.

재중 탈북동포들을 신앙으로 양육하고 훈련시켜 북한으로 돌려보내 지하교회를 세우고 이끌어 나가도록 하는 것이다. 탈북동포들을 구분하여 단기교육이 필요한 사람들에게는 1주일 정도, 장기적인 집중교육이 필요한 사람들에게는 2~3개월 신앙훈련을 시켜 성경, 생필품과 생활비를 주어 북한에 돌려보낸다. 이를 위해서는 적지 않은 경비가 필요하다.

또 하나 중요한 프로그램은 북한에 있는 지하교회 교인들을 뽑아 중국으로 불러들여 집중적으로 교육과 훈련을 시켜 재투입시키는 것이다. 북한에 있는 신실한 주의 일꾼들을 발굴하여 중국에 초청, 양육해서 하나님의 뜻을 가르쳐 알게 하고 이들을 북한에 돌려보내 북한 안에서 버려지고 피폐된 영혼들을 구원하는 사역자가 되게 한다. 이미 북한 안에서는 이들을 통해 사람의 힘이 아닌 오직 성령으로 진행되는 복음전파가 시작되었으며 목숨을 걸고 다시 북한으로 돌아간 일꾼들은 북한지하교회를 활성화시키는데 큰 역할을 감당하고 있다.

이제까지는 이와 같이 중국에서 조선족 또는 탈북동포들을 훈련시켜 북한에 침투시키는 우회방법을 통해 북한지하교회 설립에 역점을 두어 왔다. 그러나 북한의 대내외 상황이 급격히 변하고 있는 지금, 이제부터는 우회 방법이 아닌 북한에 직접 들어가 선교하는 전략으로 전환할 때가 되었다. 북한 지하교인들에게 성경과 신앙서적과 생필품을 직접 지원하고 그들이 활동할 수 있도록 여건을 조성하는 것이다. 그 길은 좁고 험하지만 하나님께서 예비하신 것으로 한국교회가 통과해야 할 관문이다.

성경, 라디오, TV, DVD를 보내고, 탈북동포, 지하교인들을 훈련시켜 재투입시키고 단파라디오 방송을 통해 생명의 양식을 공급하고, 말씀이 인쇄된 고무풍선을 띄워 보내는 등 모든 방법을 총동원하여 북한 복음화를 앞당겨야 할 것이다.

3) 주저할 시간이 없다.

"북한선교를 위해서 무엇을 했느냐"고 물으면 "기도를 했다"고 대답한다. 기도는 후방부대의 강력한 후원자요 일선선교사들에게 최선의 무기임에는 틀림없지만 기도 자체가 선교는 아니다. 선교는 가서 예수님의 제자를 삼는 것이다. 선교를 위해 성경은 "가라", "섬기라"고 한다. 하나님께서 가라고 하시니 갈 것이고 섬기라 하시니 섬겨야 한다. 북한선교, 주저할 시간이 없다.

하나님께서 주신 절호의 기회를 놓치거나 잘못 활용하면 하나님의 진노를 면치 못할 것이다. "나 여호와가 너를 단단히 속박하여 공같이 광막한 지경에 던질 것이라. 주인의 집에 수치를 끼치는 너여 네가 그곳에서 죽게 하겠다"는 셉나에게 내린 하나님의 심판을 우리도 면치 못할 것이다.[269] "여호와께서 대적을 일으켜 그를 치게

---

269) 이사야 22장 17~18절에는 "나 여호와가 너를 단단히 속박하고 장사같이 맹렬히 던지되, 정녕히 너를 말아 싸서 공같이 광막한 지경에 던질 것이라. 주인의 집에 수치를 끼치는 너여 네가 그곳에서 죽겠고 네 영광의 수레도 거기 있으니라"고 기록되어 있다.

하시며 그 원수들을 격동시키시리라"고 에브라임을 벌하시는 주의 손이 우리에게도 다가올 것이다.[270]

그러나 우리가 신실한 마음으로 충성스럽게 그 일을 감당하면 하나님께서 기도를 들어주시되, 여호와께서 "북편 군대를 너희에게서 멀리 떠나게 하여 메마르고 적막한 땅으로 쫓아낼 것이라"[271]는 약속을 지켜 주실 것이다. "네가 어디를 가든지 내가 너와 함께 있어 네 모든 대적을 네 앞에서 멸하였은즉, 세상에서 존귀한 자의 이름같이 네 이름을 존귀케 만들어 주리라"[272]라는 여호와의 약속이 우리에게 이루어질 것이다.

사도 바울은 자기 동족 이스라엘의 구원을 위해서 눈물로 기도했다. "나의 형제 곧 골육의 친척을 위하여 내 자신이 저주를 받아 그리스도에게서 끊어질지라도 원하는 바로라"(롬 9:1)는 피를 토하는 고백을 하였다. 우상숭배를 자행한 죄악과 형제들을 미워하고 살해한 죄악과 하나님이 없다고 교만했던 모든 죄악을 지은 이 민족을 용서해 달라고 우리도 기도해야 할 것이다.

여호와께서 노여움을 푸시고 이 민족을 용서하셔서 통일을 주시고 7천만이 주님께로 돌아오게만 된다면 나 한 사람의 이름이 생명록에서 지워져도 좋다는 각오를 가져야 할 것이다. 이스라엘 민족이 금송아지 우상을 만들었다고 하여 하나님의 진노가 그들을 진멸하려고 하실 때 모세의 목숨을 건 기도가 그 민족을 구원했듯이[273] 우리도 민족 복음화를 위하여 그렇게 기도해야 할 것이다. 북한선교, 지금 바로 시작할 때임을 기억해야 할 것이다.

---

270) 이사야 9장 11절
271) 요엘서 2장 20절
272) 사무엘하 7장 9절
273) "여호와께서 모세에게 이르시기를 이스라엘 자손에게 이르라 너희는 목이 곧은 백성인즉 내가 순식간이라도 너의 중에 행하면 너희를 진멸하리니"(출 33:5). 모세가 가로되 "주는 우리 중에서 행하옵소서. 이는 목이 곧은 백성이니이다. 우리의 악과 죄를 사하시고 우리로 주의 기업을 삼으소서."(출 34:9)

6. 우리의 기도

"너희 마른 뼈들아 여호와의 말씀을 들을지어다. 주 여호와께서 이 뼈들에게 이같이 말씀하시기를 내가 생기를 너희에게 들어가게 하리니 너희가 살아나리라.... 주 여호와께서 이같이 말씀하시기를 생기야 사방에서부터 와서 이 죽음을 당한 자에게 불어서 살아나게 하라 하셨다 하라. 이에 내가 그 명령대로 대언하였더니 생기가 그들에게 들어가매 그들이 곧 살아나서 일어나 서는데 극히 큰 군대더라"(겔 37:4-10)라고 말씀하신 하나님께 기도드립니다.

첫째, 마른 뼈에 생기를 불어 넣어 큰 군대로 일어서는 환상을 보여 주신 하나님, 지금 하나님을 배척하고 우상숭배를 하며 영적으로 죽어 있는 마른 뼈와 같은 북한 땅에 성령의 바람을 불어 넣어 주사 일으켜 주시옵소서. 하나님의 영광과 주권이 가리워진 그 땅의 정치, 경제, 사회, 독재정권 가운데 하나님께서 당신의 이름을 회복시켜 주시옵소서.

둘째, 지금도 북한 땅에서 고통 속에 불로 연단하여도 없어지지 않을 정금 같은 믿음을 지키고 있는 순결한 주의 백성들이 많이 일어나고 있음을 감사드립니다. 세계선교와 부흥의 전초기지가 될 북한 땅의 준비된 백성들을 주의 군대로 일으켜 주시옵소서. 그들의 믿음을 더욱 더 굳고 단단하게 지켜 주시고 북한과 한국교회를 위해 눈물로 기도하는 그들의 기도를 들어 주시옵소서.

셋째, 평양부흥 100주년을 맞이하여 한국 각 교회, 선교단체마다 북한선교에 대한 하나님의 마음을 넘치도록 부어 주사 하나님의 원하시는 방향으로 북한선교에 힘을 쏟을 수 있도록 지혜와 통찰력을 더하여 주시옵소서. 하나님을 사랑하는 자 곧 그 뜻대로 부르심을 입은 자들에게 모든 것이 합력하여 선을 이루게 하시는 하나님, 한국교회의 다양한 북한선교의 움직임들이 하나님 안에서 합력하여 선을 이루게 하시옵소서.

넷째, 이제는 때가 급하여 중국에서 조선족 또는 탈북동포들을 훈련시켜 북한에 침투시키는 우회방법에서 북한에 직접 들어가 북한 지하교인들에게 성경과 신앙서적과 생필품을 직접 지원하고 그들이 활동할 수 있도록 여건을 조성하는 전략으로 전환하고 있습니다. 좁고 험한 길을 걷는 북한선교 위에 힘을 더하시고 동참할 자들을 붙여 주시며 하나님께서 직접 일하시옵소서. 성경배달과 방송선교의 중요성과 시급성을 더 많은 한국교회가 깨닫고 동참할 수 있도록 역사하시옵소서.

다섯째, 새벽이슬 같은 주의 청년들이 북한선교에 대한 부르심과 각성을 통해 많이 일어나고 있음을 감사드립니다. 이들에게 북한 땅에 역사하고 계시는 하나님의 일들을 목도할 수 있게 하여주시고 사도 바울과 같이 생명이 끊어지더라도 민족복음화를 간절히 원하는 마음을 부어 주시옵소서. 북녘의 정금같이 순결한 성도들의 생생한 간증에 오히려 부끄러워하며 깨어나 함께 기도하는 자들로 삼아 주시옵소서.

2. 사람을 세우는 북한선교

I. 탈북자를 세우는 북한선교

　　1995년 식량난 이후 북한에 남겨진 가족과 이웃들에게 복음을 전하기 위해 돌아간 탈북자들이 많았다. 돌아가면 일정기간 심문을 받고 고통에 시달려야 하는 아픔을 알면서도 복음 전하는 일을 멈출 수 없어 성경을 가지고 간 사람들이다. 주변사람들이 위험하니까 가지 않는 것이 좋겠다고 만류함에도 그들은 죽음을 무릅쓰고 북한으로 돌아가는 일에 주저하지 않았다.

　　"굶주림으로 가족들이 죽어가면서 나는 살 길을 찾아 중국으로 넘어왔다. 결핵이 걸린 나를 도와줄 사람이 없었다. 저녁이 되면 기침이 나와 잠을 잘 수가 없고, 가래를 뱉으면 피가 자꾸 나왔다. 그런 나에게 한 선교사님이 찾아왔다. 그 분은 나를 데려다 씻기고 약을 먹이면서 몸에 좋은 음식을 마련해 주셨다. 나는 선교사님을 통해 하나님의 따뜻한 사랑을 느꼈고, 온갖 죄를 다 짓던 내가 하나님을 믿게 되었다. 선교사님과 함께 기도하고 성경을 공부하면서 병도 완전히 치료되었다. 그러나 예수님을 알지 못하고 죽어가는 북한에 남아 있는 가족들이 떠오를 때마다 마음이 편치 않았다. 견딜 수 없

어 고향에 가족을 만날 결심을 하였다. 강을 건너자마자 국경 수비
대에 잡혀 총 개머리에 맞아 머리가 터졌다. 잠시 어려움을 당했지
만 하나님의 은혜로 석방되어 집을 찾아가 부모님과 형에게 복음을
전하였다. 놀랍게도 복음을 들은 형은 나를 따라 중국으로 함께 가
겠다고 말하였다. 나는 집에 가족들과 1주일 있다가 형과 함께 '공
동체'가 있는 중국으로 넘어왔다. 더 많이 훈련을 받고 돌아가리라."

선교일꾼들이 돌보는 탈북자들의 공동체에서 생활하던 탈북 형
제의 고백이다.

"교회가 세워져 처음으로 함께 모여 예배를 드렸습니다. 물론
지하교회이지요. 정말 강퍅한 그곳에 하나님은 불치병에 걸린 공산
당원을 위해 기도할 때 치료하셨으며, 손이 굳어 움직이지 못하는
할머니에게 손을 얹어 기도할 때 치료하시므로 그곳에 있던 사람들
이 예수를 영접하고 예배케 하는 기적을 행하셨습니다."

깡마른 일꾼의 얼굴은 기쁨과 감격으로 넘쳐났다. 예시된 사례
를 통해 확인된 것처럼 모퉁이돌선교회의 탈북자 사역은 복음을 영
접한 사람들을 북한으로 돌아가게 하는 것을 통해 많은 지하교회들
이 세워지게 하는 선교전략이다. 이 사역은 5단계로 분류되어 유기
적으로 이뤄지고 있다.

1단계 : 북한을 나왔다가 돌아가는 이들에게 복음을 제시하고
2~3일 내에 필요한 것들을 준비하여 돌아가도록 하고 있다. 북한으
로 돌아가는 이들이 필요한 것은 우선, 중국에 도착했을 때 사랑으
로 보살피고 먹이는 것과 전도지 제공, 그리고 돌아갈 때 필요한 식
량과 물품, 성경 등이다.

2단계 : 1단계 사역 중에 성경말씀을 더 깊이 있게 배우길 원
하는 탈북자들을 돌보며 더 집중적으로 말씀을 가르친다. 이들에게
2주에서 40일 동안 말씀을 가르쳐 다시 북한으로 돌아가도록 하고
있다.

3단계 : 지도자 과정의 교육으로 2단계 과정에서 신실하게 일할 수 있는 사람들을 선별하여 중국 내 신학교 배달사역에 참여토록 하고 있다. 이 과정을 마치면 북한으로 돌아가 복음을 전하고 지하교회 개척사역을 감당하게 된다. 이들에게는 자립할 수 있도록 기술을 익히는 훈련도 병행한다.

4단계 : 이 과정은 어떤 이유로든지 부득불 북한에 돌아갈 수 없는 사람들을 중국 안에서 정착할 수 있도록 돕고, 이들을 통하여 2단계 사역 중에 있는 탈북자들을 돕고 말씀으로 양육하는 일을 지속적으로 감당하게 한다.

5단계 : 북한으로 돌아갈 수 없거나 중국 정착에도 어려운 사람들을 한국이나 제3국으로 갈 수 있도록 돕는 과정인데, 여기에는 특별히 지도자 역할을 감당할 수 있는 신실한 사람들이 그 대상이 되고 있다.

이와 같이 탈북자들을 전도하고 훈련시켜 말씀을 전파하는 다각적인 방법으로 철저하게 통제된 북한 지역에 수 명 혹은 수십 명으로 이루어진 지하교회가 꾸준히 성장하고 있다. 이러한 선교 사역은 북한주민들의 영적 필요를 충족시키는 것을 우선으로 하며 더불어 육적 필요 또한 충족시켜 주고 있다. 이 사역이 진행되기 위해서는 북한주민들이 국경지역을 왕래해야 하며, 그들의 필요를 채워 주는 선교사·조선족 사역자, 즉 지도자 역할을 감당할 수 있는 신실한 사람들이 필요하다.

역사를 볼 때 하나님께서는 중요한 일을 시작하고 조직하고 실행할 그 누군가가 필요할 때마다 지도자를 부르셨음을 본다. 그런데 하나님이 한 사람을 역사를 움직이는 주인공으로 삼으시는 방법은 인간이 생각하는 방법과 많이 다르다. 세상 사람들은 훌륭한 제도, 학문, 그리고 다양한 외적 조건을 통해 역사를 움직이는 한 사람의 영적 지도자가 생겨난다고 생각한다. 그러나 하나님은 하나님의 거룩한 성품을 경험하게 함으로써 신령한 사람을 만들어 가신다. 그리고 그 신령한 사람들을 통해 하나님의 뜻을 알리신다.

실제로 출애굽기 18장을 살펴보면 모세의 장인 이드로는 자격 있는 합당한 조력자를 세우도록 조언한다. "재덕이 겸전한 자 곧 하나님을 두려워하며 진실무망하며 불의한 이를 미워하는 자", 그리고 "이와 같이 집사들도 단정하고 일구이언을 하지 아니하고 술에 인박이지 아니하고 더러운 이를 탐하지 아니하고 깨끗한 양심에 믿음의 비밀을 가진 자를"(딤전 3:8~9) 지도자로 세우라는 것이다.

에즈라 바운즈(E. Bounds)의 말과 같이 세상은 더 좋은 방법을 찾고 있지만 하나님은 더 좋은 사람을 찾고 계신 것이다.

2. 우리의 기도

"나 여호와가 이같이 말하노라. 다윗의 집이여 너는 아침마다 공평히 판결하여 탈취 당한 자를 압박자의 손에서 건지라. 그리하지 아니하면 너희의 악행을 인하여 내 노가 불 같이 일어나서 사르리니 능히 끌 자가 없으리라."(렘 21: 12)

첫째, 탈북자들이 어느 나라로 가든지 해당국가로부터 보호받을 수 있게 해 주시옵소서. 많은 탈북자들이 탈북 이후에 지속적인 어려움을 겪으며 경제적, 사회적 약자의 입장에서 벗어나지 못하고 있습니다. 탈북자들의 영혼들을 보호하시고 그들의 길을 인도하셔서 형통한 삶으로 인도하여 주시옵소서.

둘째, 탈북자들을 통해 북한의 실상이 구체적으로 잘 알려져서 북한을 향한 하나님 아버지의 마음을 알 수 있는 계기가 되게 하시옵소서.

셋째, 복음 들고 고향으로 향하는 탈북자들의 여정이 주 안에

360 북한에도 생명의 빛을

서 복되게 하시고 그들의 수고와 눈물의 기도, 헌신을 통하여, 하나
님의 열심(슥 4:6)으로 악한 사단의 세력이 결박당하며, 북한 땅이
회복되게 하시옵소서.

　넷째, 신실한 사람들을 통하여 탈북자들을 전도하고 훈련시켜
말씀을 전파하여 북한 지역에 수 명 혹은 수십 명으로 이루어진 지
하교회가 꾸준히 성장 하게 하시니 감사합니다. 한국교회 가운데 이
사역을 위해 깨어 기도하며 상함 심령으로 중보하는 모임이 지속되
게 하시옵소서.

3. 북한 지하교회 성도들의 모습

3-1. 유형 Ⅰ

1. 일본에서 온 북송교포들이 전한 복음을 받아들인 성도들

6·25 전쟁 중에 대부분의 개신교도들이 월남한데다 전쟁 이후 혹독한 종교 탄압 정책으로 인해 북한의 기독교는 사실상 거의 소멸하고 말았다.

들판, 다락, 산속, 토굴, 기타 집안의 은밀한 장소 등지에서 몰래 숨어서 예배드리는 신앙 공동체가 있다. 북한당국의 가혹한 탄압으로 그 수는 매우 제한적인 것으로 판단된다.

최근 들어 식량난으로 탈북 했던 북한 사람들 가운데 기독교인이 된 일부 사람들이 순교자의 사명을 가지고 북한으로 되돌아가 지하교회를 구축하고 있는 것으로 파악되고 있어 지금은 그 숫자가 상당수 늘어났을 것으로 추정된다. 「통일과 교회를 위한 제9회 학술 세미나」 자료집에 서술된 북한 지하교회의 모습이다.

하지만 현재 북한에는 순교한 성도의 후손들, 믿음을 지키다 '특정 지역'(수용소 등)으로 끌려간 성도들, 일본에서 온 북송교포들

이 전한 복음을 받아들인 성도들, 순교를 각오하고 하나님 나라에
대하여 신앙을 말하는 사람들, 최근 중국·러시아 등 해외에서 전
도 받은 성도들, 극동방송, 아세아방송, 기독교방송 등 방송을 들으
며 신앙을 유지하는 성도 등 다양한 모습(유형)의 성도들이 흔들림
없이 십자가의 길을 걷고 있다.

　우선 일본에서 온 북송교포들이 전한 복음을 받아들인 성도들
에 대하여 살펴보면 다음과 같다.

　1971년에는 일본에서 온 북송교포들이 기독교를 주민들에게 전
파하여 김일성에게까지 보고된 적이 있다. 그렇다면 상당히 심각했
던 것이 아닐까. 당시 김일성은 그 문제에 대하여 다음과 같이 언급
하였다.

　"함경북도 안전국장 동무가 토론에서 일본으로부터 들어온 동
포들로부터 무서운 종교가 들어와 사회에 퍼져 겁이 난다고 하지만
그렇게 겁낼 필요가 없습니다. 우리당의 사회 안전 정책에는 종교인
들에 대한 처리방침이 명확히 제시되어 있습니다. 그대로 하면 됩니
다. 나이 많은 늙다리 종교쟁이들은 죽어야 그 버릇을 고칩니다. 그
러니 그들을 무자비하게 없애 버려야 합니다. 그리고 철없는 젊은이
들이 종교에 물이 드는 것은 우리가 사상교양을 강화하고 종교의
허위성과 비과학적인 내용을 잘 해설해 주면 얼마든지 막을 수 있
습니다. 그 중에서도 악질을 제거하고 반동분자들 특히 적대계층 출
신자들의 경우는 모두 수용소에 가두도록 하면 됩니다. 그렇게 걱정
하지들 말고 머리를 쓰시오."

　1959년부터 1972년까지 13년 동안 북송 된 교포는 93,339명에
달하고, 이중 1971년에 북송된 사람은 1,318명 중 상당수가 기독교
인이었던 것으로 추정된다.

2. 우리의 기도

"그들이 평온함으로 말미암아 기뻐하는 중에 여호와께서 그들이 바라는 항구로 인도하시는도다."(시 107:30)

첫째, 낮에는 구름으로, 밤에는 불빛으로 인도하시는 하나님(시 78 :14)께 소망을 두며 하나님께서 행하신 일을 잊지 아니하고 오직 그의 계명을 지켜(시 78:7) 오히려 고난 당하는 것이 유익이 되는 북한교회 성도들이 되게 하여 주시옵소서(시 119:71)

둘째, 여호와께서 북한성도들의 고통을 돌보시며 그들을 위하여 언약을 기억하시고 그 크신 인자하심을 따라 지하교회 성도들을 사로잡은 모든 자에게서 긍휼히 여김을 받게 하시옵소서(시 106:44~46)

셋째, 흔들림 없이 십자가의 길을 걸어가는 북한 지하교회 성도들이 항상 안전히 거주하고 그의 후손들은 주 앞에 굳게 서게 하여 주시옵소서(시 102 :28)

* 출처 : 「북녘의 남은 자들을 위한 기도」, 은석논장, 1990

3-2. 유형 2

1. 믿음을 지키다 정치범 수용소로 끌려간 성도

북한은 "종교는 인민의 아편"이라는 김일성 교시에 따라 건국 이래 꾸준히 종교 탄압을 하여 왔다. 특히 1962년 인민보안성(예전 사회안전성)에서 행한 연설에서 김일성은 다음과 같이 말한 바 있다.

"우리는 그러한 종교인들을 함께 데리고 공산주의 사회로 갈 수가 없습니다. 그래서 우리는 기독교, 천주교에서 집사 이상의 간부들을 모두 재판해서 처단해 버렸고 그 밖의 일부 종교인들 중에서도 악질들은 모두 재판하였습니다. 그리고 일반 종교인들은 본인이 개심하면 일을 시키고 개심하지 않으면 수용소에 가두었습니다."

개심(배교)하지 않아 수용소에 수감된 성도들에 대하여 정치범 수용소 출신 탈북자 강철환은 다음과 같이 증언한 바 있다.

"북에 남아 있는 종교인들 중에 노출된 종교인들은 처형되는 한편 모두 수용소에 끌려갔다. 내가 있던 함경남도 요덕 정치범수용소에도 몇 명의 기독교인들이 있었다. 그들은 '미친 사람'으로 불리는 모욕과 다른 정치범들보다 더 혹독한 강제노동을 받아야 했다. 기독교인으로 낙인 찍혀서 수용소에 끌려오면 다시 살아 나갈 수 없는데도 그들은 신앙을 버리지 않는다. 보이지 않는 하나님을 단 한 번만 부인해도 집으로 돌아갈 수 있음에도 불구하고 왜 자신들을 끔찍한 수용소 생활에 맡기는지 이해할 수 없었다. 하지만 한국에 와서 기독교인이 된 후로 그들을 완전히 이해할 수 있었다."

또한 정치범 수용소 경비대원 출신 탈북자 안명철은 다음과 같이 밝혔다.

"정치범수용소라는 곳은 종교의 흔적을 모조리 지워 버리는 곳이다. 신앙을 가지고 있었던 많은 수감자들 중에 저는 제 22호 집단수용소의 38노동 분대의 한 노파를 잊을 수가 없다. 예수를 믿는다는 이유로 끌려와서 다른 수감자보다 더 혹독한 대우를 받았다. 70

대의 고령이었던 그 노파는 독실한 기독교신자로서 작업 중이나 잠자리에 들어서나 열심히 기도하였다. 이러한 행동은 정치보위부원들의 눈총을 샀다. 하루는 어린아이가 노역에 동원되어 옥수수를 차에 제대로 싣지 못했다는 이유로 보위부 요원에게 매를 몹시 맞고 있는 것을 본 그는 나직이 기도했다. '저들이 하는 행위를 알지 못하나니 용서하소서.' 곧바로 요원들은 군화발로 그 노파를 짓 밝으며 '이 미친년이 아직도 정신을 못 차렸나' 하고 소리 질렀다. 무지하게 맞은 노파는 그 날부터 여러 날 누워 있어야 했다. 김일성 부자가 북한의 유일한 신이기 때문에 진정한 하나님을 믿는 것은 용서할 수 없는 이단일 뿐만 아니라 미친 것으로 간주된다. 또 모든 종교는 아편과 같다고 하였다."

이외에도 정치범수용소 출신 탈북자 안혁은 몰래 복음을 전파하다 체포되어 황해북도 사리원에서 수용소로 끌려 온 목사의 딸에 대하여 말했다.

"요덕수용소에 수감됐다가 풀려난 서병림에 의하면 '하나님을 믿지 않겠다고 하면 다시 사회로 나갈 수 있었는데 끝내 신앙을 지킨 할머니와 아들, 그리고 서른 안팎 된 며느리와 인민학교를 갓 졸업할 만한 아들, 일곱 살쯤 돼 보이는 작은아들과 다섯 살로 보이는 막내딸이 완전통제구역으로 들어갔다.'고 한다."

2. 우리의 기도

"여호와는 천지와 바다와 그 중의 만물을 지으시며 영원히 진실함을 지키시며 압박당하는 자를 위하여 공의로 판단하시며 주린 자에게 식물을 주시는 자시로다 여호와께서 갇힌 자를 해방하시며"(시 146:6~7)

첫째, 갇힌 자를 해방하시며, 압박당하는 자를 위하여 공의로 판단하시는 여호와 하나님, 기독교를 접했다는 이유로 수용소에 수 감되어지는 성도들이 의를 위하여 핍박받는 자, 바알 우상과 싸웠던 엘리야, 사회정의를 위해 싸운 아모스, 사자 굴에 들어간 다니엘과 같이 그리스도인이 궁극적으로 이루어야 할 영적 전쟁에서 승리하 도록 지켜 주옵소서.

둘째, 수용소의 성도들이 악한 세력의 포로가 되어 살아가는 것이 아니라 오직 하나님만을 의지하고, 성령의 도우심을 간절히 구 하는 강한 용사로 살아가게 하소서.

셋째, 수용소에서 고통과 억압, 환난, 핍박 가운데 살며 이름은 가졌으나 실상은 죽은 자로 살아가는 것이 아니라 때를 따라 돕는 은혜를 얻기 위하여 은혜의 보좌 앞에 담대히 나아가는 성도가 되 게 하여 주시옵소서.

넷째, 죽음의 땅 수용소에서 성도들이 사망이나 기쁨이나 고통 이나 천사들이나 그 어떤 피조물이라도 끊을 수 없는 그리스도의 사랑을 가지고 늘 주어진 상황과 환경을 제압하며 살아가는 삶이 지속되도록 보호하여 주시옵소서.

다섯째, 힘겹고 고달픈 수용소에서 하나님께 기도하며 공급 받 는 은혜를 통하여 마주하는 역경을, 메마른 삶을 믿음으로, 신앙으 로 극복하는 성도가 되게 하여 주시옵소서.

* 출처 : 『생명과 인권』, 1999년 여름호, 18~19,
　　　　　『월간 조선』, 1996년 10월호, 149~150.

3-3. 유형 3

Ⅰ. 믿음을 지키다 순교한 성도들

사도행전 7장 54~60절에 기록된 스데반의 순교에서 우리는 순교의 몇 가지 중요한 요소를 발견하게 된다. 첫째로 주님을 증거 하는 일이요, 둘째는 그것으로 다른 사람에 의해 죽임을 당하는 것이요, 셋째는 본인이 즐거운 마음으로 이를 받아들이는 것이다.

순교라는 단어는 헬라어 '말투리온(marturion)'에서 왔다. 고린도전서 1장 6절 에 있는 "그리스도의 증거가 너희에게 견고하게 되어"에 나타나는 증거가 바로 말투리온이다. 말투리온과 함께 헬라어 마르투스(martus)라는 단어도 있다. 마르투스 역시 증인, '참고인 (witness)'이라는 뜻의 단어로 순교자의 의미로 발전하게 되었다.

요한계시록에도 마르투스라는 단어가 사용되는데 그리스도 자신이 마르투스(martus)라고 언급되어 있다. 우리 한글 성경에는 분명하게 나타나 있지 않으나 헬라어 원문에는 분명히 그리스도를 'martus'라고 지칭하고 있다.(계 1:5, Xristou, o martus o pistos)

6·25 한국전쟁 이후 현재까지 황해남북도, 평양시, 평안남북도와 함흥, 그리고 원산 등 북한 전역에서 믿음을 지키다 순교한 성도들 가운데, "1974년 10월 함흥시 만세교 처형 사건"으로 기록되고 있는 김태용 목사는 옛날 교회(1927년에 세워진 장로교회인 운흥교회) 자리에 집을 짓고 지하에 동굴을 파서 18~78세의 성도 36명과 함께 예배 중 발각되어 처형당하였다.

1964년에는 나진 해군기지 경지함 501호에서 성경책을 군복 속에 숨겨서 보던 사병 한 명이 체포되어 무참히 처형당하기도 하였고, 1973년 11월 30일에는 함경남도 신흥군에서 세 명의 성도(노인)가 인민재판 후 25톤 프레스로 깔아 사망 당하기도 하였다.

세 명의 노인들은 심한 고문을 당했는지 걸음을 옮겨놓을 때마다 몸을 제대로 가누질 못하고 비틀거리고 있었다. 세 명의 노인들 가운데 한 노인이 하늘을 우러러 보았다. 그리고 간절히 기도를 드렸다.

그 노인의 기도가 끝나자 다른 2명의 노인들도 '아멘' 하고 입을 모았다. 그런데 참으로 이상하게 여겨진 것은 죽음을 목전에 둔 그 노인들의 표정이 너무도 평화스러웠다고 한다.

그날 그 노인들은 깔려 죽음을 목전에 두고 순교할 것을 결심하고 있었다. 노인들의 기도가 끝나자 군중들 가운데 선동대원으로 보이는 몇 명의 청년들이 '처단하라', '처단하라'고 소리쳤다. 또한 2001년 2월 美 국무성 북한 인권보고서와 2001년 6월 기독교단체인 ICC(International Christian Concern) 보고에 의하면 1999년 한 해 동안 북한에서 400명에 달하는 지하교회 기독교 신자들이 생명을 잃었다고 한다.

기독교의 경우 순교 사건은 3·1 운동을 전후하여 일어났다. 3·1 운동 중에 희생된 기독교인들의 수는 사살된 자가 41명, 매를 맞아 죽은 자가 6명이나 된다. 장로교 함북노회에서만 26명이 참살되었다고 한다. 이들의 순교는 엄격하게 말해 순교와 순국이 합쳐진 경우라고 말할 수 있다. 단순이 복음의 증인으로서만이 아니고 나라의 주권회복을 위해 희생되었기 때문이다.

그리고 일제 말기에 신사참배 문제로 투옥되거나 이 문제 때문에 희생된 사람들은 순전한 신앙적 항거로 순교한 사람들이라고 할 수 있다.

다음으로 나타나는 순교적 사건은 한국전쟁 동안에 나타나는 순교적 사건들이다. 공산주의 치하 북한에서 순교한 사람들을 위시하여 한국전쟁 동안에 그리고 납북되어 순교한 사람들 모두를 포함해야 한다. 이들도 복음의 증인으로서 공산주의와 맞서서 끝까지 싸우다가 순교한 사람들이기 때문이다.

한국교회사에 나타난 이러한 순교적 사건이나 순교자들은 초대교회 순교자들의 모습을 연상하게 하는데 이러한 모습이 북한 땅에서 재현되고 있다는 것이다.

2. 우리의 기도

"나는 인애를 원하고 제사를 원하지 아니하며 번제보다 하나님을 아는 것을 원하노라."(호 6:6, 개역개정판)

첫째, 온갖 고난과 핍박 중에도 신앙을 지키고 있는 북한 지하교회 성도들을 위로하여 주시고, 끝까지 주님을 찬양하는 자리에 놓이도록 붙들어 주시옵소서.

둘째, 예수를 믿는 것 때문에 수용소에 갇히거나 추방되어 고통당하는 성도들을 주께서 찾아가 만나 주시고, 세상이 감당할 수 없는 성령의 능력을 부으사, 승리하는 용사로 살아가게 하여 주시옵소서.

셋째, 지금도 복음을 듣고 말씀으로 훈련된 탈북 백성들이 북한 땅으로 들어가게 하시며, 저들의 예수의 빛을 증거 할 때 어두움이 떠나고 묶인 땅이 놓임을 받게 되는 은총을 허락하여 주시옵소서.

넷째, 한국교회가 북한선교에 더욱 힘을 기울이게 하시며, 북한선교를 통해 지하교회 성도들이 힘을 얻게 하시며, 믿음을 지키다 순교한 성도들의 피가 북한교회의 씨앗이 되게 하여 주시옵소서.

* 출처 : "역사적으로 본 순교자 개념 이해와 감리교회의 순교기념 사업의 과제", 박봉배

4. 붉은 예수쟁이

1. 북한성도 이야기

『宗敎가 北韓 사회에 끼치는 影響』(1990, 윤이흠 교수, 서울대)을 보면 북한 지하교회 성도들이 해외 교포들에게 도움을 요청해 왔던 것에 대하여 "1989년 가을 미국 LA 지역의 교민들이 미화일만 불을 가지고 북한에 가면, 그의 가족을 시골에서부터 살기가 나은 평양으로 이주시킬 수 있었다. 따라서 많은 교민들이 이런 조건으로 북한에 갔다. 북한에 갔던 이들의 대부분이 기독교인들이었기 때문에, 그 수혜를 받았던 북한 사람들 역시 과거의 교인이든가 아니면 숨은 교인들일 것이다. 이러한 교인들이 해외교민들에게 도움을 요청하여 왔던 것이다."라고 묘사하고 있는 것을 볼 수 있다.

아울러 『宗敎가 北韓 사회에 끼치는 影響』에는 80년대 설립된 북한선교단체들의 활동에 대하여 "주로 성경을 출판하여 직접 또는 간접경로를 통하여 북한주민들과 기독인들에게 보내며, 가능한 한 선교사를 북한에 보내려는 노력을 하였고, 북한선교단체들은 중국의 조선족 사회를 매체로 간접적인 북한선교 정책을 모색하였다."라고 평가하고 있다.

북한 지하교회 성도들이 도움을 요청해 왔던 것에 대하여 좀 더 구체적으로 『붉은 예수쟁이』를 통하여 살펴보면 오늘은 나의 차례로 중국에 가서 성경을 가져와야 하는 날입니다. 늘 갈급한 것이 성경이었습니다. 성경이 없어서 다른 사람들의 기억력에 의존해야 하는 상황이 괴로웠습니다. 찢어서 보는 것도 한계가 있고, 나누어 보는 것도 어려워서 기도한 후에 내가 선택되어 중국으로 사명을 가지고 보내지는 것입니다.

하지만 가지고 온 성경은 역시 모자랐습니다. 언제나 그랬듯이 말입니다. 문제는 나에게까지도 그 차례가 오지 않는다는 데 있습니다. 사람들은 당신은 또 가져오면 되지 않느냐며 모두 가지고 가버린 것입니다. 서운하지만 참아야 했습니다. 양보하도록 배워 온 나에게도, 성경을 주어야 한다는 상황만은 가슴을 찢어내는 고문과도 같았습니다.

또 언제 돌아갈 기회가 주어질 것인지? 기도하고 하나님이 원하시는 날이 와야만 갈 수 있을 뿐입니다. 아브라함에게 모리아 산으로 가라고 하신 것처럼 말입니다.

북한성도들이 눈물과 기도, 인내와 용서를 배웠기에 그대로 순종하며 도움을 요청하러 즉 성경을 가지러 중국에 갈 수 있었던 것은 『宗敎가 北韓 사회에 끼치는 影響』에도 나타나듯이 해외 교포들이, 한국교회와 성도들·선교단체가 직접 또는 간접 경로를 통하여 성경을 중국에 보내고, 가능한 한 선교사를 북한에 보내려고 했던 노력 그리고 중국의 조선족 사회를 매체로 선교를 감당해온 열매일 것이다.

도움을 요청하러 즉 성경을 가지러 중국으로 국경을 넘은, 의를 위하여 핍박을 받는 것을 당연시 하였기에 환난이라는 생각이 없이 다만 주님의 회복하심만을 기다리는 지하교회 성도들을 어떻게 하면 도울 수 있을 지에 대하여 기도하며 순종함으로 북한에 성경을 가지고 가는 섬김과 사랑의 이유에 대하여 『붉은 예수쟁이』는 다음과 같이 말한다.

"성경! 물론 귀합니다. 종이에 베껴서 많은 사람들이 돌려 보아야 했습니다. 부모님이 순교를 각오하고 숨겨 둔 성경책을 가지고 있는 사람도 있었지만 너무 오래된 것이라서 옛말이 많이 섞여 있어 볼 수가 없다고 했습니다. 식구들이 성경을 읽을 때는 남은 식구들은 교대로 밖에서 보초를 서야 한다고 합니다."

2. 우리의 기도

"그런즉 너희는 하나님께 복종할지어다. 마귀를 대적하라. 그리하면 너희를 피하리라. 하나님을 가까이하라. 그리하면 너희를 가까이하시리라."(약 4:7~8)

첫째, 성경 인쇄와 배달에 필요한 비용이 충분히 공급되어 성경이 안정적으로 그리고 지속적으로 생명의 위협 속에서 성경을 구하려는 북한성도들에게 배달 되게 하여주시옵소서.

둘째, 눈물과 기도, 인내와 용서를 배웠기에 그대로 순종(창 6:22)하는 하나님의 백성들을 통하여 귀한 생명과 진리의 역사가 북한 땅에 풍성하게 나타나게 하시옵소서.

셋째, 단지 성경을 소지하는 것만으로 사형선고를 받을 수 있는 상황 속에서 믿음으로 성경인 하나님의 말씀을 배달하는 사역자들을 지켜 주시고, 하나님의 말씀을 알지 못하고 죽어가는 자들을 위하여 더욱더 헌신하며 기도하는 자들로 세워 주옵소서.

5. 북한의 종교 탄압과 순교

1. 종교 탄압 사례와 순교

순교의 역사는 교회사만큼이나 긴 역사를 지니고 있다. 증거, 곧 선교와 순교는 불가분의 관계에 있었다는 사실은 역사적 경험이지만, 어원적으로도 그러하다. 즉 '증인(witness)'을 뜻하는 마루투스(μάρτυς)는 동시에 '순교(자)'라는 의미를 지니고 있다.

스데반에서부터 오늘에 이르기까지 기독교가 그 사회의 공인된 종교가 되기 전까지는 기독교적인 삶의 방식은 이 세상에서는 '낯선 것'이었고, 이 세상의 가치와는 공존할 수 없는 '전도된 가치'였다. 기독교의 가르침은 당시의 헬라·로마의 사회나 문화전통으로 볼 때 그것은 '야만인의 철학'(barbaros philosophia)이었다. 따라서 기독교 복음은 그 시대의 가치, 사상, 윤리와 동행할 수 없었다. 그것은 곧 박해와 순교의 길이었다. 그래서 선교는 순교와 통한다.

신약성경에서 그리스도인들을 묘사하는 단어 '하기오스(hagios)'는 흔히 성도들(saints)로 번역되는데, 이 단어는 '다르다'는 어근에서 파생되었다. 자기들과는 다른 삶의 방식에 대해 로마인들은 의심의 눈초리로 보았고, 로마황제나 이교도들의 신들을 부인했던 그리스도인들은 무신론자이자 '인류의 적'으로 간주되었다.

황제숭배의 거부는 용서받을 수 없는 행위였기에 기독교는 공인받지 못한 '불법의 종교'였다. 그리스도인들의 구별된 삶의 방식은 황제숭배의 거부나 이교신전에의 불(不)참배 등 직접적으로 종교적인 것만이 아니었다.

사회생활에서도 그 다른 점들이 드러났다. 그리스도인들은 군인이나 공직에 취임할 수 없었다. 그것은 황제숭배 이데올로기로부터 자유 할 수 없었기 때문이다. 연극 관람이나 검투사의 혈투도 그리스도인들이 동참할 수 없는 비윤리적 관행이었다. 테루툴리아누스는 신자들은 군인이 되어서는 안 된다고 했을 뿐만 아니라 심지어는 교사가 되어서도 안 된다고 가르쳤을 정도였다. 이교의 신들의 신화가 담긴 교과서를 가르쳐야 했기 때문이었다. 그래서 그리스도인들은 반사회적이라는 오해를 받게 되었고, 이런 점들이 박해의 부수적 요인이었다.

초기 기독교 공동체에서 그리스도인 남녀들의 회집, 거룩한 입맞춤 등은 성적 문란이라는 오해를 받았고, 성찬식은 식인의식(cannibalism)이라는 오해를 불러일으켰다. 이런 점들 또한 박해의 부수적 요인이었다. 이런 불리한 상황 가운데서도 기독교는 로마제국의 제 도시로 급속하게 전파되었다.

극심한 박해 속에 로마제국의 제 도시로 급속하게 복음이 전파된 것처럼 북한에서도 당국의 공언(公言)과는 달리 종교의 자유가 전혀 보장되지 않고 있다는 것이 대한변협이 실시한 100인의 탈북자들에 대한 인터뷰 조사에서 확인되고 있다.

북한에서의 종교생활에 대해 어떤 탈북자는 다음과 같이 증언하고 있다.

"학교에서 유교, 불교 등이 있다고 배우기는 했지만, 북한에는 종교의 자유가 없다. 우리 어머니는 기독교 집안에서 태어나셨다. 그 사회에서 기독교인이거나 종교를 믿는다고 하면 그 자리에서 없어진다. 종교가 사회를 좀먹는 아편이라고 보기 때문에 종교의 유포는 조금도 허용하지 않는다. 지금에 와서 생각해 보니 우리 어머니가 그때 기도를 하셨는데, 그 모습을 나는 그때 잠깐 눈을 감고 사색하시는 것으로 생각했다. 어려움이 있을 때마다 어머니는 눈을 감고 기도하셨다. 1948년도부터 종교탄압이 시작되었으며, 1950년대, 60년대에는 종교인을 무조건 죽이고 탄압하였다."

다른 탈북자들의 증언에 의하면, 1997년 11월에 중국에 갔을 때 한국 목사가 북한에 있는 기독교인들을 알려 주었으며, 또 다른 탈북자는 1997년에 동네 사람 중 김미옥의 가족이 신앙생활을 한다는 이야기를 들었다고 답했다. 2000년 겨울에 ** 로동지구에 있는 '**병원' 의사와 간호사가 11명 정도의 주민들을 모아놓고 성경공부를 했으며, 참석자들에게 각 옥수수 10kg씩 나누어 주었는데, 얼마 뒤 발각 당해 모두 끌려갔다고 증언한 탈북자도 있었다.

2003년 3월 "도문 변방대에서 성경책을 빼앗았다"는 이야기를 변방대에 대기 중에 들었고, 도문 변방대에서 기도하는 모습도 목격했다는 증언과 아울러, 2002년 여름에 중국에서 성경책을 들여와서 비밀리에 신앙생활을 하다가 6명이 체포된 사건을 목격한 탈북자의 증언도 있다.

한편 1975년에 요덕수용소 용평리 7작업반에 목사와 장로 가족이 와 있었는데, 그 가족들 말로는 아버지는 다 처단되었다고 한다. 다 숨기고 살다가 주민등록재조사사업을 하면서 들어오게 되었다는 것이다.

그리고 1996년에 장사 다니면서 길주 역사에서 기차를 갈아타려는데, 한 할머니가 역사 구석에 앉아서 고개를 숙이고 뭐라고 중얼거려서 당시에는 정신 나간 사람인 줄 알았으나 여기(한국) 와서 보니까 그것이 기도했던 것이라는 것을 알게 되었다고 한 탈북자의 증언도 있다.

이상과 같이 북한에서 종교생활은 엄격하게 통제되고 있으며, 목숨을 걸고 비밀리에 이루어지고 있다. 이런 상황은 종교로 인해 직접 처벌 받거나 다른 사람이 처벌당한 것을 목격한 여러 증언들로 뒷받침된다.

2004년에 강제 송환된 탈북자가 종교 활동을 해서 정치범 수용소에 수감된 것을 목격했다는 증언과 아울러 1997년에 삼봉구 동내 사람 중 일가족 네 명이 집에서 예배를 보다가 보위부에 잡혀가서 소식이 없다고 증언했다. 그에 따르면 김자매의 어머니와 아버지가 중국에 식량을 구하러 다니다가 중국에 있는 교회를 다니게 되었는데, 북한으로 들어올 때 성경책을 들여와서 주일날 집에서 커튼을 치고 몰래 예배를 드리다가 인민반장이 보위부에 신고하여 잡혀갔다고 한다.

또한 1998년경에 한 청년이 탈북 하여 중국에서 생활하다가 1998년에 송환되었는데, 조사과정에서 중국에서 교회를 다닌 것이 밝혀져 함북 청진시 수성 정치범관리소에 수감되었다고 밝혔다. 2000년 여름에 30대 중반의 남성(종성구 두만강선설 사업소 노동자)이 분소 검열로 집에서 성경책이 발각되어 공개 총살되었다고 탈북자는 증언했다.

한편 어떤 탈북자는 2001년 8월 온성보위부 감옥에 80명이 기독교를 믿다가 잡혀 왔다고 증언했다. 그리고 어느 탈북자는 중국에서 들여온 성경책으로 기도하면서 종교생활을 하다 처벌 받은 사람들의 명단을 제시하기도 했다.

그에 의하면 목사였던 사람들을 1970년대부터 1,2,3,차로 창평 독재대상구역, 함경북도 경성 부화골 등지에 수용하였다. 자신의 넷째 아들이 2003년에 종교 활동을 하였는지 조사받다가 사망하였다. 1970년대 어느 날 평안북도 어느 군에서 비밀 교회 활동을 하다가 들킨 사건이 있었는데, 목사 두 명을 총으로 쏴서 죽이고, 30명 되는 신자들을 바닥에 눕히고 땅 파는 뜨락또르(트랙터)로 짓이겼다는 이야기를 보위부장의 딸을 통해서 들었다는 것이다.

1967년경에는 동네 10리 밖에 있던 전승리에 성이 강 씨인 30세 가량의 자매가 장기간 주일이면 '아프다'며 일하러 안 나오며, 예배를 보다가 보위부에 적발되어 온 가족이 다 처형을 당했다고 한다. 북한에서는 방학 후에 전체회의를 할 때 교사들이 책 검열을 받는다고 한다. 1년에 두 번 정도 실시하며, 학교세포비서나 선전부 사람 3~4명이 검열을 나오는데, 1980년대 초에 한 선생님이 집에서 성경책이 나와 3년 징역을 살았다고 한다.

2000년에 남포시에서 여섯 명이 성경을 가지고 예배를 드리다가 15호 수용소에 수감되었으며, 1999년에 무산에서 지하교회 사람들이 잡혀서 수용소에 가거나 총살당한 것을 들었다는 증언 등 많은 증언들이 있다.

2. 우리의 기도

"하나님이여 주의 인자를 따라 내게 은혜를 베푸시며 주의 많은 긍휼을 따라 내 죄악을 지워 주소서."(시 51:1. 개역 개정)

첫째, 초대 교회가 핍박 가운데 오히려 하나님 나라를 확장시켰던 것처럼 북한에서도 동일한 역사가 지속되게 하여 주시옵소서.

둘째, 박해와 순교의 길을 걸어가는, 흔들림 없이 십자가의 길을 걸어가는 북한성도들의 아름다운 발걸음을 통하여 주의 영광이 나타나며, 흑암에 행하던 백성이 큰 빛을 보고 사망의 그늘진 땅에 거주하던 자에게 빛이 비치게(사 9:2. 개역개정) 하시옵소서.

셋째, 핍박과 환난 가운데 오히려 한국교회를 위하여 기도하는 북한성도들의 간구를 한국교회가 기억하며, 한마음으로 기도하고, 모범을 보이신 예수님을 따르는 제자의 길을 걷게 하시옵소서.

넷째, 고통 속에 순종하는 북한성도들로 말미암아 주께서 이 나라를 창성하게 하시며 추수하는 즐거움과 탈취물을 나눌 때의 즐거움 같이 주 앞에서 즐거워하게(사 9:3, 개역개정) 하시옵소서.

* 참조 : "초기 3세기 로마제국 하에서의 박해와 순교", 이상규

6. 북한의 한국 기독교사 이해

1. 북한의 한국 기독교 역사

분단 이후 남한사회는 인간을 구원하는 절대적인 힘으로 기독교를 이해하여 왔다면, 북한사회는 민중의 자주성을 마비시키고 사회주의 건설에 걸림돌이 되는 요인으로 기독교를 이해해 왔다.

이렇게 남·북한이 기독교에 대한 이질화가 극명하게 나타나게 된 원인은 무엇일까? 북한의 부정적 종교이해는 단순히 마르크스주의의 종교관에 근거하고 있는 것은 아니다. 나름대로 독특한 역사적 배경에 근거하고 있다.

해방 직후 북한 지역에 들어선 소련 군정과 김일성을 중심으로 한 공산주의 정권은 북한 지역에서 유력한 정치세력으로 부상하였던 기독교가 종교적 관점에서 반공주의 행태로 정치적인 충돌을 일으켰다. 그러자 북한정권은 기독교 세력을 포함한 종교들에 대하여 "반동적", "반혁명적", "반민족적" 세력으로 간주하여 종교 탄압, 말살로 도식화 되어지는 종교 탄압 정책을 실시하였다. 이러한 종교 탄압 정책의 실례로 기독교 탄압이 절정에 달했던 1950년 3월 30일 당시 기독교도연맹 총회가 북한의 모든 교회들을 기독교연맹에 가입시킬 것을 결의한 것을 꼽을 수 있다. 그 장소가 놀랍게도 1938년 9월 제27차 장로교 총회에서 신사참배를 결정했던 평양 서문밖교회이다. 한국전쟁을 치르면서 미 제국주의와 기독교에 대한 적대감이 심화되었다. 이러한 역사적 배경은 북한 역사학계가 한국기독교사에 관련된 부분을 서술하는 데도 지대한 영향을 끼쳤다고 추정해 볼 수 있다.

북한 문헌《근대조선역사》를 살펴보면 '제너럴셔먼호 사건'이 기록되어 있다.

> 이 땅에서 순교한 첫 선교사로서 널리 알려져 있는 토마스 (Robert Jermain Thomas, 1840~1866) 목사의 행적이다. 그가 타고 온 제너럴셔먼(General Sherman)호 소각 및 선원 몰살은 미국이 조선에 대해 관심을 갖게 되는 계기가 되었다. 이 사건은 1871년 신미양요(辛未洋擾)의 원인이 되었으며 한국사에서 중요한 의미를 갖는 유명한 사건이다.

북한 문헌은 이 사건을 "영국 신교목사 로버트 토마스를 비롯한 세 놈의 침략자들이 육지로 기어 나와 부녀자들을 폭행하자 이에 격분한 평양 군민과 김일성의 증조부 김응우가 창발적인 전법을 발기하여 제너럴셔먼호를 격침시켰다"고 꾸며 김일성 일가의 정통성을 내세우는 근거로 삼고 있다. 여기서 주목할 점은 북한이 이 사건을 통해 기독교를 "제국주의의 침략도구"로 인식하고 있다는 점이다.

한국의 기독교 역사는 해외에서 복음을 받아들이고 개종한 후 성경을 우리말로 번역한 권서인(權書人 : '권서'란 책을 사서 읽도록 권하는 사람이라는 뜻으로 성경책이나 전도 책자를 파는 사람을 말한다. 이들은 단순히 성경만 판매한 것이 아니라 전도자, 교사, 설교자의 역할을 감당하므로 초기 기독교회를 창건한 주역이 되었다.)들로 시작된다. 그러므로 기독교 선교는 성경 번역과 발행 및 배달(전

파) 사업과 함께 시작되었다고 볼 수 있다. 그리고 성경을 일찍이 우리말로 번역해 냄으로 기독교의 본질을 파악하고 주체적으로 복음을 수용하는데 결정적인 도움을 주었다고 할 수 있다. 북한 역사학계는 이러한 성경번역과 배달 및 문서선교에 대하여 다음과 같이 기록하고 있다.

> "조선에 기어든 구미자본주의 침략자들은 종교의 성경을 조선어로 번역하여 퍼뜨리고 우리말의 독자적 기원과 그 형성의 단일성을 말살하기 위하여 날뛰었으며…… "

한국인에 의하여 성경을 번역한 사실조차 삭제하고 있을 뿐 아니라 더 나아가 마치 성경번역이 한글의 단일성을 말살시키려 한 것처럼 평가하고 있다. 이는 기독교 문서선교가 오히려 한글 보급에 앞장섰으며, 일반 지식 보급 및 개화사상 보급, 민족주의 사상을 심어주는 데에도 지대한 공을 남겼다는 것을 간과한 것이다.

초기 선교사들의 선교활동 중 하나인 의료 및 교육 사업에 대하여 북한의 역사학계는 이러한 의료 및 교육 활동에 대하여 극히 부정적으로 평가하고 있다. 《근대조선역사》는 '민족 자주의식을 마비시키고 숭미 사상을 퍼뜨려 앞으로 조선 강점의 사회적 기반을 닦으려는 의도'에 지나지 않는 것으로 평가하였다. 심지어 지방의 기독교 병원에서 선교사들이 의료사업을 빙자하여 조선 사람들을 '실험과 실습'의 대상으로 삼았다는 어처구니없는 사실을 조작하기도 하였다.

이와 같이 북한 역사학계는 선교사들의 의료와 교육 사업에 대해 그 긍정적인 활동과 공헌에 대해서는 전혀 언급하지 않은 채 지나친 역사왜곡으로 서술하고 있는 것이다.

2. 우리의 기도

"하나님이여 내 속에 정한 마음을 창조하시고 내 안에 정직한 영을 새롭게 하소서."(시 51:10, 개역개정판)

첫째, 기독교를 미 제국주의의 앞잡이로 가르치며 철저하게 기독교를 탄압하는 북한의 종교정책이 사라지고, 북한성도들이 자유롭게 예배하는 날이 속히 임하게 하여 주시옵소서.

둘째, 적대감과 반감, 미움과 증오가 북한 땅을 주장하는 것이 아니라 "세상에 있는 자기 사람들을 사랑하시되 끝까지 사랑하시고"(요 13:1) 불변하시는 하나님의 사랑이 북한 땅에 넘쳐 나게 하시옵소서.

셋째, 탕자처럼 진실한 사랑을 배우는 장소인 여호와께 돌아와 조상들 같이 목을 곧게 하지 말고 영원히 거룩하게 하신 전에 들어가서 너희 하나님 여호와를 섬겨 그의 진노가 너희에게서 떠나게 되는(대하 30:8) 회복의 날이 속히 북한에 임하게 하시옵소서.

* 참조 : 고성현, "북한의 한국 기독교사 이해에 대한 연구"
        "악한 영, 선한 투쟁"(병상일기)

IX

중국의 패권전략과 서진선교

1. 중국의 동북공정, 고구려가 중국사라고?

1. 동북공정이란?

1) 동북공정의 실체 드러나

2002년 2월부터 중국사회과학원에서 5년 간 추진했던 '동북공정(東北工程)'[274]이 2007년 2월 마무리되었다. 고조선 및 고구려와 발해의 자국 역사 편집을 위해 한반도 고대사를 의도적으로 왜곡했다는 논란을 빚어 온 중국의 동북공정이 실체가 드러난 셈이다.

동북공정의 연구과제 107개 중 절반 이상인 56개가 한국과 관련된 것으로 드러났다. 역대 한중관계를 제외한 51개 연구과제 중 고구려(48%)와 발해(26%) 관련 과제가 70%를 웃도는 것으로 나타났는데, 이는 동북공정을 주도한 중국사회과학원의 리성(厲聲) 주임이 2006년 9월 한국의 비판 여론을 의식해 "동북공정 중 한국관련 주제는 10%도 안 된다"고 주장했던 것보다 다섯 배나 많은 수치이다.

동북아역사재단 이인철 책임연구위원은 2007년 2월 25일 그의

---

274) 이는 원래 동북 국경지역의 역사와 현상에 대한 연구를 말한다.

논문에서 2002년부터 2005년까지 공개 또는 비공개된 동북공정 연구과제 114개(공문 포함)를 분석했다. 이 분석에 따르면, 주제별로는 한국고대사(33개), 한중관계(18개), 한반도문제(5개), 동북지방사(27개), 중러관계(18개), 기타(6개)로 분석됐다. 이 중 한국고대사와 한중관계, 한반도를 포함해 한국사 또는 한반도와 직간접으로 관련된 주제는 52%를 차지했다.275) 특히 2002년 비공식 위탁과제 중에는 쉬원지(徐文吉) 지린(吉林)대 교수의 '조선반도 남북통일 진전 및 그것의 중국에 대한 영향 연구'가 포함된 것으로 드러났다. 이 과제는 동북공정이 한반도 통일 상황에 대비한 중국 국가전략 차원의 연구라는 국내 학계의 분석을 뒷받침해 주는 것이다.

   2) 한국 언론 집중조명
   '동북공정'이 처음으로 한국언론에 집중적으로 조명되기 시작한 것은 2003년 7월 3일에 북한의 고구려 벽화 고분 63기에 대한 세계문화유산 등록이 '중국과의 비교연구가 필요하다'는 중국의 입김으로 연기된 사건이 알려지면서였다. 2001년 북한이 고구려 고분군의 유네스코 세계문화유산 등록을 신청하자 2002년 중국 당국이 고구려를 중국사에 편입하기 위한 동북공정 프로젝트를 공식 발족한 것이다. 중국은 지안(集安) 시내 고구려 유적뿐만 아니라 지안박물관을 대대적으로 개·보수하면서 고구려 유적의 유네스코 세계문화유산 등재를 신청하기에 이르렀다. 결국 이 문제는 2004년 7월 1일 중국과 북한의 고구려 유적이 동시에 세계 문화유산에 등록됨으로 일단락되었다.
   '동북공정'은 한국 여론을 들끓게 만들었고, 급기야 2004년 3월 1일 국가차원에서 '동북공정'에 대응하기 위해 교육부 산하에 연 예

---

275) 97명에 이르는 연구인력의 소속을 보면 지린, 헤이룽장, 랴오닝성 등 동북3
    성과 베이징 시 학자들이 대다수인 것으로 조사됐다.

산 50억 원, 상근 인력 27명의 '고구려연구재단'을 급조하여 설립하기도 했다. 그러나 2005년 3월 일본과의 독도문제가 불거지자 주변국과의 역사문제를 통합적으로 전담할 '동북아역사재단' 설립이 논의되다가 2006년 5월 2일 국회에서 '동북아재단 설립·운영에 관한 법률안'이 통과된 이후 고구려연구재단을 흡수 통합하기로 결정됐다.276)

(3) 백두산, 세계자연문화유산 등재좌절

중국 지린성은 백두산 광천수 산업의 육성을 '11·5(11차5개년) 경제발전 규획'에 포함시키고 '창바이산 광천수 산업 발전 추진팀'을 가동하고 있다. 지린성은 2006년 9월 18일에 백두산 인근의 바이산(白山) 시에서 '국제 광천수 축제'를 열어 '창바이산 광천수' 브랜드를 알렸다. 백두산 광천수는 세계적으로 드문 섭씨 6~8도의 저온수로 인체에 필요한 칼슘, 마그네슘, 칼륨 등 미네랄을 풍부하게 함유하고 있다. 중국쪽 백두산 일대엔 162곳의 광천수 수원지가 있으며 이곳에서 하루 23만 9,000톤의 광천수를 생산하고 있다. 또한 지린성은 청정 고지대에서 재배되는 백두산 인삼의 품질 기준과 품종을 규격화하고 상품명을 '창바이산 인삼'으로 통일해 국제브랜드로 육성하기로 결정한 바 있다.

이런 움직임은 백두산의 상업적 가치를 끌어올리는 데 초점이 맞추어져 있다. 백두산 자락에 공항을 올해 8월까지 완공하고 창바이산 동부철도와 3개 고속도로망 등을 3년 안에 갖추는 사업도 백두산 관광 가치에서 비롯됐다. 백두산 브랜드화는 경제적 가치를 최대한 활용하는 수준에서 이뤄지고 있다. 이런 움직임이 성과를 거둘 경우 '백두산 하면 중국을 떠올리는' 효과도 낳을 것이다.277)

---

276) 8월 7일 고구려연구재단은 '해산'을 공식 발표했고 9월 28일 동북아역사재단이 출범되었다.
277) ≪한국일보≫, 2006.8.2.

그러나 백두산을 장백산으로 부르며 중화 10대 명산 중 하나로 지정하여 유네스코에 세계자연유산과 세계지질공원으로 등재 신청하려는 움직임은 한국 등 주변국의 강한 반발여론에 부딪쳤다. 그러자 닝푸쿠이(寧賦魁) 주한 중국대사가 2006년 11월 한국에서 여러 차례에 걸쳐 "창바이산을 세계유산으로 등재하더라고 관련국과 협의를 거쳐 하겠다"며 단독 등재 움직임에 제동을 걸면서 일단 차질을 빚었다.278) 백두산은 중국이 2007년 2월까지 유네스코 세계유산위원회에 제출할 세계유산 국가별 예비후보 명단에서도 탈락했다. 당초 기대했던 올해 등재목표가 사실상 무산된 셈이다.

그러자 중국은 백두산의 세계자연문화유산 등재는 미루고 우선 지질공원 등재만 추진하는 것으로 방향을 바꾸었다. 지린성 정부는 백두산의 세계지질공원 신청을 결정한 주요 목적이 백두산의 자원을 보호하고 합리적으로 이용하려는 것임을 강조하면서 "단 한 번에 등재에 성공해야 한다"며 관계자들을 독려했다. 또한 지린성 위원회 선전부는 왕민(王珉) 서기의 지시에 따라 국외 매체를 상대로 한 백두산 홍보활동을 강화키로 했다. 이를 통해 관련국들의 반발과 경계심을 누그러뜨리고 국제적인 지지 여론을 형성해 세계지질공원 등재에 유리한 분위기를 조성하려는 의도가 담겨 있는 것으로 보인다.279)

2006년 들어 중국은 창바이(長白) 조선족자치현 등 백두산 자락의 한글-한자 도로표지판을 한자-영문 표지판으로 교체했다. 당초 조선족 자치지역이어서 반드시 한글과 한자를 병기하도록 돼 있는 간판을 모두 바꾼 것이다. 중국은 백두산 관리권이 조선족 자치지역에서 창바이산보호개발관리위원회로 넘어온 만큼 이제는 한글을 병기할 이유가 없다고 설명하고 있다. 그러나 백두산 자락은 조

---

278) ≪동아일보≫, 2006.11.17.
279) 연합뉴스, 2006.12.30.

선족이 30~65%에 이를 정도로 한민족이 많이 사는 지역이다.

중국정부가 드러내놓고 추진했던 동북공정과는 달리 백두산 공정은 실체를 찾기가 쉽지 않을 만큼 주도면밀하게 진행되고 있다. 중국정부나 관련기관의 공식문헌을 아무리 찾아봐도 '백두산(창바이산)공정'이란 용어 자체가 없다. 하지만 백두산에서 한민족을 제거하기 위한 작업은 매우 치밀하고도 총체적이다.

2. 동북공정의 실상

1) 소수민족의 지방정권 주장

중국의 동북공정은 서남공정과 서북공정 등에 뒤이어 추진되고 있는 거대한 탐원공정[280] 사업 중의 일부이다. 중국정부의 승인을 받아 중국사회과학원과 랴오닝(遼寧), 지린(吉林), 헤이룽장(黑龍江)성(省) 등 동북 3성이 연합해 추진하는 동북공정의 구체적인 연구과제는 고대 중국 강역이론 연구, 동북 지방사 연구, 동북 민족사 연구, 고조선·고구려·발해사 연구, 중조(中朝) 관계사 연구, 한반도 정세 변화 및 그에 따른 중국 동북변강 안정에 대한 영향 연구 등이다.

그런데 문제는 동북 3성(만주) 지역에 있었던 모든 역사가 중국역사의 일부라는 것이다. 따라서 만주지역에 중심을 두었던 고조선, 부여, 고구려, 발해의 역사를 중국 소수민족의 지방정권이라고 주장을 하는 것이다.

중국의 주장대로라면 고조선, 부여, 고구려, 발해의 역사가 중국의 역사이므로 한국의 역사는 신라와 백제로부터 시작되는 것이다. 그러면 한국의 역사는 시간적으로 5천 년에서 2천 년으로 축소

---

280) 본 이름은 '중화문명탐원공정'으로 중국사회과학원이 주도하는 '중화문명의 시원(始原)을 캐는 프로젝트'다.

되고, 공간적으로 만주와 한반도 전체에서, 한반도의 한강 이남지역으로 축소되는 것이다. 따라서 중국의 이러한 주장은 단순히 한국의 역사를 왜곡하는데 그치지 않고, 한국의 역사를 침탈하는 것이라 할 수 있다. 또한 이는 한국사의 체계를 뒤흔드는 것이며, 한국문화의 정체성을 혼란스럽게 만드는 것이다.

2) 고구려를 한국사라 했지 않나?

사실 중국은 1980년대까지만 해도 고구려를 한국사로 인정했다. 불과 15년 전만 해도 중국의 역사책들은 모두 고구려를 한국의 역사로 서술하였다. 50년대 중국의 중학교 세계사 교과서에서는 고구려는 조선의 한 국가라는 것을 분명히 하고 있으며, 고구려와 수, 당의 전쟁은 수나라 당나라의 대외침략전쟁이라고 쓰고 있다. 1981년 출판된 중학교 「세계역사」 상권에도 "고구려는 조선반도 북부의 노예제국가"라고 하여 고구려가 한국사라는 것을 분명하게 하고 있다.

대학 역사교재 가운데는 「세계 중세기사」가 가장 대표적이다. 50년대 「세계중세기사」에서는 기자조선, 위만조선과 고구려를 모두 한국의 고대국가로 소개하였다. 또한 60년대 「세계통사」 중세기 부분에서도 기자조선, 위만조선, 고구려는 모두 고대 한국의 국가라고 쓰고 있으며, 1978년 14개 대학이 종합적으로 펴낸 「세계고대중세기사」에서도 '고구려는 중국에서 일어나 국경 너머에 있는 한 민족이다'고 하여 고구려가 중국 역사가 아니고 세계사이며 한국사라는 것을 분명하게 하고 있다.

1963~1965년 북한과 중국이 공동으로 조중 공동고고학발굴대를 조직하여 고구려와 발해사 유적을 발굴하였다. 4차에 걸친 두 나라는 공동발굴대 활동에서 많은 성과를 얻었다. 특히 북한은 압록강 북쪽의 역사 유적에 대한 답사와 발굴이라는 성과에다 발굴한 많은 유물을 직접 북한으로 가져올 수 있었고 광개토대왕비 원석탁본도 입수할 수 있었다는 것이다. 고구려사는 한국사라는 것을 인정한 단

적인 예라고 할 수 있다.[281]

3) 그러더니 느닷없이 고구려는 중국사라고?

1980년대에 이르러 '통일적 다민족국가론'이 부활되면서 고구려사 왜곡이 시작된다. 1979년 이후 중국의 개혁개방과 동시에 중국은 소수민족문제에 눈을 돌리기 시작한다. 소수민족은 전체 인국의 8.41% 밖에 안 되지만 그 수가 1억을 넘고 더구나 소수민족이 차지한 땅은 중국 국토의 60%를 차지한다. 그렇기 때문에 소수민족 문제는 중국의 생존문제와 직결되는 중요한 이슈인 것이다.

이런 현실적인 문제를 해결하기 위해 등장한 것이 "통일적 다민족국가"[282]라는 논리이다. 1980년까지는 "오늘날 중화인민공화국의 범위를 바탕으로 거꾸로 거슬러 올라가 역사 이래 이 토지에서 살던 선민들을 연구해야 한다"고 하였다. 1980년대 들어서 "우리는 청조(淸朝)가 통일을 완성한 뒤 제국주의가 중국을 침입하기 이전의 청조 때 중국 판도를 가지고 우리 역사시기 중국의 범위를 잡는다. 중국 역사는 이 범위 안에서 활동한 민족은 모두 중국 역사상의 정권이다."로 바뀐다.

1990년대 본격적으로 국경문제연구가 국가 중점과제로 채택하게 된다. 1995년에 동북공정 전문가위원회 주임 마따쩡(馬大正)이 '제1차 전국고구려학술대회'에 참석하고, 1996년 하반기에 고구려 문제를 중국사회과학원 중점연구과제로 정식 입안하게 된다. 1997년 연구참가들은 동북지방사연구 학자들과 교류하며 연구했으며, 2001년에 변강사지총서 「고대중국고구려역사총론」을 출판하게 된다. 이때부터 중국이 고구려 연구를 중점적 연구과제로 선택하여 집중

---

281) "중국의 역사침탈과 동북공정", 서길수, 한국해양전략연구소 소식지, 2006년 12월호.

282) 자국의 소수민족을 단결시켜 국가를 안정시키기 위해 중국의 국경 안에 있는 모든 국토와 국경을 아우르는 논리이다. 중국은 1980년 이후 자국의 역사를 1만 년으로 만드는 작업을 해왔다.

적인 연구와 정책화를 시작하였다고 볼 수 있다.

그러다가 2002년 2월부터 2007년 1월까지 중국돈 1,500만 위안 즉, 한국돈 23억 원이라는 막대한 비용을 들여 5년간의 프로젝트가 실시되게 된 것이다. 동북공정에서 선정된 연구과제는 고구려사 문제뿐 아니라 고조선, 고구려, 발해, 근현대사, 국경이론 및 민족문제 연구 등 한국사 대부분이 해체되는 내용이기에 중국에서는 일부 변방의 문제일지 모르지만 한국으로서는 국체가 흔들리는 중대한 문제가 되는 것이다.

4) 동북공정 실용단계 진입

중국의 동북공정은 학술적인 연구단계를 벗어나 프로젝트에 참여하고 있는 동북 3성에 의해 바로 실용단계에 들어갔다. 2003년 이후 고구려 유적이 있는 지역의 박물관이나 관광지에 "고구려는 중국사"라는 팻말을 붙여 역사왜곡을 하고 있으며, 아울러 각종 서적과 기념품, 심지어는 인터넷 관광안내까지 "고구려는 중국의 소수민족 지방정권이다", "고구려는 중화민족의 일원이다.", "고구려와 고려는 다른 민족이다.", "고구려인은 조선인이 아니다" 같은 내용을 퍼트리고 있다. 중국의 목적은 고구려가 중국사라는 것을 분명히 하는데 있다.[283]

중국학자들이 '고구려=중국사'라고 주장하는 근거는 1) 고구려는 중국 땅에 세워졌으며 2) 고구려는 국가가 아니라 소수민족 지방정권이며 3) 고구려가 망한 뒤 고구려인은 모두 중국 땅으로 들어갔다는 세 가지 주장이다.

---

283) 한편 고구려사를 중국사라고 생각하지 않은 중국 국민들을 교육시키는데 있다.

3. 고구려가 중국사가 아니라는 명백한 증거

1) 확실한 증거 여기에

고구려가 중국사가 아니라는 것은 다음과 같은 증거로 명백히 반증할 수 있다.[284]

첫째, 중국은 고구려가 중국 한나라 현토군 땅에 세워졌기 때문에 중국 역사라고 주장한다. 그러나 한나라가 옛 '조선'에 쳐들어와 현토군을 설치한 것은 B.C. 107년이다. 이 때 현토군 아래 세 개의 현이 설립되었는데 그 가운데 하나가 고구려현이었다. 현토군은 처음에는 옥저성에 세워졌는데 현지 예맥인들에게 밀려 B.C. 82년 현재 중국 랴오닝성 신빈(新賓)현(고구려현)으로 옮겼다가 고구려가 설립되는 B.C. 37년에는 이미 부여에게 밀려 요하쪽으로 밀려난 상태였다. 그렇기에 모든 사서에 고구려는 졸본부여에 세워졌다고 되어 있지 한나라 현토 땅에 세워졌다고 되어 있지 않다. 다시 말해 한나라 현토 밑에 있던 고구려현과 추모(鄒牟, 주몽)가 세운 고구려국과는 다른 고구려인 것이다.

둘째, 중국의 사서에 보면 중국사람 스스로 고구려를 '해동삼국' 가운데 하나라고 했다. 해동삼국이란 고구려, 신라, 백제를 말하는 것으로 고구려가 중국의 소수민족 지방정권이 될 수 없는 것이며, 만일 고구려가 중국의 역사라면 백제와 신라도 그렇게 되어 버리는 것이다.

셋째, 중국의 사서들은 자기 나라 역사를 모두 본기(本紀)에 집어넣고 주변국가는 열전(列傳)에 기록하였다. 중국의 사서에서 고구려를 본기에서 기록하는 것은 하나도 없는 반면, 한국의 정사인 「삼국사기」에는 '고구려본기'가 들어 있다. 고구려, 신라, 백제 세 나라를 한국 역사로 쓴 「삼국사기」와 「삼국유사」는 이미 800년

---

284) 한국해양전략연구소 소식지 제21호(2006.12)에 실린 서길수 교수(서경대, 고구려연구회 이사장)의 "중국의 역사침탈과 동북공정" 논문을 토대로 반증 제시

이상 국제적으로 공인된 사서이다. 이것은 고구려가 중국사가 아니라는 결정적인 증거이다.

넷째, 414년 세워진 광개토대왕비에는 고구려 시조 주몽을 '천제의 아들'로 표하고 있다.285) 만일 조공과 책봉이 소수민족 지방정권을 뜻하는 것이라면 어떻게 지방정권이 감히 '천자(天子)'와 같은 뜻인 '천제지자'를 쓸 수 있겠는가?

다섯째, 고구려는 독자적인 연호를 썼다. 중원의 각 왕조는 자신은 천자 국가로서 연호를 쓰고, 주변나라들은 제후국가로 규정하여 독자적인 연호를 못 쓰게 하였다. 그러나 고구려는 영락(永樂), 연가(延嘉), 영강(永康), 건흥(建興)의 연호를 사용하였다.

여섯째, 고구려는 하늘에 제사를 지냈고 그것을 '동맹'이라고 했다. 중국은 자기만 하늘의 아들이기에 하늘에 제사지낼 수 있고 주변 제후국은 제후들의 부모를 모신 종묘(宗廟)와 땅과 농사의 신인 사직(社稷)에만 제사지낼 수 있도록 허락하고 하늘에 제사지내는 것은 엄격하게 금지했다. 그러나 고구려가 하늘에 제사지냈다는 것은 고구려가 소수민족 지방정권이 아니라 독자적인 세계관을 유지한 독립국가였다는 것을 보여 준다.

일곱째, 고구려는 705년 동안 안정적인 발전을 계속한 반면 중국에서는 35개의 나라가 이합집산을 계속하며 명멸하였다. 35개 나라 가운데 절반 정도는 중국의 한족이 아닌 북방민족이 지배한 나라였다. 고구려가 도대체 35개국 가운데 어느 나라의 지방정권인가 하는 의문에 봉착하게 된다.

마지막으로 중국은 고구려가 멸망한 뒤 고구려인이 대부분 중국으로 들어왔다고 주장하지만, 고구려가 망한 뒤 그 땅을 중국이 차지한 것이 아니라 발해가 차지했다. 발해를 멸망시킨 것은 중원이 아니고 거란족의 요나라이다. 고구려가 망한 뒤 고구려인들이 모두

---

285) 아, 옛 시조 추모왕께서 처음으로 나라의 기틀을 세우셨도다. (추모왕은) 북부여 출신이시니, 천제의 아들이시고 어머니는 하백의 따님이시다.

중국으로 들어갔다는 것은 객관적이고 과학적인 역사 서술이 될 수 없는 것이다.

　2) 가당찮은 '대중화(大中華)' 건설

　그렇다면 크게 보아 중국이 고구려사 왜곡을 통해 노리는 것은 무엇인가? 동북공정은 21세기를 준비하는 중국이 오래 전부터 야심차게 준비한 '대중화주의' 건설을 위한 국가전략의 일부이다.

　중국의 다민족 통일국가론은 10단계에 걸쳐 진행되고 있다. 동북공정은 갑자기 나온 독립적 프로젝트가 아니라, 하·상·주 단대공정(夏商周斷代工程)→중화문명탐원공정(中華文明探源工程)→동북공정으로 이어진다.[286)]

　단대공정은 1996년 3월 베이징(北京)에서 열린 제8기 전인대 4차회의에서 비롯된다. 이 회의에서 '국민경제 및 사회발전 관련 9·5 계획 및 2010년 장기목표 강요'가 발표됐고, 이후 거대한 역사 왜곡이 본격화했다. 단대공정은 전설상의 하(夏)나라의 시작 연대를 확정하고, 상나라와 주나라의 유적 발굴과 연구를 통해 중국 역사를 확장하는 것이다. 200여 명의 역사학자 등이 동원됐고, 모두 17곳을 새로 발굴했다. 이에 대해 외국학자들은 중국학자들이 정부의 시책에 따라 지나치게 의도적으로 왜곡하고 있다고 비판하고 있다.

　중국정부는 단대공정에 이어 2003년부터 탐원공정을 추진하고 있다. 이는 '신화와 전설의 시대'로 불리는 삼황오제를 중국 역사에 편입시켜 중국 역사를 1만 년 전으로 끌어올린다는 계획이다. 이를 통해 중화문명을 이집트나 수메르 문명보다 오래된 세계 최고의 문명으로 만들기 위한 엄청난 프로젝트다.

　또한 중국은 요하문명전을 통해 "고구려를 포함한 각 소수민족은 중국 역사상 가장 규모가 큰 민족 대융합을 통해 중화민족으로 통일됐다"고 발표했다. 탐원공정 등 일련의 역사 왜곡 공정이 마무

---

286) 동북공정은 서남·서북공정과 함께 곁가지에 해당하는 큰 틀 안에서 진행되고 있다.

리 단계에 접어들면서 이제 새로 쓰인 중국의 역사에서는 완전히 새로운 '중화민족'이 탄생한 것이다.287)

4. 고구려사 왜곡, 겨냥하는 것은?

1) 북한 흡수전략인가

중국의 '동북공정'은 중국이 '세계 중심국가' 건립이라는 야심 속에 추진하고 있는 정책이라는 것이 이미 드러났지만 우리에게 보다 큰 관심은 고구려사 왜곡의 속셈이다. 2005년 1월 23일 부시 행정부의 대북협상 특사를 지낸 찰스 프리차드 연구원이 "북한 붕괴시 중국에 흡수될 가능성이 크다"고 전망했듯이 동북공정이 북한 흡수를 겨냥하고 있을 수 있다.

중국이 엄연한 독립국가였던 '티벳'을 흡수 통합하기 위해 마련한 것이 '서북공정'이었다면, 북한의 붕괴를 염두에 둔 북한의 중국 흡수를 위한 전략이 '동북공정'인 것이다. 북한지역이 고구려 영토였고 한강 이북까지 고구려 영토였다면 고구려사가 중국역사로 편입되고 중국이 계획한 대로 세계적인 여론이 조성되면 한반도는 중국의 부속국가에 불과했던 국가로 전락하게 된다.

동북공정은 단순한 학술적인 접근이 아닌 중국이 군사·정치·경제적 접근을 통해 북한 붕괴에 따른 여러 가지 상황에 대비한 전략이다. 고구려사 왜곡을 큰 틀에서 본다면 중국이 북한을 흡수 통합시 한국의 반발을 잠재우기 위한 것이며, 북한은 중국의 지방정권의 역사라는 세계적인 시각의 변화를 통해 세계적인 여론을 잠재우기 위한 전략인 것이다.

---

287) 『월간 중앙』, 2006년 10월호.

2) 군사연방화와 자국역사에 편입겨냥

2004년 8월 중국 베이징대 유학생이 국내 인터넷에 중국의 김정일 정권 붕괴 후 친중국 정권을 세우겠다는 중국의 유명 정치학자 리안 첸 교수의 베이징 대학 강의 내용을 올려 논란이 일었다. 리앙 첸은 북한은 길어야 10년 이상 존속할 수 없을 것이며, 아마 군부 내의 쿠데타가 일어날 것이 거의 확실해 보인다고 말했다.

또한 현재의 김정일 라인을 제외한 군 수뇌부의 인물들이 모두 친중파인데다 쿠데타의 중심에 누가 있건, 반란 주도세력은 남한의 군사적 움직임에 대항해 독립한 정권을 유지하기 위해 중국의 군사력에 의존할 수밖에 없다는 것이다. 중국정부에서는 이 상황에서 혁명세력 정권을 인정하고 군사적인 지원을 하면서 북한지역을 북방 자치성들과 군사연방화하고, 장기적으로는 북한 지역을 중국의 지방정권화하는 가능성을 심각히 고려하고 있다는 것이다.

이 때 중국정부로서 가장 부담되는 것은 남한과의 영토 분쟁인데, 북한과 남한의 역사적 동일성이 너무 커서 영토분쟁에 대한 국제여론을 기대할 수도 없다. 뿐만 아니라 국제재판에 회부될 경우 확실히 중국이 패소하게 되기 때문에 중국정부는 향후 가능한 북한에 대한 사실적 군사지배를 국제재판에서 승리로 이끌 장기적 전략을 구상중이라고 했다는 것이다.[288] 그런데 중국은 북한지역을 역사적으로 점유한 예가 없기 때문에 영토점유의 계속성을 주장할 수 없다.

그렇기에 중국이 북한을 자국 영토로 주장할 수 있는 방법은 만주지역에 세워진 조선족 국가들을 자국 역사에 편입시키는 것이다. 그래서 영토의 역사적 점유를 충족시키고, 그것을 사실상의 점유와 연관시켜 계속적 점유까지 충족시키는 것이라고 했다는 것이다. 물론 이 글이 서울대 정치학과 한 커뮤니티에서 나온 것으로 돼 있을 뿐 글을 쓴 사람이 누구인지 확인되지 않고 있어서 글 내용의

---

288) 국제재판에서 영토를 인정하기 위해서는 영토의 사실적 점유, 영토의 역사적 점유, 영토 점유의 계속성과 정당성을 입증해야 한다.

신빙성을 따져 볼 방법은 없다. 그러나 이 글은 일파만파로 인터넷 상에 퍼지며 동북공정에 대한 많은 사람들의 경각심을 일깨웠다.

중국의 대한반도 최대 전략은 김정일 정권 붕괴 후 중국의 흡수통합이지만, 국제여론 등으로 여의치 않을 경우 북한 내 친중 정권의 수립이다. 간도 국경분쟁을 미리 예방해 두는 것도 중요한 전략이다. 중국과 통일된 한반도 간에 간도 영유권 분쟁을 우려해서이다. 중국은 이미 이 간도지역 거주 조선족들을 상대로 오랫동안 중국 동화작업을 해왔다. 이와 못지않게 중요한 것은 중국의 대미 동아시아 견제전략이다.

2003년 8월부터 중국은 인민군 병력 15만을 북중 국경 근처에 배치했고 북한 내부 급변사태에 대비한 도강훈련을 하기 시작했다. 2006년 10월 25일 미 백악관에서 부시 대통령을 비롯한 정부고위급 관리들과 민간 동북아 민간전문가들의 비공개 '토론회'에서 "중국은 내년 후반쯤 북한 군부를 움직여 김정일 국방위원장을 몰아내는 쿠데타를 일으키도록 시도할 수도 있다"는 이야기도 나왔다.[289]

북한은 날로 확대되는 중국의 영향에 대한 우려를 가지고 있다. 현 상황에서 북한 집권층이 중국의 무조건적인 원조를 중요한 생존 수단으로 삼고 있지만 장기적으로 중국의 진출 영향력 확대가 북한정권을 위협하는 요소가 될 수 있기 때문이다.

5. 북한의 대중경제의존심화

1) 변경무역과 대북한 민간투자 증가

동북공정은 역사왜곡 문제에만 국한되는 것이 아니라, 정치, 경제적인 측면에까지 확대되어 그 실체가 드러나고 있다. 중국이 자체적으로 추진하고 있는 동북진흥계획[290]과 맞물려 중국-북한 접경지

---

289) "오리엔탈 이코노미스트(TOE)", 12월호, 『조선일보』, 2006.12.26.
290) 후진타오는 동북 3성(랴오닝성, 지린성, 헤이룽쟝성)에 대해 각별한 관심을

역의 변경무역의 활성화, 중국의 대북한 투자의 증가 등이 북한경제의 대중의존도를 높이고 있는 것이다.

지린(吉林)대학 동북아연구원 쉬원지(徐文吉) 교수에 따르면, 북한이 비록 이론적으로는 사회주의 무역을 견지하고 대외경제는 국내경제를 보충하고 있다지만, 북한 국내경제 사정이 워낙 열악하다 보니, 대외경제가 북한경제성장의 촉진제 역할을 하고 있으며, 외부의 압력이 북한 국내경제를 개혁과 개방으로 이끄는 중요한 운동력이 되고 있다는 것이다.291)

중국은 북한의 가장 안정적이고 가장 큰 무역상대국으로서, 무역의 비중이 매년 40%를 유지하고 있다. 중국과 북한의 변경무역은 주로 랴오닝(遼寧)성 단둥(丹東)이나 지린(吉林)성 옌볜(延邊), 지안(集安,) 창바이(長白)현 등지의 10개 도시를 중심으로 이루어지고 있다. 현재 단둥시에서 변경무역허가권을 얻은 기업이 100여 개에 달하고 있다. 함경북도는 북한의 중요한 흑연, 금속철광 공업지역인데, 북한경제가 회복되면 대량의 시설설비, 매탄 및 원자재가 필요한 곳이다. 중국 훈춘 일대는 직접 북한 나진선봉 지역에 들어갈 수 있는 가장 좋은 길목이다.

지린성 옌볜 조선족자치구 상무국 부국장 김영춘에 의하면, 옌볜에서 50~60개의 기업이 북한과 무역을 하고 있으며, 북중무역액이 매년 증가하고 있다. 북한은 중국의 전기, 식품, 기름, 일상용품, 석탄 등의 수요가 비교적 큰 반면, 북한의 광산, 수산물품 등의 자원이 풍부하기에 중국과 북한 간의 무역발전은 상호보완적인 특성을 띠고 있다.

2006년 7월 미사일 발사 후에도 중국의 대북 무역활동은 계속되었다.292) 북한에 투자하고 있는 중국상인들은 수만 명에 이른다.

보이고 있다.
291) "중국과 한국이 북한경제개혁의 가장 큰 원동력이 되다", 《經濟參考報》, 2005.9.26.
292) "미사일 발사가 북한으로 향하는 수만 명의 중국상인들의 발걸음을 막지

비록 중국은 북한에 대한 큰 영향력을 부인하지만, 중국의 대북한 투자는 이 지역에서의 정치 경제적 이익을 강화하고 있다. 중국 상무부는 2004년 중국의 북한에 대한 비금융 직접투자가 1,410만 달러에 달했다고 발표했다. 2003년 110만 달러에 비하면 기하급수적으로 증가한 수치이다.

2005년 절강국호무역유한공사는 평양 제일백화점 10년 운영권을 얻고, 또한 김일성광장 지하상점의 운영권도 따냈다. 현재 북한은 광업, 자동차제조업을 비롯한 해상가공, 제과업 등 38개 부문에서 중국 투자를 기다리고 있다. 투자액은 약 6억 달러의 무산철광을 비롯하여 4000만 달러에 달하는 2개 발전소 개조 프로젝트가 있다.

2) 중국정부 대북한 투자급증

개인투자 이외에도 중국정부는 2400만 달러 무상 지원으로 평안남도 대안군에 북한 최대의 대안친선유리공장을 지었으나 최근에는 원료부족으로 가동이 중단된 상태이다.

2006년 5월 1일 중국남방항공사는 베이징-평양행 직항로를 개설했다. 중국관방통신에 따르면, 2005년 북한을 여행한 중국여행객이 24만 명에 달했고, 중국을 여행한 북한 관광객이 12만 5천 명이었다고 한다. 2005년 3월 중국 원자바오 총리과 북한 박봉주 총리는 투자보호협정을 맺었다. 2002년부터 2005년까지 양국은 총 5개의 경제협력협의서를 체결했다.

한편, 2006년 북한과 중국의 교역액이 사상최고치를 기록한 가운데 북한의 대중 무역적자규모가 갈수록 늘어나고 있는 것으로 나타났다.[293] 한국무역협회가 3월 13일 발표한 '2006년 북중 무역동향 및 평가 보고서'에 따르면 2006년 두 나라의 교역액은 2005년에 비해 7.5% 증가한 16억9960만 달러(약 1조6146억 원)로 사상 최고치를 기록했다.

못하다", ≪亞洲時報≫, 2006.8.10.
293) ≪동아일보≫, 2007.3.14.

2006년 북한의 중국 수출은 2005년에 비해 5.8% 감소한 4억 6772만 달러에 그친 반면, 수입은 전년도에 비해 13.6% 증가한 12억3189만 달러에 달했다. 이에 따라 2006년 북한의 대중(對中) 무역 적자 규모는 7억6417만 달러로 2005년에 비해 29.9%가 늘어났다. 중국에 대한 북한의 무역수지 적자는 2002년 1억9645만 달러, 2003년 2억3250만 달러, 2004년 2억1233만 달러, 2005년 5억8821만 달러 등으로 증가하는 추세가 이어지면서 적자구조가 고착되고 있다.

최근엔 중국이 대규모 압록강 개발계획을 추진하고 있다는 사실이 알려졌다.[294] 1988년 국무원이 단둥(丹東)시를 연해개방도시로 지정했을 때부터 베이징 개발에 관심을 갖기 시작하여, 1992년 국무원은 단둥시에 국가급개발구인 단둥변경경제합작구 설치를 승인했다. 이어 국가경제사회발전계획인 '11.5 규획'[295]에 동북진흥계획을 포함시키면서 중국의 압록강 개발은 정책적 근거를 갖게 됐다.

압록강 개발 기본계획에는 압록강대교로부터 서쪽으로 압록강 하구에 위치한 샤바허(沙垻河)까지, 남쪽의 압록강 강변으로부터 북쪽의 201번 국도까지 총 228km²에 이르는 어마어마한 부지가 임강경제구에 편입돼 있었다. 최근 중국은 북한의 유초도에서 비단섬으로 이어지는 압록강 하구지역 맞은편에 총 97km²(약 2,935만 평)의 산업단지 계획을 세우고 공사를 진행 중인 것으로 확인됐다. 이 계획도에는 랑터우(浪頭)항과 건너편 룡천군을 연결하는 신 압록강대교를 검은색 선으로 표시해 놓고 있어 이번 공사가 앞으로 대북진출도 염두에 두고 있음을 시사하고 있다. 북중 양국이 단둥시 안민(安民)진과 철조망을 사이에 두고 맞붙어 있는 북한의 황금평 사이에 전력선을 가설한 사실도 최근 확인되었다.

---

294) 연합뉴스, 2007.3.18.
295) 2006년 3월 14일 중국전국인민대표대회(전인대)에서 통과시킨 제11차 5개년 규획안으로, 향후 5년 간(2006~2010년)의 중국 경제사회발전의 행동강령이다.

3) 북한도 중국 투자 적극 유치

북중 접경지역의 개발은 양국의 경제정책 결정에도 상호 영향을 미칠 수 있다는 점에서 중요한 의미를 지니고 있다. 원자바오 총리는 2005년 10월 방북 당시 김정일 국방위원장에게 '11.5 규획'을 상세히 설명하기도 했다. 실제로 최근 압록강 주변개발 분위기에 힘입어 단둥 주변에서는 중국의 사영기업 네 곳이 북한측과 위화도 부근에 위치한 20만 평 규모의 섬에 자유무역시장을 건설한다는 내용의 의향서를 체결한 것으로 알려졌다. 북한이 위화도와 비단섬을 묶어 국제자유무역시장 건설을 추진 중이라는 이야기까지 나돌기도 했다.

한편, 북한이 중국에 미화 5억 달러 상당의 석탄과 철광석을 수출하고, 석유를 공동으로 개발하기로 했는데, 이는 북한이 외국과 에너지 분야에서 맺은 최대 규모 합작 사업이다. 2005년 12월 24일 북한 내각 부총리 노두철이 중국을 방문하여 중국 부총리 쩡페이옌(曾培炎)과 함께 '북한과 중국정부 간 해상 공동석유개발에 관한 협정'에 서명한 것이다.[296]

김정일은 2006년 1월 중국을 방문한 후, 북한경제의 개발과 개방에 박차를 가하고 있다. 아주주간에 따르면, 김정일은 중국 방문에서 귀국한 후, 여러 개의 경제무역대표단을 중국에 파견하여 중국의 경험을 배워오게 하였다. 그 중에 가장 주목할 만한 것은 김정일의 매부인 장성택이 조선노동당 중앙위원회 제1부부장의 신분으로 인솔한 대표단으로서, 3월 18일 베이징에 도착했는데 그 방문 여정이 김정일이 연초에 움직였던 행로와 동일하였다.

2005년 10월 중국의 국가주석 후진타오가 북한을 방문했을 때, '삼신(三新)' 개념을 제의했는데, 즉 중국과 북한의 관계가 새로운 시대(新時期), 새로운 형세(新形勢), 새로운 수준(新水平)이라는 새로운 국면을 맞이하고 있다는 것이다. 북한과 중국의 정상은 쌍방의

---

296) "중국과 북한 공동으로 석유개발 하기로", ≪亞洲週刊≫, 2006.4.2.

경제관계를 심화시키기 위해 '경제와 무역의 합작을 추진하고, 공동의 발전을 촉진한다'는 새로운 공통인식을 확립하였다. 총리인 원자바오는 2006년 1월 김정일과 회담할 때, '정부 영도, 기업 참여, 시장 작동'이라는 경제합작방침을 내놓았다. 이는 북한과 중국의 경제합작이 장차 과거의 전통적인 방식에서 벗어나, 상호이익, 공동발전, 합작 윈윈(win-win)의 새로운 시대로 접어들 것임을 의미한다.

4) 세계적 천연광물 중국 독점

북한은 이미 360여 종의 천연광물을 확인했는데, 그 중에 경제성을 가진 유용 광물이 200여 종에 달하고, 특히 마그네사이트 매장량은 세계 1위, 10위 안에 드는 광물로는 텅스텐, 몰리브덴, 흑연, 중정석과 형석 등 7종에 이른다. 북한 지역은 풍부한 금속광물과 에너지 광물을 보유하고 있는데, 무연탄과 갈탄의 매장량은 매우 풍부하다. 철광석은 무산철광을 비롯해 20여 개 광산에서 생산되고 있다. 그러나 탐사 실적의 부진, 광산 설비의 낙후와 기술의 한계로 인해, 10여 년 내 석탄 생산량이 매년 감소하고 있고, 근래에는 생산이 거의 정체상태에 빠져 있다.297)

이러한 사실이 중국에는 매우 매력적으로 다가왔기 때문에 낙후한 동북3성을 개발시키려는 '동북진흥계획'과 함께 대북 투자 및 진출을 가속화하고 있는 것이다. 특히 현재 북한 생필품 시장의 80%를 중국산으로 차지할 정도로 중국의 시장점유율이 높아지고 있는데, 수출입 구조를 보면 중국은 북한에 생활용품을, 북한은 중국에 풍부한 광물자원을 팔아넘기고 있는 것이다. 소비재가 필요한 북한과 지하자원이 필요한 중국의 필요가 맞아 떨어져 발생하는 현상이다.

---

297) 통일부의 통계에 따르면, 북한 석탄의 가용 매장량은 147억 톤인데, 그 중에 무연탄 매장량이 117억 톤, 갈탄 매장량이 30억 톤이라고 한다.

이에 한국도 보고만 있을 수 없어 북한과 지하자원 및 에너지 개발분야에 협력가능성을 타진하고 있다. 얼마 전 한국석유개발공사가 한반도 서해안의 대륙붕 석유를 탐사한다는 데에 합의하였고, 한국은 북한의 광산개발에 대한 투자를 허용하였다. 현재 한국정부는 북한의 마그네사이트, 아연, 인회석 등의 광산자원개발을 적극 추진하고 있다. 동시에 포스코(POSCO), 대주산업 등 한국의 유명한 기업들도 북한의 광물을 수입할 계획을 세우고 있다.

5. 보고만 있을 건가

1) 역사적 자료 파헤쳐야

중국이 동북공정을 통해 고구려를 중국사의 일부로 편입하려 하면서도, 고구려를 한국사로 인정한 역사교과서가 있음이 확인됐다.[298] 이런 사실은 동북아역사재단이 중국 역사 교과서 등을 분석해 2007년 3월 19일 발간한 연구서 「중국 역사 교과서의 한국 고대사 서술 문제」에 담겼다.

이 연구서는 인민출판사의 대학교재 「세계사」 1983년판(구판)과 1997년판(신판)을 비교한 결과, 고구려사를 구판에서 한국사로 봤다가 신판에서 중국사의 일부로 편입시켰음이 나타난다고 밝혔다. 구판 「세계사」는 '고대 조선(한국)'이라는 절 아래 '고구려인 국가의 형성과 발전'이라는 제목을 붙여 "고구려인은 우리나라 요동지방과 중-조 경계인 베이징 양안에 분포하였다"고 서술했다. 구판은 또 "조선은 동방의 오랜 문명국의 하나이다. 고대 조선 역사상 이미 수세기를 지난 고조선국이 존재했다. 기원 전후 우리나라 동북에서

---

298) 연합뉴스, 2007.3.20.

흥기한 고구려가 조선반도 북부로 발전해 5세기 초 평양으로 천도했다"고 기술했다. 이런 서술은 고구려도 한국사의 일부로 인정하는 것이 된다.

반면에 신판에서는 한국사의 범위가 한반도에 국한된다는 것을 먼저 제시하고 한국사에 관한 내용을 서술하고 있다. 신판은 삼국을 고구려·신라·백제가 아닌 신라·백제·금관가야로 규정해 고구려를 한국사로부터 완전히 빼버렸으며 "고구려는 기원전 37년 정권을 수립한 후에도 줄곧 중원 왕조에 예속된 중국 소수민족 지방정권"이라고 적고 있다. 김현숙 동북아재단 연구위원은 "이것은 구판의 서술 태도를 부정하는 것이며, 1997년판 이후부터 (중국의) 현 영토 중심 역사 서술 원칙을 따랐다는 것을 보여 준다"고 분석했다.

동북아역사재단의 이 연구서는 중국 역사 교과서가 발해도 말갈이라는 '미개한 족속'이 세운 나라라고만 서술하며, 고구려 유민 부흥운동과의 연계는 보여 주지 않는다고 분석했다. 위만조선 이전의 고조선에 대한 서술을 얼버무린 채, 중국 연나라 사람 위만이 세운 위만조선으로부터 시작됐으며 그나마 중국의 속국이자 아류의 성격을 띠고 있었다는 오해를 불러일으키도록 서술돼 있다고 이 연구서는 지적했다. 이렇듯 구체적으로 역사적 자료를 제시하며 중국에 시정조치를 요구해야 할 것이다.

2) 대중 적극외교가 열쇠

북핵문제와 한반도 비핵화 문제 등에 협력해야 할 중국을 의식한 우리 외교부는 동북공정에 있어서 극히 소극적으로 대응하고 있는 양상을 보이고 있다. 특히 일본의 위안부 문제나, 야스쿠니 신사 참배에 대한 적극 대응의 모습과는 다르게 중국에 대해서는 너무 소극적으로 대응하고 있는 것이 아니냐는 비판이 많다.

2004년 8월 24일 고구려사 왜곡 문제를 협의하기 위해 한국을

방문한 우다웨이 중국 외교부 부부장과 한국정부와 합의한 5개항이
있다. 그 5개 항은 (1) 중국정부는 고구려사 문제가 중대현안으로
대두한 데 유념한다. (2) 양국은 역사문제로 한·중 우호협력관계가
손상되지 않도록 노력한다. (3) 고구려사 문제의 공정한 해결을 도
모하고 필요한 조치를 취해 정치문제화하는 것을 방지한다. (4) 중
국은 중앙 및 지방정부 차원의 고구려사 관련 기술에 대한 한국 측
관심에 이해를 표명하고 필요한 조치를 취해 나간다. (5) 양국 간
학술교류를 조속히 실시한다 등의 내용이다.

한·중 간에 합의한 이 사항들은 원칙으로서만 끝날 것이 아니
라 양국이 성실한 태도로 철저히 지켜야 한다. 특별히 우리 외교부
는 중국에 대해 너무 저자세로 나갈 것이 아니라, 5개항 원칙에 의
거해서 적극적으로 한중 학술교류를 실시하며, 중국의 잘못된 역사
왜곡 문제에 대해서는 필요한 조치를 적극 취하도록 요구해야 할
것이다.

3) 남북경협활성화 해야

북중간 경제적 긴밀화에 대해서 다양한 시각이 교차하고 있다.
안보적 관점에서는 동북진흥, 동북공정과 함께 대북 경제관계에서의
독점적 지위 확보를 위한 중앙정부 차원의 중장기 대한반도 전략의
일환으로 보는 시각이 있다. 경제적으로는 중국 동북3성의 '인접 시
장·원자재 확보' 수요와 북한의 '공산품·식량·전략물자 확보' 수
요가 접목된 경제 현상에 불과하다는 시각이다. 또한 북중 경제협력
심화가 남북관계에 미치는 영향에 대해서도 긍정적, 부정적 측면이
있다는 것은 전문가들의 공통된 견해이다. 긍정적 측면으로는 북한
의 개혁·개방 초기 단계에서의 불가피한 현상으로서, 북핵상황의
안정적 관리에 기여하고 북한의 중국 따라배우기를 가속화시키며,
북한의 경제난 완화 및 초기 시장경제·산업화에 기여한다는 것이

다. 부정적 측면으로는 생산구조 및 소비패턴이 중국화 함으로 인해 향후 북한의 중국 예속화를 초래하고 남북경협의 지렛대를 약화시킬 수 있다.

이에 한국은 감정적인 대응보다는 북중경협과 남북경협과의 상관관계, 북한의 개혁개방에 미치는 영향에 대한 종합적 평가를 바탕으로 남북 경협전략의 방향성을 보완·발전시키는 것이 중요하다. 북중경협이 '원조에서 투자확대'로 중점을 옮겨감에 따라 '상업적 결재방식'에 대한 북한의 대외결재 능력이 미치지 못하는 부분은 남측에 의존하려는 태도가 증대될 것으로 예상된다. 지난 18차 남북장관급회담에서 남북은 지하자원개발 협력을 위한 민족공동자원개발 문제를 검토하기로 합의했다. 우리측은 풍부한 광물자원이 집중되어 있는 단천지역을 '민족공동 자원개발 특구'로 지정할 수 있도록 북측에 제의하였다. 더불어 개성공산, 금강산관광을 비롯한 에너지, 물류 유통망 확충에 역점을 둔 남북경협을 활성화하고 남북한 및 중국을 비롯한 주변국들과의 공동 개발 방안을 모색해야 한다.299)

특별히, 최근 2·13 합의와 6자 회담의 순탄한 해결로 북한이 핵을 동결하고 미국이 BDA 동결을 해제하며, 테러지원국 명단에서 북한을 제외시키고 양국 간 연락사무소가 배치된다면 북한의 대중국 의존도는 약화될 것이다. 북한에 대해 미국을 비롯한 여러 나라에서 투자를 할 수 있게 될 것이다. 유럽 및 캐나다나 호주 등 기독교 서방국가들의 대북한투자 활성화도 선교적인 측면에서는 바람직할 것으로 고려된다.

4) 북한의 대 미·중 균형외교 절실
중국과 미국의 대 한반도정책 및 대북기조를 면밀히 살펴서 대

---

299) '제4차 남북경협 정책포럼 토론문', 국회21세기 동북아 평화포럼, 2006.5.2.

응해야 한다. 후진타오 정부는 중국의 대북 전략적 협력관계 구축을
모색하면서 대북 '16자 방침'300)을 천명하였다. 또한 후주석은 경협
등 4대 발전방안을 제시하고 김정일과 논의하였는데, '4대 발전방안'
이란 고위급 인사의 교류활성화, 협력분야의 다양화, 경협활성화와
공동발전, 상호협력정신으로 공동이익 옹호를 말한다.

최근 키신저 전 미 국무장관과 만난 김계관 외무성 부상은 미
중관계에 대한 깊은 관심과 함께 미국이 북한에 대해 '전략적 관심'
이 있는지 물었다. 또 "한반도는 중국에서 일본에 이르기까지 외세
의 침략대상이었다. 미국과의 전략적 관계는 북한에 도움이 되고 지
역을 안정시킨다"는 취지의 발언을 했다. 북한이 미국을 끌어들여
중국의 배타적 영향력을 줄이려는 것은 바람직한 일이다.

미·북 관계 정상화 실무협의를 위해 최근 뉴욕을 방문한 김계
관 북한 외무성 부상이 미국의 북한전문가들에게 "중국은 우리를
이용만 하려 한다"고 발언한 것으로 알려졌다.301) 김계관 부상의 이
같은 발언은 미국 인사들에게 미국과 북한 간 양자협상의 필요성을
강조하기 위한 것으로 해석된다. 중국의 북한전문가들은 "북한이 그
동안 중국에 관해 미국에 하고 싶던 말을 다 한 것"이라며 "북한이
미국과 직접 협상을 하고 싶다는 의사를 강력히 전달하려 한 것"이
라고 분석했다. 그러나 현 단계에서 북한과 중국 간의 전략적 동맹
관계가 흔들릴 가능성은 거의 없다. 최근에도 김정일 북한 국방위원

---

300) '16자 방침'은 전통계승(繼承傳統), 미래지향(面向未來), 선린우호(陸隣友好),
협력강화(加强合作)를 일컫는다.
301) 외교소식통에 따르면 김계관 부상은 전미외교정책협의회(NCAFP)와 코리
아 소사이어티 주최로 열린 2007년 3월 3일 환영 오찬과 5일 토론회 등에서
"중국은 우리에게 큰 영향력이 없다. 미국은 핵문제 해결을 위해 중국에 너
무 기대하지 말라"며 이같이 말했다. 김계관 부상은 또 "미국이 지난 6년간
핵문제 해결을 위해 중국에 의지해 왔지만 나온 것이 무엇인가"라며 "우리는
미사일도 쏘고, 핵실험도 하면서 우리가 하고자 하는 일을 다 했으나 중국은
하나도 해결하지 못했다"고 말했다. 《조선일보》, 2007.3.9.

장은 평양에 있는 중국대사관을 직접 방문해 우의를 과시했다.

대중 경제의존도가 높아지고 내정에 대한 중국의 영향력이 확대되면서 내심우려하고 있던 북한은 핵실험 이후 중국이 북한지도부 교체를 시도할지 모른다는 소문과 관련해 미국을 끌어 들여 이를 견제하려 하는 것이다. 중국은 1980년대 이후 자본주의체제를 도입하여 북한체제와 정권안보에 심각한 위협이 되어 왔다. 한국에 흡수되지 않고 중국의 위성국가가 되지 않기 위해, 북한은 핵무장과 미국과의 전략적인 관계 설정이 필요했던 것이다. 북한은 미·중 갈등과 한미 간의 이견을 적절히 활용하여 자신의 입지를 극대화시켜 왔다.

북으로서는 미국, 일본과의 국교 정상화를 활용하면서 중국과 러시아에는 자신의 몸값을 더욱 올릴 수 있는 전략적 고지를 차지하게 된다. 이는 당연히 체제 안정을 유지하면서 경제 발전을 이룰 수 있는 기반 마련으로 이어질 것이다.

이제 급한 불을 끈 북으로서는 자신에게 좀 더 좋은 조건을 내놓으면서 남측이 따라올 것을 요구할 가능성이 크다. 금강산관광 대가를 올리겠다거나, 개성공단 건설 속도를 조절하자거나 임금 등을 재조정하자는 등, 남북 경협이 다소 둔화돼도 자신이 결코 불리하지 않다는 판단을 하며 남측을 압박할 것으로 보인다. 또 사회문화교류는 현 수준에서 유지하거나 점차 축소하려 들 것으로 예상된다. 정치경제적으로 안정을 기할 수 있게 된 마당에 체제를 이완할 수 있는 남북 교류를 제한하려 할 것이다. 남북관계가 북·미 관계와 균형을 이루지 못한다면, 한국은 북에 대해서도, 미국에 대해서도 전략적 레버리지를 갖지 못하게 된다. 동북아의 지역구도 속에 제자리를 찾지 못하게 되는 것은 물론이거니와, 통일에 대한 전망을 확보하지 못하게 되는, 지극히 불행한 일을 겪을 수 있게 되는 것이다.302)

6. 우리의 기도

"그 날에 자고한 자는 굴복되며 교만한 자는 낮아지고 여호와께서 홀로 높임을 받으실 것이요"(사 2:17)라고 말씀하신 하나님 아버지께 기도드립니다.

첫째, 중국의 고구려사 왜곡은 한국사의 근간 및 민족 정체성의 혼란을 가져올 수 있는 심각한 문제임에도 불구하고 우리의 대처는 너무 미약합니다. 이에 감정적인 대응에 앞서 사실적인 역사를 근거로 침착하고 지혜롭게 대처하게 하옵소서.

둘째, 대 중화주의 사상으로 민족적 단결력을 응집하기 위해 주변국 역사를 왜곡하는 중국의 교만하고 정직하지 않은 도모를 파하여 주옵소서. 중국의 지식인들, 특히 역사 교육 관련 지식인들이 양심적 자성의 목소리를 낼 수 있도록 도와주시옵소서.

셋째, 북한을 정치, 경제, 군사적 속국으로 만들려는 중국의 의도를 간과하지 말게 하시며, 한반도 평화와 하나님의 나라의 확장을 위해 중국과 북한을 복음화 하는 일에 힘쓰는 많은 선교단체들에게 힘을 더하여 주옵소서.

넷째, 북미관계 정상화 방향으로 가더라도 남북관계가 소원해지지 않고, 핵문제를 잘 해결할 수 있도록 도와주시옵소서. 중국과 미국 사이에서 줄타기 외교를 하면서 한국을 소외시키지 않도록 하여 주시옵소서.

다섯째, 남북경협이 활성화되고 군사, 인도주의 분야의 막혔던 문제들도 해결되고 북한에 대한 중국의 영향력이 견제되도록 남북 실무자들에게 지혜와 의지를 더하여 주시옵소서.

---

302) "북미관계 정상화의 함정", 김정환 기자, 한반도통신

2. 중국의 힘, 그 다양한 얼굴

　　날로 커지는 중국의 힘을 오판했다가는 번번이 큰 낭패를 당할
수 있다는 것은 이미 역사를 통해 입증되었다. 한국전쟁에 개입하지
않으리라는 예상과 달리 한국전쟁에 개입했고, 1993년 클린턴 정부
는 중국이 인권문제를 개선하지 않을 경우 최혜국대우를 철회하겠
다고 위협했지만, 중국은 강경하게 대응했으며, 미국은 별 수 없이
최혜국대우를 연장시켜 주었다.

　　한반도에 다시 한 번 긴장감이 감돌고, 대만해협을 둘러싼 불
안이 지속되는 현 상황 속에서, 중국의 힘을 정확하게 가늠하는 일
은 중요한 과제가 아닐 수 없다. 많은 이들이 중국의 대북 영향력을
과대평가하고 있다. 2002년 3월 이후, 부시 정권은 북한의 핵개발
저지 문제를 대부분 중국에 맡겼는데, 이는 중국이 북한의 핵활동을
저지할 충분한 능력과 의지를 겸비했다고 오판한 데서 비롯된다. 물
론 중국은 한반도의 비핵화를 희망하고, 북한에 대해 상당한 영향력
을 갖고 있는 것도 사실이지만, 중국이 이러한 힘을 행사하기 위해
서는 스스로 값비싼 대가를 감수해야 할 뿐만 아니라, 북한이 응할
만한 '긍정적 유인책'을 미국이 함께 제시해 주지 않을 경우 중국

단독으로는 역부족이다. 다행히 2006년 10월 북한이 핵실험을 강행한 이후, 미국과 중국의 협력관계는 개선 중이지만, 중국이 향후 자국이익에 반하면서까지 북한에 비핵협정 서명을 강제할 수 있을 지는 여전히 미지수다.

사회학자인 에찌오니 박사(Amitai Etzioni)는 힘의 행사방법에 따라 1) 무력, 2) 물질적 회유, 3) 지적 동기부여, 즉 '총, 돈, 사상'으로 정의했다. 중국 지도자들은 현재 이 세 가지 힘을 모두 구축하고자 노력하고 있다. 중국의 당면 목표는 '중국의 현대화를 통한 군사력, 경제력, 학문의 힘 구축'이라고 명확히 표현할 수 있다. 즉, 시장화 및 도시화를 통한 개방과 개혁을 추진하면서, 동시에 정치자유는 제한하고 지양하자는 전략이다.

중국의 부상에 대해서 미국이 할 일은 한 가지, 바로 '포용(engagement)'뿐이다. 다른 대안은 없다. 중국은 누구에게 좌지우지되기에는 너무 거대하고 중요하며, 역동적일 뿐만 아니라, 이해 관계상 협조할 나라가 너무 많다. 따라서 미국은 중국의 협조를 강제로 이끌어 낼 수 없다. 사상적 강점과 양국의 상호이익을 기반으로 협조를 이끌어 내야만 한다.

한반도 문제만 해도, 미국은 핵무기 확산방지를 책임감 있는 국제사회 일원의 의무라고 역설하지만, 중국은 그 보다도 전쟁방지를 일순위로 꼽는다. 중국의 최대 관심사는 13억 중국인들의 경제향상이며, 이에 반해 미국은 핵확산을 위시한 안보문제 전반이 주된 관심의 초점이다.

* David Lampton, *The Three Faces of Chinese Power: Might, Money and Minds*에서 발췌

3. 중국선교사의 강제출국

1. 1954년 이후 최대 규모의 선교사 추방

중국정부가 올해 베이징 올림픽을 앞두고 자국 내에서 활동하고 있는 외국 선교사를 대거 추방시키는 '타이펑(台風) 5호'라는 비밀작전을 수행중인 것으로 7월 12일 드러났다.

중국 내부에 정통한 선교 전문가 그룹에 따르면 중국정부는 2007년 2월 '타이펑 5호' 작전에 들어간 이래 4월부터 6월까지 최소 100명의 외국인 선교사를 불법 종교 활동을 했다는 이유로 강제 출국시켰다.

이번 선교사 추방 작전은 1954년 중국공산당이 외국인 선교사들을 대거 추방한 이래 최대 규모이며, 주요 추방 대상은 미국, 한국, 싱가포르, 캐나다, 호주, 이스라엘 등지에서 온 선교사라고 한다.

중국이 외국의 선교사를 집중 추방하는 이유는 올해 8월 8일 베이징 올림픽을 전후해 외국 선교단체들이 대거 중국에서 활동할 것을 방지하기 위한 것으로 분석된다. 이번 사건은 2005년 3월 1일부터 시행된 '종교사무조례 제 426호'가 발효된 이후 어느 정도 예견돼 왔다.

'종교사무조례 제 426호'에 대한 가장 큰 우려는 '미등록교회'(가정/자하교회)는 점점 더 어려운 국면에 빠질 것 수 있다는 것이다. 이와 같은 전망은 '종교사무조례 제 426호' 마지막 부분인 제 6장 법률책임 제 38~46조에 허가 없는 종교 활동 수행자에 대한 벌칙이 강하게 다루어지고 있음을 보고 알 수 있다. 이 벌칙들은 몰수, 벌금, 법적 제재, 예배장소 철거 그리고 자격박탈 등을 포함하고 있다.

또한 '종교사무조례 제 426호'가 6년여 동안 초안 작업을 하였는데, 이토록 오랜 세월이 걸린 데에는 종교적인 차원에서 현재 중국정부의 최대 골치 거리인 파룬궁(法輪功)을 위시한 유사 종교집단에 다한 처리였다고 한다.

이러한 사실은 '종교사무조례 제 426호'가 한편으로 '종교 신앙과 종교단체의 보호'를 주장하지만, 다른 한편으로는 여전히 '비합법영역'에 대해서는 '강력한 철퇴'를 준비하고 있음을 반증하는 것이다.

한편 2007년 6월 10일과 12일 두 명의 가정 교회 지도자들의 집을 수색 영장도 없이 수색하였는데, 목격자에 의하면, 성경과 기독교 문서들이 압수되었다. 공안 요원은 가족들에게 중국종교사무처에 허락 받지 않은 모든 종교행위는 사교 행위로 간주하고 있다고 말하였다. 이 두 명의 가정 교회 지도자들은 최고 3년 형의 노동을 통한 재교육 형을 받을 가능성이 있다.

2. 우리의 기도

"의를 좇으며 여호와를 찾아구하는 너희는 나를 들을지어다." (사 51:1)

첫째, 우리의 삶과 죽음을 초월해서 우리에게 신령한 복(엡 1:3)을 주시는 하나님으로 말미암아 추방 작전의 환난과 핍박의 현실적인 난관을 부활의 믿음으로 능히 이겨내는 사역자들이 되게 하여 주시옵소서.

둘째, 하나님께서 어려움과 환난 가운데 있는 사역자들의 사역과 분깃을 지켜 주사 어떠한 곤란과 어려움 속에서도 선교사들이 터진 웅덩이(렘 2:13)와 같은 인생들을 의지하는 것이 아니라 하나님의 도와주심만을 바라보게 하여 주시옵소서.(시 16)

셋째, 올해 8월 8일 베이징 올림픽을 전후해 외국 선교단체들이 대거 중국에서 활동할 것을 방지하기 위한 집중 추방으로 인하여 하나님의 말씀이 배달되는 사역이 중단되지 않게 하시고 시험 당할 즈음에 또한 피할 길을 내사 능히 감당하게 하시는(고전 10:13) 하나님으로 말미암아 말씀이 더욱더 왕성하게 하여 주시옵소서.

* 출처 : 2007.7.13. ≪국민일보≫, "베이징 올림픽 앞두고 외국인 선교사 대거 추방"

ASSIST News, 2007.6.27. 한국선교연구원, e-파발마, 572호

4. 급속히 확산 되는 중국교회 이단

1. 중국교회의 이단

중국 서북부 농촌지역에 '사교(邪敎)'가 급속히 확산되고 있다고 한다. 산시(陝西) 및 간쑤(甘肅) 성과 네이멍구(內蒙古), 닝샤후이(寧夏回)족, 신장웨이우얼(新疆維吾爾) 자치구 등 가난한 농촌이 그러한 지역이다. 이곳은 사막이 대부분이고 농토가 극히 적어 중국에서 가장 빈궁한 지역으로 알려져 있다. 그러나 사교가 퍼지면서 최근 이 지역엔 마을마다 예배를 위한 회당이나 사찰이 생길 정도가 됐다고 한다.

가장 왕성한 세력을 가진 신흥 사교는 둥팡산덴(東方閃電)으로 불리는 1993년 경 허난성(河南)에서 새롭게 생긴 이단이다. 둥팡산덴(東方閃電)의 교주로 알려진 조유산은 후한파(呼喊派)의 신도였고, 후한파(呼喊派)를 세운 이상수의 신실한 제자였다.

이러한 관계로 둥팡산덴(東方閃電)은 많은 사상들이 후한파(呼喊派)와 비슷하다. 후한파(呼喊派)의 잘못된 신학을 살펴보면 삼위일체를 부정하고, 그리스도를 피조물로 볼뿐만 아니라 예수와 그리스도를 분리하며, 그리스도는 죄를 가진 인간이라고 주장한다. 심지어는 그리스도가 사단이 되었다는 망언도 서슴지 않는 등 기독론적 오류가 심각하다. 또한 성경을 시대가 지나간 역사물로 보며, 천당을 인정하지 않고 있다.

둥팡산덴(東方閃電)의 여 기독(女神)은 조직의 명목상 최고 권위자이며, 주로 하는 일은 '말(說話)'하는 것이다. '전능자'라 불리는 이 사람의 주변에는 조수격인 '7영(七靈)'이 있어 교주를 섬기고 보호하는 일과 그의 저작을 정리하고 교정하는 일을 한다.

여 기독(女神)의 전면에는 대제사장인 조 유산이 있는데, 둥팡산덴(東方閃電)의 실질적인 전권을 가진 자이다. 이러한 둥팡산덴(東方閃電)의 주요한 교리를 살펴보면, 우선 여 기독(女神)이 기록한 책이 영원한 복음이라고 한다. 여 기독(女神)은 여성으로 재림한 예수라는 종말론을 주장하며, 그리스도인들의 영혼은 여 기독(女神)이 오기 전에 죽은 그리스도인의 영혼이라는 것이 둥팡산덴(東方閃電)의 인간론이다.

또한 성경이 영원한 하나님의 말씀인 것과 정확하고 오류가 없는 하나님의 말씀인 것을 부인한다. 그리고 둥팡산덴(東方閃電)의 신론에 따르면 하나님의 삼위일체를 부인한다. 아울러 하나님은 거룩하지 않으며 오류가 있는 분으로 하나님의 속성의 완전함을 부인하고 있다.

예수 그리스도의 부활을 부인하며, 속죄 사역과 부활 승천하신 예수 그리스도의 재림을 부인하는 기독론을 주장한다. 성령 하나님에 대하여서는 성령의 인격을 철저히 배제하고 도구의 개념으로 이해하며, 성령의 능력을 유한 것으로 유다가 그리스도를 판 것을 성령의 하신 일로 단정 짓는다. 한편 둥팡산덴(東方閃電)의 교회론은 예배와 성례, 그리고 교회에 주어진 지상명령을 거부한다. 여 기독(女神)이 옴으로 은혜의 시대가 마감되어 성례와 마찬가지로 더 이상 전도나 선교가 필요 없게 되었다는 것이다.

둥팡산덴(東方閃電) 외에도 '먼투후이(門徒會)', '관인파먼(觀音法門)'과 같은 다른 사교도 우후죽순 격으로 퍼지고 있다고 한다.

이중 '먼투후이(門徒會)'는 교주 자신이 예수이며, 성령이라는 사상을 갖고 재림도 자신을 통해서 이루어지고, 죄 사함도 자신들을 통해서 이루어진다고 하는 이단으로 정치적인 성향이 농후하며, 정부에 대항하는 일을 하여 정치적 야심을 실현하는 불법 정치조직의 모습을 보이는 이단이다.

2. 우리의 기도

"주께서 심지가 견고한 자를 평강에 평강으로 지키시리니 이는 그가 주를 의뢰함이니이다."(사 26:3)

첫째, 둥팡산뎬(東方閃電)을 비롯한 이단·사교의 사악한 정체가 알려지며, 실질적인 교주 역할을 하는 자들이 회개하여 잘못된 교리를 인정하고 돌아서도록 하여 주시옵소서.

둘째, 성경 배달, 신학교 배달, 선교사 배달 등을 통하여 하나님의 말씀인 진리가 선포되어 이단의 강력한 도전을 받고 있는 중국교회가 반석 위에 든든히 세워지도록 지켜 주시옵소서.(마 7:24)

셋째, 거짓 선지자가 난무하는 가운데 성도들을 진리로 인도하는(신 13:1-5, 18:20·22) 신실한 지도자들이 양육되며, 교회가 적그리스도의 활동을 분별하여 주께서 주신 능력으로 승리하게 하시옵소서(마 7:15-18, 요일 4:1-6)

넷째, 이단·사교의 뿌리를 뽑기 위한 중국공산당의 강력한 조치를 통하여 핍박 가운데 성장하는 중국 가정교회가 어려움을 당하지 않도록 지켜 주시옵소서.

 * 참조 : "중국교회를 위협하는 이단들", 중국 기도네트워크

5. 평양에서 예루살렘까지 : 중국

I. 서진 선교 : 중국

모퉁이돌선교회는 "평양에서 예루살렘까지" 16개(이스라엘 포함) 나라들을 품고 기도하면서 중국으로 하여금 인접한 국가에 나아가 선교할 수 있도록 지원하는 선교전략을 갖고 서진 선교를 추진해 오고 있다.

중국과 인접한 국가들은 베트남·라오스·미얀마(버마)·인도·부탄·네팔·파키스탄·아프가니스탄·타지키스탄·키르기스스탄·카자흐스탄·러시아·몽골·북한이다. 대부분 복음을 철저하게 외면하고 있는 이들 나라들에 많은 기도가 요청된다.

신앙을 지키며 박해받는 성도들을 위한 중보적 기도를 드리기 위해 16개 국가 가운데 최근 선교사를 일시 또는 장기적으로 거주하지 못하게 하는 중앙 정부의 종교 정책인 '태풍 5호' 조치 가운데 성령 하나님으로 말미암아 부흥하는 중국교회가 있다.

중국은 1949년 공산화 이후 중국으로 파송된 선교사가 다 추방된 후에 오히려 교회가 부흥한 성령의 역사를 체험하였다. 1950년 초 선교사들이 중국에서 철수했을 때 허난성(河南省)에 그리스도인은 겨우 12,000명뿐이었다. 그러나 오늘날 허난성(河南省) 시골 지역 가정 교회에서 모이는 신자들이 5백만 명이 넘는다.

1949년 공산당이 집권했을 때 기독교인은 70만 명이었는데 현재 공식적인 집계로 1,700만 명에서 2천만 명으로 성장하였다. 가정 교회를 포함한 최근 실제 기독교인은 1억 2천만 명이라고 한다.

1978년 문화대혁명이 끝날 무렵에 열려 있는 공식 교회가 하나도 없었지만, 오늘날 공식 교회는 13,000개가 넘으며 등록된 집회 장소만 해도 35,000개에 달하고, 등록되지 않은 가정 교회는 셀 수 없을 정도이다. 또한 매일 6.5개의 새로운 교회나 집회 장소가 세워지고 있다고 한다.

성령 하나님의 모든 위대한 역사가 그러하듯이, **기도**가 중국교회 부흥의 중심이다. 또한 중국교회 부흥에는 깊은 **회개**의 흔적이 새겨져 있다. 중국교회 설교에서는 죄로부터 돌아서야 할 필요가 있음을 강조한다.

십자가에 못 박히시고 부활하신 그리스도를 전하는 것은 중국교회 부흥의 중심에 있다. 중국 그리스도인들에게 십자가의 길을 걷는 것은 그저 교리적인 진리가 아니라 삶의 방식이다. 또한 중국교회 부흥에는 자기희생을 뜻하는 **순종**이 자리 잡고 있으며, **하나님의 말씀** 위에 견고하게 세워져 있다.

동유럽 공산주의가 완전히 무너지고 곧이어 자유가 주어짐으로써 그곳에 물질주의, 포르노, 마피아의 침투와 함께 대혼란이 닥쳐온 것을 본 중국교회가 부흥이 일어나는 데 있어 고난·핍박이 한 중요한 역할 가운데 하나는 부흥이 초자연적인 **하나님**으로부터 왔음을 증거하고 있다. **고난·핍박**이 중국교회를 정결케 한 것이다.

2. 우리의 기도

"이 천국 복음이 모든 민족에게 증거 되기 위하여 온 세상에

전파되리니 그제야 끝이 오리라."(마 24:14)

첫째, 올해 올림픽을 앞두고 갈수록 더욱 심각해지는 중국의 종교 탄압 가운데 중국교회와 성도들이 소망을 잃지 않고 어려운 시간을 믿음으로 이겨내며, 담대하게 일어나 지혜롭게 행동하고 오히려 더욱 깨어 **성령 하나님의 인도를 받는 충성된 일꾼들**이 되어지게 하여 주시옵소서.

둘째, 중국인과 중국교회의 정서를 이해하며, 삼자교회를 비롯해 가정교회 각 분파를 제대로 알고 체계적으로 **성경을 가르치고 하나님의 말씀을 배달하는 일을 잘 감당하는 한국교회가 되어지게 하여 주시옵소서.**

셋째, 계속되는 핍박과 통제 가운데 성령 하나님으로 말미암아 지속적으로 성장하는 중국교회를 겸손한 마음으로 섬기는 선교사(약 3,000명, 2006년 1월, KWMA의 발표)와, 한국교회가 되어지게 하여 주시옵소서.

　* 출처 : 중국의 교회 그 놀라운 성장, 토니 램버트

6. 평양에서 예루살렘까지 : 아프가니스탄

1. 서진 선교 : 아프가니스탄

"평양에서 예루살렘까지" 실크로드를 따라가는 서진선교는 동시 다발적으로 진행되어 왔다. 서진 선교의 가장 중요한 지역은 자국의 영토를 포함하여 15개국과 연결되어 있는 중국이다.

모퉁이돌선교회는 16개(이스라엘 포함) 나라들을 품고 기도하면서 중국으로 하여금 인접한 국가에 나아가 선교할 수 있도록 지원하는 선교전략을 갖고 서진선교를 추진해 오고 있다.

대부분 복음을 철저하게 외면하고 있는 이들 나라들에 많은 기도가 요청된다. 신앙을 지키며 박해받는 성도들을 위한 중보적 기도를 드리기 위해 16개 국가 가운데 우선 최근 피랍 사태로 주목을 받고 있는 아프가니스탄 상황을 살펴보기로 한다.

남아시아에서 지리적으로 실크로드의 전략 요충지로 인정되어온 아프가니('힘들다', '어렵다'라는 뜻)스탄(땅)은 러시아, 중국, 인도, 이란, 파키스탄 등 주변 강대국들과 국경을 맞대면서 외세의 빈번한 침략으로 어려움을 겪어왔다.

1979년 러시아의 침공을 받았을 때 이슬람 원리주의 세력이 미국의 지원을 받아 민병대를 조직하여 러시아군에 저항하였다. 그 후 아프가니스탄은 미·러 대리전 지역으로 변하였고, 1989년 러시아가 철군하였다.

그러나 전쟁과 파벌의 투쟁으로 국가는 황폐화 되고 오마르가 이끄는 탈레반이 1998년 국가를 완전 장악하였으나 샤리아(이슬람 법)의 통치를 받은 아프가니스탄 사회는 여성을 비롯한 인권 문제가 최악의 상황으로 변하였다. 2001년 미국의 공격으로 탈레반 정권이 전복된 이후 아프가니스탄은 세계 최악 빈곤 문제를 외부의 원조로 해결해 가고 있는 실정이다.

80여 종족으로 이루어지고 99% 이상이 이슬람교도인 아프가니스탄은 파키스탄에 320여만, 이란 220만 및 인근 중앙아시아 국가에 수십만이 산재되어 있어 단일 국가에서 발생한 난민으로는 세계 최대 규모이다.

아프가니스탄의 가장 큰 종족은 수니파 무슬림인 파슈툰 족(42%·약 1300만 명)으로 고대 히브리계에서 갈라져 나온 것으로 알려져 있다. 궁극적으로 아프가니스탄 재집권 및 이슬람 공화국 건설을 목표로 하는 탈레반 대다수가 파슈툰 족이다.

아프가니스탄 농업 생산 핵심 품목은 양귀비 재배로 전 세계 아편 생산량의 92%(7,286톤 생산)를 생산하고 있으며 전 인구의 11%인 290만 명이 아편 생산에 종사하고 있다. 또한 2006년 한 해 100여 건의 자살 테러로 3,000여 명 이상이 사망한 것으로 알려져 있다.

45세의 평균 수명, 25%의 영아 사망률 등 기초적 삶의 질적 수준이 세계 최악의 수준을 면치 못하고 있다. 국민들의 불만이 점증하는 가운데 남부 4개 주를 중심으로 일정 세력을 유지해 오던 탈레반이 카르자이 정부의 부정부패·무능과 혼란에 불만을 품은 남부지역 파슈툰 족을 재결집하며 영향력 강화에 주력하고 있다.

2. 우리의 기도

"만군의 여화와의 열심히 이를 이루시리라."(사 9:7)

첫째, 여러 어려움에도 불구하고 하나님의 말씀인 성경이 하나님의 방법으로 효과적으로 보급되며, 파슈튜어, 다리어 이외에 다른 종족의 언어로 성경이 번역 보급되어 수세기 동안 아프가니스탄을 지배하고 있는 어둠의 세력이 물러가며, 더 많은 사람이 예수 안에서 새 생명을 얻게 하여 주시옵소서.

둘째, 외국인, 아프가니스탄의 기독교인, 심지어 러시아 군인의 전도에 의해 도시와 몇몇 지방에서 배가 된 기독교인들이 흔들림 없이 십자가의 길을 걷게 하시며, 사람이 사는 동안 기뻐하며 선을 행하는 것보다 나은 것이 없는 줄 알게 하여 주시옵소서.(전 3: 12)

셋째, 가난한 자와 궁핍한 자를 긍휼히 여기시며, 저희 생명을 압박과 강포에서 구속(시 72:12~14)하시는 하나님으로 말미암아 삶의 질적 수준이 세계 최악의 수준인 아프가니스탄에 좋은 소식(사 52:7, 롬 10:15)을 전하는 자들의 발걸음이 중단되지 않게 하여 주시옵소서.

* 출처 : 아프가니스탄 내외 정세와 탈레반의 동향, 외교안보연구원